U0801327

法律出版社主题出版
重点出版物

何海波 编

行政法治奠基时

1989年《行政诉讼法》史料荟萃

法律出版社 LAW PRESS·CHINA

何海波，1971年生，浙江天台人，清华大学法学院教授。

北京大学法学硕士、博士，英国杜伦大学法学硕士。大学毕业后，在家乡司法局做过普法（1992-96）；博士毕业后，在国家行政学院做过培训（2001-05），后转会清华。曾经访学耶鲁大学法学院（2007-08）和哈佛大学法学院（2016-17）。

主要研究领域为行政法，特别是行政诉讼法，旁及宪法和法理。著有《司法审查的合法性基础：英国话题》《实质法治：寻求行政判决的合法性》《行政诉讼法》、论文集《法治的晨光》，编有《法治的脚步声》《中外行政诉讼法汇编》，整理过《与法同行：应松年口述》。另撰有论文若干及《法学论文写作》。

整理的报纸文章。清华大学博士生王敏协助我做了很多工作，特别是行政诉讼法早期文献和访谈的整理，浙江大学的何源也协助我做了一些整理工作。陈斯喜、许安标、马怀德、王敬波、宋华琳、王静、曹鎏、梁凤云、吴江等前辈同道，对我的工作给予了鼓励和帮助。法律出版社的领导和诸位编辑，对这项工作给予了全力支持。谢谢你们！

需要说明的是，《行政诉讼法》的二次审议稿（即1989年2月七届全国人大常委会第六次会议审议的草案）经过多方努力还是没有找到，只好付诸阙如。书中收录的几篇早期文章，至今没能联系上作者。我们深感遗憾，也向读者和作者表示歉意。

伟大的立法需要一部伟大的传记。我们这里所做的只是一些初步的资料整理，关于《行政诉讼法》的传记仍有待于后来者。通往法治路中的艰辛努力和焦灼欣喜，都将记录在历史的簿册上。

何海波

2019年3月12日

目录

上编 草案汇编

中编 论文选辑

下编 访谈集录

上　编

草案汇编

中华人民共和国行政诉讼法（试拟稿）

（行政立法研究组，1987 年 7 月 11 日第一稿）

第一条（立法根据）

中华人民共和国行政诉讼法根据宪法第四十一条的规定，结合我国行政案件审判工作的实际情况制定。

第二条（任务）

中华人民共和国行政诉讼法的任务，是保证人民法院查明事实，正确适用法律，及时审理行政案件，以保护公民和单位的合法权利和利益，促进国家行政机关依法进行管理，提高行政效率。

第三条（主管机构）

行政案件的审判权由人民法院行使。

人民法院审判行政案件由各级人民法院和专门人民法院的行政审判庭负责。

人民法院依照法律对行政案件进行审判。行政机关、团体和个人不得以任何形式或任何理由干涉或妨害人民法院审理行政案件。

第四条（主管范围）

人民法院审理公民和单位认为国家行政机关的具体处理决定损害其合法权利和利益的行政案件。

［另一种意见，人民法院审理因国家行政机关下列具体行政处理决定引起的行政案件：

（一）包括罚款、拘留、吊销执照或许可证、没收财物、劳动教养、收容审查等行政处罚和强制措施；

（二）影响公民与单位的合法权利和利益的具体行政处理决定。］

行政机关不履行法定职责或不当延误的不作为行为，视同行政处理决定。

下列行政决定不得提起行政诉讼：

（一）关于行政机关内部的人事处分决定；

（二）行政机关内部的职权争议和行政区域决定；

（三）法律规定不得提起行政诉讼的行政决定。

第五条（管辖）

行政案件由被起诉的行政机关所在地的各级人民法院管辖。

基层人民法院管辖下列第一审案件：

（一）同级行政机关系统的复议裁决引起的行政案件；

（二）上一级行政机关系统复议裁决维持的同级行政机关裁决引起的行政案件。

中级人民法院管辖下列第一审行政案件：

（一）涉外行政案件；

（二）同级行政机关的行政处理决定或复议裁决变更下级行政机关裁决引起的行政案件；

（三）最高人民法院指定其管辖的行政案件；

（四）在本辖区内有重大影响的行政案件。

[另一种意见：（一）不管上级行政机关复议后对原裁决是维持还是变更，一律由基层人民法院受理。

（二）专利、海关、港监的行政案件，由北京市中级人民法院管辖。]

高级人民法院管辖在本辖区内有重大影响的行政案件以及由最高人民法院指定其管辖的行政案件。

最高人民法院管辖在全国有重大影响的，或认为应由自己审判的行政案件。

第六条（不适用调解）

人民法院审理行政案件不适用着重调解的原则，也不以调解为结案方式。

但人民法院对责任明确的案件可以在公开审理前向双方当事人作说服教育工作，使起诉人撤诉，或应诉人主动承担责任，得到谅解，再由起诉人撤诉。

涉及行政赔偿的案件，也可以在调解的基础上判决。

（另一种意见：经济行政案件可以案外调解。）

第七条（起诉人）

提起诉讼的一方为起诉人。

起诉人必须是与行政机关的处理决定有直接利害关系的个人或单位。

第八条（社会团体参加行政诉讼）

起诉人所属社会团体,受起诉人委托,经人民法院同意,可以代为诉讼。

第九条（前置条件）

不服国家行政机关处理决定的个人或单位，须在法律规定的期限内向上一级行政机关申请复议。

未经复议的行政案件人民法院不得受理。但行政机关在法定期间拒绝复议的除外。

不服上级机关复议裁决的个人或单位，可在　日内向有管辖权的人民法院提起诉讼。

（另一种意见：不服行政机关处理决定的，可以向上级行政机关申请复议，也可以直接向人民法院提起诉讼。）

第十条（损害赔偿）

因行政处理决定违法或不当给起诉人造成损害的，起诉人得单独或附带请求损害赔偿或恢复原状。

加害人已向人民法院提起行政诉讼的，受害人也可附带请求损害赔偿和恢复原状。

第十一条（起诉理由）

行政诉讼得以下列一种或数种理由提起：

（一）违反法律法规；

（二）适用法律错误；

（三）没有事实根据或证据不足；

（四）程序不合法。

［另有意见，加：（一）超过作出处理决定的行政机关的法定职权；（二）明显地滥用职权。］

第十二条（应诉人）

应诉的行政机关为应诉人。

起诉人起诉后，受诉法院应通知作出最后裁决的行政机关应诉。但维持原裁决的最后裁决机关可以授权原裁决机关代为应诉。

第十三条（起诉不停止执行）

起诉不停止原处理决定的执行。

人民法院依据当事人的申请或依职权可停止全部或部分原处理决定的执行。

法律许可当事人交纳保证金，或提供担保人而暂缓执行的，也应停止执行。

第十四条（转移及告知）

受诉法院对不属行政诉讼范围的案件应分别移送有关部门。

对控告行政机关具有普遍约束力的规章、决定、决议、公告、命令的，应告知当事人向对该规范文件有改变或撤销权的国家机关申诉；

对控告行政机关工作人员失职、渎职及其他违法行为的，应告知当事人向其上级行政机关或监察部门提出控告；

对被侵害人要求加害人赔偿损失而单独提出损害赔偿要求的，应告知当事人提起民事诉讼；

对控告行政机关工作人员犯罪的，应告知当事人向公安、检察机关提出。

第十五条（审理准备）

人民法院应当在受理案件　日内将起诉状副本发送应诉机关，应诉机关在收到起诉状副本后，应立即向人民法院移送据以作出行政处理决定的全部材料。

应诉机关不提出答辩状，不影响人民法院的审理。

对于不宜公布的材料和国家机密，人民法院应承担保密责任。

第十六条（审理方式）

人民法院审理行政案件可以开庭审理，也可以根据情况进行书面审理。

书面审理采用书状形式进行，但人民法院认为必要，或依当事人的申请，可以指定期限，传唤一方或双方当事人，进行询问或言词辩论。

第十七条（证据）

应诉人有义务提供证据证明其据以作出行政处理决定的事实或法律根据。

人民法院对行政机关在审理中因原处理决定证据不足而重新取证，并提出有实质性影响的重大证据时，可以裁定原裁决撤销，由行政机关根据新补充的证据重新作出裁决。

人民法院对须要鉴定的证据，应以法定鉴定机关的鉴定为证据标准。没有法定鉴定机关的，人民法院可以与作出处理决定的行政机关或其上级机关商定鉴定机关。

第十八条（对妨害审理的措施）

应诉机关妨害法院审理该案件的，人民法院可以向同级人大常委会报告，或通知监察机关。

（另一种意见：对应诉机关代理人妨害审理的强制措施，适用民诉法第八章的有关规定。）

第十九条（诉讼中止）

人民法院认为被诉行政处理决定所依据的规范性文件与宪法或法律相抵触时，应中止案件审理，并向同级人大常委会报告。

（另一种意见：人民法院认为被诉行政处理决定所依据的规范性文件与宪法、法律相抵触时，应通知制定该文件的行政机关，在一定时间内作出解释。逾期未作解释的，人民法院可以依据宪法和法律的规定，径行判决或裁定。）

第二十条（人民法院的裁定与判决）

人民法院经过审理，应该对行政机关的复议裁决是否合法和是否符合事实，依法分别作出维持、撤销或者部分维持、部分撤销的裁定。

（另一种意见：将维持与撤销分写二条。）

但人民法院对行政机关确定权利归属或行政赔偿的复议裁决，可以作出改变的判决。

第二十一条（重新裁决与起诉）

人民法院的撤销判决与裁定，不妨碍行政机关根据新的事实和证据，依法作出新的处理决定，也不妨碍起诉人对新的处理决定提起诉讼。

对于应当作出新的处理决定而行政机关拒不作出的，人民法院可向同级人大常委会报告，并向其上级主管部门和同级监察部门提出司法建议。

第二十二条（变更）

人民法院对行政机关在法定范围和幅度以内作出的行政处理决定，不得变更。

但对行政机关明显失当或受到不相关因素干扰的处理决定，并使起诉人受到不利影响时，人民法院可以适当变更行政机关的处理决定。

（另一种意见：人民法院只能在法律、法规和规章没有具体的范围和幅度的规定、行政机关的处理决定畸重时，才可变更。）

第二十三条（复核）

当事人不服人民法院一审判决和裁定的，可以在　日内申请人民法院复核。逾期不申请的，一审法院的判决或裁定即发生法律效力。

申请复核人为申请人，另一方为被申请人。

原审人民法院收到复核申请书后，应当连同全部案卷和证据报送上级人民法院。

（另一种意见：应坚持两审终审制）

第二十四条（复核程序）

上级人民法院复核行政诉讼案件，应由审判员三人组成合议庭，全面审查原审法院作出判决或裁定的根据及全部案卷。必要时可以传唤当事人到庭进行询问或为言词辩论。

（另一种意见：可同于审判监督程序）

第二十五条（复核裁定）

复核法院可分别作出如下裁定：

原判决或裁定认定事实清楚，适用法律正确，裁定驳回申请，维持原判；

原判决或裁定认定事实有误，适用法律错误，应裁定全部或部分撤销原判，并对原复议裁决重新作出判决或裁定。

复核法院的判决或裁定，是发生法律效力的判决或裁定。

（或改为：是最终判决）

第二十六条（结案期限）

人民法院应在　日内作出第一审判决或裁定。

人民法院应在　日内作出复核裁定。

第二十七条（判决或裁定的执行）

当事人对人民法院发生法律效力的判决或裁定必须执行。

针对行政机关的判决或裁定，应由其主要负责人负责执行。拒不执行的，人民法院应报告同级人民代表大会常务委员会，并由主要负责人全部或部分承担拒不执行判决或裁定的法律责任。

第二十八条（检察机关参与行政诉讼）

检察机关应参与行政诉讼。

检察机关对行政机关严重损害公民、集体或国家利益而又无人起诉时，可以提起行政诉讼。

检察机关对人民法院应该受理而不受理行政案件，或在审理行政案件时有违法行为，可以通知该院或其上级人民法院院长。

第二十九条（诉讼费用）

当事人进行行政诉讼，应当依照规定交纳案件受理费以及其它诉讼费用。收取诉讼费用的办法由最高人民法院另行制定。

第三十条（适用民事诉讼法）

本法没有规定的事项，与本法无抵触者，准用民事诉讼法。

（另一种意见：在各条内写明哪些准用）

第三十一条（施行）

本法自一九　年　月　日起施行。

中华人民共和国行政诉讼法（试拟稿）

（行政立法研究组，1987 年 8 月 30 日修改稿）

第一条（立法根据）

中华人民共和国行政诉讼法以宪法为根据，为发展社会主义民主，加强社会主义法制，结合我国行政案件审判工作的实际情况制定。

第二条（任务）

中华人民共和国行政诉讼法的任务，是保证人民法院查明事实，正确适用法律，及时审理行政案件，以保护公民和单位的合法权利和利益，保障和支持国家行政机关依法进行管理。

第三条（主管机构）

行政案件的审判权由人民法院行使。

人民法院依照法律对行政案件独立进行审判。行政机关、团体和个人不得以任何形式或任何理由干涉或妨害人民法院审理行政案件。

第四条（主管范围）

人民法院审理因国家行政机关的具体处理决定影响公民和单位合法权利和利益的行政案件。

［另一种意见，人民法院审理因国家行政机关下列具体行政处理决定引起的行政案件：

（一）包括罚款、拘留、吊销执照或许可证、没收财物、劳动教养等行政处罚和强制措施；

（二）法律法规规定可以向人民法院提起行政诉讼的影响公民与单位的合法权利和利益的具体行政处理决定。］

行政机关不履行法定期限内应该履行的职责或不当延误的不作为行

为，视同行政处理决定。

下列行政决定不得提起行政诉讼：

（一）有关国防、外交方面的决定；

（二）关于行政机关内部的人事处理决定；

（三）行政机关之间的职权争议和行政区域决定；

（四）法律规定不得提起行政诉讼的行政决定。

（另一种意见：将第十四条第一款、第十九条移至第四条后，为第五条。）

第五条（管辖）

行政案件由被起诉的行政机关所在地的各级人民法院管辖。

基层人民法院管辖下列第一审案件：

（一）同级行政机关的复议裁决引起的行政案件；

（二）上一级行政机关复议裁决维持的同级行政机关裁决引起的行政案件。

中级人民法院管辖下列第一审行政案件：

（一）同级行政机关的行政处理决定或复议裁决变更下级行政机关裁决引起的行政案件；

（二）国务院各部、委、直属局和省、自治区、直辖市人民政府复议裁决引起的行政案件；

（三）上级人民法院指定其管辖的行政案件；

［另一种意见：（一）不管上级行政机关复议后对原裁决是维持还是变更，一律由基层人民法院受理。

（二）专利、海关关税的行政案件，由北京市中级人民法院管辖。

（三）涉外行政案件由中级人民法院受理。］

高级人民法院管辖在本辖区内有重大影响的行政案件以及由最高人民法院指定其管辖的行政案件。

最高人民法院管辖在全国有重大影响的，或认为应由自己审判的行政案件。

（另一种意见：删去此款）

第六条（不适用调解）

人民法院审理行政案件不适用着重调解的原则,也不以调解为结案方式。

但人民法院对责任明确的案件可以在公开审理前向双方当事人作说服教育工作，使起诉人撤诉，或应诉人主动承担责任，得到谅解，再由起诉人撤诉。

涉及行政赔偿的案件，也可以在调解的基础上判决。

（另一种意见：经济行政案件可以案外调解）

第七条（起诉人）

提起诉讼的一方为起诉人。

（另一种意见：提起诉讼的一方为原告）

起诉人必须是与行政机关的处理决定有直接利害关系的个人或单位。

第八条（社会团体参加行政诉讼）

起诉人所属社会团体，受起诉人委托，经人民法院同意，可以代为诉讼。

（另一种意见：删去此款）

第九条（前置条件）

不服国家行政机关处理决定的个人或单位，符合本法规定可以向人民法院起诉的，应在　日内向作出处理决定的行政机关的上一级行政机关申请复议一次。对上级行政机关复议裁决仍然不服的，可在　日内向有管辖权的人民法院提起诉讼。

未经复议的行政案件人民法院不得受理。

［另一种意见：

加（复议机构）：凡其行政管理活动与公民或单位的权利、义务有关的县以上国家行政机关，应在内部设置复议机构或专职人员，负责行政复议工作。

加（复议程序）：不服乡、镇人民政府行政处理决定的，可向县主管行政部门申请复议；不服县、区行政机关处理决定的，可向市、地主管行政部门申请复议；不服市、地行政机关处理决定的，可向省、自治区、直辖市主管行政部门申请复议；不服省、自治区、直辖市行政机关处理决定或不服省、自治区、直辖市人民政府处理决定的，可向省、自治区、直辖市人民政府申请复议。不服国务院各部、委、直属局处理决定的，可向原部、委、直属局申请复议。］

（另一种意见：不服行政机关处理决定的，可以向上级行政机关申请复议，也可以直接向人民法院提起诉讼。）

第十条（损害赔偿）

因行政处理决定违法或不当给起诉人造成损害的，起诉人得单独或附带请求损害赔偿或恢复原状。

加害人已向人民法院提起行政诉讼的，受害人也可附带请求损害赔偿和恢复原状。

第十一条（起诉理由）

行政诉讼得以下列一种或数种理由提起：

（一）违反法律法规；

（二）适用法律错误；

（三）没有事实根据或者证据不足；

（四）程序不合法。

［另有意见，加：（一）超过作出处理决定的行政机关的法定职权；（二）明显地滥用职权。］

（另有意见：删去此条）

第十二条（被诉人）

被诉的行政机关为被诉人。

（另一种意见：被诉的一方为被告）

起诉人起诉后，受诉法院应通知被诉的行政机关应诉。但维持原裁决的最后裁决机关可以授权原裁决机关代为应诉。

第十三条（起诉不停止执行）

起诉不停止原处理决定的执行。

人民法院依据当事人的申请或依职权可全部或部分停止原处理决定的执行。

法律许可当事人交纳保证金，或提供担保人而暂缓执行的，也应停止执行。

第十四条（告知）

受诉法院对控告行政机关具有普通约束力的法规、规章、决定、决议、公告、命令的，应告知当事人向对该规范性文件有改变或撤销权的国家机关申诉；

（另一种意见：删去此款）

对控告行政机关工作人员失职、渎职及其他违法行为的，应告知当事人向其上级行政机关或监察部门提出控告；

对被侵害人要求加害人赔偿损失而单独提出损害赔偿要求的，应告知当事人提起民事诉讼；

对控告行政机关的工作人员犯罪的，应告知当事人向公安、检察机关提出。

第十五条（审理准备）

人民法院应当在受理行政案件　日内（有人建议为三日）将起诉状副本发送被诉机关，被诉机关在收到起诉状副本后，应于　日内向人民法院移送据以作出行政处理决定的全部材料。并于　日内（有人建议为十五日）提出答辩状。

对于不宜公布的材料和国家机密，人民法院应承担保密责任。

第十六条（审理方式）

人民法院审理行政案件可以开庭审理，也可以根据情况进行书面审理。

（另一种意见：人民法院审理行政案件可以书面审理，也可以根据情况开庭审理。）

开庭审理应由审判员三人组成合议庭。

（另一种意见：删去此款）

书面审理采用书状形式进行，但人民法院认为必要，或依当事人的申请，可以指定期限，传唤一方或双方当事人，进行询问或言词辩论。

第十七条（证据）

被诉人有义务提供证据，证明其据以作出行政处理决定的事实或法律根据。

人民法院向有关单位和个人调取证据，有关单位和个人必须如实提供。提供伪证的，追究法律责任。

证人要求对其姓名和身份保密的，人民法院可以根据情况，决定是否保密。

（另一种意见：删去此款）

人民法院对行政机关在审理中因原处理决定证据不足而重新取证，并提出有实质性影响的重大证据时，可以裁定原裁决撤销，由行政机关根据新补充的证据重新作出裁决。

人民法院对须要鉴定的证据，应以法定鉴定机关的鉴定为证据标准。没有法定鉴定机关的，人民法院可以作出处理决定的行政机关或其上级机关商定鉴定机关。

（另一种意见：商议不定的，由人民法院指定。）

（再一种意见：没有法定鉴定机关的，由人民法院指定。）

第十八条（对妨害审理的措施）

被诉机关妨害法院审理该案件的，人民法院可以向同级人民代表大会常务委员会报告，或通知监察机关。

（另一种意见：对被诉机关代理人妨害审理的强制措施，适用民法第八章的有关规定。）

第十九条（诉讼中止）

人民法院认为被诉行政处理决定所依据的规范性文件与宪法或法理相抵触时，法律有明确规定的，依据法律作出裁定或判决。法律没有明确规定的，应中止案件审理，并向同级人民代表大会常务委员会报告。

（另一种意见：人民法院认为被诉行政处理决定所依据的规范性文件与宪法、法律相抵触时，法律有明确规定的，依据法律作出裁定或判决。法律没有明确规定的，应通知制定该文件的行政机关，在一定时间内作出解释。逾期未作解释的，人民法院可以依据宪法和法律的规定，径行判决或裁定。）

第二十条（人民法院的裁定与判决）

人民法院经过审理，应该对行政机关的复议裁决是否合法和是否符合事实，依法分别作出维持、撤销或者部分维持部分撤销的裁定。

（另一种意见，将维持与撤销分写二条）

但人民法院对行政机关确定权利归属或行政赔偿的复议裁决，可以作出改变的判决。

第二十一条（重新裁决与起诉）

人民法院的撤销判决与裁定，不妨碍行政机关根据新的事实和证据，依法作出新的处理决定；也不妨碍起诉人对新的处理决定提起诉讼。

（另一种意见：人民法院对违法或缺乏事实根据的撤销判决或裁定，应写明行政机关不得再作出处理决定。

人民法院对需要行政机关重新作出处理决定的撤销判决或裁定，可以同时向行政机关提出司法建议书，就新的处理决定提出意见。）

对于应当作出新的处理决定而行政机关拒不作出的，人民法院可向同级人民代表大会常务委员会报告，并向其上级主管部门和同级监察部门提出司法建议。

第二十二条（变更）

人民法院对行政机关在法定范围和幅度以内作出的行政处理决定，不得变更。

（另一种意见，加：但可以在撤销或维持时，向原裁决机关提出希望变更裁决内容的司法建议书。）

但对法律法规没有明确的幅度规定，而行政机关的处理决定又明显失当或受到不相关因素干扰并使起诉人受到不利影响时，人民法院可以适当变更行政机关的处理决定。

（另一种意见：人民法院只能在法律、法规和规章没有具体的范围和幅度的规定、行政机关的处理决定明显失当时，才可变更。）

第二十三条（复核）

人民法院实行一审终审。

当事人不服人民法院一审判决和裁定的，可以在　日内申请人民法院复核。逾期不申请的，一审法院的判决或裁定即发生法律效力。

申请复核人为申请人，另一方为被申请人。

原审人民法院收到复核申请书后，应当连同全部案卷和证据送上级人民法院。

（另一种意见：应坚持两审终审制）

第二十四条（复核程序）

上级人民法院复核行政诉讼案件，应由审判员三人组成合议庭，全面审查原审法院作出判决或裁定的根据及全部案卷。必要时可以传唤当事人到庭进行询问或为言词辩论。

（另一种意见：可同于审判监督程序）

第二十五条（复核裁定）

复核法院可以分别作出如下裁定：

原判决或裁定认定事实清楚，适用法律正确，裁定驳回申请，维持原判；

原判决或裁定认定事实有误，适用法律错误，应裁定全部或部分撤销原判，并对原复议裁决重新作出判决或裁定。

复核法院的判决或裁定，是发生法律效力的判决或裁定。

（或改为：是最终判决）

第二十六条（结案期限）

人民法院应在　日内作出第一审判决或裁定。

人民法院应在　日内作出复核裁定。

（另一种意见：删去此条）

第二十七条（判决或裁定的执行）

当事人对人民法院发生法律效力的判决或裁定必须执行。

针对行政机关的判决或裁定，应由其主要负责人负责执行。拒不执行的，人民法院应报告同级人民代表大会常务委员会，并由主要负责人全部或部分承担拒不执行判决或裁定的法律责任。

（另一种意见：人民法院应报告同级人民代表大会常务委员会，由常务委员会对不执行人民法院判决或裁定的被诉机关的主要负责人，行使质询权或罢免权。）

［另一种意见：适用民事诉讼法（试行）第十七章有关规定。］

第二十八条（检察机关参与行政诉讼）

检察机关参与行政诉讼。

检察机关在行政机关严重损害公民、集体或国家利益而又无人起诉时，可以提起行政诉讼。

检察机关对人民法院应该受理而不受理或不应受理而受理行政案件，或在审理行政案件时有违法行为，可以通知该院或其上级人民法院院长。

（另一种意见：仅写检察机关参与行政诉讼。）

第二十九条（诉讼费用）

当事人进行行政诉讼，应当依照规定交纳案件受理费以及其它诉讼费用。收取诉讼费用的办法由最高人民法院另行制定。

第三十条（适用民事诉讼法）

本法没有规定的事项，与本法无抵触者，准用民事诉讼法。

（另一种意见：在各条内写明哪些准用或哪些不适用。）

第三十一条（施行）

在本法施行前颁布的法律法规中有关行政诉讼的规定，与本法抵触的，以本法为准。

本法自一九　年　月　日起施行。

关于《行政诉讼法（试拟稿）》的说明

（行政立法研究组，1987 年 9 月 5 日）

王汉斌、宋汝棼同志并法工委党组：

在全国人大法委会和人大常委会法工委的指导和支持下，在陶希晋同志的具体指导下，从 1986 年 10 月起，由法工委、国务院法制局、最高法院、北京市法制办和北京大学、中国人民大学、法学所、中国政法大学等单位从事行政法理论和实践工作者 10 余人组成行政立法研究组，对在我国如何加强行政法制建设问题进行研究。

加强行政法制建设是近 10 年来我国政治、经济、社会发展的客观需要，是党的十一届三中全会以来我国民主和法制发展的必然结果。由于我们长期来对行政法制的忽视，也由于经济体制改革的深入和政治体制改革的展开，行政立法的任务十分繁重。结合当前的实际，我们选择了对目前建设和改革实践有全局意义的，也是最为迫切需要的行政基本法和行政诉讼法作为研究组的研究重点。

行政基本法是规定国家行政管理的基本原则、制度和程序的基本法律。它将为我国行政机关的组织和活动，国家行政工作人员的管理和责任；国家行政管理，包括经济行政管理的制度化、法律化提供基本的规范和依据。是实现十三大提出的改革任务，巩固改革成果的必不可少的法律手段，也是完善我国行政法制建设最重要的措施。制定行政诉讼法则是通过健全诉讼制度，使行政机关的活动得到人民和司法机关的广泛而又严格的监督，以保护公民和单位的合法权利和利益，克服官僚主义和不正之风，维护安定团结的政治局面的重要立法。是国家三大诉讼制度之一。

近期来，研究组以研究和试拟行政诉讼法作为主要任务。这是因为：

第一，从1982年民事诉讼法（试行）颁布和今年治安管理处罚条例实施以来，行政诉讼的实践已提出大量问题迫切需要作出回答。尽快制定行政诉讼法是实际部门和理论界的一致要求。否则，就会给国家的行政实践和司法实践带来严重的不利影响；第二，鉴于当前政治体制改革和经济体制改革正在进行，行政基本法的制定还有待于进一步积累经验；同时先制定行政诉讼法，将对我国行政基本法和单行行政法规、规章的制定和完善产生积极影响；第三，比起行政基本法来，行政诉讼法在理论和实践两个方面的准备都更为充分。因此，研究组集中力量，在多次调查研究的基础上，参考各国行政诉讼经验，结合我国的具体情况，于今年7月，试拟了行政诉讼法初稿。试拟稿已邀请在京的行政法专家，法院（包括最高法院，北京市高院、中院等），政府部门（包括国务院法制局、北京市法制办，公安、工商、税务、卫生、环保等部门）和江苏省的法院和政府部门进行了讨论，并在此基础上作了修改。现将试拟稿送上。我们认为：制定行政诉讼法的主客观条件已经成熟。建议法工委于近期内能正式将起草行政诉讼法的任务列入工作日程，组织起草小组，尽快将正式草案拟出。行政基本法的研究工作，准备在行政诉讼法研究任务告一段落后，随着行政体制改革的概貌日渐清晰，继续进行。

行政立法研究组

1987年9月5日

中华人民共和国行政诉讼法
（征求意见稿）

（全国人大法工委，1988 年 7 月 13 日）

第一章　总　　则

第一条　为保证人民法院正确、及时地审理行政案件，保护公民和组织的合法权利，监督和保障国家行政机关依法行使行政权力，根据宪法，制定本法。

第二条　公民和组织认为国家行政机关和公务员在行使行政权力时所作的具体行政行为违法侵犯其合法权利，有权向人民法院提起诉讼。

第三条　人民法院依法对行政案件独立行使审判权，不受行政机关、团体和个人的干涉。

人民法院可以设立行政庭，审理行政案件；没有设立行政庭的，可以由民庭或者经济庭审理。

人民法院根据实际情况也可以设立专门行政庭。

第四条　人民法院审理行政案件，应当以事实为根据，以法律为准绳。

人民法院审理行政案件以法律、法规、规章为依据。法规、规章与法律有抵触的，以法律为依据；规章与法规有抵触的，以法规为依据。

第五条　行政诉讼当事人在诉讼活动中的法律地位平等。

第六条　凡在中华人民共和国领域内进行行政诉讼，适用本法。

本法关于公民和组织的规定，适用于在我国境内的外国人、无国籍人和外国组织。

第二章　人民法院对行政案件的受案范围

第七条　人民法院受理公民和组织对下列具体行政行为提起的诉讼：

（一）违法的行政处罚；

（二）侵害农村合法的土地等自然资源的承包经营权；

（三）违法征税或减税、免税；

（四）违法地确认专利等权利或者土地、森林、山岭、草原、荒地、滩涂等所有权、使用权；

（五）违法核发或不核发许可证；

（六）其他违法剥夺公民、组织合法权利或者违法责成其履行义务的行为。

（另一方案，概括地规定：人民法院受理因国家行政机关和公务员的具体行政行为违法剥夺公民、组织合法权利或者违法责成其履行义务的行政案件。）

第八条　前条规定的违法是指：

（一）同法律相抵触；

（二）适用法律错误；

（三）没有事实根据或者主要证据不足；

（四）超越职权；

（五）处罚显失公正，但在法律规定范围和幅度内处罚行为的轻重问题不属于违法；

（六）超过法定期限不履行职责或者法律虽然没有规定期限但拖延不履行职责。

第九条　人民法院对于下列起诉，分别情况，给予处理：

（一）控告行政机关制定的法规、规章或者具有普遍约束力的决定、决议、公告、命令的，告知原告向制定该规范性文件的行政机关的上级行政机关或者同级人民代表大会常务委员会提出；

（二）行政机关之间的权限争议，告知原告向其上级行政机关提出；

（三）对行政机关就民事责任的承担所作的处理不服的，告知原告应以民事争议的另一方为被告，按民事诉讼程序提出；对劳动仲裁机关所作的裁决不服的，告知原告按民事诉讼程序提出；

（四）依法应当由审计、监察、人事部门处理的争议，告知原告向有关部门提出；

（五）法律规定由行政机关最终裁决的，告知原告向作出最终裁决的机关申诉；

（六）对国务院所属的部、委、局或它指定的机构所作的技术鉴定不服的，告知原告向鉴定机关申诉；

（七）控告行政机关没有法律、法规、规章为依据所作的具体行政行为，是否属于违法侵害公民、组织合法权利不明确的，告知原告向其上级行政机关提出。

第十条 公民、组织对行政机关或者公务员的具体行政行为不服，可以向行政机关申请复议，也可以向人民法院起诉。但是，法律规定应当先经过行政机关复议的或者可以直接向人民法院起诉的或者由行政机关最终裁决的，依照法律规定。

（另一种方案：公民、组织对行政机关或者公务员的具体行政行为不服，可以向行政机关申请复议，对行政机关复议所作裁决仍不服的再向人民法院起诉。但是，法律规定可以由当事人选择申请复议或者向人民法院起诉的，或者可以直接向人民法院起诉的，或者由行政机关最终裁决的，依照法律规定。）

第十一条 公民、组织申请复议的，应当在具体行政行为作出之日起十五日内向作出具体行政行为的机关或者其上一级行政机关申请复议，国务院部、委、局所作的具体行政行为，原处理机关为复议机关。

复议机关应当在收到申请书之日起三十日内作出裁决。申请人不服复议裁决，可以在复议裁决之日起三十日内向人民法院起诉。复议机关逾期不作出裁决的，申请人可以在复议期满之日起三十日内向人民法院起诉。以上期限，法律另有规定的除外。

第十二条 公民、组织直接向人民法院起诉的，应当在违法的具体行政行为作出之日起的三个月内提出，但法律另有规定的除外。

第三章　对行政案件的管辖

第十三条　基层人民法院管辖第一审行政案件，但本法另有规定的除外。

第十四条　中级人民法院管辖下列第一审行政案件：

（一）专利确权案件、海关处理的案件；

（二）不服省级以上行政机关作出的具体行政行为或者复议裁决的案件；

（三）在本辖区有重大影响的案件。

第十五条　高级人民法院管辖在本辖区有重大影响的第一审行政案件。

第十六条　最高人民法院管辖在全国有重大影响的第一审行政案件。

第十七条　行政案件由被告所在地人民法院管辖。

第十八条　因人身自由权利被侵害而提起的诉讼，由原告所在地或者被告所在地人民法院管辖。

第十九条　因不动产所有权、使用权提起的诉讼，由不动产所在地人民法院管辖。

第二十条　上级人民法院有权审判下级人民法院管辖的第一审行政案件，也可以把自己管辖的第一审行政案件交下级人民法院审判。

下级人民法院对它所管辖的第一审行政案件，认为需要由上级人民法院审判的，可以报请上级人民法院审判。

第四章　行政诉讼参加人

第二十一条　因违法的具体行政行为而使其合法权利受到损害的公民、组织可以提起行政诉讼。

具有起诉资格的公民已经死亡，其近亲属可以起诉。

具有起诉资格的组织分立、合并的，其变更后的组织可以起诉。

第二十二条　被诉的行政机关是被告。

依法不需复议直接向人民法院起诉的，作出具体行政行为的机关是被告。

经复议机关裁决的，复议机关是被告。

因国家行政机关的授权行使行政权力的组织或者个人所作的具体行政行为，由授权的行政机关作为被告。

由几个行政机关组成的行使行政权力的临时性组织所作的具体行政行为，由该组织作为被告。该组织已撤销的，由决定成立该组织的行政机关作为被告。

行政机关撤销或者合并后，由继续行使其职权的行政机关作为被告。

第二十三条 同起诉的具体行政行为有直接利害关系的公民、组织作为第三人参加诉讼。

第二十四条 对其成员负有保护义务的社会团体可以代表其成员或者接受其成员的委托，提起诉讼。

第五章 行政案件的审判

第二十五条 原告提起诉讼后，经人民法院审查，认为符合本法规定的受理条件，应当在五日内立案；认为不符合本法规定的受理条件的，应当在五日内作出不予受理的裁定。

原告对裁定不服的，可以在收到裁定书之日起十日内提起上诉。

第二十六条 人民法院应当在立案后三日内，将起诉状副本发送被告；被告收到起诉状副本后，应当于七日内向人民法院提供据以作出具体行政行为的全部材料，并于十五日内提出答辩状，人民法院应当在收到答辩状后三日内将副本发送原告。

第二十七条 人民法院受理行政案件，在诉讼期间，不停止具体行政行为的执行。

有下列情况之一的，行政机关的具体行政行为暂停执行：

（一）行政机关认为必要时，可以主动停止执行；

（二）人民法院根据原告的申请或者认为该具体行政行为的执行会给原告造成难以弥补的损失，而且暂缓执行不违背社会公共利益的，可以裁定全部或者部分停止执行；

（三）法律规定可以取保暂停执行的。

第二十八条 人民法院审理行政案件实行开庭审理。

人民法院根据情况，也可以实行书面审理。

第二十九条 人民法院审理行政案件，应当由三人以上审判员组成合议庭，合议庭的成员，应当是单数。

第三十条 审理行政案件不适用调解。

对行政案件中有关赔偿的部分，可以进行调解。

第三十一条 行政案件的当事人都有义务提供证据。

被告负有主要的举证责任，须提供据以作出具体行政行为的事实和法律依据。

人民法院对需要鉴定的证据，应以法定鉴定部门的鉴定为准。没有法定鉴定部门的，由人民法院指定。

第三十二条 诉讼参与人和其他人妨害人民法院审理案件的，适用《民事诉讼法（试行）》第八章关于强制措施的规定。

第三十三条 人民法院对行政案件作出判决以前，原告可以请求撤诉。撤诉须经法院裁定，其裁定准许撤诉的，终结诉讼。

第三十四条 人民法院对行政案件作出判决以前，被告撤销其所作的具体行政行为，原告同意撤诉，经人民法院裁定准许撤诉的，终结诉讼；被告改变其所作的具体行政行为，原告同意撤诉，经人民法院裁定准许撤诉的，终结诉讼，原告不同意撤诉的，或者人民法院裁定驳回撤诉的，由人民法院按行政机关改变后的决定，进行审判。

第三十五条 人民法院经过审理，可分别情形，作出判决或裁定：

（一）具体行政行为事实清楚，证据确凿，适用法律正确的，判决维持；

（二）具体行政行为违法或者部分违法，判决撤销或者部分撤销，或者判决撤销，令其重新做出决定；

（三）行政机关有第八条第（六）项违法行为的，判决其在一定期限内履行；

（四）行政机关的处罚显失公正的，可以作出变更的判决；

（五）具体行政行为的书面记载有失误的，裁定补正。

第三十六条 在审理行政案件中，人民法院发现行政机关的法定代表人或者公务员违反政纪的，应当在判决后向有关机关提出给予行政处分的建议书；发现有犯罪行为的，应当将有关材料移送有关机关。

第三十七条 人民法院在收到起诉书的三个月内应当作出第一审判决。有特殊情况的，经法院院长批准，可以延长三十日。

第三十八条 当事人不服人民法院第一审判决的，有权在判决书送达之日起十五日内向上一级人民法院提起上诉。

逾期不提起上诉的，第一审人民法院的判决即发生法律效力。

第三十九条 人民法院审理第二审行政案件，应当在收到上诉状的两个月内作出终审判决。有特殊情况的，经法院院长批准，可以延长二十日。

第四十条 行政诉讼的审判监督程序，适用《中华人民共和国民事诉讼法（试行）》第十四章。

第六章 行政案件判决的执行

第四十一条 当事人必须执行人民法院发生法律效力的判决。

原告逾期不执行的，适用《中华人民共和国民事诉讼法（试行）》第四编执行程序。

被告逾期不执行或者不按照撤销判决中说明的理由作出相应行为的，人民法院可以采取以下措施：

（一）对应当归还罚款或者支付赔偿金、补偿金的，人民法院可以通知银行从被告的帐号内划拨；

（二）按日处以 50 元以上、100 元以下的罚款；

（三）通报被告的上级行政机关或者监察机关，上级行政机关和监察机关应分别情形，对被告的法定代表人给予行政处分；

（四）被告的法定代表人拒不执行判决、情节严重构成犯罪的，依照中华人民共和国刑法第一百五十七条追究刑事责任。

第七章 行政机关的责任

第四十二条 因行政机关或者公务员违法的具体行政行为侵犯公民、组织的合法权利造成损失的，由该行政机关承担赔偿责任。

前款情形，公务员有故意或者重大过失的，负有赔偿义务的机关对其有追偿权，需要追究行政责任的，应当追究行政责任，构成犯罪的，依法追究刑事责任。

第四十三条 赔偿请求可以在行政复议中附带提起，也可以在行政诉讼中附带提起。

单独提起赔偿请求，应当先向行政机关提出，不服的再向人民法院提起赔偿诉讼，赔偿诉讼适用民事诉讼程序。

第四十四条 行政机关承担行政责任的方式主要有：

（一）撤销或变更原具体行政行为；

（二）停止侵害；

（三）返还财产；

（四）恢复原状；

（五）赔偿损失；

（六）恢复名誉；

（七）赔礼道歉。

第四十五条 侵犯公民人身自由的赔偿，以每日一定金额计算；使公民患有疾病的，应当支付全部医疗费用；造成公民残废的，应当支付治疗费、残废补助金；造成公民死亡的，应当支付家属抚慰金，对其依法应当承担抚养义务的家属支付抚养费。

第四十六条 侵犯公民、组织财产权造成损失的赔偿金额，按直接损失计算。

第四十七条 违法查封、扣押、没收物品，原物存在的，返还原物；原物有损坏的，就损坏部分予以修理、更换或者赔偿损失；已经变卖的，按照市场价格予以赔偿，市场价格低于原购进价的，按原购进价予以赔偿。

第八章 附　　则

第四十八条 当事人进行行政诉讼，应当依照规定交纳诉讼费用。收取诉讼费用的办法由最高人民法院另行制定。

第四十九条 在本法施行前颁布的法律中有关行政诉讼的规定，与本法抵触的，以本法为准。

第五十条 本法没有规定的，适用民事诉讼法的规定。

第五十一条 本法自 19　年　月　日起施行。

关于《行政诉讼法（征求意见稿）》几个问题的说明

（全国人大法工委，1988年7月13日）

《行政诉讼法（征求意见稿）》是根据宪法和党的十三大的精神草拟的。一是保障公民和组织的合法权利，当他们的合法权利受到行政机关的侵害时能够得到补救；二是促进行政管理法制化，监督行政机关在行使职权时依法办事，克服官僚主义，同时使行政机关能够充分地依法行使职权，提高行政效率。

这个征求意见稿是在行政立法研究组起草的试拟稿基础上，根据各地和有关部门的意见修改形成的。现对征求意见稿中几个主要问题，说明如下：

一、法院受理行政案件的范围

法院受理行政案件的范围多大，这是行政诉讼法中一个重要问题。征求意见稿从保障公民合法权利出发，同时考虑到我国实际情况，规定国家行政机关和公务员在行使行政权力时所作的违法的具体行政行为，侵害公民和组织合法权利（包括非法剥夺权利和非法责成履行义务）的，被侵害的公民和组织有权向法院起诉，法院应当受理。为了使公民和组织明确哪些权利受到侵害可以提起行政诉讼，更好地维护自己的合法权利，征求意见稿根据实际存在的问题，具体列了六项。

征求意见稿还对法院不受理的行政行为做了规定，主要是：第一，控告行政机关制定法规、规章或具有普遍约束力的决定、决议的，由其上级行政机关或同级人大常委会解决；第二，行政机关之间的权限争议以及行政机关内部的奖惩、任免等，由有权的行政机关解决；第三，行政机关在法律规定的范围内根据自由裁量权所作的行为，法院不管，可以向行政机关申请复议，但是处罚显失公正的法院可以考虑管。征求意见稿规定，法院管违法的具体行政行为，违法是指与法律抵触的，适用法律错误的，没有事实根据或主要证据不足的等；第四，法律规定由行政机关最终裁决的（如公安机关对外国人入境出境处罚的复议裁决，商标评审委员会对撤销注册商标的复议裁决），法院不受理。

法院的同志提出，当前行政法规还不够健全，又处在改革时期，行政机关有些具体行政行为，没有法律、法规、规章为依据，对这种行政行为法院如果受理，审理没有依据，不好办。因此，征求意见稿规定，控告行政机关没有法律、法规、规章为依据所作的具体行政行为，是否违法又不明确的（如果明显违法，可以根据法律审判），告知原告向上级行政机关申诉。今后随着行政法规逐步健全，法院受案范围可以逐步扩大。对这个问题还有不同意见，可以进一步研究。

二、行政复议和行政诉讼关系问题

不服行政机关的决定，是否必须先经过行政复议再向法院起诉，现行法律有几种不同规定，有的法律把行政复议作为前置条件；有的法律规定由当事人选择，可以向上级主管机关申请复议，也可以直接向人民法院起诉，行政诉讼法如何规定为好，法院和行政部门的同志多主张，先经过行政复议，有些可以直接向法院起诉；另一种意见主张，原则上由当事人选择，法律规定必须先经过行政复议的除外。前一种主张的理由是：第一，采取“行政救济终结”原则，便于上级行政机关对下级的监督，便于行政机关充分运用行政专业知识；第二，程序较为简便，上级行政机关复议时可以改变原决定，由行政机关自己纠正，宜于解决问题；第三，先经过复议，绝大部分纠纷能在行政复议中得到解决，减轻法院压力，使法院可以集中力量处理经复议解决不了的行政案件。后一种主张的理由是：第一，方便当事人，要当事人从县到市、市到省申请复议，交通、食宿等都会有不便；第二，有些具体行政行为已经上级行政机关审批，申请复议意义不大；第三，由当事人选择，可以更好地保障当事人的诉讼权利。征求意见稿对此写了两个方案，供进一步研究。

三、对行政案件的管辖

征求意见稿对行政案件的管辖，是根据以下几个原则规定的：第一，方便当事人诉讼；第二，便利法院审判和判决的执行；第三，有利于公正审判行政案件。

根据上诉原则，征求意见稿规定：第一，级别管辖。一般由基层法院管辖，某些专业性较强的如专利、海关的行政案件由中级法院管辖。第二，地域管辖。一般由被告所在地法院管辖。因人身自由权利被侵害而提起的诉讼，原告可以选择原告所在地或者被告所在地法院管辖；为便于审理和执行，因不动产所有权、使用权提起的诉讼，由不动产所在地法院管辖。

四、法规、规章可否作为审理行政案件的依据问题

法规、规章是否可以作为行政案件的审判依据，法院和地方的同志都要求明确。我们考虑，国务院有权制定行政法规，省级地方人大有权制定地方性法规，国务院部委、省级政府以及省、自治区政府所在地的市和国务院批准的较大的市政府有权制定规章，是宪法和地方组织法规定了的，只要不与法律抵触，应当有法律约束力，特别是在改革过程中，许多问题是由法规、规章规定的，如果没有法律约束力，在实际工作中就会发生问题。因此，征求意见稿规定，人民法院审理行政案件，应当以法律、法规、规章为依据；法规、规章与法律有抵触的，以法律为依据；规章与法规相抵触的，以法规为依据。这样既有利于维护法律的统一和严肃，又可以保障合法的法规、规章的贯彻执行。对这个问题还有不同看法，需进一步研究。

五、对行政案件的审理

行政机关的行政行为和民事行为性质不同（民事双方当事人地位是平等的，根据自愿原则，对自己的民事权利有权处分；机关行使行政权力，当事人地位不是平等的，对行政权力也不能随意处分），因此就产生了行政诉讼与民事诉讼不同的特点。征求意见稿根据行政诉讼的特点，做了如

下规定：第一，诉讼期间除法律规定的几种情况外，具体行政行为不停止执行。第二，审理行政案件不适用调解，因为行政机关代表国家进行行政管理，不能自己任意处分权利。但征求意见稿规定，在法院判决以前，原告可以撤诉，被告也可以撤销或者改变其所作的具体行政行为，是否准许撤诉，由法院裁定。第三，对具体行政行为是否合法的问题，由被告负主要的举证责任，应当提供证明其作出具体行政行为的事实和法律依据。第四，法院审理行政案件，原则上只是维持或撤销，不做变更。对行政机关的处罚显失公正的，可以作出变更的判决。

六、执行

各地反映，行政案件判决的执行，是一个很大的问题，法院的同志强烈要求有手段，希望在行政诉讼法中对此作出规定。征求意见稿规定，原告拒不执行判决的，适用民事诉讼法（试行）的执行程序；被告拒不执行判决的，人民法院可以：第一，通知银行划拨被诉行政机关应当支付的赔偿金、补偿金等款项；第二，对被诉行政机关按日处以迟延罚款；第三，通报被诉机关的上级行政机关或者监察机关，给予行政处分；第四，情节严重构成犯罪的，适用刑法第一百五十七条。

七、行政机关的责任

进行行政诉讼的目的之一，是要使公民被行政机关违法处理决定侵害了的权利能够得到补救。如果赔偿问题得不到解决，则行政诉讼的目的达不到，法院的有些判决无法落实，公民被侵害的权利不能得到恢复和赔偿。因此，征求意见稿规定了“行政机关的责任”一章，对行政机关责任的几个主要问题做了规定：第一，实行过错责任原则。行政机关违法的具体行政行为对当事人造成损失的，要进行赔偿。第二，行政机关负责原则。征求意见稿规定，由行政机关承担赔偿责任，因为机关对本单位工作人员有教育、监督的责任，同时只有这样才能使被侵权人得到赔偿。征求意见稿同时规定，公务员有故意或者重大过失的，负有赔偿义务的机关对其有追偿权，需要追究行政责任的应当追究行政责任；构成犯罪的，依法追究刑事责任。第三，对行政机关承担责任的方式和赔偿的标准等，做了原则规定。

中华人民共和国行政诉讼法（草案）

（第七届全国人大常委会第四次会议，1988 年 10 月 27 日印）

第一章　总　　则

第一条　为保护公民和组织的合法权益，促使国家行政机关依法行使行政权力，保证人民法院及时地审理行政案件，根据宪法，制定本法。

第二条　公民、组织对行政机关和行政机关工作人员在行使行政权力时侵犯其合法权益的具体行政行为，有权依照本法规定向人民法院提起诉讼。

第三条　人民法院依法对行政案件独立行使审判权，不受行政机关、团体和个人的干涉。

人民法院设立行政审判庭，审理行政案件。

第四条　人民法院审理行政案件，必须以事实为根据，以法律为准绳。

人民法院审理行政案件以法律、法规为依据。法规与法律有抵触的，以法律为依据。

第五条　人民法院审理行政案件，依照法律规定实行两审终审、公开审判、合议和回避制度。

第六条　当事人在行政诉讼活动中的法律地位平等。

第七条　人民检察院有权对行政诉讼活动实行法律监督。

第八条　公民、组织在法定期限内不提起行政诉讼，又不履行行政机关的决定，行政机关可以依照法律规定申请人民法院强制执行。

第二章　人民法院对行政案件的受案范围

第九条　人民法院受理法律、法规规定公民、组织可以提起诉讼的行政案件。

除前款规定的行政案件外，人民法院受理下列行政案件：

（一）对罚款五十元以上、吊销执照、吊销许可证、责令停产停业、没收非法所得等行政处罚不服的；

（二）对剥夺、限制人身自由的行政强制措施不服的；

（三）侵害合法的承包经营权的行政行为；

（四）符合法定条件应当发给许可证和证明，行政机关无理拒绝发给或者故意拖延不发的；

（五）行政机关工作人员执行职务时滥用职权侵犯公民、组织合法权益的行政行为。

第十条 人民法院对于下列事项，分别情况，给予处理：

（一）控告行政机关制定的法规、规章或者具有普遍约束力的决定、决议、公告、命令的，告知起诉人向制定该规范性文件的行政机关的上一级行政机关或者同级人民代表大会常务委员会提出；

（二）对行政机关就民事争议所作的处理不服的，告知起诉人按民事诉讼程序提出；

（三）依法应当由监察、人事部门处理的，告知起诉人向有关部门提出；

（四）法律规定由行政机关最终裁决的，告知起诉人向作出最终裁决的机关或者其上级机关申诉。

第十一条 符合本法规定的行政案件，公民、组织可以直接向人民法院起诉。法律、法规规定必须先向行政机关申请复议的，经复议后对复议裁决不服的，可以再向人民法院起诉。

第十二条 公民、组织向行政机关申请复议的，复议机关应当在收到申请书之日起二个月内作出裁决。申请人不服复议裁决，可以在知道复议裁决之日起十五日内向人民法院起诉。复议机关逾期不作出裁决的，申请人可以在复议期满之日起十五日内向人民法院起诉。

以上期限，法律另有规定的除外。

第十三条 公民、组织直接向人民法院起诉的，应当在知道作出具体行政行为之日起的三个月内提出，法律另有规定的除外。

第十四条 公民、组织因不可抗拒的事由或者其他正当理由不能在法律规定的期间内提起行政诉讼的，人民法院可以延长诉讼时效期间。

第三章　人民法院对行政案件的管辖

第十五条　基层人民法院管辖第一审行政案件，本法另有规定的除外。

第十六条　中级人民法院管辖下列第一审行政案件：

（一）发明专利的确权案件、海关处理的案件；

（二）重大、复杂的案件。

第十七条　行政案件由被诉人所在地人民法院管辖。经复议裁决的案件，也可以由最初作出具体行政行为的机关所在地的人民法院管辖。本法另有规定的除外。

第十八条　因人身自由权利被侵害而提起的诉讼，由起诉人所在地或者被诉人所在地人民法院管辖。

第十九条　因不动产所有权、使用权提起的诉讼，由不动产所在地人民法院管辖。

第二十条　上级人民法院有权审判下级人民法院管辖的第一审行政案件，也可以把自己管辖的第一审行政案件交下级人民法院审判。

下级人民法院对它所管辖的第一审行政案件，认为需要由上级人民法院审判的，可以报请上级人民法院审判。

第四章　行政诉讼参加人

第二十一条　依照本法提起行政诉讼的公民、组织是起诉人。

有权起诉的公民已经死亡，其近亲属可以起诉。

有权起诉的组织分立、合并的，其变更后的组织可以起诉。

第二十二条　依法直接向人民法院起诉的，作出具体行政行为的机关是被诉人。

经复议机关裁决的，复议机关是被诉人。

行政机关授权组织或者个人实施的具体行政行为，由授权的行政机关作为被诉人。

行政机关撤销或者合并后，由继续行使其职权的行政机关作为被诉人；没有继续行使其职权的机关，由决定撤销的行政机关或者其指定的行政机关作为被诉人。

第二十三条 同起诉的具体行政行为有利害关系的公民、组织可以申请参加诉讼，或者由人民法院通知参加诉讼。

第二十四条 社会团体可以接受其成员的委托提起行政诉讼。

第五章 行政案件的审判

第二十五条 起诉人提起诉讼后，经人民法院审查，应当在五日内立案或者通知起诉人不予受理。

第二十六条 人民法院应当在立案后三日内，将起诉状副本发送被诉人；被诉人收到起诉状副本后，应当于十日内向人民法院提出答辩状，提供据以作出具体行政行为的材料。人民法院应当在收到答辩状后三日内，将答辩状副本发送起诉人。

第二十七条 在诉讼期间，不停止该具体行政行为的执行。

人民法院根据起诉人的申请或者认为该具体行政行为的执行会给起诉人造成难以弥补的损失，而且停止执行不违背社会公共利益的，可以裁定停止执行。

第二十八条 人民法院审理行政案件实行开庭审理。

人民法院认为事实清楚的案件，可以实行书面审理。

第二十九条 人民法院审理行政案件，由审判员、陪审员组成合议庭，或者由审判员组成合议庭，合议庭的成员，应当是三人以上的单数。

第三十条 审理行政案件不采用调解方式。

第三十一条 行政案件的当事人都有义务提供证据。

被诉人负有举证责任，必须提供据以作出具体行政行为的事实和法律、法规的依据。

第三十二条 人民法院有权向被诉的行政机关以及其他有关组织和公民调取证据。

人民法院对需要鉴定的证据，应当以法定鉴定部门的鉴定为准。没有法定鉴定部门的，由人民法院指定。

第三十三条 诉讼参与人和其他人妨害人民法院审理案件的，人民法院可以根据情节轻重，予以训诫、责令具结悔过或者予以二百元以下的罚款、十五日以下的拘留。罚款、拘留，必须经人民法院院长批准。

第三十四条 人民法院对行政案件作出判决以前，起诉人撤诉的，终结诉讼。

第三十五条 人民法院对行政案件作出判决以前，被诉人可以撤销或者改变其所作的具体行政行为，起诉人同意撤诉的，终结诉讼，起诉人不同意撤诉的，由人民法院进行审判。

第三十六条 人民法院经过审理，根据不同情况，分别作出以下判决：

（一）具体行政行为事实清楚，适用法律、法规正确的，判决维持行政机关的处理决定；

（二）具体行政行为主要证据不足，或者适用法律、法规错误，或者由于违反法定程序影响正确作出具体行政行为，判决撤销或者部分撤销；

（三）行政机关拒绝履行应当履行的职责或者超过法定期限不履行职责的，判决其在一定期限内履行；

（四）行政处罚畸轻畸重显失公正的，可以判决变更。

第三十七条 在审理行政案件中，人民法院认为行政机关的直接责任人员违反政纪的，应当在判决后将有关材料移送监察机关；认为有犯罪行为的，应当将有关材料移送公安、检察机关。

第三十八条 人民法院应当在收到起诉书之日起两个月内作出第一审判决。重大、复杂的案件，可以延长一个月。

第三十九条 当事人不服人民法院第一审判决的，有权在判决书送达之日起十五日内向上一级人民法院提起上诉。逾期不提起上诉的，人民法院的第一审判决即发生法律效力。

第四十条 人民法院审理第二审行政案件，应当在收到上诉状之日起一个月内作出终审判决。重大、复杂的案件，可以延长十五天。

第四十一条 各级人民法院院长对本院已经发生法律效力的判决和裁定，发现在认定事实或者适用法律上确有错误的，必须提交审判委员会处理。

上级人民法院对下级人民法院已经发生法律效力的判决和裁定，发现确有错误的，有权提审或者指令下级人民法院再审。

各级人民法院对于当事人提出的对已经发生法律效力的判决和裁定的申诉，应当认真负责处理。

第六章　行政案件判决的执行

第四十二条　当事人必须执行人民法院发生法律效力的判决。

起诉人逾期不执行的，人民法院或者行政机关可以依法强制执行。

被诉人逾期不执行的，人民法院可以采取以下措施：

（一）对应当归还罚款或者支付赔偿金、补偿金的，通知银行从被诉人的帐号内划拨；

（二）按日处以 50 元以上、100 元以下的罚款；

（三）通报被诉人的上级行政机关或者监察机关，上级行政机关和监察机关应当分别情形，对被诉人的主管人员和直接责任人员给予行政处分；

（四）拒不执行判决改变侵犯公民、组织合法权益的行政行为、情节严重构成犯罪的，依法追究主管人员和直接责任人员的刑事责任。

第四十三条　人民法院判决确定行政机关或者行政机关工作人员作出的具体行政行为侵犯公民、组织的合法权益的，该行政机关应当承担责任。

行政机关以赔偿损失的方式承担责任的，行政机关承担责任之后，可以责令有故意或者重大过失的行政机关工作人员承担部分或者全部赔偿责任。

第四十四条　行政机关承担责任的方式主要有：

（一）停止侵害；

（二）返还财产；

（三）恢复原状；

（四）赔偿损失；

（五）恢复名誉；

（六）赔礼道歉。

以上方式可以单独适用，也可以数项合并使用。

第四十五条 侵犯公民人身自由的赔偿，以每日一定金额计算。对公民身体健康造成损害的，应当赔偿医疗费、因误工减少的收入等费用；造成残废的，还应当支付生活补助费；造成公民死亡的，应当支付丧葬费、死者生前扶养的人必要的生活费等费用。

第四十六条 侵犯公民、组织财产权益造成损失的赔偿金额，按直接损失计算。被查封、扣押、没收的物品，原物存在的，返还原物；原物有损坏的，赔偿损失；已经变卖的，按照市场价格予以赔偿，市场价格低于原购进价的，按原购进价予以赔偿。

第四十七条 赔偿费用，从各级财政列支。具体办法由国务院另行规定。

第七章 附 则

第四十八条 人民法院审理行政案件收取诉讼费用。诉讼费用由败诉方承担，双方都有责任的由双方承担。收取诉讼费用的办法，由最高人民法院规定。

第四十九条 本法没有规定的，适用有关民事诉讼的法律规定。但是，关于和解、反诉、简易程序的规定不予适用。

第五十条 本法自1990年1月1日起施行。

关于《中华人民共和国行政诉讼法（草案）》的说明

全国人大常委会副委员长、法制工作委员会主任　王汉斌

（第七届全国人大常委会第四次会议，1988 年 10 月 29 日印）

委员长、副委员长、各位委员：

我受委员长会议的委托，对行政诉讼法草案作如下说明：

制定行政诉讼法，是刑事诉讼法、民事诉讼法（试行）制定之后，我国社会主义法制建设的一件大事。宪法规定，公民“对于任何国家机关和国家工作人员的违法失职行为，有向有关国家机关提出申诉、控告或者检举的权利”，“由于国家机关和国家工作人员侵犯公民权利而受到损失的人，有依照法律规定取得赔偿的权利”。行政诉讼法的制定，对于贯彻执行宪法和党的十三大报告提出的保障公民的合法权益的原则，对于维护和促进行政机关依法行使行政权力，改进和提高行政工作，都有重要的积极的意义。

我国于 1982 年开始建立行政诉讼制度。1982 年制定的民事诉讼法（试行）规定，人民法院受理法律规定可以起诉的行政案件。现在，已有 120 多个法律和行政法规规定了公民、组织对行政案件可以向人民法院起诉。最高人民法院和地方各级法院陆续建立了 1400 多个行政审判庭，审理了不少行政案件，为制定行政诉讼法创造了条件，积累了经验。

法制工作委员会受委员长会议的委托，于 1986 年组织有关法律专家开始研究和起草行政诉讼法。去年 8 月起草了草案试拟稿，经征求意见修改后，于今年 7 月提出草案征求意见稿，广泛征求各级人民法院、中央有

关部门、各地方和法律专家、法律院系、研究单位的意见，又作了修改。这个草案是根据几年来法院审理行政案件的经验，并参考吸收国外行政诉讼制度对我有用的内容拟订的，现提请全国人大常委会审议。考虑到这个法律是国家重要的基本法律之一，也是政治体制改革的一项重要内容，按照党的十三大报告提出的“重大问题经人民讨论”的精神，建议将草案全文公布，广泛征求意见，修改后再由全国人大常委会审议修改决定提交七届全国人大二次会议审议。

现将草案的主要内容和主要问题说明如下：

一、法院受理行政案件的范围

法院受理行政案件的范围，是行政诉讼法首先要解决的重要问题。对于这个问题，草案是根据以下原则规定的：第一，根据宪法和党的十三大的精神，从保障公民、组织的合法权益出发，适当扩大人民法院现在受理行政案件的范围；第二，正确处理审判权和行政权的关系，人民法院对侵犯公民、组织合法权益起诉的行政案件应当依法进行审理，但不要对行政机关在法律规定范围内的行政行为进行干预，不要代替行政机关行使行政权力，以保障行政机关依法有效地进行行政管理；第三，考虑我国目前的实际情况，行政法还不完备，人民法院行政审判庭还不够健全，因此受案范围只能在现有的基础上逐步扩大。

根据以上原则，草案规定，公民、组织对行政机关和行政机关工作人员在行使行政权力时侵犯其合法权益的具体行政行为，有权依照本法规定向人民法院起诉。人民法院具体受理案件范围是：一、法律、法规（包括行政法规和地方性法规）规定由人民法院受理的侵犯公民、组织合法权益的行政案件；二、对法律、法规没有明确规定由人民法院受理的行政案件，明确规定下列案件可以由人民法院受理：第一，罚款五十元以上、吊销执照、吊销许可证、责令停产停业、没收非法所得等行政处罚不服的（过去有些法律、法规没有规定可以向法院起诉）；第二，对剥夺、限制公民的人身自由的行政强制措施不服的；第三，侵害公民、组织合法的承包经营权的行政行为；第四，符合法定条件应当发给许可证和证明，行政机关无理拒绝发给或者故意拖延不发的；第五，行政机关工作人员执行职务时滥用职权侵犯公民、组织合法权益的行政行为。这些规定比人民法院现在受理案件的范围有所扩大，对进一步保障公民、组织的合法权益是很有必要的。

同时，为了保障行政机关有效地行使行政职权，草案规定，对下列行政行为的起诉，人民法院不予受理：第一，对行政机关制定的法规、规章或者具有普遍约束力的决定、决议的审查，依照宪法规定，应由其上级行政机关或者人大常委会处理；第二，行政机关内部的奖惩、任免等，由有关行政机关处理；第三，行政机关在法律、法规规定范围内作出的行政行为，法院原则上不受理，公民和组织不服的，可以向作出决定的行政机关或其上级行政机关申请复议；第四，法律规定由行政机关最终裁决的案件，人民法院不受理。

二、行政诉讼的基本原则

草案对行政诉讼的基本原则作了如下规定：第一，人民法院依法对行政案件独立行使审判权，不受行政机关、团体和个人的干涉。这是宪法规定的人民法院行使审判权的基本原则，对审理行政案件更应当予以强调。第二，人民法院审理行政案件，必须以事实为根据，以法律为准绳。草案进一步明确规定，要以法律、法规（包括行政法规和地方性法规）为依据，法规与法律有抵触的，以法律为依据。第三，人民法院审理行政案件，依照法律规定实行两审终审、公开审判和合议制度。由于行政案件涉及行政机关，草案规定，人民法院审理行政案件，由审判员、陪审员组成合议庭，或者由审判员组成合议庭，不适用民事诉讼法（试行）关于“简单的民事案件，由审判员一人独任审判”的规定。第四，当事人在行政诉讼活动中的法律地位平等。行政机关对人民法院的判决必须遵守和执行。第五，人民检察院有权对行政诉讼活动实行法律监督。

由于行政诉讼争议的对象是行政机关的行政行为，而行政行为是行政机关或者行政机关工作人员以政府名义进行行政管理，因此应当依法审理，不宜适用民事诉讼“着重调解”的原则。对此草案规定，“审理行政案件不采用调解方式”。但是，行政案件附带的民事赔偿，仍然可以进行调解。

三、行政案件的管辖

行政案件的管辖，草案根据方便公民、组织进行诉讼，便利人民法院审判和判决的执行，以及有利于公正审理行政案件的原则规定：第一，级别管辖。一审案件一般由基层人民法院管辖，专业性较强的发明专利的确权案件、海关处理的案件，以及重大、复杂的案件，由中级人民法院管辖。同时规定，上级人民法院有权审判下级人民法院管辖的第一审行政案件。第二，地域管辖。一般行政案件的发生地同被诉行政机关的所在地是一致的。因此，草案规定，行政案件由被诉的行政机关所在地人民法院管辖。经复议裁决的案件，也可以由最初作出具体行政行为的行政机关所在地人民法院管辖。同时草案对特别管辖作出规定：因人身自由权利被侵害而提起的诉讼，由起诉人所在地或者被诉人所在地人民法院管辖。因不动产所有权、使用权提起的诉讼，由不动产所在地人民法院管辖。

四、法院对行政案件的审理

法院对行政案件主要是审查行政机关的具体行政行为是否违法侵犯公民、组织的合法权益，至于行政机关在法律、法规规定范围内作出的合法、但是可能不完全合适的行政行为，应由行政机关通过行政复议处理，法院不能代替行政机关作出决定。因此，草案规定法院对行政案件可以根据不同情况，分别作出以下判决：第一，具体行政行为事实清楚，适用法律、法规正确的，判决维持行政机关的处理决定。第二，具体行政行为主要证据不足，或者适用法律、法规错误，或者由于违反法定程序影响正确作出具体行政行为，可以判决撤销或者部分撤销。第三，行政机关拒绝履行应当履行的职责或者超过法定期限不履行职责的，判决其在一定期限内履行。第四，对在法律、法规规定范围内作出的行政处罚的轻重问题，人民法院不能判决改变，但对行政处罚畸轻畸重显失公正的，可以判决变更。

五、关于判决的执行

行政案件判决的执行涉及行政机关，法院认为应有相应的强制执行的手段，要求行政诉讼法对此作出规定。为此，草案规定，被诉的行政机关对判决不执行的，法院可以判决采取以下措施：第一，通知银行从被诉的行政机关的银行帐号内划拨。第二，对被诉的行政机关按日处以迟延罚款。第三，向被诉的行政机关的上级行政机关或者监察机关通报，由上级行政机关或者监察机关对主管人员和直接责任人员酌情给予行政处分。第四，拒不执行判决，拒绝改变侵犯公民、组织合法权益的行政行为、情节严重、构成犯罪的，依法追究主管人员和直接责任人员的刑事责任。此外，草案也规定，公民、组织对行政机关的决定，在法定期限内不起诉、又不履行的，行政机关依法可以申请人民法院强制执行。

六、行政机关的赔偿责任

建立行政诉讼制度的目的之一，是要使公民、组织被行政机关或者行政机关工作人员侵害了的合法权益得到补救。如果赔偿等责任问题得不到解决，法院的一些判决无法执行，公民、组织被侵害的权益不能得到恢复和赔偿，则不能达到建立行政诉讼制度的目的。宪法、刑法、民法通则都规定了赔偿原则，还需要作进一步的具体规定。在国家赔偿法制定之前，草案规定：第一，行政机关或者行政机关工作人员作出的具体行政行为侵犯公民、组织的合法权益造成损失的，要承担责任。第二，行政机关工作人员执行职务侵犯公民、组织合法权益造成损失的，由行政机关先承担赔偿等责任。行政机关在承担责任之后，可以责令有故意或者重大过失的工作人员承担部分或者全部赔偿责任；需要给予行政处分的，应当给予行政处分；构成犯罪的，应当依法追究刑事责任。至于行政机关工作人员与执行职务无关的侵犯公民、组织合法权益的个人行为，由个人负责，行政机关不承担责任。第三，赔偿的标准，侵犯公民人身自由造成损失的，按每日一定金额赔偿，侵犯公民、组织的财产权利造成损失的，按直接损失赔偿。第四，行政机关的赔偿费用，由各级财政列支，具体办法由国务院规定。

行政诉讼法（草案）和以上说明，请常委会审议。

附：

有关行政诉讼法（草案）的参阅资料

（第七届全国人大常委会第四次会议，1988年10月31日印）

目　录

中央机关、地方人大、人民法院及法律专家对《行政诉讼法（征求意见稿）》的主要意见

今年7月，法制工作委员会将《行政诉讼法（征求意见稿）》印发中央有关部门、各省、自治区、直辖市人大常委、法院和法律院校、法学研究单位等征求意见，8月又召开座谈会，听取了法院、有关行政部门和法律专家的意见。现将主要情况简报如下：

一、总的看法

大家认为，制定行政诉讼法是我国政治体制改革的一项重要内容。它对于切实保障公民和组织的合法权益，促进行政机关和行政机关工作人员依法办事，克服官僚主义，防止滥用权利，实现国家行政管理法制化，加强社会主义法制建设，将起到积极的作用。**征求意见稿的立法指导思想明确，能从实际出发，总结行政审判工作的经验，比较全面、简练，建议加紧研究、修改，早日通过颁布实施。**有的单位认为，行政诉讼法作为国家的基本法律，**应当自成体系，不宜过多地引用民事诉讼法的规定**，应根据行政诉讼的特点，制定一部完整的行政诉讼法（福建人大、重庆人大、四川高院、黑龙江高院等）。

二、关于法院的受案范围

有二种意见：

（一）主张受案范围放宽。有的同志认为，行政诉讼反映国家政治民主的程度，**凡是行政机关和行政机关工作人员侵犯公民、组织合法权益的行政行为，法院都应当受理**，法院不受理的只是例外，如有关国家主权和国家安全的事项；对已实施的法规的有效性的争议；法律特别规定等（公安大学教授柴发邦等）。有的单位主张，**对于行政机关没有法律、法规为**

依据的行政行为，法院也应受理（团中央、福建人大、广东高院等）。**建议增加规定法院受理下列行政案件**：1. 滥收费的行政行为（水利部、宁夏人大）；2. 侵害企业和其它经济组织承包经营权的行政行为（国家体改委、四川人大、山东人大、沈阳人大等）；3. 劳动教养、收容审查、监视居住中侵犯公民人身权利的行政行为（柴发邦教授等）。

（二）主张受案范围逐步扩大。有的同志认为，社会主义民主政治的建设是个渐进的过程，根据我国的现实情况，法院的受案范围可以在现有的基础上逐步放开（行政法学会总干事张尚鷟），有些问题**可以由纪检、监察部门或者行政机关自己解决的，就不必去诉讼**（北京大学副教授刘家兴等）。有的单位认为，法院审理行政案件应以法律为准绳，**受案范围应限于有法律、法规可适用的才能受理**（北京高院）。一些单位还建议，**法院不受理下列行政案件**：1. 关于侵犯承包经营权的行政行为（林业部、吉林人大、武汉人大等）；2. 关于行政机关的不作为行为，因为目前绝大部分法律、法规没有规定作为期限（江苏人大、辽宁人大等）；3. 关于核发或不核发许可证的行政行为。理由是：法院管核发许可证等于司法代替行政行使职权；况且许可证数量、种类多，很复杂，由行政机关自己监督较好（国家工商局）；该不该发许可证，法院在实践中很难执行（上海高院）。

三、关于规章可否作为判案的依据

有两种意见：

（一）主张规章不能作为判案依据，理由是：1. 现在政府部门的规章很多，但是制定规章缺少严格的程序，对规章能规定什么，不能规定什么，法律没有明确的授权，许多规章规定了处罚及强制措施，如果承认了这些规章的法律效力，就等于承认了各行政部门的立法权，会导致法出多门、法制不统一的现象（柴发邦）；2. 按照宪法规定，审判机关向权力机关负责，法院审判只能以法律、法规为依据，不能将只能在本部门、本地区内发生效力的行政规章作为依据；3. 国务院各部、委，各级地方政府颁布的规章繁多，约束力窄且多变，相互之间的矛盾也不好解决，因此不能作为判案依据（轻工部、国家科委、云南人大、四川高院等）。

（二）主张规章可以作为判案依据。理由是：1. 制定规章是宪法赋予行政机关的一项职权，规章是法律体系的重要组成部分；2. 规章是法律、法规的直接延伸和具体化，行政管理很大程度上依靠规章，不承认它的效力，行政机关的执法活动就要受影响；3. 在法律、法规没有就社会生活某方面作出规定的情况下，规章起着填补空白，及时提供规范的作用（国务院法制局、海关总署、国家工商局等）。

四、关于行政复议和行政诉讼的关系

当事人提起诉讼前是否必须先经过行政复议，有两种意见：

（一）主张由当事人选择。提起诉讼是当事人的民主权利，不应加以限制由当事人选择的好处是：1. 有利于当事人行使权利；2. 可以避免跨地区申请行政复议给当事人带来的食宿、交通等困难；3. 可以减少程序，使行政案件得到较快的解决（国务院法制局、中办、国家科委、广东高院、刘家兴等）。

（二）主张行政复议作为必经程序。先经复议的好处是：1. 复议程序简单，能及时解决争议，有利于行政机关执法。2. 有利于上级行政机关对下级行政机关的监督。3. 事实上大量不服行政机关决定的申诉，经复议解决了，当事人就不用再上法院，实际上方便了当事人。4. 可以避免行政案件都集中到法院，为法院减轻压力（最高法院、司法部、公安部、海关总署、北京人大、山东高院、柴发邦等）。

五、关于管辖

（一）对**级别管辖**的意见：

1. **主张以基层法院管辖为原则，不赞成由行政机关的同级法院管辖**。理由是：（1）按行政机关的级别来确定管辖，不符合法律面前人人平等的原则；（2）中级法院主要搞好第二审工作和指导基层法院的工作，不宜过多承担一审案件（最高法院、上海高院、吉林高院等）。

2. **规定级别管辖时可以考虑行政机关的级别**。理由是：（1）行政案件与民事案件不一样，民事案件不能根据当事人的身份、地位确定管辖，但行政案件涉及国家行政机关，管辖第一审案件的法院级别高一点不违背法律面前人人平等的原则，而是有利于案件的审理（柴发邦）；（2）实际上存在基层法院管不了级别比它高的行政机关的情况（中信公司）。建议：对地区、司局级以下行政机关提起的诉讼由基层法院管辖；对省、部级行政机关提起的诉讼由中级或高级法院管辖（湖南人大、广东高院、安徽高院、中信公司）。

（二）对**地域管辖**的意见：

1. 建议**对经过行政复议的案件，由最初作出具体行政行为的行政机关所在地的法院管辖**。这样，可以使经过复议的案件不集中在复议机关所在地法院，也方便当事人诉讼（四川人大、江西人大、武汉人大、福建高院等）。

2. **关于侵害人身自由权利的地域管辖**，有的单位主张**让原告选择**由原告所在地或者被告所在地法院管辖，以免原告在异地被行政机关非法拘留后，还得留在被告所在地打官司。由原告所在地法院管辖可以方便当事人提起诉讼（黑龙江人大）。有的单位认为，**还是由被告所在地的法院管辖为好，以便于法院调查取证和判决的执行**，而且选择管辖还容易发生法院之间互相推诿的情况（贵州人大、北京高院、广西高院）。**如果由原告所在地的法院管辖，被诉的行政机关要在全国各地应诉，有困难**（北京市公安局）。

六、关于证据问题

（一）对**行政机关在诉讼中是否要负主要的举证责任**，有两种意见：

1. **行政机关应负主要举证责任**。理由是：（1）行政机关作出具体行政行为，理应拥有充足的证据，负主要的举证责任是应当的；（2）可以督促行政机关依法办事；（3）明确行政机关证据不足就要败诉，有利于保护公民、组织的合法权益（上海高院、政法大教授杨荣新、副教授应松年、朱维究）。

2. 建议**不要规定行政机关负主要的举证责任**。理由是：（1）规定行政机关负主要的举证责任，原告可能会随意起诉；（2）行政机关作出决定必须有事实和法律依据，这是理所当然的事，不必作特别规定（中国民航局、广东人大、四川人大、黑龙江人大等）。

（二）**建议规定行政机关在诉讼中不得重新取证。**行政机关作出的具体行政行为的程序应当是先取证，后决定。所以不能允许行政机关在法院立案后重新取证（上海高院）。主要证据不足的，法院应当撤销行政决定（应松年、朱维究）。为了避免程序上的麻烦，节省诉讼时间，可以在法院主持下，由法院和行政机关一起取证（杨荣新）。

（三）**建议增加规定法院有权向行政机关调取证据。**（重庆市人大、九三学社）

七、关于审理方式

1. **建议增加规定公开审判是法院审理行政案件的基本原则，**以利于增加审判工作的透明度，扩大宣传教育面，并便于人民群众监督（司法部、北京人大、上海人大等）。

2. **实行书面审理要有所限制。**有的单位和同志认为，只凭看材料就作出判决，弊病很多，不利于保护当事人行使诉讼权利，即使是比较简单的案件，不用开庭审理，也应询问当事人，然后再作出判决（吉林人大、湖南人大、上海高院、杨荣新等）。有的单位建议，尽量少用或不用书面审理（司法部），书面审理应限定在对事实没有争议的简单案件（天津人大、四川人大），只有第二审才可以根据情况实行书面审理（福建人大、山西人大、贵州人大）。

八、关于法院在判决中能否变更行政机关的决定

有三种意见：

1. **主张法院有变更权。**有的单位认为，完整的审判权应当包括法院可以判决维持、撤销和变更行政机关的决定。法院作为第三者比行政机关更客观，法院一般不会轻易行使变更权，但规定法院有权变更行政机关的错误决定，有利于保护公民、组织的合法权益（最高法院、上海高院、广东高院、天津高院等）。

2. **主张法院可以有部分的变更权**。建议法院只能对行政机关作出的显失公正的行政处罚有变更权，但应明确“显失公正”的杠杠。对行政机关的其他行政决定不能变更（江西人大、国家工商局、广西高院）。

3. **主张法院不能变更行政决定**。有的单位认为，审判权和行政权应有界限，法院不能代替行政机关作出决定（司法部）。法院有变更权会影响行政机关行使职权，也无法对法院行使变更权进行有效的限制（国务院法制局）。

九、关于赔偿费用的来源

有两种意见：

1. 建议**由财政列支，可以从罚没收入中提取一定比例，作为赔偿基金**（公安部、海关总署、国家工商局等）。**不同意从行政经费中支出**，这样会使行政机关不敢执法，并且行政经费很紧，赔偿费用难以落实（山西人大、大连市政法委）。行政机关的罚没收入上交国库，而赔偿金则要从行政经费中支出不合理（卫生部）。

2. **建议从预算外资金和财政经费包干结余中支出**。（财政部）

十、关于检察院参与行政诉讼

有的单位提出，根据宪法和有关法律规定，总则中应增加规定，人民检察院**代表国家对行政诉讼活动实行法律监督**（司法部、总后、湖北人大、辽宁人大、四川高院等）。**对一些涉及国家、社会重大利益的违法行政行为，在无人起诉的情况下**，应允许检察院**代表国家提起诉讼**（湖北人大、安徽人大等）。

（法制工作委员会民法室）

我国行政审判工作概况

一、行政审判机构的设置情况

截至1988年6月底，全国已有21个高级人民法院（占地方高级人民法院总数的72.4%）、242个中级人民法院（占中级法院总数的63.5%）、1154个基层人民法院（占地方基层人民法院总数的39%），建立了行政审判庭。最高人民法院已建立行政审判庭。部分法院尚未建立行政审判庭的一个重要原因是：《人民法院组织法》没有规定基层人民法院可以设立行政审判庭，因此，一些地方编制部门未批准基层法院建立行政审判庭。有的地方虽然批准法院可以设立行政审判庭，但未给增加编制，致使一些法院由于人员不足也迟迟不能建立行政审判庭。

二、收案情况

1. 1987年，全国各级人民法院共受理一审行政案件5240件。其中：

治安行政案件2378件，占收案总数的45.4%；

土地行政案件1469件，占收案总数的28%；

林业行政案件235件，占收案总数的4.4%；

食品卫生行政案件161件，占收案总数的3.1%。

2. 1988年1～8月，全国各级人民法院受理一审行政案件5401件。其中：

治安行政案件2120件，占收案总数的39.3%；

土地行政案件1750件，占收案总数的32.3%；

林业行政案件277件，占收案总数的5.1%；

城市规划案件263件，占收案总数的4.9%；

食品卫生行政案件159件，占收案总数的2.8%；

工商行政案件129件，占收案总数的2.4%；

环境保护行政案件 60 件，占收案总数的 1.1%。

目前，**收案呈上升趋势**，但由于很多公民和组织还不懂得可以运用行政诉讼的手段来保障其合法权利，也有些公民受“民不告官”传统思想的束缚，不敢向法院起诉，因此法院收案还较少。

三、审理情况

1987 **年**全年共**审结一审行政案件** 4677 件，占收案总数的 89.2%。在审结的案件中，**治安行政案件** 2225 件，其中**维持公安机关裁决**的 1476 件，占审结治安行政案件的 66.3%；**撤销**的 203 件，占 9.1%；**撤诉**的 493 件，占 22.2%；**移送**的 20 件，占 0.9%；**终结**的 33 件，占 1.5%。

1988 **年** 1 ～ 8 **月，共审结一审行政案件** 4473 件，占收案总数的 82.8%，其中审结**治安行政案件** 1945 件，**维持公安机关裁决**的 1182 件，占审结治安行政案件的 60.8%；**撤销**的 238 件，占 12.2%；**撤诉**的 455 件，占 23.4%；**移送**的 41 件，占 2.1%；**终结**的 29 件，占 1.5%。

1 ～ 8 月共审结**其他行政案件** 2528 件，其中**维持**的 1061 件，占审结其他行政案件的 42%；**撤销**的 267 件，占 10.6%；**变更**的 207 件，占 8.1%；**撤诉**的 722 件，占 29%；**移送**的 179 件，占 7%；**终结**的 92 件，占 3.3%。

（最高人民法院提供）

深圳法院开庭审理两起行政诉讼案件

香港《晶报》、《文汇报》、《成报》分别报道深圳罗湖区人民法院审理香港客商郑少安不服海关处罚决定的诉讼案件。《中国法制报》刊登深圳市中级人民法院受理14家医药经销企业不服省工商局处罚决定的诉讼案件。现摘要如下：

一、案情及审理结果

1. 港商诉海关案

原告人郑少安（香港人）于1987年12月27日经罗湖口岸出境时，**携带8.2万元港币，在未向海关申报的情况下经“绿色通道”**（即无申报物品通道），被海关人员截查，**被处以没收该笔款项并罚款1000元人民币的处罚**。郑不服，向九龙海关提请复议，**九龙海关维持了原处罚决定**，于是郑向深圳市罗湖区人民法院提起诉讼。**原告人提出**，他这次所携带的8.2万元是他近几年35次带回内地的共10万多元港币用剩的钱，并加上他9次在深圳香港汇丰银行自动提款机内提取的金额，因此**这笔钱的来源正当**。而且他35次入境已申报港币合计超过10万元。他之所以走“绿色通道”，是因为按照中国海关的有关规定，出境时若携带超出入境数量的外币须申报。按照其个人理解，他35次入境时所填报的现金共合港币10万多元，而**这次出境携带的港币数量未超过入境数量**，海关在旅客出入境须知中，并没有注明“入境”登记的申报物品是一次计算或是累积计算。另一方面，海关并没有就旅客如何选择“红色”或“绿色”通道作详细说明。故走无物品申报通道，因此海关的处罚是不合理的。

被告一方**九龙海关提出**，按照海关法和外汇管理有关规定，过境人携带超过5000元外币的，需要中国银行或外汇管理局的证明，事先申报，由海关视情况放行。**如果在过关前未申报，一经查出，不论来源是否正当，**

即属违法。而原告非但没有申报，且是在被叫入检查房准备用探测仪时才交出的。海关自实施申报制度以来，至今每一个旅客都已知道带出的物品规定是指一次过境。原告近年出入境超过 400 次，理应知道此规定。因此原告的行为违反了海关法行政处罚实施细则第三条第二项的规定，为走私行为。

罗湖区人民法院判决维持海关的处罚决定，原告败诉，付诉讼费 450 元。原告表示要上诉中级法院。

2. 深圳 14 家企业诉广东省工商局案

1986 年年初，深圳市友谊药材商场等 14 家医药经销企业，从市内购进一批标明是上海中药一厂生产的“上药”牌六神丸进行批发和零售。上海中药一厂经检验发现其中主要药物成份与本厂的产品不同，遂投诉深圳市工商局。深圳市工商局认定投诉属实，以“侵犯上海中药一厂的‘上药’牌六神丸商标专用权”为由，没收药材商场等 14 家企业的销售利润，责令退货，并对友谊商场罚款人民币 400 元。上述 14 家企业不服，申请复议，广东省工商局经复议维持原决定。14 家企业联名于 1987 年 1 月起诉到深圳市中级人民法院。

深圳市中级法院于 1988 年 6 月开庭审理此案，判决责令被告退货、罚款的决定是正确的，但没收销售利润的决定，超越了法律规定的职权范围，因此撤销省工商局的复议决定。被告不服，将上诉省高级法院。

二、法院受理上述两案的意义

深圳市法院 1987 年以来受理了数宗行政诉讼案件，但因为这类案件比较复杂，因此迟迟没有开庭。对港商诉海关一案的审理不仅是 1949 年以来旅客控告海关的首宗，同时开创了深圳起诉国家行政机关的行政案件的先例。法院审理这两个案件，其意义不在于谁败诉谁胜诉，而在于开了一个良好的先例，使今后一般人在和政府部门发生纠纷而得不到解决时，可以通过法律的途径，求得法院的救济，从而促进国家的法治。因此有人评论说：这“反映了特区良好的法制环境正在形成”。

（法制工作委员会办公室）

英、美、法、日、联邦德国、苏联和台湾地区等对行政诉讼的有关规定

一、审理行政案件的组织

1. 由**普通法院**审理（英国、美国、日本）。

2. 由**法院系统内的行政法院**审理（联邦德国、台湾地区）。

3. 由**行政系统内的行政法院**审理（法国）。

有些国家还设立一些**专门法院**审理税务、专利、社会保险等方面的行政案件（英国、美国、法国、联邦德国）。

二、法院受理行政案件的范围

1. 对行政机关就**特定事情所作的具体行政行为**，可以提起行政诉讼（英国、美国、法国、联邦德国、日本、苏联）。

2. 对行政机关**制定行政规章等规范性文件的抽象行政行为**，也能提起行政诉讼（英国、美国、法国）。

三、行政复议和行政诉讼的关系

1. 一般**由当事人选择，可以先向行政机关申请复议**，对复议不服再向法院提起诉讼；或者**直接向法院提起诉讼**（英国、法国、日本、苏联）。

2. 一般**应当先向行政机关申请复议**，对复议不服，才能向法院提起诉讼（美国、联邦德国）。

四、法院对行政案件的判决

1. 判决**维持**行政机关的行政行为（英国、美国、联邦德国、日本、法国、台湾地区）。

2. 判决**撤销**行政机关的行政行为（联邦德国、日本、美国、法国、台湾地区）。

3. 判决行政机关**履行某种行政行为**（英国、美国、联邦德国）。

4. 判决**禁止行政机关实施某种行政行为**（英国、美国）。

5. 判决确认行政机关不履行某种行为属于违法（日本）。

6. 判决**确认当事人拥有某项权利**（英国、美国）。

7. 判决**变更**行政机关的行政行为（台湾地区）。

五、对行政案件判决的执行

当行政机关拒不执行法院判决时，根据法国和南斯拉夫的规定，主要有：

1. 法院**判决行政机关赔偿**时，四个月期限届满，**会计员有义务根据判决书支付赔偿金额**（法国）。

2. 法院判决行政机关作出新的行政行为而行政机关拒不作出的，法院可以责令行政机关说明理由，行政机关未说明理由或者说明的理由不符合判决的旨意，法院可以**作出裁定，以代替行政机关的行为**（南斯拉夫）。

3. 对行政机关**处以迟延罚款**（法国），对不执行法院判决的行政机关负责人处以罚款（法国，南斯拉夫）。

4. 建议主管机关**撤销**不执行判决的行政机关**负责人的职务**（南斯拉夫）。

5. **当事人**由于行政机关不执行判决而受到损害的，可以向法院**请求损害赔偿**（法国）。

六、行政赔偿费用的来源

1. 在**总检察署**的行政费用上编列 30 万元预算，必要时，可以动用**政府预备金**；以上两项费用**不足时**，由律政部**提请国会拨款**（新加坡）。

2. 以国家为被告的，由**中央政府按年编列预算**；以地方自治团体为被告的，由**地方自治团体自筹**，地方自政团体无经费的，中央政府可在年度预算中予以补助（南朝鲜）。

3. 由**各级政府编列预算支付**（台湾地区）。

（法制工作委员会民法室）

英国行政法上的救济手段

英国公民的权利和利益受到行政机关侵害时，或者可能受到侵害时的**防卫手段和申诉途径**，被称为行政法上的救济手段。主要有下列几种手段：

一、向部长申诉

在法律规定的情况下，公民针对地方政府的行为，可以向部长申诉。**部长**可以就地方政府决定的事实方面、法律方面以及决定是否妥当进行全面考虑，**有权变更地方政府的决定**。这种手段的缺陷是，地方政府的决定有时可能就是根据中央政府的旨意作出的，**部长很难以局外人的态度对待申诉中的问题**。

二、通过议员向议会申诉

公民由于行政活动受到侵害时，可以通过本选区议员促使部长注意，也可以由议员在议会中提出质问或提议进行辩论。对于重大问题，**议会可以通过决议成立调查法庭**。但通过议会救济这个途径只适宜于重大问题，例如政策问题、行政效率问题。**对于一般行政问题往往缺乏实效**，因为一般行政问题很难引起议员的注意。

三、向行政裁判所申诉

行政裁判所是英国法院系统外特别的裁判机构，它独立地行使司法权或准司法权。公民由于行政机关的活动受到侵害时，可就某一特定性质的问题，向某一特定的行政裁判所申诉。裁判所的活动以**公开、公平、无偏私**三个原则为指导。公开是指裁判程序公开举行，裁判决定必须说明理由；公平是指裁判程序中保障双方当事人充分知道对方的论点，陈述自己的观点和充分行使自己的权利。无偏私是指裁判所不受作出行政决定的机关的影响。不服裁判所的裁决，可以向另一裁判所、部长或法院等上诉。裁判所的救济具有**程序简便、灵活，办案时间迅速，费用低廉**等优点。但英国裁判所的设立毫无计划，大都为了某一特殊目的或执行某一特定法律而设立，因此，**种类繁多，数目庞大**。据说目前约有 2000 多个裁判所，由于各自的**管辖范围很小，程序规则不同，缺乏系统性**，有时争端发生后，往往只有专家才能了解按什么程序到哪个裁判所去申诉，**对于公民很不方便**。

四、向法院申诉

公民向法院请求救济有三种方式：

1. **提起普通法上的一般诉讼**。行政机关对于公民的侵害，如果构成普通法上的诉讼原因，公民可以提起一般的诉讼得到救济。例如行政机关违反契约的行为和侵权行为是普通法上的诉讼原因，公民可以依一般的诉讼程序追究行政机关的责任。当行政机关的侵害构不上一般的诉讼原因时，或依普通诉讼不能得到完全的救济时，公民可以通过下列两种方式向法院请求救济。

2. **上诉**。制定法中明文规定可以向法院上诉时，向法院上诉。法院在没有制定法规定时，没有当然的上诉管辖权。

3. **司法审查**。英国高等法院对下级法院和行政机关具有传统的监督权，对后两者行为的合法性进行审查，这种审查称为司法审查。公民的权利和利益受到侵害时，可请求高等法院依越权原则，对行政机关的行为进行司法审查，撤销和禁止行政机关的越权行为，命令行政机关履行法定义务。

法院救济的缺点是**程序复杂，不能审查行政机关的妥当性问题**。

五、向议会行政监察专员申诉

1967 年英国通过议会行政监察专员法，设立议会行政监察专员，由英王任命，负责调查公民由于受到中央行政机关不良行为侵害而提出的申诉，并向议会提出解决问题的建议。**在绝大多数情况下，行政机关能够接受行政监察专员的建议**。

这种救济手段的不足是，**不适用于违法的行政行为，公民不能直接向行政监察专员申诉**，必须通过议员转送，而且**行政监察专员的建议没有强制执行力量**。

以上几种救济手段各有自己的作用，各有利弊，可以互相补充。

（法制工作委员会民法室）

香港地区的行政事务申诉专员条例草案

香港地区立法局审议中的《行政事务申诉专员条例草案》（下称条例草案）是酝酿已久日渐趋于成熟的法案，其**立法意图**是继设立专责调查公职犯罪的廉政专员之后再设置一个独立职位，负责调查与市民投诉有关的政府公共部门及其辖下人员在行政事务上进行的包括不作为、建议和决定在内的行动，为一般市民开辟一条行政申诉的途径，也是加强对行政实施监察的一项措施。**调查的对象**必须是使市民蒙受冤屈或受损害的“行政失当”行动。条例草案解释所谓“失当”意指行政不善或欠效率、不合理，滥用权力，误导法律或误认事实的决定以及行政程序偏颇、不公平等等。

草案还超逾普通法一般规则，允许在本条例生效前所发生的事项亦可根据条例的规定提出申诉。

一、条例草案主要内容

1. 职位的设置

行政事务申诉专员（下称专员）一职**由总督亲委非公职人员担任**，任期五年，可以连任。专员随时可向总督辞职，专员只有在无力履行职务或行为不当的情况下才由总督通过立法局决议予以免职。专员是专任职位，不得兼任有薪酬的其他职务或从事有收入的业务。

2. 专员的职权

专员负责**调查与申诉有关的行政部门及其辖下人员行使职权的行动**，即使有任何法律文件规定某项决定是最终决定，或规定不得受理对该项决定提出的上诉，或不得复核、质疑和推翻有关部门的处事程序和决议，专员仍可按本条例行使其调查权。

专员可自行决定投诉是否符合本条例的规定，决定对投诉的事项进行调查或不调查，并可根据需要进入部门占用的房宇调查。专员**无权调查下**

列事项：经总督证明足以影响香港治安、防卫或国际关系的行动；法院或审裁处审理的任何民事和刑事案件；赦免权的行使；政府除投标外的所有交易；公职任免以及人事有关行动；英王授予特权进行的或总督亲自决定的事项。

专员每年须向总督报送年度工作报告，由总督转交立法局审阅。

3. 投诉与调查程序

市民向两局议员办事处提出申诉后，由立法局非官守议员将申诉及进行调查的要求转介给专员。专员如决定不对投诉调查，或调查后得出的结果均须通知投诉人和转介投诉的立法局议员。

专员**对下列的投诉除非认为情况特殊否则不予调查**：投诉的事项属琐屑小事；投诉针对的行动已超过24个月；匿名投诉；投诉人的身份或下落不明；投诉人不愿当面向专员陈述或投诉由他人代为提出；投诉针对的行动已有法定的上诉途径或在法律上已有补救的办法。

专员**在进行调查任何行动之前须将其调查意图向所涉部门的首长通报**，如认为情况特殊则通报布政司。专员对任何部门有关行动的调查，**不得影响部门继续进行该项行动**。调查报告如涉及对部门或人员作出批评，或报告结论可能会带来不良的影响，专员**须给该部门或人员有提出充分陈述的机会**。

调查不公开进行，大律师和律师均不得列席聆听。专员可传召投诉人或他认为适当的任何人征询意见，回答问题，提供资料和出示文件。任何受法律禁止透露官方文件资料的人除非取得总督的书面证明，否则这些文件资料仍须向专员透露。出席作证的证人在调查过程中的保护与最高法院民事诉讼中证人所获得的保护相同。证人的任何证供除伪证外，不得在法庭或在其他诉讼中被接纳为证据。

专员调查后如认为有充分证据表明任何人员失职，或有关的决定应再予考虑、纠正或取消，或某项法律观点或常规应予改变时，则**将意见连同建议向所涉部门的首长书面陈述**。倘若有关方面不接纳或不依照意见和建议采取行动时，专员可向总督报告。专员经过调查认为**属于严重行政失当事件的报告则可直接递交总督**。

专员及其职员任何时候**必须严格遵守保密条例**。专员有权决定在其报告中透露某些属于保密的资料以支持其调查结论，但凡可能有损于保安、防卫或国际关系，或不利于罪案调查，或涉及行政局议事内容的资料则一律不得透露。任何人泄露秘密即属犯罪，可被判罚金 5 万元和入狱两年。

任何人无合法理由妨碍或阻碍专员或其职员根据本条例行使职权，或不遵从专员提出的合法要求，或向专员作伪证和提供明知是虚假的情况即属犯罪，可被判罚金 1 万元和入狱六个月。

二、专员制度比较

监察行政专员制度**最早于 1809 年出现于瑞典**，以后逐渐为世界其他国家和地区采用作为对不良行政在法律救济之外的一种**法外救济手段**。不过不同国家实施的情况有所不同，有些国家单纯用以为立法对行政监察的措施；有些国家则发展了这个制度，从中央行政进入到地方行政，或者从行政领域扩展到卫生、广告和商品质量等各个方面的监察。

英国 1967 年通过《联合王国议会专员法》建立类似的制度，二十年后香港才拟订《行政事务申诉专员条例草案》。**英国和香港的法例与西方一些国家如瑞典等的专员制度比较，主要不同之处是其他国家的专员有较大的权力和独立性**。他们可直接接受市民的投诉，还可不等投诉去主动调查政府部门和人员的行政行为措施。

香港的条例草案基本仿照英国的专员法制订，但结合自身的实际情况作出某些重要修改。**两者主要的差别**，首先是**英国**的专员**由议会选任**，专员的工作和行为**直接向议会负责，是议会监察行政的代理机构**。专员对不良行政的调查建议和年度的工作报告直接报送议会的行政监察专员特别委员会审查和处理。**香港**的殖民政制决定总督在宪政上代表英国女王，其职位凌驾于行政、立法和司法三权之上，而且香港的立法局并非代议机构，总督为当然主席，有半数以上议员由总督委任。在这样的政制下，申诉专员的任免和调查建议只能由总督决定和处理。专员**向总督负责，代表总督**而不是代表立法局对行政部门及其人员实施监察。条例草案虽有规定专员的免职要经过立法局同意，专员的报告亦由总督转到立法局审阅，这些规定只是美化统治者的民主形象，并没有改变专员制度向最高行政长官负责的实质。

其次，英国和香港的法例对“不良行为”或“行政失当”只作出笼统的规定，留给专员有较为灵活而广泛的自由裁量权。但**英国**由于实行议会内阁制集体负责与大臣个人负责一致原则，故其法律**更侧重于官员个人的工作行为**，强调不良行政应包括行政官员的偏见、疏忽、不称职、无能和专断在内，一切不公平、不合理以及压迫性的作为或不作为均被认为不良的行政。

最后在行政申诉与行政诉讼的关系处理上，**英国**的法律**列明受害人有权向法院或行政裁判所提出诉讼的事项**以避免出现双重管辖，但又规定专员认为在某种情况下期待受害人向审判机关起诉为不合理时，**可不顾法院管辖权的存在对申诉的事项进行调查**。**香港**的条例草案只简单指出凡**法律文件规定可通过司法或其他途径取得救济的行政失当行动，专员一般不予调查**。

（法制工作委员会研究室）

台湾地区大法官吴庚谈依法行政和公务行为

《台港澳及海外法学》1988 年第四期刊登台湾地区大法官吴庚的一次讲演，题为《依法行政与公务行为》，摘要如下：

一、台湾地区依法行政的现状

1. 依法行政的“法”指的是什么

依法行政的“法”并非泛指一切法规而言，严格地讲，**它是一种形式意义的法律**，也就是宪法所规定的“本宪法所称之法律，**谓经立法院通过，总统公布之法律**”。

2. 采取“干涉保留”而非“全面保留”

这是依法行政所采取的两项原则。有的国家采取“全面保留”，有的国家采取“干涉保留”。

“全面保留”是指对于任何一项行政措施，皆需以法律为依据；如无法律根据，则不可有任何“行政”的作为。

“干涉保留”是指对于部分行政措施即使没有法律根据，亦可作为。

台湾地区依法行政所采取的是“干涉保留”原则。**即行政机关干涉到人民权利义务之作为，皆须以法律的明文规定为依据；在非涉及人民权利义务时，行政机关尚有许多自由活动的空间，但这种自由活动不得与法律相抵触**。台湾地区“宪法”关于行使公民权利的规定：“以上各条列举之自由权利，除为防止妨碍他人自由，避免紧急危难，维持社会秩序，或增进公共利益所必要者外，不得以法律限制之。”法规标准法规定：有关人民权利义务的规定要以法律定之，机关组织亦应由法律定之，须以法律定之的不得以命令代之。“宪法”要求以法律来规范的事项，不能以行政命令代替之，更无法以具体的行政措施来侵犯法律保留的范围。

3. 重视组织法甚于行为法

一般说来，世界各施行法治的国家多重视行为法，特别是欧洲先进的法治国家尤是如此。但是中国由于受到数千年来官僚体制的传统影响，倾向于重视组织法而忽视行为法。例如在台湾地区的贸易行政中，只有组织法，而无行为法，有“经济部国际贸易局组织条例”，无“国际贸易法”或其他的法律。因而，国贸局的许多行政行为是以各种自行发布的行政命令作为执行的依据。这些**行政命令难免涉及人民的权利义务**。例如对贸易商的处罚、对进出口货物的查核签证等。象这种明显**与“干涉保留”不符的行政行为，普遍存在于台湾地区依法行政现状中**。而司法机关在审查行政措施是否违法违宪时，也尽量对其予以维护，只有在很严重的违法违宪的情况下，才判定应撤销或宣布无效。

4. 有限度地承认行政机关的法规制定权

行政机关所发布的**行政命令是为执行法律而非抵触法律时，司法机关对于行政命令多半予以合法化**。例如台湾地区“合作社法”规定，设立合作社只要合乎设立的条件不须经过许可即可设立。但由于信用合作社是一种特殊的合作社，如不受银行法的约束，就会严重影响金融体系的安定，因此在 1964 年，行政院发布一项命令，规定在各乡镇不准再增设信用合作社，后来又发布命令，信用合作社的管理从内政部转移至财政部，财政部发布了“信用合作社管理办法”。在这种情况下，如要设立信用合作社，必须经特许方可。曾有人就此而提起行政诉讼，认为不批准设立信用合作社是违法违宪的，结果败诉，于是再请求司法院大法官会议解释。大法官会议指出，行政院和财政部的命令不构成违法违宪。理由是，财政部的规定虽然与合作社法不符，但它是执行银行法。

从以上四点可以看出台湾地区依法行政的现状，它与欧美先进国家相比有一段距离，但法律允许行政机关相当有弹性的自由活动范围**对行政功能的发挥是有助益的**。在这个自由活动范围内，我们**不应再以无法律依据为借口，拒绝许多行政措施的开创或改进**，而影响行政效率。

二、公务行为

公务行为大体可分为事实行为与法律行为。

1. 事实行为

是指**一种行为对外不发生法律上的直接效果**。它包括内部行为、行为指导、资讯提供、报告、鉴定、执行行为。事实行为包罗万象，但它亦受依法行政的原则拘束。

2. 法律行为

法律行为分为**公法行为**与**私法行为**。公法与私法大致可这样区分：凡是一个法律所规定的内容是对于每一个人都可以平等的适用，都可以发生权利义务关系的，可列为私法。凡是一个法律的内容仅是对行政主体授予一种权限或是赋予一种职责的，就可称之为公法。但是也有一些私法中已含着公法条款，如公司法就规定公司是由中央的何种机关主管，或是由地方的何种机关主管，又规定哪一个机关有权检查公司或处罚公司，等等。

在公法行为方面又可分为单方行为与双方行为。**双方行为**即为公法上的契约。**单方行为**分为“统治行为”、“行政命令”、“行政处分”三种。

统治行为相当于私法上的不可抗力，对此种行为行政机关无须负责任，而法院亦无法加以审查。例如，台湾地区与美国断交时，“总统”发布命令停止当时的中央民意代表选举，现任中央民意代表任期延长一年，此即为统治行为，是不允许向法院提出损害赔偿诉讼的。

行政命令的对象是不特定的，它的内容是抽象的，而其效力是反复实施、持续性的。而**行政处分**的对象是特定的，它的内容是具体的，而其效力是一次完成的。例如，交通管理规则，它是一个“行政命令”，根据这个规则及相关法律来开罚单，这是一个“行政处分”。

行政命令与行政处分二者性质不同，对于行政命令，人民不能请求救济，必须在行政处分出现之后，如有损害人民权益情况时，方可提起诉讼，而在诉讼时，可附带请求法院审查该行政命令是否违法违宪。如对于法院终局裁判所引用的法律及命令产生违宪疑义时，复可请求司法院大法官会议解释。

（法制工作委员会研究室）

中华人民共和国行政诉讼法（草案）

（1988年11月10日《人民日报》刊登）

全国人大常委会决定
公布行政诉讼法草案征求各界意见

新华社北京11月9日电

全国人大常委会办公厅今天发出了关于公布行政诉讼法（草案）征求意见的通知。

通知说，第七届全国人大常委会第四次会议审议的《中华人民共和国行政诉讼法（草案）》，是保障公民、组织的合法权益，维护和促进国家行政机关依法行使行政权力，改进行政工作的重要法律。全国人大常委会决定把草案全文在报上公布，广泛征求意见，以便进一步研究修改，提请七届全国人大二次会议审议。

通知请各省、自治区、直辖市人大常委会负责征求、收集本地区人民政府有关行政部门、人民法院、人民检察院、法律院校、法学研究部门以及各界人士、人民群众的意见，可以采取座谈会的方式，也可以采取其它方式，于1988年12月底以前，将汇总意见报送全国人大常委会法制工作委员会。请特别注意收集本地区各级法院行政审判庭、经济审判庭和公安、司法、工商、税务、海关、卫生等政府行政部门以及法律专家的意见。

通知说，各界人士、人民群众可以将意见寄送省、自治区、直辖市人大常委会汇总上报，也可以寄送全国人大常委会法制工作委员会。

通知说，全国人大常委会有关专门委员会和有关部门将安排召开在京的各有关方面、各界人士和法律专家的座谈会，听取意见；有重点地到一些地区调查研究听取意见；并将在适当的时候举行专门会议，对法律草案进行研究、修改。

通知还请中央和省级报刊、广播电台组织发表讨论这个草案的文章，并适当报道讨论情况和意见。

第一章　总　　则

第一条　为保护公民和组织的合法权益，促使国家行政机关依法行使行政权力，保证人民法院及时地审理行政案件，根据宪法，制定本法。

第二条　公民、组织对行政机关和行政机关工作人员在行使行政权力时侵犯其合法权益的具体行政行为，有权依照本法规定向人民法院提起诉讼。

第三条　人民法院依法对行政案件独立行使审判权，不受行政机关、团体和个人的干涉。

人民法院设立行政审判庭，审理行政案件。

第四条　人民法院审理行政案件，必须以事实为根据，以法律为准绳。

人民法院审理行政案件以法律、法规为依据。法规与法律有抵触的，以法律为依据。

第五条　人民法院审理行政案件，依照法律规定实行两审终审、公开审判、合议和回避制度。

第六条　当事人在行政诉讼活动中的法律地位平等。

第七条　人民检察院有权对行政诉讼活动实行法律监督。

第八条　公民、组织在法定期间内不提起行政诉讼，又不履行行政机关的决定，行政机关可以依照法律规定申请人民法院强制执行。

第二章　人民法院对行政案件的受案范围

第九条　人民法院受理法律、法规规定公民、组织可以提起诉讼的行政案件。

除前款规定的行政案件外，人民法院受理下列行政案件：

（一）对罚款五十元以上、吊销执照、吊销许可证、责令停产停业、没收非法所得等行政处罚不服的；

（二）对剥夺、限制人身自由的行政强制措施不服的；

（三）侵犯合法的承包经营权的行政行为；

（四）符合法定条件应当发给许可证或者证明，行政机关无理拒绝发给或者故意拖延不发的；

（五）行政机关工作人员执行职务时滥用职权侵犯公民、组织合法权益的行政行为。

第十条　人民法院对于下列事项，分别情况，给予处理：

（一）控告行政机关制定的法规、规章或者具有普遍约束力的决定、决议、公告，命令的，告知起诉人向制定该规范性文件的行政机关的上一级行政机关或者同级人民代表大会常务委员会提出；

（二）对行政机关就民事争议所作的处理不服的，告知起诉人按民事诉讼程序提出；

（三）依法应当由监察、人事部门处理的，告知起诉人向有关部门提出；

（四）法律规定由行政机关最终裁决的，告知起诉人向作出最终裁决的机关或者其上级机关申诉。

第十一条　符合本法规定的行政案件，公民、组织可以直接向人民法院起诉。法律、法规规定必须先向行政机关申请复议的，经复议后对复议裁决不服的，可以再向人民法院起诉。

第十二条　公民、组织向行政机关申请复议的，复议机关应当在收到申请书之日起二个月内作出裁决。申请人不服复议裁决，可以在知道复议裁决之日起十五日内向人民法院起诉。复议机关逾期不作出裁决的，申请人可以在复议期满之日起15日内向人民法院起诉。

以上期间，法律另有规定的除外。

第十三条 公民、组织直接向人民法院起诉的，应当在知道作出具体行政行为之日起三个月内提出，法律另有规定的除外。

第十四条 公民、组织因不可抗拒的事由或者其他正当理由不能在法律规定的期间内提起行政诉讼的，人民法院可以延长诉讼时效期间。

第三章 人民法院对行政案件的管辖

第十五条 基层人民法院管辖第一审行政案件，本法另有规定的除外。

第十六条 中级人民法院管辖下列第一审行政案件：

（一）发明专利的确权案件、海关处理的案件；

（二）重大、复杂的案件。

第十七条 行政案件由被诉人所在地人民法院管辖。经复议裁决的案件，也可以由最初作出具体行政行为的机关所在地人民法院管辖。本法另有规定的除外。

第十八条 因人身自由权利被侵害而提起的诉讼，由起诉人所在地或者被诉人所在地人民法院管辖。

第十九条 因不动产所有权、使用权提起的诉讼，由不动产所在地人民法院管辖。

第二十条 上级人民法院有权审判下级人民法院院管辖的第一审行政案件，也可以把自己管辖的第一审行政案件交下级人民法院审判。

下级人民法院对它所管辖的第一审行政案件，认为需要由上级人民法院审判的，可以报请上级人民法院审判。

第四章 行政诉讼参加人

第二十一条 依照本法提起行政诉讼的公民、组织是起诉人。

有权起诉的公民已经死亡，其近亲属可以起诉。

有权起诉的组织分立、合并的，其变更后的组织可以起诉。

第二十二条 公民、组织依法直接向人民法院起诉的，作出具体行政行为的机关是被诉人。

经复议机关裁决的，复议机关是被诉人。

行政机关授权组织或者个人实施的具体行政行为，由授权的行政机关作为被诉人。

行政机关撤销或者合并后，由继续行使其职权的行政机关作为被诉人；没有继续行使其职权的机关，由决定撤销的行政机关或者其指定的行政机关作为被诉人。

第二十三条 同起诉的具体行政行为有利害关系的公民、组织可以申请参加诉讼，或者由人民法院通知参加诉讼。

第二十四条 社会团体可以接受其成员的委托提起行政诉讼。

第五章 行政案件的审判

第二十五条 起诉人提起诉讼后，经人民法院审查，应当在五日内立案或者通知起诉人不予受理。

第二十六条 人民法院应当在立案之日起三日内，将起诉状副本发送被诉人；被诉人应当在收到起诉状副本之日起十日内向人民法院提出答辩状，提供据以作出具体行政行为的材料。人民法院应当在收到答辩状之日起三日内，将答辩状副本发送起诉人。

第二十七条 在诉讼期间，不停止该具体行政行为的执行。

人民法院根据起诉人的申请或者认为该具体行政行为的执行会给起诉人造成难以弥补的损失，而且停止执行不违背社会公共利益的，可以裁定停止执行。

第二十八条 人民法院对行政案件实行开庭审理。

人民法院认为事实清楚的案件，可以实行书面审理。

第二十九条 人民法院审理行政案件，由审判员、陪审员组成合议庭，或者由审判员组成合议庭，合议庭的成员，应当是三人以上的单数。

第三十条 人民法院审理行政案件不采用调解方式。

第三十一条 行政案件的当事人都有义务提供证据。

被诉人负有举证责任，必须提供据以作出具体行政行为的事实和法律、法规的依据。

第三十二条 人民法院有权向被诉的行政机关以及其他有关的组织和公民调取证据。

人民法院对需要鉴定的证据，应当以法定鉴定部门的鉴定为准。没有法定鉴定部门的，由人民法院指定。

第三十三条 诉讼参与人和其他人妨害人民法院审理案件的，人民法院可以根据情节轻重，予以训诫、责令具结悔过或者予以二百元以下的罚款、十五日以下的拘留。罚款、拘留，必须经人民法院院长批准。

第三十四条 人民法院对行政案件作出判决以前，起诉人撤诉的，终结诉讼。

第三十五条 人民法院对行政案件作出判决以前，被诉人可以撤销或者改变其所作的具体行政行为，起诉人同意撤诉的，终结诉讼；起诉人不同意撤诉的，由人民法院进行审判。

第三十六条 人民法院经过审理，根据不同情况，分别作出以下判决：

（一）具体行政行为事实清楚，适用法律、法规正确的，判决维持行政机关的处理决定；

（二）具体行政行为主要证据不足，或者适用法律、法规错误，或者由于违反法定程序影响正确作出具体行政行为的，判决撤销或者部分撤销；

（三）行政机关拒绝履行应当履行的职责或者超过法定期间不履行职责的，判决其在一定期间内履行；

（四）行政处罚畸轻畸重显失公正的，可以判决变更。

第三十七条 在审理行政案件中，人民法院认为行政机关的直接责任人员违反政纪的，应当在判决后将有关材料移送监察机关；认为有犯罪行为的，应当将有关材料移送公安、检察机关。

第三十八条 人民法院应当在收到起诉书之日起二个月内作出第一审判决。重大、复杂的案件，可以延长一个月。

第三十九条 当事人不服人民法院第一审判决的，有权在判决书送达之日起 15 日内向上一级人民法院提起上诉。逾期不提起上诉的，人民法院的第一审判决即发生法律效力。

第四十条 人民法院审理第二审行政案件，应当在收到上诉状之日起一个月内作出终审判决。重大、复杂的案件，可以延长 15 日。

第四十一条 各级人民法院院长对本院已发生法律效力的判决和裁定，发现在认定事实或者适用法律、法规确有错误的，必须提效审判委员会处理。

上级人民法院对下级人民法院已经发生法律效力的判决和裁定，发现确有错误的，有权提审或者指令下级人民法院再审。

各级人民法院对当事人提出的对已经发生法律效力的判决和裁定的申诉，应当认真负责处理。

第六章 行政案件判决的执行

第四十二条 当事人必须执行人民法院发生法律效力的裁决。

起诉人逾期不执行的，人民法院或者行政机关可以依法强制执行。

被诉人逾期不执行的，人民法院可以采取以下措施：

（一）对应当归还罚款或者支付赔偿金、补偿金的，通常银行从被诉人的帐号内划拨；

（二）按日处以50元以上、100元以下的罚款；

（三）通报被诉人的上级行政机关或者监察机关，上级行政机关或者监祭机关应当分别情形，对被诉人的主管人员和直接责任人员给予行政处分；

（四）拒不执行判决，拒绝改变侵犯公民、组织合法权益的行政行为、情节严重构成犯罪的，依法追究主管人员和直接责任人员的刑事责任。

第四十三条 人民法院判决确认行政机关或者行政机关工作人员作出的具体行政行为侵犯公民、组织的合法权益的，该行政机关应当承担责任。

行政机关以赔偿损失的方式承担责任的，行政机关承担责任之后，可以责令有故意或者重大过失的行政机关工作人员承担部分或者全部赔偿责任。

第四十四条 行政机关承担责任的方式主要有：

（一）停止侵犯；

（二）返还财产；

（三）恢复原状；

（四）赔偿损失；

（五）恢复名誉；

（六）赔礼道歉。

以上方式可以单独适用，也可以数项合并适用。

第四十五条 侵犯公民人身自由的赔偿，以每日一定金额计算。对公民身体健康造成损害的，应当赔偿医疗费、因误工减少的收入等费用；造成残废的，还应当支付生活补助费；造成公民死亡的，应当支付丧葬费、死者生前扶养的人必要的生活费等费用。

第四十六条 侵犯公民、组织财产权造成损失的赔偿金额，按直接损失计算。被查封、扣押、没收的物品，原物存在的，返还原物；原物有损坏的，赔偿损失；已经变卖的，按原市场价格予以赔偿，市场价格低于原购进价的，按原购进价予以赔偿。

第四十七条 赔偿费用，从各级财政列支。具体办法由国务院另行规定。

第七章 附 则

第四十八条 人民法院审理行政案件收取诉讼费用，诉讼费用由败诉方承担，双方都有责任的由双方承担，收取诉讼费用的办法，由最高人民法院规定。

第四十九条 本法没有规定的，适用有关民事诉讼的法律规定。但是，关于和解、反诉、简易程序的规定不适用。

中华人民共和国行政诉讼法（草案）

（第七届全国人大常委会第六次会议，1989 年 2 月）

［缺省］

关于《行政诉讼法（草案）》修改情况的说明

全国人大常委会副委员长、法制工作委员会主任　王汉斌

（第七届全国人大常委会第六次会议，1989年2月）

委员长、副委员长、各位委员：

《行政诉讼法（草案）》于1988年11月提请第七届全国人大常委会第四次会议初步审议决定将草案全文公布，广泛征求意见，国务院办公厅也为此专门发了通知。现已收到中央各部门、各地方和法院、检察院的意见130多份，公民直接寄送法制工作委员会的意见300多份。全国人大法律委员会、内务司法委员会和人大常委会法制工作委员会联合召开了有法院、检察院、国务院有关部门、民主党派和人民团体负责人以及法律专家参加的三次座谈会征求意见，并召开了有部分省、市人大常委会、各级法院、检察院、国务院有关部门和法律专家80多人参加的专门会议，对草案逐条进行讨论修改。大家认为，制定行政诉讼法是加强我国社会主义法制建设的一个重要步骤，草案的主要内容基本是可行的，并提出不少修改、补充意见。法制工作委员会根据常委会委员的意见和各地方、各方面提出的意见，对草案作了较多的修改、补充，原草案7章49条，修改为10章68条。现将修改情况汇报如下：

一、关于受案范围

各地方、各方面许多同志提出，为了保护公民、组织的合法权益，应该适当扩大法院受理行政案件的范围。为此，草案增加规定以下几种情况可以向人民法院提起诉讼：（一）对查封、扣押、冻结财产不服的；（二）认为侵犯法律规定的经营自主权的；（三）申请行政机关履行保护人身权、财产权的法定职责，如请求主管行政机关履行制止拐卖妇女、制止哄抢财产等职责，行政机关拒绝履行或者不予答复的；（四）认为行政机关违法要求履行义务的；（五）认为行政机关侵犯其他人身权、财产权的。同时，根据有些法律专家意见，增加规定人民法院对国防、外交等国家行为不予受理。

草案规定，对限制人身自由的行政强制措施不服的，如劳动教养、收容审查等，可以向人民法院起诉。公安部门的同志提出，除劳动教养外，收容审查等治安行政强制措施目前没有完备的法律、法规规定，建议对此暂不列入受案范围。但各方面都主张对这类限制公民人身自由的行政行为应当允许公民起诉，而且对于收容审查，国务院也有专门规定。

二、关于规章是否可以作为行政诉讼审判的依据问题

对国务院各部、委和省、市人民政府制定的规章是否应该作为审理行政案件的依据，各方面争论较大。有些同志特别是行政部门的同志主张，规章应当作为人民法院审判的依据。他们认为，宪法和地方组织法规定，国务院部、委，省、自治区、直辖市人民政府和省、自治区的人民政府所在地的市以及国务院批准的较大的市人民政府，根据法律和行政法规，有权制定规章，目前，行政机关的许多行政行为是依照规章的规定进行的，如果不把规章作为法院审理案件的依据，就不能保障行政部门行使职权。另一方面，不少地方人大常委会的同志和法律专家认为，国务院各部委和省、市人民政府有权依照它们依法制定的规章行使职权，但是规章的情况比较复杂，有的规章制定的程序不严格，没有经过专门的机构审议，有的规章与规章之间有矛盾，有的规章随意性较大，有的超越了行政部门的职权，成为一些部门乱罚款、乱收费、乱摊派的依据，侵犯了公民、组织的合法权益。我国法院对规章又没有司法审查权，而且规章的法律地位同法律、法规也不一样，还有的地方对应该制定地方性法规的，由于怕麻烦不制定地方性法规，而以制定规章代替，对法制建设也不利。在这种情况下，

把规章作为法院审理案件的依据是有问题的。考虑到上述不同意见，草案增加规定，人民法院审理行政案件，可以参照国务院部、委和省、自治区、直辖市以及省、自治区的人民政府所在地的市和经国务院批准的较大的市的人民政府依法制定的规章。并且增加规定，人民法院认为地方性法规、省、市人民政府制定的规章与国务院部、委制定的规章不一致的，以及国务院部、委制定的规章之间不一致的，由高级人民法院、最高人民法院提请国务院作出解释或者由最高人民法院审判委员会根据宪法、法律、行政法规和国家政策作出裁决。

三、关于起诉和受理

草案原规定起诉人提起诉讼后，经人民法院审查，应当在五日内立案或者通知起诉人不予受理。有的地方和法律专家提出，现在有些地方存在“告官难”的问题，有的法院对该受理的案件不予受理。为了保护公民、组织提起诉讼的权利，修改为：人民法院接到起诉状，经审查，应当在七日内立案或者作出裁定不予受理。原告对裁定不服的，可以向上一级人民法院提起上诉。

四、关于审理

（一）草案原规定人民法院认为事实清楚的案件，可以实行书面审理，不开庭审理。有的法院同志和法律专家提出，目前应当强调公开审理，第一审案件不宜实行书面审理。因此修改为：人民法院审理行政案件，除涉及国家秘密、个人隐私或者法律另有规定以外，一律公开进行。第二审人民法院对上述案件，认为事实清楚的，可以实行书面审理。

（二）有些地方和法院提出，对当事人不提供答辩状、不出庭的问题，应当作出规定。因此草案增加规定：被告不提出答辩状的，不影响人民法院审理。当事人经人民法院两次传唤，原告无正当理由拒不到庭的，视为撤诉；被告无正当理由拒不到庭的，可以缺席判决。

（三）草案原规定人民法院对行政案件作出判决以前，起诉人撤诉的，终结诉讼；人民法院对行政案件作出判决以前，被诉人可以撤销或者改变其所做的具体行政行为，起诉人同意撤诉的，终结诉讼；起诉人不同意撤诉的，由人民法院进行审判。有的常委会委员和一些地方法院提出，上述规定容易产生弊端。因此修改为：人民法院对行政案件宣告判决前，原告申请撤诉的或者被告撤销、改变其所做的具体行政行为，原告同意并申请撤诉的，是否准许，由人民法院裁定。

五、关于判决

人民法院审理行政案件是否可以判决变更，法院和行政部门仍有不同意见。法院同志要求有完全的变更权，行政部门的同志反对法院有任何变更权，认为法院不能代替行政机关做出决定。考虑到人民法院审理行政案件主要是审查行政行为的合法性，因此草案规定，人民法院原则上只能判决维持或者撤销，只对行政处罚畸轻畸重显失公正的，可以判决变更，在法定幅度范围内处理的一般轻重问题，法院不能判决变更。法院同志又提出，有的行政机关不按照法院的判决改变原具体行政行为，致使原告的权利不能得到保护。因此，草案增加规定，法院判决被告改变原具体行政行为的，被告不得以同样的事实和理由做出与原具体行政行为基本相同的具体行政行为。

六、草案原规定本法没有规定的，适用有关民事诉讼的法律规定

不少地方、法院提出，行政诉讼法是同刑事诉讼法、民事诉讼法并列的一个基本法律，对行政诉讼的基本程序应当做出比较完整的规定。因此，草案修改稿对行政诉讼中的辩论原则、指定管辖和移送管辖、诉讼代理人、律师的地位权利、起诉条件、请求赔偿的程序、涉外行政诉讼等都增加了规定，并增加规定，为实施本法，最高人民法院可以根据本法和民事诉讼法关于回避、证据、期间、送达、开庭审理、二审、审判监督、执行程序等规定，制定实施办法。

七、关于检察机关对行政诉讼活动实行法律监督问题

草案已规定人民检察院对行政诉讼案件实行法律监督。最高人民检察

院建议增加规定，人民检察院参加重大行政案件的诉讼活动；对涉及国家、集体或公共重大利益而又无人起诉的行政案件，可以提起诉讼；认为法院判决、裁定确有错误的，可以抗诉。法院认为这样办干预了法院正常行使审判权，涉及我国的司法体制以及一些理论和实践问题，还需要进一步研究，现在做法律规定的条件还不成熟。这个问题，多年来一直争论很大，现在还难以解决。因此草案暂不做规定，今后可以继续研究。

草案修改稿已按上述意见作了修改，请常委会审议决定提请七届全国人大二次会议审议。

第七届全国人大常委会第四次、第六次会议对行政诉讼法（草案）提出的意见

（全国人大法工委办公室简报，1989年2月21日）

第七届全国人大常委会第四次、第六次会议审议了行政诉讼法（草案）和行政诉讼法（草案修改稿）。委员们认为，制定行政诉讼法非常重要，这是加强社会主义法制建设的一个重大步骤。对于抓紧国家民主政治建设，保障公民的合法权益，维护和促进行政机关依法行政，克服官僚主义，改进和提高工作效率，促进社会主义现代化建设，具有积极意义。委员们认为，**草案经广泛征求意见、反复修改，基本成熟，赞成提交第七届人大第二次会议审议**。现将两次人大常委会会议对草案提出的意见简报如下：

一、关于立法宗旨

胡绩伟委员认为，草案修改稿规定“维护和促进行政机关依法行使行政权力”不如原草案“促使”二字好。制定行政诉讼法的目的就是监督行政机关依法行使行政权力，以保护公民、法人的合法权益。所以，使用“促使”二字，不仅毫无不妥之处，而且恰好体现了行政诉讼法的立法宗旨。行政机关由于手中有权，行使职权一向都是受到很好的保障和维护的，问题只在于是滥用还是依法使用。因此，在行政诉讼中，**应突出保护公民的合法权益和监督行政机关依法行政**。建议恢复原草案的写法。邓家泰委员建议，将立法目的修改为：“为加强社会主义民主政治的建设，保护公民和组织的合法权益，维护和促进行政机关依法行使权力，保证人民法院正确、及时审理行政案件，根据宪法特制定本法”。

二、关于规章可否作为人民法院审判行政案件的依据

胡绩伟委员认为，（1）我国宪法中所说的法，只包括宪法、法律、行政法规和地方性法规，不包括规章；（2）规章内容较乱，有许多是内部掌握，没有公开发布，而且规章由行政机关自己制定，行使的权力很大，相应承担的义务却很少，**把规章作为审判依据，不利于对公民权益的保护**；（3）如果把规章作为审判依据，规章与地方性法规的效力就无实质性区别，将使地方政府满足于制定规章。因为制定规章既省事，速度也快，而且说改就改，比制定法规交地方人大审议省事得多。这在客观上**不利于我国法制建设的发展**。杨烈宇委员认为，将人民法院审判行政案件的依据扩大到规章，**不合时宜**，或者说为时过早。建议仅规定以法律、法规为依据，待条件成熟时，再扩大到规章。王厚德委员认为，审判行政案件参照规章，**不符合依法办事的原则**。规章随意性大，情况复杂，用规章判案不妥，还是按法律和法规办。叶公琦同志（上海市人大常委会主任）认为，审理行政案件参照规章，实际上给法院制造了许多麻烦，这个问题应慎重处理。

张挺委员认为，有些规章是法律的实施细则。因此，法院**对一些案件的审理参照规章是必要的**。曾昭科同志（广东省人大常委会副主任）认为，法院审理行政案件可以参照政府规章，但**不一定在法中写明**，法院在审理时，认为需要参照就参照，不写不一定就不参照。否则，会影响法院独立行使审判权。

李朋委员认为，草案规定法院审理行政案件，以法律、法规为依据。法规包括国务院颁发的行政法规和省、自治区、直辖市人大颁布的地方性法规，如果国务院的行政法规之间、地方性法规之间有矛盾怎么办呢？要有一个解决办法，否则打起官司来很难办。

三、扩大人民法院的受案范围

冯之浚委员说，受理行政案件的**范围应当扩大**，对有些没有法律、法规规定的行政行为，即无法无天的行政行为，也应该列入法院的受案范围。张挺委员认为，行政诉讼是保护公民权利，防止官僚主义，防止行政机关滥用权力的法，因此受案范围**要从侵犯公民的基本权利方面去规定**。布特

格其同志（内蒙古自治区人大常委会副主任）认为，对行政案件的**受理范围不能限制太死、太具体，否则不利于老百姓告状**。冯之浚、杨烈宇委员认为，受案范围**不应当采用列举式写法**，列举规定过于具体，以后出现了新的情况，则包括不了。具体的收案范围应当同刑事诉讼法、民事诉讼法一样，留给最高人民法院做司法解释，以不断适应行政审判工作的开展。许嘉璐委员认为，把侵害合法的承包经营权的行政行为列入受案范围，这样规定太具体，随着经济体制改革的发展，可能还有其他形式，比如股份制。所以，**受案范围应当规定得更概括些**。

邓家泰委员建议规定，对行政机关和行政机关工作人员有贪污受贿、敲诈勒索、玩忽职守、以权谋私等腐败行为的，可以提起诉讼。张挺委员建议规定，对企业乱摊派的，可以告。高修委员建议，增加规定保护社会主义公共财产，维护社会秩序的内容。伍觉天委员建议规定，机关干部和研究部门的工作人员等受到不合理待遇的，对行政机关不落实华侨房屋政策的，可以告。朱德熙委员认为，实际生活中许多应受理的情况没有包括，如下水道堵塞等公用设施不善侵害公民利益的，建议对这种情况，应规定可以告。

四、行政诉讼和行政复议的关系

张挺委员认为，大量的行政纠纷，一下子都到法院解决，法院受不了。建议规定，**应当先向行政机关申诉**，解决不了的，再向法院起诉。张健民同志（山西省人大常委会副主任）建议，最好规定先经过行政机关复议，对复议不服的，再向法院起诉。

王润生委员认为，**公民的权益受到行政机关的侵犯，一般可以直接向法院起诉**，如果法律规定要向上级行政机关申请复议的，应当先申请复议。

五、关于人民法院在判决中能否变更行政机关的决定问题

王厚德委员、曾昭科同志、赵文隆同志（河南省人大常委会负责人）认为，**法院有权变更行政机关的决定**。法院是独立行使审判权，依法判案，既然规定法院可以撤销行政决定，也就可以有权变更行政决定，否则法院

的职权是不完整的。如果法院不能变更，那么老百姓告了，权益也得不到充分保护，这就违背了制定行政诉讼法的目的。杨烈宇委员建议，**对法院的变更权应作明确规定**，只规定"显失公正"的可以变更，不明确，很难掌握。

李嘉玉同志（新疆维吾尔自治区人大常委会副主任）说，法院同志强调，要把审理行政案件的任务交给法院，也就应当把变更行政机关的处理决定的权力赋予法院。公安和工商等部门的同志则认为，法院审理行政案件，对违法的行政决定可以判决撤销，但**对法律规定范围内的行政机关自由裁量权行为，不能变更**。两种意见截然不同。如果法院有变更权，法院和行政机关谁说了算。有的法院变更了行政处罚的决定，看来也不必要。因此，对法院能否变更行政机关处理决定的问题，一定要格外慎重。

六、关于行政机关能否在诉讼中撤销、改变其所作的具体行政行为

蚁美厚委员认为，草案规定**在法院判决之前，被起诉人可以撤销或者改变所作的具体行政行为。这样规定有几点弊病**：其一，助长行政机关执法不严的歪风，可随意作出决定，随意作出修改；其二，行政机关为了顾全面子，有时对正确的决定违心地改变，不讲原则；其三，不利于法院正常的审理活动；其四，法院往往为顾及行政机关的面子，动员当事人撤诉（包括施加压力等办法）。这样规定的结果往往是起诉人败诉。因此，建议规定只要起诉人向人民法院提起诉讼，**法院立案后，行政机关就不能对其处理决定作出改变**，其正确与否由法院裁决。

七、关于行政赔偿及赔偿费用的来源

李明委员、张健民同志认为，草案规定可以责令有故意或者重大过失的行政机关工作人员承担部分或者全部赔偿责任，又规定赔偿费用从各级财政列支，这两条规定有矛盾。李明委员认为，**从各级财政列支**是一个财政术语，就是指公家报销，完全由财政报销，**对促进办案的准确、防止草率从事没好处**。现在一些部门和单位都有预算外资金、经费，这部分数量很大，是兴建楼堂馆所、提高消费和乱发奖金、实物的资金来源之一。因此，

可以考虑，赔偿费用从本单位的额外资金和经费中解决一部分，各级财政报销一部分。但行政诉讼法不一定说得这样具体，具体办法可以由国务院规定。

李明委员、曹海波同志（内务司法委员会顾问）认为，草案关于造成损失后如何赔偿问题，有一种情况没有提到，就是**被损坏或者丢失的物品没有市场价格的**，如古董、祖传纪念品等，**怎么赔偿**？郭秀珍委员建议，应明确规定，法院判案错误给当事人造成损失的，由谁赔偿，如何赔偿。

八、关于检察院在行政诉讼中的地位

马耀骥同志（北京市人大常委会副主任）认为，草案应当**明确检察机关在行政诉讼中的地位**。

张挺委员建议，增加规定人民检察院通过法律监督，发现法院的**判决确有错误的，有权提请法院改判**。

九、关于证据

杨烈宇委员认为，草案关于证据的**规定过于笼统**。**建议将证据单列一章**，规定证据的性质、种类、效力、收集方式、举证责任、证据的审查，以及鉴定、勘验等问题。具体内容可以参照刑事诉讼法和民事诉讼法的相关规定。

十、其它

1. 杨烈宇委员认为，行政诉讼法是三大程序法之一，是一个基本法。其体例结构应当是独立的，有内在联系的有机体。应当象刑事诉讼法、民事诉讼法那样，**逐个阶段地规定整个诉讼程序**。

2. 胡绩伟委员认为，根据我国的情况，共产党是执政党，而且长期党政不分，党的机关和党的机关工作人员侵犯公民权益的事很多，很严重。建议可否将草案规定的公民、组织认为行政机关和行政机关工作人员的具体行政行为侵犯其合法权益，修改为：公民、组织认为**国家机关和国家机关工作人员侵犯其合法权益，有权提起诉讼**。

3. 张挺委员建议，将人民法院审理行政案件“不受行政机关”的干涉，**改为“不受任何机关”的干涉**。

4. 色音巴雅尔（内蒙古自治区人大常委会负责人）建议增加规定，在少数民族地区，少数民族的当事人有用本民族语言、文字进行诉讼的权利。增加规定，**各个自治区可以根据本地区的特点，制定补充规定**。

5. 布特格其同志认为，草案规定当事人在行政诉讼中地位“平等”很重要，但应当真正实现，而不能说了半天还得听我的。建议在行政诉讼法中要**明确规定回避制度，暗地不能捣鬼**。

6. 布特格其同志认为，**审理行政案件的公开性、透明度应更大些**。公开审理有好处，除特殊需要保密的外，一般都应公开审理。邓家泰委员认为，“书面审理”一句含义不够明确，希加以斟酌。

7. 杨烈宇委员认为，**诉讼参加人**范围很广，包括原、被告，共同诉讼人，第三人，代理人等等，**应当列全**。关于几个行政机关组成的临时性组织作为被告，它不是行政法上的主体，不具有主体资格，不享有主体的权力，似应取消。

8. 许嘉璐委员认为，行政诉讼**原则上不适用调解，但可以规定一些例外的情况**。

9. 马耀骥同志建议，应规定**律师在行政诉讼中的地位**。

10. 蚁美厚委员认为，为了及时解决涉外行政纠纷，切实保障当事人合法权益，建议**补充涉外行政诉讼方面的内容**。

11. 王光中（辽宁省人大常委会负责人）认为，草案对人民法院的**办案期限**，规定有特殊情况的，经最高人民法院批准，可以延长。都经最高人民法院批准，很难办到。建议修改为：**经上一级法院批准，可以延长**。

12. 张健民同志认为，草案规定人民法院认为行政机关的直接责任人员**违反政纪的**，应当在判决后将有关材料移送监察机关。执行政纪的不应只是监察机关，有关行政机关也可以执行政纪。

13. 杨烈宇委员认为，人民法院**设行政审判庭**应由法院组织法规定，或者在制定行政诉讼法的同时，修改法院组织法。

14. 高登榜委员认为，草案中有几处说得不明确，如应当说明在**什么情况下可以拘留、罚款，什么叫“重大、复杂的案件”**？

15. 邓家泰委员建议，在行政诉讼法中增加各级政府和政府工作人员**对行政诉讼的原告不得打击报复和歧视、刁难**的内容，以保护公民、组织敢于同行政机关和行政机关工作人员的违法行为作斗争。

此外，有些委员还对草案的具体文字提出了修改意见。

第七届全国人大常委会第六次会议分组审议《行政诉讼法（草案）修改稿》提出的意见

（法制工作委员会办公室，1989年2月21日）

2月19日下午，第七届全国人大常委会第六次会议分组审议了《行政诉讼法（草案）修改稿》。委员们认为，行政诉讼法（草案）经七届四次常委会初步审议决定全文公布广泛征求意见后，吸收了各地方和各个方面的意见，**经过反复修改，虽然还不十分完美，但愈改愈好，体系更加完备，条文更加清楚、简练，符合实际情况，基本成熟，赞成提交全国人大第七届二次大会审议**。同时，也提出了一些修改意见：

一、关于立法宗旨

胡绩伟委员认为，修改稿第1条“维护和促进行政机关依法行使行政权力”不如草案“促使”二字好。制定行政诉讼法的目的就是监督行政机关依法行使行政权力，以保护公民、法人的合法权益。所以，草案使用“促使”二字，不仅毫无不妥之处，而且恰好体观了行政诉讼的立法宗旨。行政机关由于手中有权，行使职权一向都是受到很好的保障和维护的，问题只在于是滥用还是依法使用。因此，在行政诉讼中，应突出保护公民合法利益和监督行政机关依法行政。所以，他建议应恢复草案第1条的写法。胡绩伟委员还提出，根据我国的情况，共产党是执政党，而且长期党政不分，党的机关和党的工作人员侵犯公民权益的事很多，很严重，建议可否将第2条规定的“行政机关和行政机关工作人员”改为“国家机关和国家机关工作人员”。曹龙浩委员建议，将第3条规定的“不受行政机关”的干涉改为“不受任何机关”的干涉。

二、关于规章是否可以作为人民法院审判行政案件的依据

有二种意见：

1. 规章不宜作为审判依据，也不宜参照。胡绩伟委员认为：（1）我国宪法中所说的法，只包括宪法、法律、行政法规和地方性法规，不包括规章；（2）规章内容较乱，有许多都是内部掌握，没有公开发布，而且规章由行政机关自己制定，行使的权力很大，相应承担的义务却很少，把规章做为依据，不利于对公民权益的保护；（3）如果把规章作为依据，规章和地方性法规的效力就无实质性区别，将使地方政府满足于制定规章。因为制定规章省事、也快，而且说改就改，比制定法规交地方人大审议要省事得多。这在客观上不利于我国法制建设的发展。有人提出，观在不少法律、法规的规定比较原则，具体执行还得依靠规章，所以，需要把规章作为审判的依据。其实，这种状况正是我国法制建设中实际存在的一个缺陷。我国几千年的人治社会向法制社会过渡，许多从事行政工作的人觉得依靠规章管理比依靠立法机关通过立法管理要得心应手得多。行政诉讼法如果规定规章也可作为判案依据，就是迁就了这种落后的心理状态。反之，如果规章不作为判案依据，就会促使地方政府焕发出把规章上升为法规的积极性，从而也可以使人大的立法工作加快运转，对法制建设是大有好处的。

王厚德委员说：审理行政案件参照规章，不符合依法办事的原则。规章随意性大、情况复杂，用这些规章判案不妥。上海市人大常委会主席叶公琦同志说，参照会给法院制造许多麻烦，这个问题应慎重处理。

2. 规章可以参照。曹龙浩委员认为，有些规章是法律的实施细则。因此，规章作为参照很有必要，同意修改稿的规定，广东省人大常委会副主任曾昭科认为，法院可以参照政府的规章，但不一定在法中写明，法院在审理时，认为需要参照就参照，不写不等于不参照，否则，会影响法院独立行使审判权。

三、受案范围应再扩大一些

朱德熙委员提出，实际生活中许多应受理的情况没有包括，如公用设施不善（如下水道堵塞）侵害公民利益的，也应可以告。高修委员建议，根据《地方各级人民代表大会和地方各级人民政府组织法》第35条第6项“保护社会主义公共财产、维护社会秩序”的规定，受案范围应增加规定：不保护社会主义全民所有的财产和劳动群众集体所有的财产，不保护公民私人所有的合法财产，不维护社会秩序，不保障公民的人身权利、民主权利和其他权利的，公民、组织可以告。曹龙浩委员建议，对企业乱摊派的，也可以告。吴觉天委员建议在第9条中增加一款，即机关干部、研究部门的工作人员受到不合理待遇，不落实华侨房屋政策的，也可以告。

四、关于人民法院在判决中能否变更行政机关的决定

王厚德委员、曾昭科、赵文隆（河南省人大常委会负责人）认为，**法院有权变更行政机关的决定**。法院独立行使审判权，依法判案，既然规定法院可以撤销行政决定，也就可以有权变更行政决定，否则法院的职权是不完整的。法院不能变更，就是老百姓告了，权益也得不到充分保护，就违背了制定行政诉讼法的目的。杨烈宇委员建议，对法院的变更权应作明确规定，只规定“显失公正”的可以变，不明确，很难掌握。

五、关于行政赔偿

郭秀珍委员建议，在第53条中应明确规定，法院错判给当事人造成损失的，由谁赔偿，如何赔偿。

六、关于检察院参加行政诉讼

曾龙浩委员建议，在第53条中增加一款，即人民检察院通过法律监督，发现法院对案件判决确有错误的，有权提请法院改判。

七、其他

1. 色音巴雅尔（内蒙人大常委会负责人）建议增加，在少数民族地区，

少数民族的当事人有用本民族语言、文字进行诉讼的权利。建议增加，各个自治区可以根据本地区的特点，制定补充规定。

2. 王光中（辽宁人大常委会负责人）提出，第 49 条关于人民法院的办案期限，有特殊情况的，经最高人民法院批准，可以延长的规定，应改为经上一级法院批准延长为好，因为都经最高人民法院批准，很难办到。

中华人民共和国行政诉讼法（草案）

（第七届全国人大第二次会议，1989年3月9日）

第一章　总　　则

第一条　为保证人民法院审理行政案件，保护公民、法人和其他组织的合法权益，保障和监督行政机关依法行使行政权力，根据宪法制定本法。

第二条　公民、法人或者其他组织认为行政机关和行政机关工作人员的具体行政行为侵犯其合法权益，有权依照本法向人民法院提起诉讼。

人民法院审理行政案件，是对具体行政行为是否合法进行审查。

第三条　人民法院依法对行政案件独立行使审判权，不受行政机关、社会团体和个人的干涉。

人民法院设行政审判庭，审理行政案件。

第四条　人民法院审理行政案件，以事实为根据，以法律为准绳。

第五条　人民法院审理行政案件，依法实行合议、回避、公开审判和两审终审制度。

第六条　当事人在行政诉讼中的法律地位平等。

第七条　各民族公民都有用本民族语言、文字进行行政诉讼的权利。

在少数民族聚居或者多民族共同居住的地区，人民法院应当用当地民族通用的语言、文字进行审判和发布法律文书。

人民法院应当对不通晓当地民族通用的语言、文字的诉讼参与人提供翻译。

第八条　人民法院审理行政案件时，当事人有权进行辩论。

第九条　人民检察院有权对行政诉讼实行法律监督。

第二章　受案范围

第十条　人民法院受理公民、法人和其他组织对下列具体行政行为提起的诉讼：

（一）对拘留、罚款、吊销许可证、责令停产停业、没收财物等行政处罚不服的；

（二）对限制人身自由或者查封、扣押、冻结财产的行政强制措施不服的；

（三）认为行政机关和行政机关工作人员侵犯法律规定的经营自主权和合法的承包经营权的；

（四）认为符合法定条件申请行政机关颁发许可证和执照，行政机关拒绝颁发或者不予答复的；

（五）申请行政机关履行保护人身权、财产权的法定职责，行政机关拒绝履行或者不予答复的；

（六）认为行政机关没有依法发给抚恤金的；

（七）认为行政机关违法要求履行义务的；

（八）认为行政机关侵犯其他人身权、财产权的。

除前款规定外，人民法院受理法律、法规规定可以提起诉讼的其他行政案件。

第十一条　人民法院对公民、法人或者其他组织对下列事项提起诉讼的，不予受理：

（一）国防、外交等国家行为；

（二）行政法规、规章或者行政机关制定、颁布的决定、决议、命令；

（三）行政机关对行政机关工作人员的奖惩、任免等决定；

（四）法律规定由行政机关最终裁决的具体行政行为。

第三章　管　　辖

第十二条　基层人民法院管辖第一审行政案件。

第十三条　中级人民法院管辖下列第一审行政案件：

（一）确认发明专利权的案件、海关处理的案件；

（二）对国务院各部门或者省、自治区、直辖市人民政府所作的具体行政行为提起诉讼的案件；

（三）本辖区内重大、复杂的案件。

第十四条 高级人民法院管辖本辖区内重大、复杂的第一审行政案件。

第十五条 最高人民法院管辖全国范围内重大、复杂的第一审行政案件。

第十六条 行政案件由最初作出具体行政行为的行政机关所在地人民法院管辖。经复议的案件，由复议机关改变原具体行政行为的，也可以由复议机关所在地人民法院管辖。

第十七条 对限制人身自由的行政强制措施不服提起的诉讼，由原告所在地或者被告所在地人民法院管辖。

第十八条 因不动产提起的行政诉讼，由不动产所在地人民法院管辖。

第十九条 两个以上人民法院都有管辖权的案件，原告可以选择其中一个人民法院提起诉讼。原告向两个以上有管辖权的人民法院提起诉讼的，由最先收到起诉状的人民法院管辖。

第二十条 人民法院发现受理的案件不属于自己管辖时，应当移送有管辖权的人民法院。接受移送的人民法院不得再自行移送。

第二十一条 有管辖权的人民法院由于特殊原因不能行使管辖权的，由上级人民法院指定管辖。

人民法院对管辖权发生争议，由争议双方协商解决。协商不成的，报它们的共同上级人民法院指定管辖。

第二十二条 上级人民法院有权审判下级人民法院管辖的第一审行政案件，也可以把自己管辖的第一审行政案件移交下级人民法院审判。

下级人民法院对其管辖的第一审行政案件，认为需要由上级人民法院审判的，可以报请上级人民法院审判。

第四章 诉讼参加人

第二十三条 依照本法提起诉讼的公民、法人或者其他组织是原告。

有权提起诉讼的公民已经死亡，其近亲属可以提起诉讼。

有权提起诉讼的法人或者其他组织终止，承受其权利的法人或者其他组织可以提起诉讼。

第二十四条 公民、法人或者其他组织依法直接向人民法院提起诉讼的，作出具体行政行为的机关是被告。

经复议机关复议的，复议机关决定维持原具体行政行为的，作出原具体行政行为的机关是被告；复议机关改变原具体行政行为的，复议机关是被告。

两个以上行政机关作出同一具体行政行为的，共同作出具体行政行为的行政机关是共同被告。

由法律、法规授权的组织所作的具体行政行为，该组织是被告。由行政机关委托的组织所作的具体行政行为，委托的行政机关是被告。

行政机关被撤销的，继续行使其职权的行政机关是被告；没有继续行使其职权的，作出撤销决定的行政机关或者其指定的行政机关是被告。

第二十五条 对诉讼争议的具体行政行为有利害关系的公民、法人或者其他组织可以作为第三人申请参加诉讼，或者由人民法院通知参加诉讼。

第二十六条 没有诉讼行为能力的公民，由其法定代理人代为诉讼。法定代理人互相推诿代理责任的，由人民法院指定其中一人代为诉讼。

第二十七条 当事人、法定代理人，可以委托一至二人代为诉讼。

律师、社会团体、提起诉讼的公民的近亲属或者所在单位推荐的人，以及经人民法院许可的其他公民，可以被委托为诉讼代理人。

第二十八条 代理诉讼的律师，可以依照规定查阅本案有关材料，也可以向有关组织和公民调查，收集证据；对涉及国家秘密和个人隐私的材料，应当依照法律规定保密。

经人民法院许可，其他诉讼代理人可以查阅本案庭审材料，但是涉及国家秘密和个人隐私的材料除外。

第五章 证 据

第二十九条 证据有以下几种：

（一）书证（包括现场笔录）；

（二）物证；

（三）视听资料；

（四）证人证言；

（五）当事人的陈述；

（六）鉴定结论；

（七）勘验笔录。

以上证据经法庭审查属实，才能作为定案的根据。

第三十条 被告对作出的具体行政行为负有举证责任，应当提供作出该行为的证据和规范性文件。

第三十一条 在诉讼过程中，被告不得自行向原告和证人收集证据。

第三十二条 人民法院有权要求当事人提供或者补充证据。

人民法院有权向有关行政机关以及其他组织和公民调取证据。

第三十三条 在诉讼过程中，人民法院认为对专门性问题需要鉴定的，应当交由法定鉴定部门进行；没有法定鉴定部门的，由人民法院指定的鉴定部门进行。

第三十四条 在证据可能灭失或者以后难以取得的情况下，诉讼参加人可以向人民法院申请保全证据，人民法院也可以主动采取保全措施。

第六章 起诉和受理

第三十五条 对属于本法规定的人民法院受案范围的行政案件，公民、法人或者其他组织可以先向行政机关申请复议，对复议不服的向人民法院提起诉讼；也可以直接向人民法院提起诉讼。

法律、法规规定应当先向行政机关申请复议，对复议不服再向人民法院提起诉讼的，依照法律、法规规定。

第三十六条 公民、法人或者其他组织向行政机关申请复议的，复议机关应当在收到申请书之日起二个月内作出决定。法律、法规另有规定的除外。

申请人不服复议决定的，可以在收到复议决定书之日起十五日内向人民法院提起诉讼。复议机关逾期不作决定的，申请人可以在复议期满之日起十五日内向人民法院提起诉讼。法律另有规定的除外。

第三十七条 公民、法人或者其他组织直接向人民法院提起诉讼的，应当在知道作出具体行政行为之日起三个月内提出。法律另有规定的除外。

第三十八条 公民、法人或者其他组织因不可抗力或者其他特殊情况耽误提起诉讼的法定期限的，在障碍消除后的十日内，可以申请延长期限，由人民法院决定。

第三十九条 提起诉讼应当符合下列条件：

（一）原告是认为具体行政行为侵犯其合法权益的公民、法人或者其他组织；

（二）有明确的被告；

（三）有具体的诉讼请求和事实根据；

（四）属于人民法院受案范围和受诉人民法院管辖。

第四十条 人民法院接到起诉状，经审查，应当在七日内立案或者作出裁定不予受理。原告对裁定不服的，可以向上一级人民法院提起上诉。

第七章 审理和判决

第四十一条 人民法院应当在立案之日起五日内，将起诉状副本发送被告。被告应当在收到起诉状副本之日起十日内向人民法院提交作出具体行政行为的有关材料，并提出答辩状。人民法院应当在收到答辩状之日起五日内，将答辩状副本发送原告。

被告不提出答辩状的，不影响人民法院审理。

第四十二条 诉讼期间，不停止具体行政行为的执行。但有下列情形之一的，可以停止具体行政行为的执行：

（一）被告认为需要停止执行的；

（二）原告要求停止执行，人民法院认为该具体行政行为的执行会造成难以弥补的损失，并且停止执行不损害社会公共利益，裁定停止执行的；

（三）法律、法规规定停止执行的。

第四十三条 人民法院公开审理行政案件；涉及国家秘密、个人隐私或者法律另有规定的除外。

第四十四条 人民法院审理行政案件，由审判员组成合议庭，或者由审判员、陪审员组成合议庭。合议庭的成员，应当是三人以上的单数。

第四十五条 当事人如果认为审判人员对本案有利害关系或者其他关系不能公平审判，有权请求审判人员回避。

审判人员如果认为自己与本案有利害关系或者其他关系，应当回避。

前二款规定，适用于书记员、翻译人员、鉴定人、勘验人。

院长担任审判长时的回避，由审判委员会决定；审判人员的回避，由院长决定；其他人员的回避，由审判长决定。

第四十六条 经人民法院两次传唤，原告无正当理由拒不到庭的，视为申请撤诉；被告无正当理由拒不到庭的，可以缺席判决。

第四十七条 诉讼参与人或者其他人有下列行为之一的，人民法院可以根据情节轻重，予以训诫、责令具结悔过或者处五百元以下的罚款、十五日以下的拘留；构成犯罪的，依法追究刑事责任：

（一）有义务协助执行的人，对人民法院的协助执行通知书，无故推拖、拒绝或者妨碍执行的；

（二）伪造、隐藏、毁灭证据的；

（三）指使、贿买、胁迫他人作伪证或者威胁、阻止证人作证的；

（四）隐藏、转移、变卖、毁损已被查封、扣押、冻结的财产的；

（五）以暴力、威胁或者其他方法阻碍人民法院工作人员执行职务或者扰乱人民法院工作秩序的；

（六）对人民法院工作人员、诉讼参与人、协助执行人侮辱、诽谤、诬陷、殴打或者打击报复的。

罚款、拘留须经人民法院院长批准。

第四十八条 人民法院审理行政案件，不适用调解。

第四十九条 人民法院对行政案件宣告判决或者裁定前，原告申请撤诉的，或者被告撤销、改变其所作的具体行政行为，原告同意并申请撤诉的，是否准许，由人民法院裁定。

第五十条 人民法院审理行政案件，以法律和行政法规、地方性法规为依据。地方性法规适用于本行政区域内发生的行政案件。

第五十一条 人民法院审理行政案件，可以参照国务院部、委根据法律和国务院的行政法规、决定、命令制定、发布的规章以及省、自治区、直辖市和省、自治区的人民政府所在地的市和经国务院批准的较大的市的人民政府根据法律和国务院的行政法规制定、发布的规章。

人民法院认为地方人民政府制定、发布的规章与国务院部、委制定、发布的规章不一致的，以及国务院部、委制定、发布的规章之间不一致的，由最高人民法院提请国务院作出解释。

第五十二条 人民法院经过审理，根据不同情况，分别作出以下判决：

（一）具体行政行为证据确凿，适用法律、法规正确的，判决维持。具体行政行为引用具体法律、法规条文有失误的，予以补正。

（二）具体行政行为有下列情形之一的，判决撤销或者部分撤销，并可以判决被告改变原具体行政行为：

1. 主要证据不足的；

2. 适用法律、法规错误的；

3. 违反法定程序的；

4. 超越职权的；

5. 滥用职权的。

（三）被告拒绝履行或者拖延履行法定职责的，判决其在一定期间履行。

（四）行政处罚显失公正的，可以判决变更。

第五十三条 人民法院判决被告改变原具体行政行为的，被告不得以同一事实和理由作出与原具体行政行为基本相同的具体行政行为。

第五十四条 人民法院在审理行政案件中，认为行政机关的主管人员、直接责任人员违反政纪的，应当将有关材料移送该行政机关或者其上一级行政机关或者监察、人事机关；认为有犯罪行为的，应当将有关材料移送公安、检察机关。

第五十五条 人民法院应当在立案之日起三个月内作出第一审判决。有特殊情况的，经高级人民法院批准，可以延长。

第五十六条 当事人不服人民法院第一审判决的，有权在判决书送达之日起十五日内向上一级人民法院提起上诉。当事人不服人民法院第一审裁定的，有权在裁定书送达之日起十日内向上一级人民法院提起上诉。逾期不提起上诉的，人民法院的第一审判决或者裁定发生法律效力。

第五十七条 人民法院对上诉案件，认为事实清楚的，可以实行书面审理。

第五十八条 人民法院审理第二审行政案件，应当在收到上诉状之日起二个月内作出终审判决。有特殊情况的，经高级人民法院批准，可以延长。

第五十九条 第二审人民法院审理上诉案件，按照下列情形，分别处理：

（一）原判认定事实清楚，适用法律、法规正确的，判决驳回上诉，维持原判；

（二）原判认定事实清楚，但是适用法律、法规错误的，依法改正；

（三）原判决认定事实不清，证据不足，或者由于违反法定程序可能影响案件正确判决的，裁定撤销原判，发回原审人民法院重审，也可以查清事实后改判；当事人对重审案件的判决、裁定，可以上诉。

第六十条 当事人对已经发生法律效力的判决、裁定，可以向原审人民法院或者上一级人民法院提起申诉。

第六十一条 人民法院院长对本院已经发生法律效力的判决、裁定，发现违反法律规定认为需要再审的，应当提交审判委员会决定是否再审。

上级人民法院对下级人民法院已经发生法律效力的判决、裁定，发现违反法律规定的，有权提审或者指令下级人民法院再审。

第六十二条 人民检察院对人民法院已经发生法律效力的判决、裁定，如果发现违反法律规定的，有权按照审判监督程序提出抗诉。

第八章 执　　行

第六十三条 当事人必须履行人民法院发生法律效力的判决、裁定。

公民、法人或者其他组织拒绝履行判决、裁定，行政机关可以向第一审人民法院申请强制执行，或者依法强制执行。

行政机关拒绝履行判决、裁定的，第一审人民法院可以采取以下措施：

（一）对应当归还的罚款或者应当给付的赔偿金，通知银行从该行政机关的帐户内划拨；

（二）在规定期限内不执行的，从期满之日起，对该行政机关按日处五十元至一百元的罚款；

（三）向该行政机关的上一级行政机关或者监察、人事机关提出司法建议。接受司法建议的机关，根据有关规定进行处理，并将处理情况告知人民法院；

（四）拒不执行判决、裁定，情节严重构成犯罪的，依法追究主管人员和直接责任人员的刑事责任。

第六十四条　公民、法人或者其他组织对具体行政行为在法定期间不提起诉讼又不履行的，行政机关可以申请人民法院强制执行，或者依法强制执行。

第九章　侵权赔偿责任

第六十五条　公民、法人或者其他组织的合法权益受到行政机关或者行政机关工作人员作出的具体行政行为侵犯造成损害的，有权请求赔偿。

公民、法人或者其他组织单独就损害赔偿提出请求，应当先由行政机关解决。对行政机关的处理不服可以向人民法院提起诉讼。

赔偿可以适用调解。

第六十六条　行政机关或者行政机关工作人员作出的具体行政行为侵犯公民、法人或者其他组织的合法权益造成损害的，由该行政机关或者该行政机关工作人员所在的行政机关负责赔偿。

赔偿按照直接损失计算。

行政机关赔偿损失后，应当责令有故意或者重大过失的行政机关工作人员承担部分或者全部赔偿费用。

第六十七条　赔偿费用，从各级财政列支。各级人民政府可以责令有责任的行政机关支付部分或者全部赔偿费用。具体办法由国务院规定。

第十章　涉外行政诉讼

第六十八条　外国人、无国籍人、外国组织在中华人民共和国进行行政诉讼，适用本法。法律另有规定的除外。

第六十九条 外国人、无国籍人、外国组织在中华人民共和国进行行政诉讼，同中华人民共和国公民、组织有同等的诉讼权利和义务。

外国法院对中华人民共和国公民、组织的行政诉讼权利加以限制的，人民法院对该国公民、组织的行政诉讼权利，实行对等原则。

第七十条 中华人民共和国缔结或者参加的国际条约同本法有不同规定的，适用该国际条约的规定。中华人民共和国声明保留的条款除外。

第七十一条 外国人、无国籍人、外国组织在中华人民共和国进行行政诉讼，委托律师代理诉讼的，应当委托中华人民共和国律师机构的律师。

第十一章 附 则

第七十二条 人民法院审理行政案件，应当收取诉讼费用。诉讼费用由败诉方承担，双方都有责任的由双方分担。收取诉讼费用的具体办法另行规定。

第七十三条 最高人民法院可以根据本法制定实施办法。

第七十四条 本法自 1990 年 4 月 1 日起施行。

关于《中华人民共和国行政诉讼法（草案）》的说明

（第七届全国人大第二次会议，1989 年 3 月 28 日）

全国人大常委会副委员长、法制工作委员会主任　王汉斌

各位代表：

制定行政诉讼法，是刑事诉讼法、民事诉讼法（试行）制定之后，我国社会主义法制建设的一件大事，也是我国社会主义民主政治建设的一个重要步骤。宪法规定，公民“对于任何国家机关和国家工作人员的违法失职行为，有向有关国家机关提出申诉、控告或者检举的权利”，“由于国家机关和国家工作人员侵犯公民权利而受到损失的人，有依照法律规定取得赔偿的权利”。行政诉讼法的制定，对于贯彻执行宪法和党的十三大报告提出的保障公民合法权益的原则，对于维护和促进行政机关依法行使行政职权，改进和提高行政工作，都有重要的积极的意义。

我国于 1982 年开始建立行政诉讼制度。1982 年制定的民事诉讼法（试行）规定，人民法院受理法律规定可以起诉的行政案件。现在，已有 130 多个法律和行政法规规定了公民、组织对行政案件可以向人民法院起诉。最高人民法院和地方各级人民法院陆续建立了 1400 多个行政审判庭，审理了不少行政案件，为制定行政诉讼法创造了条件，积累了经验。

法制工作委员会受委员长会议的委托，于 1986 年组织有关法律专家研究和起草行政诉讼法。根据宪法，总结几年来法院审理行政案件的经验，并参考、借鉴国外行政诉讼制度，先后拟订了草案试拟稿、草案征求意见稿，广泛征求各级人民法院、检察院、中央有关部门、各地方和法律专家、法律院系、研究单位的意见，经过研究修改，将草案提请七届全国人大常委会四次会议审议，决定将草案全文公布，广泛征求意见。现共收到中央各部门、各地方和法院、检察院的意见130多份，公民直接寄送法制工作委员会的意见300多份。全国人大法律委员会、内务司法委员会和法制工作委员会联合召开了有法院、检察院、国务院有关部门、民主党派和人民团体负责人以及法律专家参加的四次座谈会征求意见，并召开了有部分省市人大常委会、各级法院、检察院、国务院有关部门和法律专家80多人参加的专门会议，对草案逐条进行讨论修改。根据全国人大常委会委员和各方面的意见，法制工作委员会对草案作了较多的补充、修改，经七届全国人大常委会六次会议审议，决定提请七届全国人大二次会议审议。

现将草案的主要内容和问题说明如下：

一、关于受案范围

法院受理行政案件的范围，是行政诉讼法首先要解决的重要问题。对于这个问题，草案是根据以下原则规定的：第一，根据宪法和党的十三大的精神，从保障公民、法人和其他组织的合法权益出发，适当扩大人民法院现行受理行政案件的范围；第二，正确处理审判权和行政权的关系，人民法院对行政案件应当依法进行审理，但不要对行政机关在法律、法规规定范围内的行政行为进行干预，不要代替行政机关行使行政权力，以保障行政机关依法有效地进行行政管理；第三，考虑我国目前的实际情况，行政法还不完备，人民法院行政审判庭还不够健全，行政诉讼法规定“民可以告官”，有观念更新问题，也有承受力的问题，因此对受案范围现在还不宜规定太宽，而应逐步扩大，以利于行政诉讼制度的推行。

根据以上原则，草案规定，公民、法人和其他组织认为行政机关和行政机关工作人员的具体行政行为侵犯其合法权益的，有权依法向人民法院提起诉讼。人民法院具体受理下列行政案件：（一）对拘留、罚款、吊销许可证、责令停产停业、没收财物等行政处罚不服的；（二）对限制人身自由或者对查封、扣押、冻结财产的行政强制措施不服的；（三）认为行政机关侵犯法律规定的经营自主权和合法的承包经营权的；（四）认为符合法定条件申请行政机关颁发许可证和执照，行政机关拒绝颁发或者不予答复的；（五）申请行政机关履行保护人身权、财产权的法定职责，如请求主管行政机关履行制止拐卖妇女、制止哄抢财产等职责，行政机关拒绝履行或者不予答复的；（六）认为行政机关没有依法发给抚恤金的；（七）认为行政机关违法要求履行义务的；（八）认为行政机关侵犯其他人身权、财产权的。此外，人民法院还受理法律、法规规定可以提起诉讼的其他行政案件。这些规定比人民法院现行的受案范围有所扩大，对进一步保障公民、法人和其他组织的合法权益是必要的。

同时，为了保障行政机关有效地行使行政职权，草案规定，对下列事项提起诉讼的，人民法院不予受理：（一）国防、外交等国家行为；（二）行政法规、规章或者行政机关制定、颁布的决定、决议、命令；（三）行政机关对行政机关工作人员的奖惩、任免等决定；（四）法律规定由行政机关最终裁决的具体行政行为。

二、关于行政诉讼的基本原则

草案对行政诉讼的基本原则作了如下规定：第一，人民法院依法对行政案件独立行使审判权，不受行政机关、社会团体和个人的干涉。这是宪法规定的人民法院行使审判权的基本原则，对审理行政案件更应当予以强调。第二，人民法院审理行政案件，以事实为根据，以法律为准绳。第三，人民法院审理行政案件，是对具体行政行为是否合法进行审查。至于行政机关在法律、法规规定范围内作出的具体行政行为是否适当，原则上应由行政复议处理，人民法院不能代替行政机关作出决定。第四，人民法院审理行政案件，依法实行合议、回避、公开审判和两审终审制度。由于行政案件审理难度较大，草案规定，人民法院审理行政案件，由审判员组成合议庭，或者由审判员、陪审员组成合议庭，不适用民事诉讼法（试行）关于“简单的民事案件，由审判员一人独任审判”的规定。第五，当事人在行政诉讼中的法律地位平等，有权进行辩论。第六，人民检察院有权对行政诉讼实行法律监督。人民检察院对人民法院已经发生法律效力的判决、裁定，如果发现有违反法律规定的，有权依照审判监督程序提出抗诉。关于人民检察院在行政诉讼中如何进一步实行法律监督问题，现在还有一些不同意见，难以作出具体规定，需要在今后的实践中进一步研究和探索。

三、关于管辖

草案根据便利公民、法人和其他组织进行诉讼，便利人民法院审理和判决的执行，以及有利于公正审理行政案件的原则，对管辖作了以下规定：第一，级别管辖。第一审案件一般由基层人民法院管辖，专业性较强的确认发明专利权的案件、海关处理的案件，对国务院各部门和省、自治区、直辖市人民政府所作的具体行政行为提起诉讼的案件，以及本辖区内重大、复杂的案件，由中级人民法院管辖。第二，地域管辖。行政案件一般由最初作出具体行政行为的行政机关所在地人民法院管辖。经复议的案件，复议机关决定维持原具体行政行为的，由作出原具体行政行为的行政机关所在地人民法院管辖；复议机关改变原具体行政行为的，也可以由复议机关所在地人民法院管辖。同时草案对特别管辖作了规定，对限制人身自由的行政强制措施不服而提起的诉讼，由原告所在地或者被告所在地人民法院管辖。因不动产提起的行政诉讼，由不动产所在地人民法院管辖。

四、关于受理和审判

为了保护公民、法人或者其他组织提起诉讼的权利，避免和防止法院对有的该受理的案件不予受理，草案规定，人民法院接到起诉状，经审查，应当在七日内立案或者作出裁定不予受理。原告对裁定不服的，可以向上一级人民法院上诉。

为了明确人民法院认定具体行政行为合法性的依据，草案规定：第一，人民法院审理行政案件，以法律和行政法规、地方性法规为依据。地方性法规适用于本行政区域内发生的行政案件。第二，人民法院审理行政案件，参照国务院部、委根据法律和国务院的行政法规、决定、命令制定、发布的规章，以及省、自治区、直辖市和省、自治区的人民政府所在地的市、经国务院批准的较大的市的人民政府根据法律和国务院的行政法规制定、发布的规章。现在对规章是否可以作为法院审理行政案件的依据仍有不同意见，有的认为应该作为依据，有的认为不能作为依据，只能以法律、行政法规和地方性法规作为依据。我们考虑，宪法和有关法律规定国务院各部委和省、市人民政府有权依法制定规章，行政机关有权依据规章行使职权。但是，规章与法律、法规的地位和效力不完全相同，有的规章还存在一些问题。因此，草案规定法院在审理行政案件时，可以参照规章的规定，是考虑了上述两种不同的意见，对符合法律、行政法规规定的规章，法院要参照审理，对不符合或不完全符合法律、行政法规原则精神的规章，法院可以有灵活处理的余地。

草案规定，人民法院对行政案件的审理，应该根据不同情况，分别作出以下判决：第一，具体行政行为证据确凿，适用法律、法规正确的，判决维持。具体行政行为引用具体法律、法规条文有失误的，予以补正。第二，具体行政行为有下列情形之一的，判决撤销或者部分撤销，并可以判决被告改变原具体行政行为：1. 主要证据不足的；2. 适用法律、法规错误的；3. 违反法定程序的；4. 超越职权的；5. 滥用职权的。第三，被告拒绝履行或者拖延履行法定职责的，判决其在一定期限内履行。第四，行政处罚显失公正的，可以判决变更。至于行政机关在法律、法规规定范围内作出的行政处罚轻一些或者重一些的问题，人民法院不能判决改变。为了防止有的行政机关不按照人民法院的判决改变原具体行政行为，致使原告的权利得不到保护，草案同时规定，人民法院判决被告改变原具体行政行为的，被告不得以同一事实和理由作出与原具体行政行为基本相同的具体行政行为。

五、关于执行

为使人民法院对行政案件的判决、裁定能够得到切实执行，草案规定，被诉的行政机关拒绝履行判决、裁定的，法院可以采取以下措施：第一，对应当归还的罚款或者应当给付的赔偿金，通知银行从该行政机关的帐户内划拨。第二，在规定期限内不履行的，从期满之日起，对该行政机关按日处五十元至一百元的罚款。第三，向该行政机关的上一级行政机关或者监察、人事机关提出司法建议。第四，拒不执行判决、裁定，情节严重构成犯罪的，依法追究主管人员和直接责任人员的刑事责任。同时，为了保障行政机关有效地行使行政管理职权，草案规定，公民、法人或其他组织对具体行政行为在法定期间不提起诉讼又不履行的，行政机关可以申请人民法院强制执行，或者由行政机关依法强制执行。

六、关于侵权赔偿责任

建立行政诉讼制度的目的之一，是要使公民、法人和其他组织被行政机关或者行政机关工作人员侵犯的合法权益得到补救。如果赔偿问题得不到解决，人民法院的一些判决无法执行，公民、法人和其他组织被侵犯的权益不能得到恢复和赔偿，不能达到建立行政诉讼制度的目的。因此，草案规定：第一，公民、法人或者其他组织的合法权益受到行政机关或者行政机关工作人员作出的具体行政行为侵犯造成损害的，有权请求赔偿。单独提出损害赔偿请求的，应当先由行政机关处理，对行政机关的处理不服的，可以向人民法院提起诉讼。第二，行政机关或者行政机关工作人员作出的具体行政行为侵犯公民、法人或者其他组织合法权益造成损害的，由该行政机关或者该行政机关工作人员所在的行政机关负责赔偿。行政机关赔偿损失后，应当责令有故意或者重大过失的行政机关工作人员承担部分或者全部赔偿费用。需要给予行政处分的，应当给予行政处分；构成犯罪的，应当依法追究刑事责任。至于行政机关工作人员与执行职务无关的侵犯公民、法人或者其他组织合法权益的个人行为，不属于行政诉讼范围，行政机关不承担责任。第三，赔偿费用，从各级财政列支。各级人民政府可以责令有责任的行政机关支付部分或者全部赔偿费用。具体办法由国务院规定。

这里附带说明：草案建议行政诉讼法通过后，自 1990 年 4 月 1 日起施行。在本法施行前，人民法院受理行政案件的范围和诉讼程序仍适用民事诉讼法（试行）的有关规定。

行政诉讼法（草案）和以上说明是否妥当，请大会审议。

第七届人大第二次会议
分组审议法律草案提出的修改意见

（法律委员会办公室，1989年3月28、29、30日）

对《行政诉讼法（草案）》审议的意见（一）

3月28日下午，第七届全国人大第二次会议对行政诉讼法（草案）进行审议。普遍认为，制定行政诉讼法，是继刑事诉讼法、民事诉讼法（试行）之后的又一个重要法律，是我国民主建设、法制建设上的一件大事。北京马耀骥、朱德熙，贵州吴少祥说，民可以告官，这在观念上是一个很大转变，制定行政诉讼法，对于保护公民权利具有重要意义。安徽邵挺根，黑龙江郝宝权，湖北尹成富、邓泽顺说，制定行政诉讼法，是搞好廉政建设的重要措施，可以维护和促进行政机关工作人员依法办事，提高行政效率。湖北李其凡说，没有行政诉讼法，审判工作就没有法律依据，案件就无法判，也无法执行。许多代表认为，草案吸收了许多好的意见，对原来有争议的几个问题解决得较好，条文简单明了，便于实施，建议在这次大会通过。

有些代表认为，制定行政诉讼法的条件尚不成熟，建议这次大会暂缓通过。青海宋瑞祥、陈永达、钱国英，浙江李德葆、董朝才说，目前党政分开尚没有做到，许多政府行为实际上是按照党委的指示办的，不能只告政府。黑龙江丁若鹏，广西蒋毅、韦继松说，目前许多行政管理活动无法可依，靠行政命令，行政诉讼法如果通过，告行政机关的人会很多。吉林智作文认为，行政诉讼法中规定的一些重要问题尚有争论，执行起来会带来混乱。黑龙江许鹿鸣、贺俊修，北京陶西平建议行政诉讼法颁布之后，先试行一段时间，以后再进一步充实、完善。

代表们还对草案提出以下主要修改意见：

一、关于立法宗旨

1.“保护公民、法人和其他……”中的“保护”应改为“保障”。（上海叶公琦、陈炳生）

2.“保障和监督行政机关依法……”中“保障”应改为“维护”。（上海叶公琦、陈炳生、江苏章师明、福建李景禧）

建议将“保障”两字去掉，因与行政诉讼法立法目的不符。（上海吴承惠、张仲礼、台湾陆毅中、范增胜）

二、关于受案范围

1. 建议对受案范围做概括性规定，以免挂一漏万。（山西马洪、解放军刘振堂）

2. 建议在行政处罚中列上“劳动教养”。（河北刘宗耀、夏熹、安徽罗小伦）

3. 建议明确规定限制人身自由的行政强制措施不包括劳动教养和收容审查。（山西朱礼厚）

建议将限制人身自由的行政强制措施列为第一项。（福建李景禧）

4. 承包经营权、经营自主权的行政纠纷，需由上级政府处理后，才能起诉到法院。（江苏徐燕）

5. 建议删去承包经营权，理由：经营自主权已包括承包经营权。另外，“承包”是一种阶段性措施，在基本法中规定不妥。（上海叶公琦、吴贻弓、吴承惠、四川苏克明）

6. 老百姓可以告行政机关，计划生育不好办。（贵州李学高、江西陆孝彭、康芳芬、程金发、江苏王宏民等）

7. 建议去掉关于法院不受理事项的规定。（江苏胡炼、云南钟振川）

8. 建议将行政机关的抽象行为、内部行为、最终裁决的具体行政行为均列入受案范围。（内蒙古刘峥、贺健）

9. 关于国防、外交等国家行为，建议明确“等”的含义或去掉“等”字。（解放军郑文翰）

三、关于起诉和受理

1. 建议规定行政案件必须先经行政复议才能起诉。（广西蒋毅）

2. 建议将行政复议的期限由“二个月”改为“一个月”。（吉林索敬贤、解放军张英明）

3. 建议将提起诉讼的时效“三个月”再适当延长。（江苏孙家正）

4. 建议将人民法院的立案期限由“七日”改为“十日”。（山西朱礼厚）

5. 建议将人民法院发送起诉状、答辩状的时间由“五日”改为“七日”，被告提交材料和提出答辩状的时间由“十日”改为“十五日”。（内蒙古唐嗣孝）

四、关于法院审判的依据

1. 建议将可以参照规章改为依据规章。（广西邹瑜、湖北梁淑芬、江苏李慎之）

2. “可以参照”，应删去“可以”二字。（河北孙琬钟、吴奇之）

3. 参照规章应缩小范围，不应所有的规章都可参照。（内蒙古王维珍、罗振东、张延武）

4. “参照”一词含义不清，弹性太大，如何执行不清楚。（湖北邓泽顺、许冀煌、田寿延、李其凡）

5. 地方性法规是否包括民族自治地区制定的自治条例和单行条例，建议作出解释。地方性法规与国务院部委规章有矛盾时，以何为准？（甘肃卢克俭、贺敬农、张言、孟宪慎）

五、关于调解

1. 建议规定行政案件可以适用调解。（江苏章师明）

2. 行政案件能调解的也可以调解，不宜一律规定“不适用调解”。（云南何海清）

六、关于法院的变更权

1. 法院不能有变更权，只应审查行政行为的合法性。（广西邹瑜、河

北孙琬钟）

2. 法院必须有变更权，本法规定得还不够。（湖北李其凡）

3. 建议将“行政处罚显失公正”改为“行政处罚不公正”，“显失”两字太灵活。（江西邓高玲）

4. 规定法院对行政处罚显失公正的，可以判决变更，这与法院审理行政案件是对具体行政行为是否合法进行审查的规定有矛盾。（甘肃卢克俭、孟宪慎、贺敬农、张言）

七、关于审理行政案件的期限

1. 规定一审三个月、二审二个月，时间太长。（江苏第二小组部分同志）

2. 建议把延长审理行政案件期限的权力由“高级人民法院批准”修改为“上级人民法院批准”。（内蒙古色吉拉胡）

3. 草案只规定可以延长审理期限，未规定可以延长多少期限，建议作进一步规定。（云南于兰馥）

八、关于判决的执行

1. 建议不要对逾期不执行的规定具体的罚款数额，只规定对被告处以罚款即可。（湖北李其凡、上海吴贻弓、江西李鸿辉）

2. 对行政机关不执行判决的，不能只对行政机关罚款，还应对主管人员罚款或由其支付一部分罚款。（北京曹凤国、山西廉能直、江苏窦国仁、吴仁宝）

九、关于检察院对行政诉讼的法律监督

1. 对检察院的法律监督问题规定得太笼统，建议对法律监督的程序作具体规定。（四川许宁、河南戴保兴、朱景云、云南王正芳、江西徐友祥）

2. 建议规定，当上诉人对法院的一审判决不服，案情又较为复杂时，可以申请检察院参与诉讼。（吉林谢声源）

3. 对检察院的法律监督问题，可以先不在行政诉讼法中规定，而由检察院先搞试行办法。（四川钱敏）

十、关于侵权赔偿责任

1. 规定赔偿费用从各级财政列支不合适。赔偿费用从哪里出的问题较为复杂，如海关的罚没收入是上缴中央财政，再从地方要钱不妥当，建议赔偿费用由国务院规定。（云南李朋、何海清）

2. 关于各级人民政府可以责令有责任的行政机关支付部分或者全部赔偿费用的规定不合适。（上海叶公琦）

3. 建议增加侵犯人身自由、名誉的应当如何赔偿的具体规定。（湖北向欣然）

4. 行政机关工作人员承担赔偿费用问题，应由人民法院判决，不能由行政机关说了算。（云南曾世麟）

十一、关于施行日期

1. 建议将施行日期提前。建议1989年10月1日施行（福建李景禧、吉林索敬贤、河南何泽民、刘才华、梅养正等）。建议1990年1月1日施行（吉林曹龙浩、江苏陈邃衡）。

2. 建议施行日期推迟到1991年4月1日施行，因准备工作很多。（广西韦纯束、黄荣）

十二、其他

1. 建议增加规定，被告可以反诉。（四川许宁）

2. “近亲属”概念不清，应明确其范围。（江苏孙家正、姜秀兰、李慎之、陈至达、四川许宁）

3. 建议增加法院审理行政案件不受任何党派干涉的规定。（台湾陆毅中、范增胜、河北孙敬文、赵金铎、上海王健）

4. 设立行政庭是法院组织法的内容，不应由行政诉讼法规定。（江苏宦继和、云南王正芳、甘肃卢克俭、孟宪慎、张言、贺敬农）

5. 行政诉讼法没有规定台湾人在诉讼中的地位，如不便明确规定，建议解释权归人大常委会。（台湾林丽韫、陆毅中、刘新品、李辰）

6. 诉讼期间应停止原具体行政行为的执行。（内蒙古唐嗣孝）

7. 一审也应可以用书面审。（内蒙古张廷武）

8. 建议增加规定人大对行政诉讼的监督问题。（内蒙古李希贤）

9. 被告拒不到庭，应当规定予以处罚。（甘肃李功受）

10. 建议补充规定，本法具体实施中的问题，由人民法院负责解释（吉林谢声源）。建议制定行政诉讼法的实施细则。（甘肃刘兰亭、桐树苞）

11. 对妨害诉讼处五百元以下罚款太低，应规定得更高些，比如一千元。（山西万寿恒、四川王宓君）

对《行政诉讼法（草案）》审议的意见（二）

3 月 29 日下午，各代表团继续对行政诉讼法（草案）进行了审议。**大多数代表认为**制定行政诉讼法很重要，草案经全民讨论，多次修改，现已成熟，**应当尽快通过**。

也有些代表提出不同意见。

1. **建议行政诉讼法与有关实体法一块公布，**否则无法实施。现在有些事情不好办，比如农村征粮，要靠强制手段，老百姓不交粮，说是因为政府没给化肥和机油，因此不执行合同。如果允许告，征粮工作难做。（江苏贺继顺）

2. **建议该法先试行一年**。因为，第一，目前没有配套的法律，如计划生育法等。第二，老百姓法律意识不强，行政机关也承受不了。如果可以告的话，行政机关老得当被告，实行起来有困难。（广东朱友植、曾定石、张琮，安徽王茂、葛钟麟）

3. **建议行政诉讼法不在这次会议上提付表决，可以先在局部地区试行。**因为目前条件不成熟，还需要进行可行性研究，如果勉强实施，将产生严重的后果，一个计划生育，一个粮食订购合同，将受到严重冲击，地方政府将面临很大困难（浙江吴敏达、吴文谦、范巴陵、沈善洪等十人），如果提付表决，将投反对票。（浙江范巴陵）

4. **认为行政诉讼法现在出台时机不适宜**。今明两年主要任务是治理、

整顿，应加强行政权。（广西刘知炳、胡德才、李兆焯、廖振忠、韦仕军、陈岸、黄任文、林超群、李宁、梁秀花，吉林尚振令）

代表们还对草案提出以下主要修改意见：

一、关于立法宗旨

建议删去“保障和监督行政机关依法行使行政权力”，本法主要是要保护公民、法人和其他组织的合法权益。（新疆许鹏）

二、关于审判依据和规章问题

1.“自治条例”也应作为审判依据，适用于本自治区域内发生的行政案件。（广西陶爱英）

2.“可以参照”规章，应去掉“可以”两字。（湖北任中林）

3.“参照”弹性太大，作为法律用语不合适。（江苏曹琬）

4. 目前规章太杂乱，随意性大，也无人审查，参照规章不利于百姓诉讼，不利于依法办事，不应这么规定（江西王厚德）。公民认为规章错误的也应可以去告。现在政府的决定、命令很多，这样很容易用法治的形式掩盖人治。（江苏丁光训）

5.“参照”应改为“依照”，规章应作为判案的依据，规章是经过政府机关充分研究制定的，行政机关是按规章办事的，但又不作审判依据，这样会影响行政机关行使职权。（宁夏崔永庆，天津李伯勇、李清、牛子文，福建黄声野）

6、规章与法律、法规不一致的怎么办，应作出规定（福建洪永世）；有矛盾时应依照法律、法规。（天津李清、牛子文）法律、法规之间不一致的也应作出规定。（福建洪永世）

三、关于检察院如何实行法律监督

1. 草案对检察院实施监督的规定不够具体，建议在诉讼的各个阶段都做相应规定。（湖南谭志先，陕西熊应栋，吉林刘士杰、孙述昌，江西廖云龙）

2. 建议制定检察院实施监督的细则。（湖南谭景阳）

四、关于受案范围

1. 受案范围太宽，法院承受不了。（辽宁于国磐、宁夏马钊、天津乔维熊、湖南谭志先）应当只受理法律、法规有规定可以起诉的行政案件，否则太宽。（安徽鲍建广等四人）

2. 受案范围不应采取列举式，应采取概括式。（江西王厚德、广东汪仲英）

3. 对罚款不服可以提起诉讼的规定不应适用于农村。现在乡政府对于不按种植计划种植、不完成订购任务、计划生育超生、不讲卫生等都罚款，这些罚款都不是法律明确规定的，但不规定这些罚款，下边没法工作。（上海陈士杰）

4. 认为侵犯合法的承包经营权可以提起诉讼的规定只能适用于城市而不能适用于农村。

鉴于农村承包经营权、计划生育问题较多，建议召开区、县级负责同志专门会议，讨论研究这个问题，否则留下一大堆问题不好处理。（上海叶公琦）

建议将"合法的承包经营权"删去，因为除了承包外还有租赁、股份制等，列举不全，不如只说到经营自主权，其余就包括了。（广西罗里加）

5. 认为符合法定条件申请许可证和执照被拒绝颁发可以起诉的规定是不妥当的。有些申请虽然符合法定条件但在审批时有政策和数额的限制，这些却没在法上规定，如果允许告，行政机关被动。（天津叶迪生）

6. 建议增加规定，"认为行政机关工作人员利用职权向他人索要钱财或谋求其他不正当利益行为的"，可以起诉。（解放军林基贵）

7. 没有依法发给抚恤金的这类事太多，都可起诉，法院管不了。（天津戴锡孟）

8. 不应把对冻结财产不服的列入受案范围。（湖南谭景阳）

9. 改革势必突破现行的法律、法规，对改革中的具体行政行为可以起诉，可能影响改革的进行。（北京阎承宗）

10. 有些规章、命令侵犯了公民权利，应当允许起诉。（天津乔维熊、安徽荣广宏）

11. 行政机关工作人员对行政机关的奖惩、任免等决定不服提起诉讼的，法院应当受理。（安徽荣广宏、江苏曲钦岳、湖南谭景阳）

五、关于管辖

1. 涉外案件应由中级法院管辖。（辽宁罗国英）

2. 对国务院部、委的具体行政行为提起诉讼的，应由高级人民法院管辖。（湖南詹顺初）

3. 经复议的案件，草案规定“也可以由复议机关所在地人民法院管辖”，建议去掉“也可以”三字，不搞选择管辖。（辽宁张焕文）

4. 对限制人身自由强制措施不服的诉讼，应由被告所在地法院管辖，不要规定由原告所在地管辖。（江西刘夏石）

5. 草案规定人民法院对管辖权发生争议，双方协商不成的，报它们的共同上级法院指定管辖。两个不同省份的县法院发生管辖争议，其共同上级法院是最高法院，这样规定是否合适？（辽宁王光中）

6. 地方法院与林业法院、铁路法院对同一案件都有管辖权，对案件性质认识不一致，怎么办？法律应规定清楚。（吉林霍明光）

六、关于起诉和受理

1. 建议将复议期限由两个月改为一个月。（新疆阿不都热西提·卡热阿吉、福建刘钦锐、湖南杨蔓茹）

2. 规定法院七日内立案或作出不予受理的裁定，时间太短，建议改为十日。（广东陈远睦、湖南黄道奇）

七、关于审理和判决

1. 法院五日内发送起诉状副本时间太短，建议延长到十日。（广东陈远睦、天津牛子文）

2. 建议增加规定法院有权指定应诉人。（湖南杨蔓茹）

3. 建议将被告提出答辩状改为被告“必须”提出答辩状，以提高法律意识。（解放军马驰）

4. 关于停止具体行政行为的执行，建议增加：有担保人或保证金的，可以裁定暂停执行。（安徽吴文芳、余洪、孙扬勇）

5. 应规定合议庭只能由审判员和陪审员组成，这样可以制约审判员。现在法院徇私情的问题较多，因此，陪审员参加合议庭应是硬性规定。（江苏曹琬）

6. 第四十七条关于对诉讼参与人或其他人的处罚的规定中最好不写罚款五百元以下，根据目前涨价情况，不定数字为好。（江苏陆谈）

训诫、责令具结悔过、罚款、拘留等四种处罚是否可以并处？哪些可以并处？应规定得明确些。（浙江韩祯祥）

7. 第四十八条规定，人民法院审理行政案件不适用调解，而第六十五条又规定赔偿适用调解，两条之间有矛盾。（天津吴振）

8. 原告撤诉经法院裁定不必要，只要原告申请就应允许撤诉。（宁夏马钊、辽宁由作武、广西李宁、江苏贺继顺）

9. 法院不应有变更权，如果需要变更，应让行政机关自己去变更。（宁夏马钊、广西陶爱英）

规定行政处罚显失公正的，法院可以变更，但显失公正的界限很难划清。既然告到法院，法院就应有变更权，否则告状有何用。（江西王厚德，安徽鲍建广、吴建生、孙靖松）

10. 一审判决规定为三个月，时间太长，建议缩短一些，以提高效率。（湖南卜启圣、陕西孙克华）

行政诉讼涉及的问题很复杂，规定的办案期限太短，应适当延长。（吉林于宪章）

诉讼期限延长应有个限制，建议规定一个合理的延长期限。（广东曾定石）

11. “书面审理”与公开审理的原则有矛盾，都应开庭审理。（江苏陆谈、湖南詹顺初）

八、其他

1. 建议增加规定行政诉讼可以附带刑事诉讼、民事诉讼。（湖南詹顺初，

安徽吴文芳、余洪）

2. 关于法院对行政机关不执行判决的罚款数额，建议不规定上限（陕西毋致）；建议按不执行判决造成的实际损失罚款（江西刘夏石）；建议不具体规定数额，因为物价老涨。（天津乔维熊）

3. 草案规定行政机关赔偿后，可以向有过失的行政机关工作人员追偿赔偿费用，建议改为由法院直接判决。（江苏蒋立金）

4. 关于诉讼费用的分担，建议改为“双方都有责任的按责任大小由双方分担”。（福建刘钦锐）

5. 关于本法施行日期，建议改为 1989 年 10 月 1 日或者 1990 年 1 月 1 日。（福建张明俊等二十二人、辽宁由作武）

对《行政诉讼法（草案）》审议的意见（三）

3 月 30 日，各代表团继续审议行政诉讼法（草案）。很多代表认为，行政诉讼法的制定是我国民主与法制建设的光辉一页，希望本次大会予以通过、颁布。

有的代表还有一些不同意见：1. 认为行政诉讼法涉及面广、执行起来有一定难度，建议行政诉讼法先试行一段时间。（安徽鲍建广、陈锦华、赵敏学、胡淑芳，宁夏胡子诚）2. 建议行政诉讼法暂缓通过。（广西平雷、魏述让、李果刚、吴翔）这个法能否通过，要看表决方式，如果是举手表决，可能通过，如果是无记名投票，可能就通不过。（广西吴翔）

代表们提出的具体意见主要有：

一、关于行政诉讼的原则

建议增加“不告不理”的原则。（湖南周珏）

二、关于检察院实行法律监督

1. 建议具体规定检察院对行政诉讼监督的范围、监督方法。（山东高

志华、新疆吴佳和）

2. 建议增加规定："人民检察院对行政机关严重损害国家利益的行为，可以提起诉讼和参加诉讼。"（浙江梁焕木）

三、关于受案范围

建议将行政合同纠纷列入受案范围。（甘肃柯茂盛）

四、关于管辖

1. 草案规定"对限制人身自由的行政强制措施不服提起的诉讼，由原告所在地或者被告所在地人民法院管辖"。建议将其中的"原告所在地"改为"行为发生地"。（浙江杨良杜）

2. 建议对限制人身自由的行政强制措施不服提起的诉讼，只规定由被告所在地法院管辖，这样便于取证和审理。（河北于明斗）

3. 建议对县政府所做的具体行政行为提起的诉讼，应由中级法院管辖，对地、局级行政机关提起行政诉讼，应由高级法院管辖。（宁夏李天柱）

五、关于审判

1. 建议规定复议前置，公民、法人、其他组织对具体行政行为不服，必须先经复议，对复议不服，才能提起诉讼。（安徽鲍建广、河北于明斗）

2. 草案规定原告直接向法院起诉的行政诉讼时效期间为三个月，建议改为一个月。（浙江杨良杜）

3. 法院审理行政案件，不能参照规章。因为规章与法律抵触太多，且不稳定。（湖北陈宜瑜）

4. 法院审理行政案件不应有变更权。行政处罚显失公正的法院可以判决由原行政机关重新处理。（湖北陈宜瑜、湖南胡彪）

六、其他

1. 草案规定，有权起诉的公民死亡，他的近亲属可以提起诉讼。"近

亲属”概念不清，建议改为“继承人”。（浙江张永祥）

2. 经复议的行政案件，复议机关无论是维持还是改变原具体行政行为，被告都应是复议机关。（山东姜万禧、王怀远、王道玉、吴克阳）

3. 草案规定，行政机关不执行判决、裁定的，法院有权对行政机关按日处五十元至一百元的罚款。建议对处罚金额不作具体规定。（贵州李光辉、江苏陈力）

4. 草案规定“公民、法人或者其他组织对具体行政行为在法定期间不提起诉讼又不履行的，行政机关可以申请人民法院强制执行，或者依法强制执行”。此条不是行政诉讼问题，建议删去。（北京叶才民、余永宁、张世英、刘德珍）

5. 赔偿费用从各级财政列支，这样规定太绝对，不合适。（山东朱关兴、魏坚毅，湖南胡彪）

6. 草案规定“外国人、无国籍人、外国组织在中华人民共和国进行行政诉讼，委托律师代理诉讼的，应当委托中华人民共和国律师机构的律师。”只能由本国籍律师担任诉讼代理人，国际上没有这样的惯例，建议删去此条。（黑龙江马骥，广东方善桂、徐是雄）

7. 行政诉讼法的实施办法应由立法机关制定，而不应交由法院制定。（甘肃柯茂盛）

第七届全国人民代表大会法律委员会关于两个法律草案审议结果的报告

全国人大法律委员会主任委员　王汉斌

（1989 年 4 月 1 日第七届全国人民代表大会第二次会议主席团第三次会议通过）

在本次会议上，全体代表从 3 月 28 日到 3 月 31 日对《中华人民共和国行政诉讼法（草案）》《中华人民共和国全国人民代表大会议事规则（草案）》进行了审议。代表们认为，行政诉讼法是继刑事诉讼法、民事诉讼法（试行）之后又一个重要法律，它的制定和实施是社会主义民主政治建设的重大进展，对于保护公民、法人和其他组织的合法权益，维护和监督行政机关依法行使行政职权，具有重要意义。全国人民代表大会议事规则的制定和实施，便于全国人大依照民主的、法定的程序行使职权，标志着全国人大工作向制度化、法律化迈进了一步。两个法律草案基本上是成熟的。同时，也提出了不少修改意见。法律委员会于 3 月 30 日、4 月 1 日召开会议，根据各代表团的审议意见，对两个法律草案进行了审议，提出以下修改建议：

一、关于《中华人民共和国行政诉讼法（草案）》

（一）草案第一条规定："为保证人民法院审理行政案件，保护公民、法人和其他组织的合法权益，保障和监督行政机关依法行使行政权力，根据宪法制定本法。"根据有的代表的意见，建议将其中的"保证人民法院审理行政案件"修改为"保证人民法院正确、及时审理行政案件"，将其

中的“保障和监督行政机关依法行使行政权力”修改为“维护和监督行政机关依法行使行政职权”。（修改稿第一条）

（二）草案第十条第一款第三项规定，公民、法人或者其他组织认为行政机关和行政机关工作人员侵犯法律规定的经营自主权和合法的承包经营权的，可以提起诉讼。根据有些代表的意见，建议删去上述规定中的“合法的承包经营权”。（修改稿第十一条）

（三）有的代表提出，民族自治地方的自治条例和单行条例，也应当作为法院审理行政案件的依据。因此，建议在草案第五十条增加一款：“人民法院审理民族自治地方的行政案件，并以该民族自治地方的自治条例和单行条例为依据。”（修改稿第五十二条第二款）

（四）草案第五十一条规定，人民法院审理行政案件，“可以参照”规章。根据有些代表的意见，建议将其中的“可以参照”修改为“参照”。（修改稿第五十三条第一款）

（五）草案第四十七条规定，有妨害诉讼行为的，可以处五百元以下的罚款。有的代表认为，以五百元作为罚款数额的上限，太低。因此，建议将“五百元”修改为“一千元”。（修改稿第四十九条）

（六）草案第六十六条第二款规定：“赔偿按照直接损失计算。”有的代表认为，什么是“直接损失”，有各种不同理解，行政侵权的赔偿问题较为复杂，需要进一步研究。因此，建议将这一款删去。

（七）草案第七十三条规定：“最高人民法院可以根据本法制定实施办法。”有的代表提出，最高人民法院有司法解释权，可以解决这个问题，这一条可不必规定。因此，建议将这一条删去。

（八）草案第七十四条规定：“本法自1990年4月1日起施行。”根据有些代表的意见，为了有较充分的时间作好本法实施的准备工作，建议修改为：“本法自1990年10月1日起施行。”（修改稿第七十五条）

还有几个问题需要加以说明：

1. 有些代表提出，行政诉讼法的实施，可能对农村一些工作如计划生育、粮食定购等带来困难。这些困难是存在的。在推行计划生育方面，需要有合法的行政手段，现在已有16个省、自治区、直辖市制定了有关计划生育的地方性法规，建议其他省、自治区、直辖市也抓紧制定有关的地方性法规，同时国务院还准备抓紧制定计划生育条例。这样，就可以使计划生育工作有法可依。关于粮食等农产品定购问题，农民应当按照合同规定完成交售任务，政府有关部门应当按照合同规定供应农业生产资料。现在有些地方发生一些问题，主要是由于行政机关或者农民没有按照合同办事，或者没有完全按照合同办事，或者合同不完善造成的，这些问题主要是改进工作的问题。今天上午主席团常务主席开会研究时，考虑到本法实施过程中的困难，建议把草案规定的本法自1990年4月1日起施行改为自1990年10月1日起施行，这样从通过到实施有一年半的时间，就是为了便于各地有时间做好各项准备工作。我们要把行政诉讼法的制定和实施，变成改进这些方面工作的动力。

2. 有些代表建议暂缓通过本法；也有代表建议提前在建国40周年，即今年10月1日起施行，或明年1月1日起施行。这次大会审议中，许多代表认为行政诉讼法是加强我国社会主义民主政治建设和法制建设的重要法律，主张本次会议根据代表意见修改后通过，各界人士也希望本法早日制定。同时，我国自1982年开始实行行政诉讼以来已有7年，为全面实行行政诉讼制度创造了一些条件，法律委员会建议本次会议审议通过本法。

3. 草案关于行政案件立案、送达、审理等期限的规定，代表在审议中认为有的期限长了，有的期限短了。我们请最高人民法院根据法院的审判实践经验加以研究，他们认为现在规定的期限是可行的，建议不作修改。

此外，还对两个法律草案作了一些文字修改。

法律委员会已按上述意见对两个法律草案作了修改，建议主席团审议后提请大会审议通过。

以上意见和两个法律草案的修改稿是否妥当，请主席团审议。

全国人大法律委员会

1989年4月1日

《中华人民共和国行政诉讼法》

（1989年4月4日第七届全国人民代表大会第二次会议通过）

第一章　总　　则

第一条　为保证人民法院正确、及时审理行政案件，保护公民、法人和其他组织的合法权益，维护和监督行政机关依法行使行政职权，根据宪法制定本法。

第二条　公民、法人或者其他组织认为行政机关和行政机关工作人员的具体行政行为侵犯其合法权益，有权依照本法向人民法院提起诉讼。

第三条　人民法院依法对行政案件独立行使审判权，不受行政机关、社会团体和个人的干涉。

人民法院设行政审判庭、审理行政案件。

第四条　人民法院审理行政案件，以事实为根据，以法律为准绳。

第五条　人民法院审理行政案件，对具体行政行为是否合法进行审查。

第六条　人民法院审理行政案件，依法实行合议、回避、公开审判和两审终审制度。

第七条　当事人在行政诉讼中的法律地位平等。

第八条　各民族公民都有用本民族语言、文字进行行政诉讼的权利。

在少数民族聚居或者多民族共同居住的地区，人民法院应当用当地民族通用的语言、文字进行审理和发布法律文书。

人民法院应当对不通晓当地民族通用的语言、文字的诉讼参与人提供翻译。

第九条　当事人在行政诉讼中有权进行辩论。

第十条 人民检察院有权对行政诉讼实行法律监督。

第二章 受案范围

第十一条 人民法院受理公民、法人和其他组织对下列具体行政行为不服提起的诉讼：

（一）对拘留、罚款、吊销许可证和执照、责令停产停业、没收财物等行政处罚不服的；

（二）对限制人身自由或者对财产的查封、扣押、冻结等行政强制措施不服的；

（三）认为行政机关侵犯法律规定的经营自主权的；

（四）认为符合法定条件申请行政机关颁发许可证和执照，行政机关拒绝颁发或者不予答复的；

（五）申请行政机关履行保护人身权、财产权的法定职责，行政机关拒绝履行或者不予答复的；

（六）认为行政机关没有依法发给抚恤金的；

（七）认为行政机关违法要求履行义务的；

（八）认为行政机关侵犯其他人身权、财产权的。

除前款规定外，人民法院受理法律、法规规定可以提起诉讼的其他行政案件。

第十二条 人民法院不受理公民、法人或者其他组织对下列事项提起的诉讼：

（一）国防、外交等国家行为；

（二）行政法规、规章或者行政机关制定、发布的具有普遍约束力的决定、命令；

（三）行政机关对行政机关工作人员的奖惩、任免等决定；

（四）法律规定由行政机关最终裁决的具体行政行为。

第三章 管 辖

第十三条 基层人民法院管辖第一审行政案件。

第十四条 中级人民法院管辖下列第一审行政案件：

（一）确认发明专利权的案件、海关处理的案件；

（二）对国务院各部门或者省、自治区、直辖市人民政府所作的具体行政行为提起诉讼的案件；

（三）本辖区内重大、复杂的案件。

第十五条 高级人民法院管辖本辖区内重大、复杂的第一审行政案件。

第十六条 最高人民法院管辖全国范围内重大、复杂的第一审行政案件。

第十七条 行政案件由最初作出具体行政行为的行政机关所在地人民法院管辖。经复议的案件，复议机关改变原具体行政行为的，也可以由复议机关所在地人民法院管辖。

第十八条 对限制人身自由的行政强制措施不服提起的诉讼，由被告所在地或者原告所在地人民法院管辖。

第十九条 因不动产提起的行政诉讼，由不动产所在地人民法院管辖。

第二十条 两个以上人民法院都有管辖权的案件，原告可以选择其中一个人民法院提起诉讼。原告向两个以上有管辖权的人民法院提起诉讼的，由最先收到起诉状的人民法院管辖。

第二十一条 人民法院发现受理的案件不属于自己管辖时，应当移送有管辖权的人民法院。受移送的人民法院不得自行移送。

第二十二条 有管辖权的人民法院由于特殊原因不能行使管辖权的，由上级人民法院指定管辖。

人民法院对管辖权发生争议，由争议双方协商解决。协商不成的，报它们的共同上级人民法院指定管辖。

第二十三条 上级人民法院有权审判下级人民法院管辖的第一审行政案件，也可以把自己管辖的第一审行政案件移交下级人民法院审判。

下级人民法院对其管辖的第一审行政案件，认为需要由上级人民法院审判的，可以报请上级人民法院决定。

第四章 诉讼参加人

第二十四条 依照本法提起诉讼的公民、法人或者其他组织是原告。

有权提起诉讼的公民死亡，其近亲属可以提起诉讼。

有权提起诉讼的法人或者其他组织终止，承受其权利的法人或者其他组织可以提起诉讼。

第二十五条 公民、法人或者其他组织直接向人民法院提起诉讼的，作出具体行政行为的行政机关是被告。

经复议的案件，复议机关决定维持原具体行政行为的，作出原具体行政行为的行政机关是被告；复议机关改变原具体行政行为的，复议机关是被告。

两个以上行政机关作出同一具体行政行为的，共同作出具体行政行为的行政机关是共同被告。

由法律、法规授权的组织所作的具体行政行为，该组织是被告。由行政机关委托的组织所作的具体行政行为，委托的行政机关是被告。

行政机关被撤销的，继续行使其职权的行政机关是被告。

第二十六条 当事人一方或者双方为二人以上，因同一具体行政行为发生的行政案件，或者因同样的具体行政行为发生的行政案件、人民法院认为可以合并审理的，为共同诉讼。

第二十七条 同提起诉讼的具体行政行为有利害关系的其他公民、法人或者其他组织，可以作为第三人申请参加诉讼，或者由人民法院通知参加诉讼。

第二十八条 没有诉讼行为能力的公民，由其法定代理人代为诉讼。法定代理人互相推诿代理责任的，由人民法院指定其中一人代为诉讼。

第二十九条 当事人、法定代理人，可以委托一至二人代为诉讼。

律师、社会团体、提起诉讼的公民的近亲属或者所在单位推荐的人，以及经人民法院许可的其他公民，可以受委托为诉讼代理人。

第三十条 代理诉讼的律师，可以依照规定查阅本案有关材料，可以向有关组织和公民调查，收集证据。对涉及国家秘密和个人隐私的材料，应当依照法律规定保密。

经人民法院许可，当事人和其他诉讼代理人可以查阅本案庭审材料，但涉及国家秘密和个人隐私的除外。

第五章　证　　据

第三十一条　证据有以下几种：

（一）书证；

（二）物证；

（三）视听资料；

（四）证人证言；

（五）当事人的陈述；

（六）鉴定结论；

（七）勘验笔录、现场笔录。

以上证据经法庭审查属实，才能作为定案的根据。

第三十二条　被告对作出的具体行政行为负有举证责任，应当提供作出该具体行政行为的证据和所依据的规范性文件。

第三十三条　在诉讼过程中，被告不得自行向原告和证人收集证据。

第三十四条　人民法院有权要求当事人提供或者补充证据。

人民法院有权向有关行政机关以及其他组织、公民调取证据。

第三十五条　在诉讼过程中，人民法院认为对专门性问题需要鉴定的，应当交由法定鉴定部门鉴定；没有法定鉴定部门的，由人民法院指定的鉴定部门鉴定。

第三十六条　在证据可能灭失或者以后难以取得的情况下，诉讼参加人可以向人民法院申请保全证据，人民法院也可以主动采取保全措施。

第六章　起诉和受理

第三十七条　对属于人民法院受案范围的行政案件，公民、法人或者其他组织可以先向上一级行政机关或者法律、法规规定的行政机关申请复议，对复议不服的，再向人民法院提起诉讼；也可以直接向人民法院提起诉讼。

法律、法规规定应当先向行政机关申请复议，对复议不服再向人民法院提起诉讼的，依照法律、法规的规定。

第三十八条 公民、法人或者其他组织向行政机关申请复议的，复议机关应当在收到申请书之日起两个月内作出决定。法律、法规另有规定的除外。

申请人不服复议决定的，可以在收到复议决定书之日起十五日内向人民法院提起诉讼。复议机关逾期不作决定的，申请人可以在复议期满之日起十五日内向人民法院提起诉讼。法律另有规定的除外。

第三十九条 公民、法人或者其他组织直接向人民法院提起诉讼的，应当在知道作出具体行政行为之日起三个月内提出。法律另有规定的除外。

第四十条 公民、法人或者其他组织因不可抗力或者其他特殊情况耽误法定期限的，在障碍消除后的十日内，可以申请延长期限，由人民法院决定。

第四十一条 提起诉讼应当符合下列条件：

（一）原告是认为具体行政行为侵犯其合法权益的公民、法人或者其他组织；

（二）有明确的被告；

（三）有具体的诉讼请求和事实根据；

（四）属于人民法院受案范围和受诉人民法院管辖。

第四十二条 人民法院接到起诉状，经审查，应当在七日内立案或者作出裁定不予受理。原告对裁定不服的，可以提起上诉。

第七章 审理和判决

第四十三条 人民法院应当在立案之日起五日内，将起诉状副本发送被告。被告应当在收到起诉状副本之日起十日内向人民法院提交作出具体行政行为的有关材料，并提出答辩状。人民法院应当在收到答辩状之日起五日内，将答辩状副本发送原告。

被告不提出答辩状的，不影响人民法院审理。

第四十四条 诉讼期间，不停止具体行政行为的执行。但有下列情形之一的，停止具体行政行为的执行：

（一）被告认为需要停止执行的；

（二）原告申请停止执行，人民法院认为该具体行政行为的执行会造成难以弥补的损失，并且停止执行不损害社会公共利益，裁定停止执行的；

（三）法律、法规规定停止执行的。

第四十五条 人民法院公开审理行政案件，但涉及国家秘密、个人隐私和法律另有规定的除外。

第四十六条 人民法院审理行政案件，由审判员组成合议庭，或者由审判员、陪审员组成合议庭。合议庭的成员，应当是三人以上的单数。

第四十七条 当事人认为审判人员与本案有利害关系或者有其他关系可能影响公正审判，有权申请审判人员回避。

审判人员认为自己与本案有利害关系或者有其他关系，应当申请回避。

前两款规定，适用于书记员、翻译人员、鉴定人、勘验人。

院长担任审判长时的回避，由审判委员会决定；审判人员的回避，由院长决定；其他人员的回避，由审判长决定。当事人对决定不服的，可以申请复议。

第四十八条 经人民法院两次合法传唤，原告无正当理由拒不到庭的，视为申请撤诉；被告无正当理由拒不到庭的，可以缺席判决。

第四十九条 诉讼参与人或者其他人有下列行为之一的，人民法院可以根据情节轻重，予以训诫、责令具结悔过或者处一千元以下的罚款、十五日以下的拘留；构成犯罪的，依法追究刑事责任：

（一）有义务协助执行的人，对人民法院的协助执行通知书，无故推拖、拒绝或者妨碍执行的；

（二）伪造、隐藏、毁灭证据的；

（三）指使、贿买、胁迫他人作伪证或者威胁、阻止证人作证的；

（四）隐藏、转移、变卖、毁损已被查封、扣押、冻结的财产的；

（五）以暴力、威胁或者其他方法阻碍人民法院工作人员执行职务或者扰乱人民法院工作秩序的；

（六）对人民法院工作人员、诉讼参与人、协助执行人侮辱、诽谤、诬陷、殴打或者打击报复的。

罚款、拘留须经人民法院院长批准。当事人不服的，可以申请复议。

第五十条 人民法院审理行政案件，不适用调解。

第五十一条 人民法院对行政案件宣告判决或者裁定前，原告申请撤诉的，或者被告改变其所作的具体行政行为，原告同意并申请撤诉的，是否准许，由人民法院裁定。

第五十二条 人民法院审理行政案件，以法律和行政法规、地方性法规为依据。地方性法规适用于本行政区域内发生的行政案件。

人民法院审理民族自治地方的行政案件，并以该民族自治地方的自治条例和单行条例为依据。

第五十三条 人民法院审理行政案件，参照国务院部、委根据法律和国务院的行政法规、决定、命令制定、发布的规章以及省、自治区、直辖市和省、自治区的人民政府所在地的市和经国务院批准的较大的市的人民政府根据法律和国务院的行政法规制定、发布的规章。

人民法院认为地方人民政府制定、发布的规章与国务院部、委制定、发布的规章不一致的，以及国务院部、委制定、发布的规章之间不一致的，由最高人民法院送请国务院作出解释或者裁决。

第五十四条 人民法院经过审理，根据不同情况，分别作出以下判决：

（一）具体行政行为证据确凿，适用法律、法规正确，符合法定程序的，判决维持。

（二）具体行政行为有下列情形之一的，判决撤销或者部分撤销，并可以判决被告重新作出具体行政行为：

1. 主要证据不足的；

2. 适用法律、法规错误的；

3. 违反法定程序的；

4. 超越职权的；

5. 滥用职权的。

（三）被告不履行或者拖延履行法定职责的，判决其在一定期限内履行。

（四）行政处罚显失公正的，可以判决变更。

第五十五条 人民法院判决被告重新作出具体行政行为的，被告不得以同一的事实和理由作出与原具体行政行为基本相同的具体行政行为。

第五十六条 人民法院在审理行政案件中，认为行政机关的主管人员、直接责任人员违反政纪的，应当将有关材料移送该行政机关或者其上一级行政机关或者监察、人事机关；认为有犯罪行行为的，应当将有关材料移送公安、检察机关。

第五十七条 人民法院应当在立案之日起三个月内作出第一审判决。有特殊情况需要延长的，由高级人民法院批准，高级人民法院审理第一审案件需要延长的，由最高人民法院批准。

第五十八条 当事人不服人民法院第一审判决的，有权在判决书送达之日起十五日内向上一级人民法院提起上诉。当事人不服人民法院第一审裁定的，有权在裁定书送达之日起十日内向上一级人民法院提起上诉。逾期不提起上诉的，人民法院的第一审判决或者裁定发生法律效力。

第五十九条 人民法院对上诉案件，认为事实清楚的，可以实行书面审理。

第六十条 人民法院审理上诉案件，应当在收到上诉状之日起两个月内作出终审判决。有特殊情况需要延长的，由高级人民法院批准，高级人民法院审理上诉案件需要延长的，由最高人民法院批准。

第六十一条 人民法院审理上诉案件，按照下列情形，分别处理：

（一）原判决认定事实清楚，适用法律、法规正确的，判决驳回上诉，维持原判；

（二）原判决认定事实清楚，但适用法律、法规错误的，依法改判；

（三）原判决认定事实不清，证据不足，或者由于违反法定程序可能影响案件正确判决的，裁定撤销原判，发回原审人民法院重审，也可以查清事实后改判。当事人对重审案件的判决、裁定，可以上诉。

第六十二条 当事人对已经发生法律效力的判决、裁定，认为确有错误的，可以向原审人民法院或者上一级人民法院提出申诉，但判决、裁定不停止执行。

第六十三条 人民法院院长对本院已经发生法律效力的判决、裁定，发现违反法律、法规规定认为需要再审的，应当提交审判委员会决定是否再审。

上级人民法院对下级人民法院已经发生法律效力的判决、裁定，发现违反法律、法规规定的，有权提审或者指令下级人民法院再审。

第六十四条 人民检察院对人民法院已经发生法律效力的判决、裁定，发现违反法律、法规规定的，有权按照审判监督程序提出抗诉。

第八章 执　　行

第六十五条 当事人必须履行人民法院发生法律效力的判决、裁定。

公民、法人或者其他组织拒绝履行判决、裁定的，行政机关可以向第一审人民法院申请强制执行，或者依法强制执行。

行政机关拒绝履行判决、裁定的，第一审人民法院可以采取以下措施：

（一）对应当归还的罚款或者应当给付的赔偿金，通知银行从该行政机关的帐户内划拨；

（二）在规定期限内不履行的，从期满之日起，对该行政机关按日处五十元至一百元的罚款；

（三）向该行政机关的上一级行政机关或者监察、人事机关提出司法建议。接受司法建议的机关，根据有关规定进行处理，并将处理情况告知人民法院；

（四）拒不履行判决、裁定，情节严重构成犯罪的，依法追究主管人员和直接责任人员的刑事责任。

第六十六条 公民、法人或者其他组织对具体行政行为在法定期限内不提起诉讼又不履行的，行政机关可以申请人民法院强制执行，或者依法强制执行。

第九章 侵权赔偿责任

第六十七条 公民、法人或者其他组织的合法权益受到行政机关或者行政机关工作人员作出的具体行政行为侵犯造成损害的，有权请求赔偿。

公民、法人或者其他组织单独就损害赔偿提出请求，应当先由行政机关解决。对行政机关的处理不服，可以向人民法院提起诉讼。

赔偿诉讼可以适用调解。

第六十八条 行政机关或者行政机关工作人员作出的具体行政行为侵犯公民、法人或者其他组织的合法权益造成损害的，由该行政机关或者该行政机关工作人员所在的行政机关负责赔偿。

行政机关赔偿损失后，应当责令有故意或者重大过失的行政机关工作人员承担部分或者全部赔偿费用。

第六十九条 赔偿费用，从各级财政列支。各级人民政府可以责令有责任的行政机关支付部分或者全部赔偿费用。具体办法由国务院规定。

第十章 涉外行政诉讼

第七十条 外国人、无国籍人、外国组织在中华人民共和国进行行政诉讼，适用本法。法律另有规定的除外。

第七十一条 外国人、无国籍人、外国组织在中华人民共和国进行行政诉讼，同中华人民共和国公民、组织有同等的诉讼权利和义务。

外国法院对中华人民共和国公民、组织的行政诉讼权利加以限制的，人民法院对该国公民、组织的行政诉讼权利，实行对等原则。

第七十二条 中华人民共和国缔结或者参加的国际条约同本法有不同规定的，适用该国际条约的规定。中华人民共和国声明保留的条款除外。

第七十三条 外国人、无国籍人、外国组织在中华人民共和国进行行政诉讼，委托律师代理诉讼的，应当委托中华人民共和国律师机构的律师。

第十一章 附 则

第七十四条 人民法院审理行政案件，应当收取诉讼费用。诉讼费用由败诉方承担，双方都有责任的由双方分担。收取诉讼费用的具体办法另行规定。

第七十五条 本法自1990年10月1日起施行。

中　编

论文选辑

论行政诉讼*

熊先觉**

胡耀邦同志在党的十二大报告中指出："几年来，我国法制建设的成就是显著的。在党的领导下，国家相继制定了《刑法》《刑事诉讼法》《民事诉讼法（试行）》、新的《婚姻法》等一系列重要法律。……今后，我们党要领导人民继续制订和完备各种法律，加强党对政法工作的领导，从各方面保证政法部门严格执行法律。"我们对于刑事诉讼，已有《刑法》和《刑事诉讼法》为依据，对于民事诉讼，也已有《民事诉讼法（试行）》、《婚姻法》和其他有关单行法规为依据；而对于行政诉讼，目前虽有一定的章程可循，但尚待"继续制订和完备"。

行政诉讼同刑事诉讼、民事诉讼都很重要，不可偏废。一般说，人们重视刑事诉讼，在某种程度上也重视民事诉讼，而对行政诉讼则往往忽视。实际上，三者都是十分重要的。刑事诉讼是指刑事案件，解决被告人的刑事责任即犯罪和刑罚的问题，无疑重要。民事诉讼是指民事案件，解决当事人的民事责任即权利义务的问题，当然重要。行政诉讼是指行政案件，解决国家行政机关和工作人员的行政责任即违法、失职和越权等问题，当然也是重要的。完善行政诉讼是完善社会主义法制的重要内容之一，是保护人民民主权利、提高国家机关工作效率、巩固政府机构改革成果和加强干部法制观念的需要，不可等闲视之。

我国《民事诉讼法》第3条第2款规定："法律规定由人民法院审理的行政案件，适用本法规定。"[①] 这里讲的"法律规定"就是指行政法的规定。行政法是国家的基本法之一，它是行政机关运用自己

---

* 载《法学杂志》1983年第2期。

** 熊先觉，曾就读于朝阳大学法律系，时任司法部机关干部。

① 本书所引规范性法律文件均为写作当时的文件内容，全书同。

职能执行任务的准则。任何一个实行法治的国家，对于行政立法和行政司法工作都是十分重视的，因为它是一个国家完善法制建设的重要内容。当前我国行政法尚不完备，也未设置专门处理行政案件的行政法院，大量的行政案件都由行政机关自己处理，只有少数的行政法规内规定了在某种情况下，所发生的问题才需要由人民法院处理。这就是：（1）选民名单案件。《全国人民代表大会和地方各级人民代表大会选举法》第25条的规定已明确写在《民事诉讼法（试行）》第十二章第二节中，即："公民不服选举委员会对于选民名单的申诉所作的决定，向选区所在地的基层人民法院起诉。"（2）纳税案件。《外国企业所得税法》第16条规定："外国企业同税务机关在纳税问题上发生争议时，必须先按照规定纳税，然后再向上级税务机关申请复议。如果不服复议后的决定，可以向当地人民法院提起诉讼。"在《中外合资经营企业所得税法》第15条和《个人所得税法》第13条中也有类似规定。（3）征用土地案件。《国家建设征用土地条例》第25条在列举了要给予经济制裁的5种情况之后规定："经济制裁由土地管理机关决定并限期执行；当事人不服的，可以在期满前向人民法院起诉；期满不起诉又不履行的，由土地管理机关提请人民法院依照民事诉讼程序强制执行。"（4）林权案件。中共中央、国务院1981年3月8日《关于保护森林发展林业若干问题的决定》第1条规定："……凡林权有争议的，由有关政府，组织有关双方，协商解决。协商无效时，提请人民法院裁决。"（5）食品卫生案件。《食品卫生法（试行）》第38条规定："当事人对食品卫生监督机构给予的行政处罚不服的，在接到处罚通知之日起十五天内，可以向人民法院起诉。……"第40条规定："损害赔偿要求，由县以上卫生行政部门处理，当事人不服的，可以向人民法院起诉；也可以由受害人或者其代理人直接向人民法院起诉。损害赔偿要求，应当从受害人或者其代理人知道或者应当知道损害情况之日起一年内提出，超过期限的，不予受理。"类似上述行政法规中规定由人民法院处理的情况，当然今后还会有。不过，目前这样的规定太少了。同时，人民法院审理行政案件的程序，除《民事诉讼法（试行）》对选民名单案件已明确规定按照特别程序审理外，其余只原则规定："……适用本法规定。"本法包括普通程序和特别程序。按特别程序审理的是确认之诉，一审终审，没有上诉权，不收诉讼费用，结案要快，而行政案件并非全系确认之诉，如按普通程序审理，那就要7日立案，7日通知，15日答辩，然后开庭审理，有上诉权，二审终审，要收诉讼费用。因此，对行政诉讼程序的规定也不是很明确的。由于种种原因，实际上由人民法院受理的行政案件廖廖无几。这难道是由于公民的合法权益没有受损或者虽然受损而又不愿提起诉讼吗？我看都不是。

大家知道，在现实生活中，由于“文化大革命”的影响，目前党风和社会风气虽已大有好转，但尚未根本好转，某些机关、团体、企事业单位或工作人员滥用职权、打击报复、为非作歹等违法乱纪行为是不胜枚举的，不知有多少公民、集体和国家的权益受损而无保障。例如，有关落实政策的事情（如要求复工复职和赔偿经济损失等问题），既不归司法机关管辖，又没适当机关处理，有些原单位采取“一推二拖三不理”的态度，使人无可奈何、告诉无门；某些单位，特别是某些基层单位搞土政策、土法律，滥罚乱批、无人过问；信访部门，没有职权，俨然“转运站”，对申诉书层层下转，转到原单位，问题往往不但得不到合理解决，当事人反而遭受打击报复，等等，不一而足。我们的党和政府三令五申，要求机关、团体、企事业单位的领导和工作人员要全心全意地为人民服务，关心群众的痛痒，克服官僚主义，不要做官当老爷，但某些人员却视而不见、听而不闻、水过鸭背、我行我素。虽然，有些部委和主管机关成立了专门处理干部违法乱纪事件的机构，但充其量只能处理本部门内部的问题，超出这个范围就无能为力。由于有关机关和人员对行政案件互相推诿，使一些群众欲告无门，造成矛盾激化，影响安定团结，影响群众的生产和工作的积极性，也影响机关工作效率的提高，等等。这都是由于我们的行政立法和行政司法不完备使然。所以，进一步重视行政诉讼是发展社会主义民主和健全社会主义法制的需要，是保卫和促进社会主义经济建设的需要。

行政诉讼涉及的范围甚广，各国的规定不一。一般包括行政机关或官吏的违法、越权、未遵守法定程序的行为；因执行公务而引起的对公民或其他官吏权益的侵犯等行为；以及行政机关之间的权限冲突等。至于因执行公务而使公民权益受到侵犯的行为，其范围也十分广泛。如官吏违法失职而未构成犯罪的行为；对职工的行政处分不当；在执行公务中造成的误伤、误杀；因管理不善造成的公害；向交通运输部门要求损害赔偿，以及其他不合理、不合法的行为等，都属于行政诉讼的范围。总之，由行政机关或官吏的违法、失职、侵权等行为而引起的行政案件，都是行政诉讼。现代各国，为了调整国家机关之间、国家机关与公民之间的法律关系，巩固国家机器对社会的控制，制定了越来越多的行政法规，设置了形形色色的适合本国历史特点的行政裁判机构，大力加强行政裁判权。从领导体制看，大致为三种类型：一是属于行政系统，如法、西德、埃及等国家设行政法院；二是属于司法系统，如英、美、印度等国家不设行政法院，除加强普通法院行使行政裁判权外，还设立各种各样的行政裁判机构，如英国设有分散的行政裁判所，美国设有分行业的独立管理机构；三是属于立法机关，如瑞典、芬兰等国家设议会司法督察专员。因国家之间的互相影响，彼此仿效，实际上一国并非一种类型。如法国除设独立系统的行政法院外，也设了一些专门裁判所和督察专员；日本原采取法、德式的行政法院，“二战”后则采取英、美的模式。

由于国家制度、政治制度和历史传统的不同，行政诉讼的机构设置，职权范围和程序制度也不尽相同。我国是人民民主专政的社会主义国家，人民是国家的主人，干部是为人民服务的“公仆”，而绝不能做欺压人民的“老爷”，我们更应重视行政诉讼，切实保护人民的民主权利和合法权益。为此，我认为应建立和健全专门的行政裁判机构和制定《行政诉讼法》。本于机构精简的原则，如不设置专门的行政法院，也应在中级以上人民法院内设立行政审判庭或在行政系统设行政法庭，使处理行政案件有组织上的保证；并应加快完备行政法。当然，我们不能照搬照抄外国的东西，我们要根据我国的具体情况建立起具有中国特色的社会主义行政诉讼体制，俾使更加有效地保卫和促进社会主义现代化建设事业。

试论我国的行政诉讼*

朱维究**

本文认为，对于行政诉讼这一概念应作广义的理解。当前，在我国建立健全行政诉讼制度，对实施宪法、保障公民权利、调动广大人民群众建设社会主义的积极性、保证安定团结、促进四化建设，具有十分迫切的现实意义。本文根据我国行政诉讼方面的历史和现状，并参考外国的有关规定，对如何建立具有中国特色的行政诉讼制度，提出了一些设想，希望引起法学界同志们的关注。

一、什么是行政诉讼

行政诉讼是泛指为解决因国家行政管理而引起的纠纷的一种诉讼活动。对行政诉讼的理解，历来有狭义广义之分。对行政诉讼作狭义理解的人认为，诉讼是国家司法机关在当事人及其他诉讼参与人参加下，按照一定的方式和程序解决具体争讼的活动。他们认为，既然行政诉讼也是诉讼，因此只有法院运用司法程序审理行政案件时，才能称为行政诉讼。但是，从世界各国解决行政纠纷的具体情况看，由于行政纠纷的数量多、范围广、专业性强，而行政纠纷的特点又是其中一方必是行政机关，且有权处理因自身的管理活动引起的纠纷，使这些纠纷更快更方便地得到解决。因此行政案件在提交法院以前（不管是普通法院还是行政法院）一般都在行政机关内部，由独立的或不独立的机构通过行政程序进行调解、仲裁（裁定），直至当事人的一方不服这种处理，才再向法院提起诉讼。有些国家的法律就明确规定：行政案件在提交法院以前必须由行政机关按一定的行政程序进行处理，使这种处理成为行政诉讼必要的组成部分。对行政诉讼作广义的

* 载《法学研究》1984 年第 4 期。

** 朱维究，写作本文时为中国政法大学教师、行政立法研究组成员。

理解，就是将这种由行政机关按行政程序处理行政纠纷的活动也包括在内。本文所谈的行政诉讼就是指这种广义的行政诉讼。

根据这样的理解，行政诉讼就是指国家行政机关间，国家行政机关与社会团体、企业事业单位间，国家行政机关与公民之间，因行政纠纷，依法进行的诉讼活动。首先，这种诉讼活动是因行政纠纷引起的；一般来说，纠纷当事人一方必是国家行政机关或其工作人员；这种诉讼活动必须依据有关行政诉讼法规规定的程序（包括行政程序与司法程序）进行。值得注意的是，由于我国社会主义公有制的经济基础和一般工作人员都是国家工作人员，加上以往多是以行政管理的方式来管理企业、事业单位的这种传统做法（现正在进行改革），使企业事业单位之间或企业事业单位与公民之间在发生纠纷时，当事人一般都要找行政机关来解决和处理。这样，企业事业单位之间和企业事业单位与公民之间的纠纷，在事实上也就成了我国一种特殊的行政纠纷。

行政纠纷是行政诉讼的前提，是指行政机关或行政工作人员，在行政管理过程中，与其他国家机关、企业事业单位、社会团体或公民之间发生的纠纷。根据我国的具体情况，从行政纠纷的内容看大致可分三类：一是在经济行政管理过程中引起的经济行政纠纷。二是因人事行政管理而引起的人事行政纠纷。这两类纠纷是我国行政纠纷中数量最多的。三是其他行政纠纷，即除了经济和人事行政纠纷以外的其他各种行政纠纷。从行政纠纷的当事人来看，有国家行政机关或行政工作人员与其他国家机关、企业事业单位和社会团体或其工作人员之间的纠纷，在我国，这是一种公对公的纠纷。也有国家行政机关与公民之间因行政管理而引起的纠纷，这是一种公对私的纠纷。行政诉讼中占相当比重的是公民在其合法权利或利益受到行政机关或其工作人员的违法行为侵害时，依法向国家行政机关或司法机关请求撤销或制止这种不法行为并要求赔偿其所受损失的诉讼。由于我国行政管理范围的宽广与种类繁多，决定了行政纠纷不可避免地要在行政管理的各个领域发生。这种行政纠纷数量极多、内容复杂，必须通过适当的途径和程序予以解决，否则就将引起混乱，使行政管理无法顺利进行。行政纠纷发生的客观必然性决定了行政诉讼的必要性，决定了国家必须有一套合理地解决行政纠纷的行政诉讼制度。

我国行政管理的法制监督是在党的领导下，通过多种渠道，采用多种方式实现的。从渠道看，有各级权力机关的监督、检察机关的监督、审计机关的监督、行政机关内部上下级的监督、社会团体和人民群众的监督，特别是党对行政机关的监督等。从方式看，有行政机关内部的批评与自我批评、有各种会议、有人民群众的来信来访等，其中重要的一环，就是行政诉讼。通过行政诉讼，最直接地反映出国家行政机关及其工作人员的行为有无失误、不当或违法之处，对国家、集体或个人造成何种损害；并使这种失误、不当或违法行为及时得到纠正，使受这种失误、不当或违法行为造成的损害能用补偿或赔偿的办法得到补救。显然，行政诉讼的这种作用是行政法制监督必不可少的，是其他行政法制监督所不能代替的。它与其他监督的不同之点在于，它是通过诉讼的手段来实行行政法制监督。这是一种事后监督。在多数情况下，还是一种自下而上的监督。可以说如果没有这种监督，或者这种监督不健全，那么，国家的行政法制监督制度也就是不完备或不健全的。

二、建立行政诉讼制度的重要意义

在我国，当前建立健全行政诉讼制度具有十分迫切的现实意义。首先，这是实施宪法的需要。宪法是国家的根本大法，也是行政法的根本法源。宪法规定的某些基本原则，要靠行政法去实现，也就是说，行政法是宪法有关行政管理方面根本原则的具体化。宪法第 27 条第 2 款规定："一切国家机关和国家工作人员必须依靠人民的支持，经常保持同人民的密切联系，倾听人民的意见和建议，接受人民的监督，努力为人民服务。"宪法第 41 条中又规定，中华人民共和国公民对于任何国家机关和国家工作人员的违法失职行为，有向有关国家机关提出申诉、控告或者检举的权利。在所有国家机关和国家工作人员中，因为机构最大、人数最多、管理范围最广，所以同公民的关系最为密切的是国家行政机关和国家行政工作人员。因行政管理失误、不当或违法行为引起的行政机关、行政工作人员与公民之间的纠纷也较为普遍。问题是对行政机关及其工作人员的不当或违法失职行为，公民向何处去申诉、控告或检举？宪法规定的"有关国家机关"，是什么机关？是行政机关还是司法机关？哪一类的行政纠纷该向哪一部门，哪一级，通过哪些程序和手续，如何处理？也就是说，在我国应该建立起什么样的行政诉讼制度，制定和发布哪些有关行政诉讼的行政管理法规，才能使宪法的上述原则规定得到具体实施。可见，建立行政诉讼制度，是实施宪法的重要步骤，也是完备社会主义法制的一项重要措施。

其次，建立行政诉讼制度，也是调动广大人民群众的积极性，保证社会安定团结，实现综合治理，促进社会主义现代化建设的需要。出现行政纠纷是国家行政管理中不可避免的现象，如果对行政纠纷处理不当或不及时，不但会影响广大群众积极性的发挥，有损于社会主义行政机关的政治威信，甚至会使原本易于解决的矛盾激化，使干群关系紧张，以至出现恶性案件，影响社会的安定团结，不利于四个现代化建设。这几年发生过的某些由行政纠纷引起的恶性案件，已屡见不鲜，值得注意。造成这类案件的原因固然复杂，但与我们缺少一套必要的行政诉讼程序和专门的行政诉讼机构，有效地监督行政机关或其下属的企业事业单位与有关工作人员的不当的或违法的行为，并及时处理行政纠纷是有密切关系的。如果对现有的刑事案件的发案原因作一番调查分析，看看有多大比例是由行政纠纷转化而来的，可以在矛盾还没激化时就经过行政诉讼程序予以解决，不致发展到犯罪的程度，这是发人深思的！至于因行政纠纷未得到适当的及时的解决，而影响了工作积极性，延误了四化建设的，数量就更多了。这是一种看似无形，其实却对我国社会主义建设事业会产生很大影响的因素，是不能等闲视之的。

最后，建立行政诉讼制度也是保障人民民主和公民合法权益，实现对行政机关监督的需要。我国国家行政机关的主要任务之一，是保证人民充分享有各种民主权利，不断提高人民的物质生活和文化水平，国家不仅要随着社会政治、经济的发展，不断扩大、加强人民的民主权利，不断提高、改善人民的物质生活和文化水平，而且要提供必要的保障，使人民的民主权利和经济、文化利益不会受到侵犯。一旦受到侵犯，又能迅速得到纠正和补救。在我国，保障人民权益的途径和方法很多。例如，加强国防以防止外来的侵犯；加强专政维护安定的社会秩序，以防止各种犯罪活动的危害等。这些都是来自敌对势力的侵犯，属于专政的范畴。但还有一个重要的方面，这就是由于行政管理的失误、不当或违法，造成公民民主权利和经济权益的损害，由此而引起的各种纠纷。从我国实际情况看，这一类问题数量极多，内容也非常复杂，对保障公民合法权益，对国家维护安定团结的政治局面，对顺利进行社会主义建设，影响都非常大。建立正常的健全的诉讼制度，就能保证因行政管理不当或违法而引起的各种损害人民民主和公民经济权益的情况及时得到纠正和补救，使人民的民主权利和公民的经济权益获得充分的保障；同时，也实现了人民群众通过行政诉讼，对行政机关的行为进行广泛的监督。

行政诉讼不仅是国家健全的诉讼制度的组成部分，而且也是国家健全的行政法制监督的重要组成部分。我国国家行政机关是为人民服务的，国家行政工作人员是人民的公仆，为使国家行政机关及其工作人员能坚持四项基本原则，更好地为人民服务，就必须对国家行政机关及其工作人员的行为实行必要的法制监督。因此，建立一整套具有我国特色的社会主义行政诉讼制度，是我国社会主义法制建设的重要任务之一。随着社会主义民主和法制的加强，逐步建立起完备的行政诉讼制度已经刻不容缓。

三、我国有关行政诉讼的一些法律规定

从目前的实际情况看，我国是怎样处理行政案件的，或者说，我国法律关于行政诉讼的规定的现状是怎样的呢？一般说，我国行政纠纷大都由国家行政机关处理，某些行政案件也由法院来处理。处理行政纠纷的手段，通常可分为法院判决与法院判决前由行政机关处理两种方式，后者又可以分为调解与裁决（仲裁）。

调解，是通过说服教育的方法，使纠纷双方当事人互相谅解，在民主协商的基础上使纠纷获得解决。目前我国有三种不同性质的调解。第一种是《宪法》第 111 条第 2 款规定的，由人民调解委员会所做的调解，这种民间纠纷的调解，也称为群众调解。第二种是国家行政机关所做的调解。这种调解，有些是由国家授权给一定的国家行政机关（如工商行政管理机关）对企业事业单位发生的经济合同纠纷所作的调解，有些则是行政机关在其职权范围内对当事人所做的调解，如上级机关对下级机

关与其他单位、公民之间的纠纷所作的调解。这些都叫行政调解。第三种是由人民法院所做的调解，叫司法调解。它又分为两类：一类是对公民之间发生民事纠纷所作的调解；另一类是对公民与国家机关、企业事业单位、社会团体之间，或者国家机关、企业事业单位、社会团体之间所发生的争议所作的调解。行政诉讼所涉及的调解是上述第二种行政调解和第三种中第二类的司法调解。

人民调解制度创始于第二次国内革命战争时期，到了抗日战争时期又有了进一步的发展。从 1941 年到 1949 年，在晋察冀边区、陕甘宁边区、晋冀鲁豫边区，都发布了一些关于人民调解委员会的指示和法令。中华人民共和国成立后，1954 年 3 月 22 日政务院又公布了《人民调解委员会暂行组织通则》，1982 年 3 月 8 日第五届全国人民代表大会常务委员会第二十二次会议通过的《民事诉讼法（试行）》也对人民调解的组织与任务作了明确规定。但是作为行政调解，长期以来，却始终没有法规作出过统一的规定。

我国对行政裁决与仲裁作比较明确规定的法规已有不少。大体可分为两类：第一类是关于行政处分和行政处罚的法规，同时规定了行政裁决的制度。如国务院《关于国家行政机关工作人员的奖惩暂行规定》（1957 年）、《治安处罚条例》（1957 年）等都规定了对行政处分和行政处罚不服时，可以提出申诉，由法定行政机关作出裁决。第二类是关于经济行政方面的裁决与仲裁。这方面的情况比较复杂。有的是对经济行政处罚不服的，如《暂行海关法》（1951 年）规定对走私案件处分不服者，可向海关或海关总署申诉，由其裁定。有些是属于经济组织之间的争端，如《商标法》（1982 年）规定对已注册的商标有争议时，可以申请“商标评审委员会”裁定；《中外合资经营企业劳动管理规定》（1980 年）也明确规定合营企业的劳动争议，可申请省、市、自治区劳动部门裁决。在涉外经济方面，由于情况特殊，一般都由法律作出关于申诉程序的明确规定。值得注意的是，最近几年来，随着我国经济体制改革的深入，经济合同这种法律形式被广泛运用于经济生活的各个领域。采用经济合同这种法律形式有利于避免许多因责任不明而引起的经济方面的行政纠纷，同时，也为统一研究解决社会主义经济行政纠纷奠定了基础。目前，我国各行各业每年签订的经济合同约4亿件。其中根据指令性计划或按照经济行政管理的要求而签订的合同也有相当数量。由于各种原因，不履行或不完全履行合同的约有几十万起，引起数量极多的经济合同纠纷。为此，1981年12月13日第五届全国人民代表大会第四次会议通过的《经济合同法》在第四章中对违反经济合同的责任专门作了规定，第五章第48条还明确规定："经济合同发生纠纷时，当事人应及时协商解决。协商不成时，任何一方均可向国家规定的合同管理机关申请调解或仲裁，也可以直接向人民法院起诉。"根据这一规定，由行政机关调解、仲裁，或由法院审理，就成为解决经济合同纠纷的两个主要途径。但是，多年的实践经验证明，社会主义经济组织之间的经济合同纠纷，非万不得已是不愿到法院去打官司的，多数愿意请求仲裁机关予以解决。特别是根据指令性计划或按照经济行政管理要求而签订的合同更是如此。因为仲裁解决争议，程序简便，方法灵活，处理及时，又有利于协调当事人之间的关系，增强团结。

1983年8月22日国务院发布了《经济合同仲裁条例》。它适用于法人之间的经济合同纠纷，也适用于个体经济户、农村社员同法人之间参照经济合同法签订的各种经济合同纠纷。该条例是处理经济合同纠纷的程序法规。它总结了我国多年来行之有效的仲裁制度，用法规的形式固定下来，并根据新形势下产生的新问题作了切合实际的规定，是具有我国特色的仲裁程序规范。

《经济合同仲裁条例》明确规定了经济合同仲裁机关是国家工商行政管理局设立的经济合同仲裁委员会。这个委员会是行政执法机关，它依法进行调解、仲裁，具有法律效力。《经济合同仲裁条例》规定了仲裁机关的职责、办案应遵循的原则和程序，以及发生法律效力的仲裁文书的执行。这样，就使经济合同方面的仲裁工作有了全面统一处理的机构和程序，有利于解决经济合同纠纷，也使当事人进行诉讼有法可依，有章可循。《经济合同仲裁条例》的颁布和实施，使很大一部分行政纠纷，即经济方面的行政诉讼问题的解决有了法制保障，使仲裁真正成为解决行政诉讼问题的重要手段之一。这对在我国建立统一的行政诉讼制度是具有重要意义的。

在我国，还有一部分行政诉讼是由人民法院受理的。《民事诉讼法（试行）》第3条第2款规定："法律规定由人民法院审理的行政案件，适用本法规定。”这就是说，法院受理的行政案件，只限于“法律规定由人民法院审理”的那一部分。这部分行政案件，法院将根据民事诉讼程序审理。对于法律无明文规定可向人民法院起诉的案件，法院不受理。自 1971 年以来，国家陆续颁布了十余个有这类规定的法规。如交通部发布的《海损事故调查和处理规则（试行）》规定，涉及外国籍船舶的海损事故，有关当事人还可以在十五天以内经过双方协议提请中国贸易促进委员会海事仲裁委员会仲裁，或向中国人民法院起诉。三中全会以后，我国法律对处理这类行政案件的程序规定迅速增加。例如《全国人民代表大会和地方各级人民代表大会选举法》第 25 条，《外国企业所得税法》第 16 条，《个人所得税法》第 13 条，《经济合同法》第 48 条，中共中央、国务院《关于保护森林发展林业若干问题的规定》第 1 条，《国家建设征用土地条例》第 25 条，《食品卫生法（试行）》第 38 条，《海洋环境保护法》第 41 条，《工矿产品购销合同条例》第 41 条等，都明文规定了有关行政案件，可以由人民法院审理。总之，法院判决是处理行政纠纷的手段之一。

以上就是我国目前解决行政纠纷的法律制度的一个简单轮廓。归纳起来主要是以下四点：

1. 从行政机关进行调解与仲裁方面看，以经济行政纠纷方面的法律规定较多，尤其是关于经济合同纠纷的仲裁，已经建立起全国统一的仲裁制度，把我国处理行政纠纷的工作大大推进了一步。

2. 人事行政纠纷、非经济合同性质的经济行政纠纷和其他行政纠纷，也有部分法律作了规定，主要是有关行政处分或行政处罚的申诉。但是行政纠纷的内容显然远比行政处分或行政处罚涉及的范围要广得多，这方面的法律规定就比较少。

3. 除经济合同的仲裁和某些涉外经济的仲裁有专门的程序法外，多数关于行政裁决程序的规定，都分散于各行政实体法之中。

4. 从行政诉讼，即行政案件由法院处理的情况看，我国大部分行政案件都不由法院处理，只有少数法律作了由人民法院处理的规定，其中多属经济方面的规定。这类规定大多是最近几年颁布的，这也许是一个方向，表明我国将来行政诉讼可能将由人民法院受理，而不是另建行政法院系统。

四、建立具有中国特色的社会主义的行政诉讼制度

行政纠纷的大量存在和这些纠纷对国家政治、经济生活造成的巨大影响，说明在我国建立比较完备的行政诉讼制度已势在必行。根据我国有关行政诉讼法律制度的现状，参考各国经验，笔者试图对建立具有中国特色的行政诉讼制度，提出以下几点不成熟的看法。

第一，解决我国各类行政纠纷，从根本上说，应该是设法减少产生纠纷的原因。比如，我国行政纠纷有很多是因责任不明而引起的，因此，用行政立法明确责任，是减少行政纠纷的重要途径之一。例如1983年国务院办公厅《关于抓紧进行南水北调东线第一期工程有关工作的通知》中指出，建设大的水利设施，不能因为部门、地区长期争论，影响决策，贻误时机。今后要实行责任制，凡是省与省之间有纠纷的水利工程，水电部要负责制定方案向国务院报告。经国务院批准后，有关部门和地区必须坚决照办。这一规定就很有利于减少水利方面的纠纷。又如1981年的《经济合同法》和1984年的《工矿产品购销合同条例》，都规定了由于上级领导机关或业务主管机关的过错，以致不能履行或不能充分履行合同的，上级领导机关或业务主管机关应当承担违约责任。这些规定对减少因行政机关过错而引起的纠纷，必将起积极作用。当前正在建立的岗位责任制，也将对减少行政纠纷产生深刻的影响。

第二，从我国已经建立了经济合同仲裁制度的经验看，按行政管理的性质、内容或部门，分别建立仲裁或裁决制度，在我国尚未建立起统一的行政诉讼制度以前，也许是较能照顾行政管理的各方面不同特点的有效办法。例如，在经济方面，还可建立经济处罚、税务以及经济组织间的权益争议等仲裁制度；在人事行政方面，建立人事处分、人事管理纠纷等裁决制度；在其他行政纠纷方面，建立行政处罚、各类行政纠纷的仲裁制度等。应当指出，人事行政纠纷和其他行政纠纷在实际生活中的影响，绝不次于经济行政纠纷，对于建立这方面的行政裁决制度，也绝不能等闲视之。

第三，诉讼是一种法律制度。制定诉讼法是建立诉讼制度的先决条件。我们要建立行政诉讼制度，同样必须首先制定《行政诉讼法》。目前我国多数行政管理法规都将实体法和程序法的规定放在同一法规之中。这

种办法的好处是可以一个个落实，但也有缺点：一是比较分散，在具体程序上不易统一，甚至会产生矛盾；二是目前有这类规定的法规还比较少，很多行政纠纷由于没有法规规定，其申诉活动无法可依。这是我国行政诉讼制度中存在的迫切需要解决的问题之一。比较起来，似仍以制定统一的或分类的《行政诉讼法》为好。

统一的或分类的《行政诉讼法》，根据我国的具体情况，参考其他国家的经验，似需对下列几点，作出明确规定：

1. 在诉讼程序上，应该分清行政机关裁决与法院判决两个阶段，并组成为统一的诉讼程序。当事人不服行政机关裁决时，可以向法院申诉。行政机关的裁决，不应也不能完全代替法院判决。当然由行政机关按行政程序处理行政纠纷，手续简便、解决及时。因此可以将行政机关对行政纠纷的处理作为行政诉讼的一个阶段，而且是比较重要的阶段。但事实证明，一般说，行政机关的裁决，特别是不设独立处理行政纠纷机构的行政机关的裁决，常易受到各种外界因素的干扰，使裁决失于偏颇。不像法院那样依法独立行使审判权，不受行政机关、社会团体和个人的干涉。同时，法院在执法、适用法律方面也有优于行政机关之处。因此我国的行政诉讼程序，也应将法院判决作为重要的组成部分，以保证行政纠纷解决的合法和公正。我国虽然已有十余个法规规定了某些行政纠纷，主要是经济和涉外方面的，可以向法院申诉，但大量存在的其他行政纠纷，法院都不受理，只能由行政机关处理。这是我国行政诉讼制度中存在的又一问题。从实际情况看，既然已有十余个法规明确规定有关行政案件可由法院处理，那么，是否可以按此方向作出统一规定，仿效人民法院内设经济法庭的形式，在人民法院内设行政法庭，专门受理行政案件？

2. 在机构上，行政机关解决行政纠纷是采取不另设机构，而由本机关首长或上级机关裁决，还是在本机关内设独立的专管行政纠纷的机构，还是在本机关外设独立的裁决机构？这三种办法各有利弊。此较起来，在本机关内设一独立的负责处理行政纠纷的机构，既可有专门的机构与人员负责，又可少受干扰，较不设独立机构为好。这样可专业专管，并不必另立机关，较在机关外设独立机构更方便、精干。这种机关内的独立裁决机构，可实行双重领导，以便及时取得上级有关指示和监督并避免本机关内可能的干扰。

我国各级政府都设有信访机构。它接受人民来信来访。并将情况转告有关单位或报告有关领导，但无权直接处理行政案件。从这一意义上说，信访机构更接近于信息机构，不可能用以代替裁决机构。

3. 在审级上，根据上述诉讼程序和机构设置，是否可以规定为：行政机关的裁决分为两级，先由本单位的调解和裁决机构进行调解和裁决，不同意裁决的可向上级调解和裁决机构申诉。如仍需申诉，则可向与上级调解和裁决机构同级的人民法院的行政法庭提出，一审终审。最高人民法院的行政法庭主要负责对特殊行政案件的审理进行复查，以及对审判程序进行监督。

对机构和审级作出具体的规定，不仅意味着行政纠纷将有法定的机构按法定的程序受理，使行政诉讼渠道畅通，有利于解决纠纷；而且也规定了申诉只能由一定级别的机构，按法定的程序受理，不能随意越级申诉，这将大大减轻中央和各级领导在处理行政纠纷方面的负担。

4. 此外，行政诉讼法还要对行政诉讼中的一些重要原则作出规定。例如，回避制度。仿照民事诉讼法的规定，处理行政案件的工作人员在可能影响对案件公正处理时，应自行回避，当事人也有权用口头或者书面方式申请他们回避。从我国实际情况看，这一点是很重要的。

审结案件的期限。行政案件情节错综复杂，规定限期相当困难。但鉴于有些行政案件常常久拖不决，使当事人的合法权益和社会主义四化建设受到严重影响，因此，仍有必要根据案件的不同情况，作出大致要求。

保障当事人平等地行使诉讼权利。行政案件中有很多是涉及公民个人对行政机关，或下级对上级的纠纷，这更需要规定当事人的平等诉讼权利。

辩论制度。在负责处理行政纠纷机构的主持下，当事人有权就案件事实和争议问题，各自陈述自己的主张，互相反驳和答辩，以维护各自的合法权益。

至于是否实行公开原则，似尚需考虑。因为行政纠纷在性质上与民、刑案件不同，有些可以公开，有些则不宜公开，还是以不作硬性规定为好。

根据行政纠纷的特殊性，行政诉讼法有必要对行政纠纷处理机构的工作人员在纪律方面作出严格规定，使一切工作不认真、严重失职或徇情枉法者都要负法律责任。

行政诉讼法要规定的内容当然很多，这里所说的不过是目前在我国解决行政纠纷中问题比较多的几点。

行政机构改革、经济体制改革和人事制度改革，都需要加强行政立法。建立健全我国的行政诉讼制度已被提上日程。这个问题已经引起有关部门和法学界的重视，本文谈的一些不成熟的意见，仅为再次引起法学界同志们的关注与讨论。为了实施宪法，健全社会主义民主与社会主义法制，应当尽快全面、系统地考虑如何建立具有我国特色的一套行政诉讼制度。

我国行政诉讼特点刍议*

于　安**

行政诉讼制度在我国是一种新的法律制度，亟待大力加强。我国的行政诉讼制度，一般意义上是指关于人民法院在诉讼当事人和其他诉讼参加人的参加下，审理因行政机关的职务行为引起的行政纠纷案件的诉讼程序和诉讼制度的总和。1979 年以来我国有关行政诉讼的法律法规范围逐渐增多，《全国人民代表大会和地方各级人民代表大会选举法》、《经济合同法》和《民事诉讼法（试行）》的颁布，对我国行政诉讼制度的建立和发展具有特别重要的意义。到目前为止，规定行政纠纷当事人如不服行政机关处理可以向人民法院起诉的法律和法规已经有了几十个，并有逐渐增多的趋势。

根据我国现行法律，比较外国的行政诉讼制度，我认为我国的行政诉讼制度的特点似可作如下概括：

1. 审判机关的合并制。即行政案件由法院统一管辖，而不另设行政法院。在当代世界各国，以行政案件是否由普通法院管辖分为分离制和合并制。分离制，即专门设立行政法院来审理行政诉讼案件，普通法院只审理民、刑案件，如以法国为代表的大陆法系各国即如此。合并制，即由普通法院统一审理行政案件和民刑案件，如以英、美为代表的海洋法系各国就是这样的。我国 1982 年颁布的《宪法》规定人民法院行使国家审判权。已经颁布的几十个法律、法规和条例也都规定行政案件的当事人依照民事诉讼法可以向有管辖权的人民法院起诉。在我国，只有人民法院才有权适用民事诉讼法。可以看出，我国行政诉讼案件与民、刑案件一样，都由人民法院管辖，行政纠纷的司法裁判权由人民法院统一行使。

---

*　载《现代法学》1986 年第 3 期。

**　于安，写作本文时为中国政法大学硕士研究生。

我国的行政诉讼机关采用合并制而不另设行政法院是由我国政治制度和特定的历史条件决定的。我国实行民主集中制的政治制度，不是三权分立。我国人民代表大会制度决定了我国行政机关与司法机关的相互关系的性质。根据我国政治制度和法制建设的历史经验，在我国的行政诉讼中实行审判机关的合并制是符合我国的实际情况的，是适宜的。

但是，就审判机关本身来说，面对日益增多的行政案件，需要改进和完善其机构和制度，国家法律也应该作出相应的规定。在审判实践中，人民法院大都由经济庭审理行政案件，这在过去由于行政案件大都带有经济利益性质，由经济庭审理它们是合适的。但是，目前已经出现了某些非经济性质的行政纠纷案件，如1985年颁布的《公民出境入境管理法》，这就对法院内部机构设置提出了新要求。为了适应法制建设的发展需要，我认为人民法院应该设置专门的行政审判庭，《人民法院组织法》也应该作出相应的修改。

2. 诉讼程序的同一制。即行政诉讼与民事诉讼一样，均适用民事诉讼法。就这种制度的优点方面说，民诉程序历史发展悠久，比较成熟和完备，易于保证当事人诉讼地位的平等和审判的公正，也说明公民或法人的合法权益受到国家行政机关不法侵害时同他受到一个普通公民的不法侵害一样，都能得到国家的司法保护和补偿，体现了法律面前人人平等的法制原则。但是，由于民事诉讼法是保证民法规范实施的程序法，它主要根据民事法律关系的特点制定。民事法律关系与行政法律关系有较大的区别，两种法律关系当事人的权利义务是不同性质的，所以适用民诉程序保障行政法律关系，不利于当事人权利的实现和义务的履行。行政法规范需要国家颁布统一的行政诉讼法来保障它的实施，这是我国法制建设中迫切需要解决的问题。总结国内外行政诉讼的经验，我认为我国应该根据宪法原则和行政审判实践经验，制定统一独立的《行政诉讼法》，改目前审判程序的同一制为与民事诉讼、刑事诉讼并列的多轨制。

3. 无条件起诉与有条件起诉的结合制。所谓无条件起诉与有条件起诉，是指法院在受理行政案件时是否以原告向有关行政机关申请再审查处理为条件。在我国，现行法律关于这方面的规定有两个特点：第一，有条件起诉与无条件起诉相结合。即当事人根据法律的不同规定来决定他们是否有权直接将行政纠纷诉诸人民法院。法律则根据其调整的社会关系的具体特点和实际需要分别作出是否以行政机关的复议作为向法院起诉的条件。有条件起诉，如《外国企业所得税法》第 16 条规定："外国企业同税务机关在纳税问题上发生争议时，必须先按照规定纳税，然后再向上级税务机关申请复议。如果不服复议后的决定，可以向当地人民法院提起诉讼。"无条件起诉，如《公民出境入境管理法》第 15 条规定："受公安机关拘留处罚的公民对处罚不服的，在接到通知之日起十五日内，可以向上一级公安机关提出申诉，由上一级公安机关作出最后的裁决，也可以直接向当地人民法院提起诉讼。"第二，是否有权直接起诉的规定都分别用单行法规的形式，没有一个统一的实质性的规定。根据我国行政诉讼的性质和发展趋势，我认为对于行政诉讼当事人是否有权直接向法院起诉应当作出一个标准性的规定，以保证应当由法院直接受理的案件能得到立法体现；应由行政机关首先处理的案件不致于都涌到法院，加重法院负担和当事人诉讼负担。

论行政诉讼的几个理论问题 *

应松年 **

一、行政诉讼与行政司法

在行政诉讼的讨论中，行政司法，即行政机关对行政案件的处理与行政诉讼的关系，是争论的焦点之一。一般对行政诉讼的概念有两种不同的理解：一种是把行政诉讼限制在法院对行政案件审理的范围内；另一种则把行政机关对行政案件的处理也作为行政诉讼的一部分。前者称为狭义的理解，后者称为广义的理解。产生这两种不同理解的根源，在于所用标准的不同。把行政诉讼限制在法院对行政案件的审理，这是从国家的审判权只能由法院行使，法院是唯一的审判机关这样的标准出发的。行政诉讼作为诉讼的一种，当然也只能是向法院提起的诉讼。广义的行政诉讼把行政机关对行政案件的处理也包括在内，这是从诉讼本身的特点出发的。诉讼是法定的有权的第三者，对双方当事人的争议和纠纷，依法按一定程序作出有强制力的公正的判决。按照这一理解，行政机关对行政案件的处理，即行政司法，从实质上看，与法院的诉讼一样，也同样是一种诉讼活动，可以把行政司法看成一种准司法行为，因而也可以作为行政诉讼的一部分。由此看来，争论双方各有自己的立论根据，却并非直接的观点对立，完全可以在行政诉讼的实际中和谐地统一起来，不必要也不应该非此即彼地对立起来。

行政司法的存在，是行政诉讼区别于民事诉讼的重大特点之一。民事诉讼是平等主体之间因发生人身或财产关系方面的纠纷而向法院提起的诉讼。民事纠纷的双方当事人，只有依赖第三者法院的裁判才能解决他们之间的纠纷。他们自己中的任何一方，都无权强制

---

* 载《政治与法律》1987年第3期。

** 应松年，时任中国政法大学副教授、中国法制研究所副所长、行政立法研究组副组长。

对方服从自己的意愿。行政诉讼不同。作为行政诉讼当事人中一方的行政机关，是一个有紧密隶属关系的，由多层次和多部分机构组成的庞大体系。它可以通过自己的上级机关或者特设的机关来处理在管理过程中产生的纠纷，纠正作为当事人一方的行政机关的越权或侵权行为，并不一定要通过法院。行政机关有权自己解决在行政管理过程中与相对人发生的纠纷，这是行政司法存在的客观基础。

不仅如此，近代行政管理范围的扩大和技术性专门性程度的提高，使行政纠纷数量激增，在处理行政案件时对技术专门知识的要求也大大提高。在这种情况下，如果依靠法院来解决全部行政纠纷，显然是难以负担的，而行政机关在这方面却要优越得多。它人数众多，又拥有各方面的专家，由行政机关依法来初步解决大部分行政案件，那就是现实的、唯一可行的途径。事实上，由于行政司法一般都以较法院简便、迅速得多的程序来解决行政纠纷，因而行政纠纷中的一方当事人很多也乐于选择行政司法来解决行政纠纷。近代英美国家行政司法机构的迅速增加就是由于这一原因。行政司法是行政诉讼不可缺少的组成部分。

应该指出的是，虽然行政司法为行政诉讼所必需，但行政案件的最后裁判权应属于法院。因为法院毕竟是行使国家审判权的专职司法裁判机关，它有权对行政案件作出最后裁判。而且，我们可以假定行政司法是十分公正的，但行政司法毕竟是行政机关自己处理自己与相对人的纠纷，因而无法杜绝人们怀疑其不公正的心理。可见，一方面，行政司法作为行政诉讼的一部分，不是理论上承认不承认目前的问题，而是客观存在的现实。我们可以把行政司法作为行政诉讼的组成部分，也可以单独称为行政司法。但不管怎样，这两者都是解决行政纠纷的必要部分；可以说，没有健全的、与法院的行政诉讼紧密衔接的行政司法制度，行政诉讼制度就将是残缺的、不完整的，在现实生活中，实际上也是不可能的。从国外的情况看，无论是有独立行政法院体系的大陆法系或实行普通法院制度的英美法系的行政诉讼，无不如此。另一方面，法院审理行政案件，仍应是行政诉讼的主要的和最终的部分，是行使国家审判权的重要形式，从这一意义上说，把法院处理行政案件称为行政诉讼而将行政机关处理行政纠纷称为行政司法还是合适的。重要的问题是，如何通过法律规定，把两者很好地协调和衔接起来。可以制定一部包括行政司法的行政诉讼法，有人称为行政救济法，也可以单独制定行政司法和行政诉讼法，规定各自不同的内容，但都要对两者的协调和衔接作出明确规定。从理论上，弄清行政诉讼与行政司法的关系，实践上合理解决两者之间的衔接，是建立我国行政诉讼制度的重要问题之一。任何脱离行政司法行政诉讼制度，都将是很难行得通的。

至于行政司法与行政诉讼之间以采用何种衔接形式为好，我们还处在探索和实践阶段。目前按法律规定，有下述几种形式：一种是由相对人自由选择，可以向特定的行政机关申诉，也可以向法院起诉（如《水污染防治法》第 41 条）；第二种是行政司法的前置原则，即必须先向特定的行政诉讼申诉，对行政诉讼的裁决不服时，再向法院起诉（如《治安管理处罚条例》第 39 条）；第三种是只向人民法院起诉的（如《食品卫生法（试行）》第 38 条）；第四种是只有行政司法，并不规定可以向法院起诉的（如《经济特区外资银行、中外合资银行管理条例》）。究竟以何种形式为好，尚待总结经验。

二、行政诉讼与行政案件

对行政案件的理解，将直接影响行政和行政司法的范围。一种看法是，只要行政机关是当事人的一方，就可以认为是行政案件。这显然是失之过宽。因为以行政机关为一方的案件，不仅有行政案件，还有民事案件。另一种看法是，行政机关在行政法律管理过程中发生行政纠纷，才能形成行政案件。这样的理解又似乎还不够。能提起行政诉讼的行政案件，至少还应该具有这样两个特点。第一个特点：行政机关内部的纠纷，不应向法院提起诉讼。行政管理是由两类不同的管理组成的。第一类是行政机关对其自身，包括对其内部工作人员的管理。第二类是行政机关对国家事务的管理两类不同的管理产生两种不同的纠纷和案件。前一种纠纷是行政机关内部的纠纷，如行政机关之间的争议、行政机关与其工作人员之间的纠纷等。这类纠纷从本质上说，与一般社会组织内部的纠纷一样，理应完全由行政机关自己来解决，例如可以由监察部来处理，法院不宜过问。内部解决不通，似可请权力机关的特设机构处理为妥，例如可以在人大常委会内设专门办公室或委员会，作为行政机关内部纠纷的终审裁决机构。这种办法也适用于行政机关与其他国家机关之间的纠纷。后一种是行政机关对国家事务的管理。双方当事人中，一方是行政机关，另一方是相对人，包括公民、企业事业单位、社会团体等。行政机关在管理国家事务时同相对人发生的纠纷才是可能引起行政诉讼的纠纷。第二个特点：必须把行政诉讼限制在行政机关作为被告，即民告官的范畴内。按诉讼的通常规则，双方当事人中谁是原告或被告，并不因双方当事人身份而定。但行政诉讼不同，作为行政诉讼中当事人一方的行政机关，是国家赋予行政管理的职权，有权对被管理者进行管理，包括运用各种强制手段作为管理保证的当事人，它无须通过诉讼来解决自己与相对人之间的纠纷。因此，所谓管理与被管理者之间的诉讼，实质上只能是无权的被管理者一方向法院提起诉讼，行政机关在这类诉讼中当然只能处于被告的地位。行政案件中的一方一定是行政机关；以行政机关为一方的案件却不一定是行政案件。按照这样的理解，所谓行政诉讼，就是行政机关在行政管理过程中，非行政机关一方认为其权利、义务受到不当或违法对待时向法院提起的诉讼。行政诉讼取决于行政案件的性质。

从行政案件的内容看，大致可分三大类：一是涉及行政机关依法为相对人设定权利方面的行政案件；二是涉及行政机关要求相对人承担义务方面的案件；三是涉及行政机关在相对人不履行义务时实施强制执行或行政处罚方面的案件。从理论上说，这三方面内容的案件，都可以通过法定程序，向法院提起诉讼，法院理应全部受理。但由于我国目前的实际情况，法院因人力财力的限制，没有承担全部行政案件的审理能力，不得不采用先受理其中一部分的办法，例如，先受理对承担义务或行政处罚不满或不服的部分诉讼，其他部分待积极创造条件后再逐步“开放”。理论上把明确法院受理行政案件的范围与实际的可行性结合起来，这是我国当前行政诉讼的重要特点之一。

近年来，我国在行政诉讼中实行的由各个单行法律规定可以向法院提起诉讼的做法，现在是改革的时候了。这种做法在没有建立起统一的行政诉讼制度以前，可以作为一种过渡。但它缺乏行政法制上的统一性，就有可能给行政和司法实践带来混乱。为什么有些案件法院依法受理，有些相同或相近性质的案件法律却不作规定以至法院无法受理？例如，同样是行政处罚，有些规定在不服时可以向法院起诉，有些却不作规定。这就无法从理论上作出令人信服的合理的解释，也可能是目前行政诉讼难以开展的原因之一。要建立我国的行政诉讼制度，就需要一部单独《行政诉讼法》，规定哪些是行政案件，应由法院受理。

三、行政诉讼与体制改革

近两年来，建立我国行政诉讼制度的呼声很高，规定可以向法院提起诉讼的单行法律、法规已达50余种，但各地法院实际上受理的行政案件的数量却并不多。一个重要原因是，要解决行政诉讼民主化、制度化问题。

行政诉讼是被管理者对管理者的不当或违法行为提起的诉讼，这与平等主体之间的民事诉讼是很不相同的。行政诉讼中这种当事人之间的特殊关系，使提起诉讼的被管理者，除非完全获得政治、经济以至精神上的独立自主权，与管理者真正处于平等的地位，并有充分的法律保障，他们才敢于对管理者提起诉讼。否则，行政诉讼制度是很难建立的。实际上，建立行政诉讼制度，主要就是为了保障当事人的合法权益，人民群众通过行政诉讼制度来监督和纠正行政机关的不当或违法行为。因此行政诉讼是民主制度化、法律化的体系之一。即使我国目前仅50余种法律法规对可以提起诉讼作了规定，内容也仅仅主要局限于行政处罚，但实际上应该提起诉讼的行政案件，仍要比现在已经提起诉讼的案件多得多，更不用说大量应该可以起诉而尚未规定可以起诉的纠纷了。正在深入开展的体制改革，将为在我国实现搞活经济和政治民主铺平道路。企业事业单位和社会团体有了充分的自主权，人民群众真正当家作主，行政诉讼制度才可能获得坚实的基础，得到蓬勃的发展。另外，提高法院的地位，树立法院的权威，使法院在权力机关领导下真正能够依法独立行使审判权，也是一个重要的问题。

建立我国行政诉讼制度的若干问题[*]

费宗祎[**]　江必新[***]

建立独立的行政诉讼制度，在我国已经势在必行。但是，建立什么样的行政诉讼制度却是一个尚待探讨的问题。在此，我们略抒己见以期把这方面的讨论引向深入。

一、我国行政诉讼的根本性质

诉讼的性质是确定诉讼制度的基点。建立行政诉讼制度，需要首先明确行政诉讼的性质。行政诉讼的性质在不同的社会形态，不同的国家具有不同的内容。在我国现阶段，行政诉讼是指公民和法人因国家行政机关的处理决定损害其合法权益而向人民法院提起的诉讼。这种诉讼固然也有解决行政纠纷、实施权利救济等性质，但其根本性质在于，它是国家司法机关根据宪法和法律的授权，通过审理行政案件的形式，对国家行政机关行使职权的一种司法监督和制约。国家行政机关要对整个社会实施有效的管理，必须拥有一定范围的处理权和一定范围的自由裁量权。但是，如果没有相应的监督力量与之伴随，便难予纠正它在处理问题时可能发生的偏差，特别是当某些越权行政或滥用职权现象发生时难予及时得到处理。同时由于行政机关职权与行政相对人（公民和法人）的权利有不可分割的联系，行政机关越权或滥用权力，势必直接或间接地损害行政相对人的合法利益。为了预防这种情况的发生，在可能的限度内弥补因越权或滥用职权的行为给行政相对人，即公民和法人的权益所造成的损害，在客观上也需要采取一定的监督手段和补救措施。

---

*　载《现代法学》1987 年第 4 期。

**　费宗祎，时任最高人民法院经济审判庭副庭长，行政立法研究组成员。

***　江必新，时任最高人民法院研究室助理审判员。

当然，行政机关的自我救济和监督（包括上级机关对下级机关的监督，行政监督部门如审计部门、工商部门对职能部门的监督等）已经起着或正在起着积极的作用，也有其继续存在的价值，但是这种监督和制约有其无法克服的弱点和局限性。首先，国家行政系统中存在职位等级制度。行政机关在行政法律关系中天然处于优越地位。处分者与被处分者在事实上难以平等。行政机关兼为行政裁判有可能加强争议双方地位的不平等。其次，下级机关的行政行为往往与上级机关的行政行为有或多或少的联系。下级机关的行政决定有时是上级机关决定的延续或具体化。某些下级机关的决定本身是奉命而作，或者事先经上级机关批准之后作出的。因此，行政机关的救济在某种意义上来说，或者意味着争议双方的协商，或者意味着被告或与被告有利害关系的机关充当了裁判者。而这样一种裁判关系的公正性是值得怀疑的。再次，如果把行政机关内部的救济和监督作为唯一手段，那么，当行政机关不愿意改变或撤销其错误决定的时侯（无论从理论上，还是从事实上来说，这种情况是可能出现的），公民和法人被侵害的权益就无法得到恢复。最后，受处分或受处罚的公民或法人与作出处分或处罚决定的行政机关往往具有一种隶属关系。如果把恢复权利的希望仅仅寄托在作出处分或处罚决定的机关或其上级机关，就难以给受处分的公民和法人以维护自己合法权益的信心，甚至容易使一些当事人产生对裁判的不信任感。

而行政诉讼恰恰能够弥补以上缺陷，成为恢复公民或法人权益的最佳救济手段和对行政机关实施监督的有效措施。如果从上述角度来认识行政诉讼性质的话，那么，行政诉讼就是“行政复议”所不可代替的。

中华人民共和国成立30多年以来，我国没有建立统一的行政诉讼制度。行政纠纷基本上是通过行政复议和申诉的方式即通过申请上级机关审查下级机关的处理决定的方式加以解决的。这种传统使我们一些同志，特别是某些行政机关的同志，养成了重行政、轻司法甚至以行政代替司法的习惯。直到今天，还有一部分同志主张以行政复议代替行政诉讼。诚然，行政复议作为一种解决行政纠纷的方式有其迅速、简便、廉价等优点。正是由于有这些优点，我们认为应该建立普遍的行政复议制度，即凡当事人不服行政机关的处理决定的，除法律有特别规定者外，都应该向处理机关的上级机关申诉或申请复议，如果仍然不服，再向人民法院起诉。但是，鉴于行政复议自身无法克服的弱点，不能把行政复议作为唯一或最终救济手段。

行政诉讼的性质表明，行政诉讼不仅仅是一种解决纠纷的方式，而且意味着对行政行为的监督和对公民、法人的合法权益的保护。由于司法隶属行政之封建传统的影响，一些同志不能从本质上把握行政诉讼的性质，仅仅把行政诉讼当成是解决行政纠纷的方式；只看到法院给政府解决行政纠纷的一面，而没有看到行政诉讼还有监督的属性。因而法院成了这些同志倾倒各种乱子的“下水道”。一旦发现自己被置于被告席上，或者法院未能“遵旨办案”，便恼羞成怒，大发雷霆。这种观念和作法必须改变。

行政诉讼的性质如此，因而在建立我国的行政诉讼制度的时候，不仅要考虑有利于行政纠纷的公正、迅速、彻底的解决，而且要有利于保护公民的合法权益，尤其要有利于对行政机关实行有效的监督和制约。这是建立我国行政诉讼制度的基本出发点和归宿。

二、行政案件审判权的范围

要建立行政诉讼制度，必须在实质上确立行政案件审判权的范围，也就是必须划清哪些案件由法院管辖，法院如何进行审理，可以作出什么样的判决和裁定等。行政案件审判权的范围，不仅牵涉审判权与行政权的关系，而且牵涉审判权与立法、审判权与当事人的诉权之间的关系。由于我国行政诉讼制度正在建立之中，因而有必要具体地探讨行政审判适用的范围。

1. 管辖权。

世界各国确立的行政诉讼的管辖，从实体上说，大体上有两种类型。一是普遍适用型，即在法律中明确规定除个别例外，司法机关可以审查行政机关的所有活动，包括行政立法、行政处理、行政措施等，以西德为代表。二是选择型，即司法机关只能对行政机关的某些活动进行审查，这些国家通常在法律中一一列举司法机关的管辖范围，也就是说，只有在法律作出规定的情况下，法官才能进行审查。从目前世界各国的发展趋势来看，越来越多的国家采取了普遍适用型。例如法国、罗马尼亚等国。苏联属于选择型，但 1977 年以来，已有人提出了采取普遍适用型的主张。其他一些坚持选择型的国家，所选择的项目也越来越多，几乎近于普遍适用型。

从立法形式上来说，世界各国大体采取概括主义和列举主义两种方式。所谓概括主义，是指在同一个法律中确定法院对行政案件的管辖范围。所谓列举主义是指在若干个单行法律中，分别列举法院对某些行政案件的管辖权。由于列举型存在繁杂分散、不便实行等缺点，因而，当今世界各国大都倾向于采取概括主义的立法方式。

我国目前在立法形式上采取的是列举主义的方式。除《民事诉讼法（试行）》第 3 条第 2 款“法律规定由人民法院审理的行政案件，适用本法”的原则规定外，还有 60 多个法律、法规和规章分别列举了人民法院对行政诉讼案件的管辖范围。从实质上说，我国目前属于选择型国家。法律规定由法院受理的行政纠纷案件大体上可以分为两类：第一类是公民或者法人不服行政机关所作的要求其承担某些义务（作为的义务，如纳税、赔偿损失等；不作为的义务，如责令侵权人停止侵权行为等）而起诉的案件，第二类是公民或法人不服行政机关的处罚决定（包括警告、罚款、行政拘留等）而起诉的案件。也就是说，目前我国行政法律和行政法规只赋予法院对部分行政处罚和极少量的行政处理的司法审查权。

从我国目前立法的趋向来看，立法机关赋予司法机关司法审查权的面越来越宽，法院管辖权的范围可能采取渐进的方式向普遍适用型接近。但从我国目前法治发展的状况和司法机关的承受能力来看，我们认为可以分步进行。第一步，对涉及行政处罚的纠纷赋予人民法院全部管辖权，在形式上可以采取概括的规定；对个别确实不宜由人民法院管辖的，采取除外规定的方式加以确定；对于涉及取消公民某些权利（如吊销营业执照等）、课处公民某些特定义务（如纳税等）的行政处理，可采取列举的方式加以确定。第二步，概括地规定人民法院对行政机关的行政处理（包括赋予或取消公民某些权利、课处或取消公民某些义务等）拥有全面管辖权，对个别确实不宜由人民法院管辖的，可采取除外规定的方式加以确定。第三步，概括地规定人民法院对全部行政行为（包括行政立法、行政处分、行政措施等）拥有全面的管辖权，对个别确实不宜由人民法院管辖的，可采取除外规定的方式加以确定。

2. 裁定权。

所谓裁定权，是指人民法院在审理案件的过程中对有关程序问题作出决定的权力。没有人民法院的裁定权，诉讼就不能由一个阶段向另一个阶段发展，诉讼的目的也就不能实现。

由于行政诉讼的当事人通常至少有一方是行政机关，因而人民法院在诉讼过程中行使裁定权的时候，往往牵涉行政权及当事人的处分权利的问题。除了民事诉讼中法院拥有的裁定权对行政诉讼同样有效以外，我们认为，还应该赋予人民法院以裁定暂缓执行权。法国、美国、日本等国都赋予法院审理行政案件过程中裁定暂缓执行的职权，即法官可以裁定行政机关缓期执行其决定，或者采取必要或适当的措施，推迟行政行为的生效日期，或在司法审查终结以前维持原状或保留权利。赋予法院这种权利的目的，旨在防止行政决定的执行可能带来判决无法消除的后果。在我国，本来就存在法院判决执行难的问题，如果对一些处理决定不采取缓期执行的方式，受侵害的权利往往难以恢复。因此，我国应当赋予法院这种裁定权。当然，在赋予法院这种权力的时候，应该考虑到行政活动的特点，或从诉讼种类上，或根据诉讼标的，或采取相应的程序对这种职权加以限制。

3. 调查取证权。

人民法院要调查取证，首先必须拥有对案件事实的审查权。人民法院对案件事实的审查权应该是毫无疑义的。因为事实审和法律审的分类历来为我国司法实践所不取；以事实为根据，以法律为准绳是我国诉讼法确定的一项基本原则；同时从客观上来说，当事人不服行政机关的处理决定，不仅包括对行政机关适用法律的异议，而且包括对行政机关认定事实的异议。对于后者，仅仅进行法律上的审查，不仅不能正确解决争议，而且不能对公民和法人的权利给予有效的救济。那种认为人民法院在审理行政案件中，只能采取法律审的形式，或认为人民法院只能审查行政机关的处理决定在适用法律上是否得当的观点，是不能接受的。

根据各国的立法惯例，在行政诉讼中大都赋予司法机关相对其他诉讼来说更多、更加主动地调查取证权。法国 1975 年 8 月 26 日的法令第 10 条规定，最高行政法院在处理案件的时候要进行事先调查，甚至现场访问。行政法官不是“坐山观虎斗”，而是在诉讼活动中主持案件的预审，促使当事人提供证据，有时还帮助当事人提供证据。法官甚至可以不要求原告提供证据，而要求被告方（多是行政机关）举证。即使是在实行严格的“对抗制”诉讼的英美法系国家也是如此。例如，英国《王国政府诉讼法》规定：在针对政府的诉讼中，法院可以下令政府公布文件或回答调查。在近年来，甚至原来保留的政府的保密权也所剩无几了。

各国之所以在行政诉讼中赋予法官以主动调查取证权，原因在于在行政诉讼中作为当事人一方（多数情况下为被告）的行政机关在事实上处于优越地位，因而需要通过一定的法律保障使诉讼当事人在诉讼中能处于平等地位。从我国行政审判实践来看，也应该赋予法院特殊的调查取证权力。

4. 判决权。

判决权是指人民法院对实体问题作出裁断的权力。它所要回答的是法院能够对案件作出什么性质的裁决。我们认为人民法院对行政案件的判决权应包括以下几个方面的具体内容：

当行政机关的处理决定在认定事实、适用法律上均无不当，处理决定确属行政机关职权范围又不违反法定程序时，人民法院应判决予以维持，驳回诉讼请求。

当行政机关的处理决定缺乏事实根据，或其处分决定越权、滥用职权、处理不当，或程序不合法时，人民法院应该判决撤销其处理决定。

当行政机关的处理决定侵犯了公民或法人的合法权益，给公民或法人造成了损害时，人民法院应视具体情况作出关于损害赔偿的判决。

当行政机关的处理决定或因认定事实不正确，或因适用法律不当，以致采取的处理措施不适当时，人民法院应判决撤销其处分决定，或有限制地变更其处分决定。

对于前三项，学术界大都没有异议，但对于人民法院可以在一定范围内变更行政机关所作出的决定，一些同志却有不同看法。他们认为：司法机关变更行政机关的处理决定，混淆了国家审判职能与行政管理职能的区别，不符合行政法规本身的客观要求和立法意图，也为国家司法机关本身力所不及。

应该承认，这种看法有一定的合理性，有些行政行为司法机关不能代替当然也不能变更。例如，制定行政法规和带有建设性的行政行为，人民法院无须也无法变更。但是，带有处罚或裁决性质的行政行为，本身就是“准司法行为”，在不少国家，这些权力本身就由法院行使。例如治安处罚权在许多国家由治安法院所管辖。同时，我国有些调整行政关系的法律、条例是由全国人民代表大会及其常务委员会颁布的。也就是说，无论是行政机关，还是司法机关都基于同一法律或条例而进行裁断，在这种情况下，没有理由认为行政机关能够作出比司法机关更为公平的决定。此外，对于有些可以变更的行政决定，如果人民法院只作出撤销的判决或裁定，则有可能导致循环诉讼，即行政机关可以对同一被处罚或处分人就同一事实作出多次处罚决定，法院认为不合法或不适当，即可数次撤销，直到法院认为“适当”为止。这样，讼累烦多，而变更权实际上不在行政机关手中。正因为上述原因，一些即使是素来强调分权的国家，都在不同程度上赋予法院变更行政机关的处罚或裁决之权。因此，绝对地认为法院不能变更行政机关的决定，无论从理论上，还是从实践上都是有害的。至于在什么情况下应赋予法院变更之权，应视具体的诉讼性质而定。我们认为，凡行政机关均应依据特定的法律（专指权力机关制定的法律、法令）才能对公民或法人作出某项处罚或裁决，而这项处罚或裁决不适当时，即应赋予司法机关的变更之权。

5. 执行权。

法院应不应该拥有执行权，特别是强制执行权，也是一个有争议的问题。这个问题的实质是司法机关的判决是否具有强制执行效力的问题。司法机关能否对行政机关实行强制执行，各国有不同的规定，但大体上有以下几种模式。

第一种模式是英国式，司法机关可以向行政机关发布执行令，即可以强制政府履行它应该履行的义务。但是司法机关不能判决强制扣压政府的财产，仅能宣告政府应付金额的总数。

第二种模式是美国式，即强制执行不针对国家政府，而针对联邦官员。《美国法典》第 702 条规定：法院可以作出处罚合众国的判决，但任何强制性的，禁止性的判决必须指定联邦官员（注明姓名和职务）及他们的工作继任者个人负责执行。

第三种模式是法国近年来采取的模式。在 1980 年以前，法国行政法院不存在对行政机关实行强制执行的途径。但1980年7月16日的法律和1981年5月21日的法令规定：当判决是判处国家赔偿并确定了赔偿数额时，国家必须在4个月内进行这笔钱的拨款，如果到期不予拨款，会计有权不经过拨款而只按照判决的规定付款。如果判决的对象是国家以外的公诉人，四个月内要是没有拨款，就由监督机关强制签发付款通知，如有必要，还可以同时给予必要贷款。对于越权之诉的判决拖延执行的，起诉人可以向最高行政法院上诉。诉讼组或诉讼组主任可以发布强制令，按照行政机关拖延执行的天数判处一定罚款。如果起诉人按照规定的程序提前交给报告委员会，该委员会也可以发布强制令。如果强制令未发生效力，行政机关继续拖延或拒绝执行，最高行政法院可以对它进行结算，即确定最佳数额，以便不因拖延或未执行而妨碍对受害人受损的赔偿。

从世界各国发展的趋势来看，越来越多的司法机关被赋予了对行政机关强制执行的权力。因为没有执行权的审判权是不完整的审判权，没有强制执行权，法律的强制性将无从表现，行政诉讼的目的就难以达到。世界各国尤其是法国的审判实践表明：法院如果没有强制执行手段，就会削弱行政法制的权威，司法机关的判决就会形同空文。由于历史或现实的种种原因，我国的法治观念还有待进一步加强，“执行难”本来就是司法实践中一大障碍，行政机关干预司法或不执行司法机关的判决的情况时有发生，如果不赋予司法机关一定的强制执行权，人民法院的判决就可能会“不算数”。

三、行政诉讼程序

程序是实现审判目的、完成审判任务的必经途径和必要手段，同时又是实现公平裁判的保障。设置程序的基本原则一是有利于实现审判的公正性；二是有利于提高审判效率。

对行政案件采取什么样的程序进行审理，大体上有三种模式：第一种是按民事诉讼程序进行审理；第二种是单独制定行政诉讼法典，即采取完全特殊的程序进行审理；第三种是部分援用民事诉讼法典，部分适用特殊程序。目前，从世界各国行政诉讼的发展情况来看，完全采用普通民事诉讼程序的国家已极为少见。

根据我国《民事诉讼法（试行）》第 3 条规定，人民法院审理行政诉讼案件适用民事诉讼程序。在我国行政审判司法经验不足的情况下，以民事诉讼程序作为过渡也是必要的，但行政案件毕竟与一般民事案件性质不同，客观上需要采取一些不同于民事诉讼的审判程序。

第一，关于起诉条件。我们认为行政诉讼的提起应该包括以下几方面的条件：其一，必须是对行政机关的行政行为（从目前我国情况看，可限定为行政处理）而提起；其二，所针对的行政行为（或行政处理）具有违法性质（包括越权和滥用权利）；其三，公民或法人认为上述行政行为造成了自己权益的损害；其四，依据经过行政机关的复议。

我国目前还未形成统一的行政救济方式，而是采取了多种形式。概括起来有以下几种形式：一是规定公民和法人不服行政机关的处分决定，可直接向人民法院起诉；二是在同一法规中规定公民和法人只能就某些行政处理决定向人民法院提起诉讼，而对另一部分处理决定不能起诉；三是规定公民和法人不服行政机关的处理决定，须先向上级行政机关申请复议，对上级行政机关复议决定仍不服时，方可向人民法院提起诉讼；四是规定公民和法人对行政机关的处理决定不服，既可直接向人民法院起诉，也可向上级主管机关申请复议；五是规定公民和法人对行政机关处理决定不服，可向上级行政机关申请复议，上级机关的复议决定即为终局决定；六是规定公民和法人对行政机关处分决定不服，可向上级行政机关申请复议，但不明确规定上级机关的决定即为终局决定；七是规定行政机关的处分决定本身即为终局决定，没有规定救济手段。我们认为随着我国立法、司法实践经验的积累，似应实行统一的规定。考虑到世界各国的经验以及我国司法机关的承受能力，似应采取世界大多数国家采用的诉讼前置主义，即凡是向人民法院提起行政诉讼的案件，须先经原处罚机关的上级机关的复议。

第二，关于行政案件的管辖。我们认为，应根据行政行为的性质和诉讼的种类确定级别管辖。那种“兵对兵、将对将”，以行政机关的级别来确定级别管辖的观念应该打破。

第三，关于诉讼参加人的法律地位。由于行政诉讼通常以行政复议为前提，在复议过程中，上级机关可能维持，但也可能撤销或变更下级机关作出的决定。因此，当公民或法人不服行政机关的处罚决定向人民法院起诉之后，就发生由谁应诉的问题。我们认为，似应根据上级机关复议的内容作具体规定。如果上级机关维持下级机关的处罚决定，上级机关与下级机关应作为共同被告参加诉讼；如果上级机关变更了下级机关的处罚决定，上级机关应作为被告，而下级机关可以作为第三人参加诉讼。应该允许被控告的行政机关请诉讼代理人参加诉讼，也可允许上级机关授权原决定机关代为诉讼。

第四，关于审判组织。审理行政诉讼案件是采取合议制，还是采取独任制，各国均未作统一规定，但采合议制的为多。根据我国具体情况，似应根据行政行为的性质和诉的种类来确定采用合议制或独任制，而不应简单地根据案件难易程度来划分。

第五，关于审级。审理行政诉讼案件是否允许上诉和抗诉，各国规定不一。有一审终审，有二审终审，也有三审终审。实行一审终审制的国家，大都以审判监督程序、再审程序或复核程序加以弥补。审级的确定应该考虑到受审查的行政行为的性质和诉的种类，考虑到法律是否规定诉愿、复议、申诉等前置程序，不必强求一律。

第六，关于审理方式。各国对行政案件的审理方式的规定也不一样。有书面审理方式，有开庭辩论方式，也有兼采两种方式的。行政案件的类型复杂，似不宜作统一规定。应根据案件的性质和当事人的意愿以及法院的职权作出具体规定。

第七，关于调解。调解意味着当事人双方对自己权益的处分。由于行政机关无权处分自己的职权，而公民处分自己的基本权利在理论上似亦不通；更重要的是行政诉讼中的当事人地位在事实上不易平等。如果实行民事诉讼“着重调解”的原则，将不利于保护当事人的合法权益。故我们认为在行政诉讼过程中不适用“着重调解”原则。

第八，关于强制措施。对行政机关能否采取强制措施，各国立法也不尽一致，规定采用强制措施的，一般都规定具体的对象和责任人员；规定不能采用强制措施的，一般都详细规定行政机关妨碍诉讼或拒不执行法院的裁定的法律后果。我国似可以根据诉讼的不同性质作出具体规定。

关于行政诉讼几个争论的理论问题 *

胡建淼 **

一、以行政机关为被告的诉讼未必是行政诉讼

把以行政机关为被告作为行政诉讼不同于民事诉讼和刑事诉讼的一大特点，已被广泛地接受。然而，这一较为统一的表述，给人们带来了这样一种误解：以为只要是行政机关作为被告，则必是行政诉讼。

以行政机关为被告的诉讼未必就是行政诉讼。行政机关并不只参与一种法律关系，它可以成为不同法律关系的主体，只是身份和法律地位不同而已。在民事法律关系中，行政机关是作为平等的民事主体即法人出现的，它可以进行诸如购买商品、租用会场之类的民事活动。而在行政法律关系中，行政机关则是作为行政主体（行政管理的主体）出现的，它依法代表国家行使带有行政强制性的行政管理权，相对人有服从的义务。既然行政机关既可以成为民事法律关系的当事人，又可以成为行政法律关系的当事人，那它也就既可以成为民事诉讼的被告，又可以成为行政诉讼的被告。不同的是：前者作为法人的身份出现，后者则是以行政主体的身份出现的。一种正确的表述应该是：行政诉讼必以作为行政主体的行政机关（或简称行政主体）为被告。以行政机关为被告的诉讼未必是行政诉讼，但以行政主体为被告的诉讼就必定是行政诉讼。

二、国家工作人员不能成为行政诉讼的被告

有一种说法：行政诉讼是以国家行政机关及其行政工作人员为被告的诉讼。他们也许是基于这种现象的观察：当事人所不服气的国家

---

* 载《政治与法律》1987 年第 6 期。

** 胡建淼，写作本文时为中国政法大学行政法学硕士研究生。

行政机关的行政处理是由其行政工作人员作出并实施的。

是的，我国的行政机关是依法实施国家行政管理的机关，而它实施国家的行政是通过其行政工作人员来实现的。但必须明确，当国家行政工作人员基于其职务履行公务时，如警察对违反《治安管理处罚条例》的当事人实施行政处罚，其行为不属于个人行为，而是行政机关的行为，他不过是执行机关的意志而已。正因为这样，行政工作人员公务行为（行政行为）的法律后果由其所代表的行政机关承担。如果工作人员在执行公务中有过错，行政机关可以追究他的行政责任；如果构成犯罪，则由司法机关追究其刑事责任。但上述情况并不导致行政诉讼当事人的转移。只要工作人员的行为是行政行为，不服其行政处理的当事人，只能对他所代表的行政机关而不能对他本身提起行政诉讼；如果他的行为属于个人行为（与公务无关），那他就没有行政处理权，不服行政处理而提起的行政诉讼就不会发生。公民对国家工作人员的个人侵权行为，可通过其他诉讼或控告、检举等方式解决，不能也无法通过行政诉讼解决。

三、行政诉讼案不同于控告、检举案

控告是指公民的合法权益受到国家机关及其工作人员行为的侵害，向有关国家机关揭发侵害机关及其侵害人员的侵害并要求依法处理的行为。检举是指公民向有关国家机关报告某机关、组织或公民的违法情况，以便有关机关依法处理。从形式上看，控告、检举案类同于行政诉讼案，其实两者不同。行政诉讼案与控告、检举案有以下主要区别：

（1）行政诉讼案的提起叫起诉，控告、检举案的提起分别称控告和检举；

（2）行政诉讼仅向人民法院提起，而控告和检举不仅可以向人民法院提出，也可以向其他国家机关提出；

（3）行政诉讼案仅由人民法院处理，而控告、检举也可以由国家行政机关处理；

（4）提起行政诉讼必须有明文的法律依据，而控告、检举不受此限；

（5）提起行政诉讼必须遵循严格的法律程序，而控告和检举的提出没有严格的法律程序，例如，起诉有时效规定，而控告和检举不受时限限制；

（6）起诉的直接目的是请求改变或撤销被告机关的行政处理决定，

而不是为了科以法律责任，被告和检举的直接目的是使有权机关追究被控告人或被检举人的法律责任；

（7）起诉的对象只限于作为行政主体的行政机关，而控告和检举不受此限，其对象可以是任何机关、任何组织和任何个人。

四、行政机关申请人民法院强制执行不属于提起行政诉讼

出于民主与效率相统一的考虑，我国自 1979 年以来的法规，关于行政处理（包括行政处罚）大多作了两方面的规定：一方面，不服行政机关行政处理的当事人可以依法申请行政复议或提起行政诉讼；另一方面，当事人在规定期限内既不履行处理决定又不申请复议或提起诉讼，行政机关可依法行政强制执行或申请法院强制执行。这自然就引出了一个问题：行政机关申请人民法院强制执行属于什么性质？是否也算是提起行政诉讼？对这个问题的理解，直接影响到对行政诉讼定义及其特征的认识。有的同志认为行政机关（行政主体）也可以成为行政诉讼的原告，就是以此为例的。

笔者认为，行政机关申请人民法院强制执行属于一种特殊情况，其性质不属于提起行政诉讼。

首先，从理论上说，我们不搞资产阶级“三权分立”制度，行政机关与司法机关互不“逾越”，而是采用人民代表大会制度基础上的分工负责和互相配合制。行政机关申请人民法院强制执行，从性质上说，是国家行政行为的延伸，是人民法院配合和保障国家行政管理活动有效进行的反映。

其次，从具体的区别上来看，也较明确：

（1）行政诉讼由不服行政处理的法人或自然人提起，而申请强制执行由实施行政处理的行政机关提出；

（2）提起行政诉讼，采用诉状形式，诉讼请求为改变或撤销行政处理决定，而申请强制执行采用申请形式，申请的目的是执行已作出的行政处理决定；

（3）行政诉讼案由行政庭（或民庭、经济庭）受理，申请强制执行案则由执行庭（或执行科）受理；

（4）行政诉讼案需经完整的诉讼程序，通知相对一方应诉，而申请强制执行案，经执行庭单方审查后便可执行，无须通知相对一方参加诉讼，因为事实上后者不存在诉讼。

对建立我国行政诉讼制度的思考 *

杨海坤 **

建立行政诉讼制度必然带来国家理论的进步和公民国家观念的更新，它既充分体现了政府同公民之间平等的法律关系，又意味着切实加强对行政机关的法制监督。

一、行政诉讼制度的提出决非偶然

建立社会主义行政诉讼制度是我国国家政治社会生活民主化、法制化的必然产物，是我国政治体制、经济体制改革的必然要求，也是促使我国长治久安、全面繁荣的必要保障。

宪法强调："国家维护社会主义法制的统一和尊严。""一切国家机关和武装力量、各政党和各社会团体、各个企业事业组织都必须遵守宪法和法律。一切违反宪法和法律的行为，必须予以追究。"1982年《宪法》恢复了1954年《宪法》公民对于违法失职的国家机关工作人员的控告权和索赔权的规定，并全面规定了公民对于任何国家机关和国家工作人员违法失职行为具有申诉权、控告权、检举权以及索赔权（见《宪法》第41条）。

在建设社会主义现代化进程中，党提出了全面改革的纲领，《中共中央关于经济体制改革的决定》提出必须克服我国经济领域中政企职责不分条块分割、国家对企业统得过多过死，忽视商品生产、价值规律和市场作用等弊端，充分发展，并且要求政府经济部门，乃至整个国家机关进行相应的变革，改革臃肿重叠、职责不清，效能低下的状况，切实地为发展生产、为人民富裕幸福服务。在这样的思想指导

* 载《法学》1987年第8期。

** 杨海坤，写作本文时为苏州大学法律系教师。

下，我国民法和行政法（包括经济行政法）都获得了空前的重视和发展。《民法通则》规定我国民法调整平等主体之间的财产关系和人身关系，并与宪法相衔接，提出了国家机关和国家机关工作人员的法律责任问题。《民法通则》第121条把国家机关及其工作人员执行职务中的侵权行为作为特殊的民事侵权行为加以规定，反映了经济体制改革的要求，并为行政诉讼制度的建立提出了更加具体、更加迫切的要求。

近几年，我国普法工作取得了很大成绩，社会主义民主和法制意识在广大公民中逐步扎下根来，因此不仅在经济生活中，而且在政治生活、文化生活和各种社会生活中，广大公民都把法律作为协调个人与个人、个人与社会、个人与国家关系的重要纽带。行政机关及其工作人员不能任意侵犯公民、法人的合法权益，一旦发生行政侵权行为，公民或法人有权起诉，即提起行政诉讼。因此，行政诉讼作为行政法的重要组成部分，是社会主义法制民主性的集中体现，它帮助人们打破"官贵民贱"的传统观念，培植人们的民主意识和主动精神，使广大公民逐步学会运用法律武器，保护自己的合法权益。因此，建立起以行政诉讼为核心的行政诉讼制度，是社会主义商品经济发展的需要，是开放、搞活的需要，是发展民主、健全法制的需要，归根结底，是人民利益的需要。

二、建立我国行政诉讼制度必须解决的几个问题理论

（一）建立行政诉讼制度首先涉及国家责任问题

在前资本主义国家，不发生君主为代表的国家的责任问题，例如长期以来英国奉行"国王不能为非"的原则（至今仍有影响）。"中国自来不许让人民具有什么基本的权利观念，所以他们对于任何自身的基本权利被剥夺、被蹂躏的事实很少从法的角度去考虑其是非。"（王亚南著《中国官僚政治研究》第45页）只有产生民主制度，产生宪法之后，才产生公民与国家之间的权利义务关系，国家才能承担法律责任。我国《宪法》规定："中华人民共和国的一切权力属于人民。"国家权力机关由人民选举产生，对人民负责，受人民监督；国家行政机关等由权力机关产生，对它负责，受它监督。这就是说国家是人民的国家，国家对人民负责，一切国

家机关（包括行政机关）及其工作人员必须对人民负责。我国《宪法》第41条规定公民对国家机关和国家工作人员违法失职行为具有申诉权、控告权、检举权以及取得赔偿权，说明国家机关和国家工作人是负担国家责任的具体责任主体。因此建立行政诉讼制度必然带来国家理论的进步和公民国家观念的更新。

（二）建立行政诉讼制度必然要充分体现政府同公民之间平等的法律关系

旧行政法理论把政府与公民的关系赤裸裸地规定为政府统治人民的关系，在封建专制时代，这种观念是天经地义的，人民被视为草芥，是“小民”“子民”，官府则“明镜高悬”“高高在上”。资产阶级行政法理论开始把政府同人民的关系标榜为以“理性”为基础的社会契约关系，但由于资本主义私有制为其经济基础，是不可能真正建立起政府与人民的平等法律关系的。社会主义社会消灭了人剥削人的制度，消除了社会不平等的阶级根源。这才使政府真正成为人民的政府，使“如何管理管理者”的古老课题获得解决。一方面，社会主义社会各个方面事务仍需要加强行政机关高效率的科学管理，它们必须拥有被管理对象不对等的管理权利；另一方面，这些管理社会的权力范围必须被固定、明确，防止以权谋私、滥用权力。行政法作为规定政府与公民之间的法律关系，其重要任务之一就是公民受到不法行政行为损害时为他提供充分的帮助。在这里，显示出宪法规定的“任何组织或者个人都不得有超越宪法和法律的特权”的原则，行政诉讼把政府和公民都放在司法制度面前，都受治于法。行政诉讼中提出着重保护非行政机关一方原则，正是根据行政实体法律关系的特点，在行政诉讼法律关系中使非行政机关一方有更充分的诉讼权利，从而实现政府与公民在法律面前的平等。

（三）建立行政诉讼制度意味着切实加强对行政机关的法制监督

行政法所要达到的基本目的：加强和改善行政管理，提高行政效能；同时实现行政管理的民主化，积极为人民服务。但是在实现这两个基本目的的过程中往往存在矛盾，因此，行政法体系发展的历史，往往表现为行政权力不断扩大的历史。由于中国封建社会特别长，儒家思想一直占统治地位，表现在吏治方面“德治”色彩向来十分浓厚，因此老百姓总是期望“为民作主”的清官来保护自己。实际上，离开监督，离开制度上对官吏的约束是不可能从根本上解决问题的。邓小平同志深刻总结历史经验时指出：“我们过去发生的许多错误，固然与某些领导人的思想、作风有关，但是组织制度、工作制度方面的问题更重要。这些方面的制度好可以使坏人无法任意横行，制度不好可以使好人无法充分做好事，甚至会走向反面。”因此，“领导制度、组织制度问题更带有根本性、全面性、稳定性和长期性。这种制度问题，关系到党和国家是否改变颜色，必须引起全党的高度重视”。我们就是要从制度建设的高度来看待行政诉讼制度的建立，它是我国政治体制改革（核心是扩大人民民主）的组成部分，是保证人民民主自由的一项新型法律制度，并且是符合马克思主义的。恩格斯曾经说过：“一切自由的首要条件，一切公务人员在自己的一切职务活动方面都应当在普通法庭上按照一般法律向每一个公民负责。”[①] 列宁也说过：“每个公民有权向法院控告任何官吏，不必向其上级申诉。”[②] 可见要解决行政机关官僚主义、不正之风，制度建设比个人品德、思想、作风的自我约束更重要。

（四）建立行政诉讼制度必须承认“议行合一”的人民代表大会制下人民法院对行政机关有限的司法审查权

仅仅承认行政诉讼作为行政法监督的一种形式还是不够的，因为行政诉讼法律涉及原告（公民、法人等），被告（行政机关）及法院三者关系，它与一般的监督与被监督关系有不同特点，因此它是一种特殊的监督形式。对于这种监督形式，学术界也有不同意见，例如有人认为在我国目前的宪政制度下，行政机关和人民法院都向同级权力机关负责，《民事诉讼法（试行）》所规定的人民法院审理某些行政案件，是司法权侵犯了行政权，因而违反了我国宪法体制。因此要建立行政诉讼制度，必然涉及司法权与行政权的关系，没有一定的司法审查权（对具体行政行为合法性的司法审查）作为前提，就无法提起行政诉讼。行政诉讼作为维护法律秩序的诉讼，符合宪法原则，我国宪法规定人民法院对人民代表大会负责，统一行使审判

① 《马恩全集》第19卷，第7页。
② 《列宁全集》第6卷，第13页。

权，一切违法行为（包括行政机关违法行为）理应予以追究，如果行政机关不受到司法机关必要的制约，就不可能保障社会主义民主和法制。当然，行政诉讼必须坚持人民代表大会监督原则，人民法院和行政机关都必须服从权力机关的监督，法院审查行政机关的具体管理行为的合法性，正是体现权力机关的监督（可理解为一种委托）。另外，法院不能代替行政机关作出属于行政机关职权范围内的决定。我国行政机关与司法机关分工负责、互相配合、互相制约的关系应该在法律中有进一步明确的规定。

（五）行政诉讼制度的建立，要求在理论上把行政诉讼的概念搞得更加明确、更加科学

目前我国行政法学界关于行政诉讼概念的争论十分激烈，所下定义不下数十种。总的可以分为三种：第一种是最宽泛的行政诉讼概念，认为行政诉讼是行政法律关系当事人（可以是公民、也可以是行政机关、社会组织、企业事业单位）请求处理行政纠纷案件的制度，不仅民告“官”可以构成行政诉讼，而且“官”告民也可构成行政诉讼。第二种是较宽泛的行政诉讼概念，认为行政诉讼是指有管辖权的行政机关或司法审判机关，按照法定程序依法处理国家行政管理中各种行政争议纠纷的诉讼活动。第三种是比较严格意义上运用的“行政诉讼”概念，认为在我国目前所要建立和健全的行政诉讼制度，是指当事人由于行政机关的职务行为而使其合法权益受到损害向人民法院提起诉讼，请求撤销或变更决定的制度。笔者认为：行政诉讼是一个特定的概念，其外延不宜过于宽泛，不能把处理一切有关行政管理的纠纷都作为行政诉讼案件，行政机关本身具有国家强制职能，因此行政法律关系有其固有特点，不要把行政机关在职权范围内对公民违法行政行为的处理都作为行政诉讼，行政诉讼的民主性在于被管理一方认为其权利受到不法行政行为侵害时向第三者提出救济要求。可见，人民法院应是行政诉讼活动的唯一主持者，人民法院按照司法程序进行裁判。行政诉讼因不服行政机关执行职务中的行为或决定（如行政处罚，设定某项权利，要求履行某项义务等）而引起，在行政诉讼中被告总是行政机关，有些同志强调行政诉讼的特点就是行政机关可以先行处理行政纠纷，可称为行政司法，应是行政诉讼不可缺少的组成部分。笔者认为：运用这一较为宽泛的行政诉讼概念与在严格意义上运用行政诉讼概念，在实践中并无矛盾，但是运用概念应有确定性，可以用“行政补救”概念把行政司法和行政诉讼总括起来。有的同志提出把行政复议、行政强制执行和行政诉讼三者用统一的行政程序法总括起来也不失为一个好的建议（当然行政程序还远不止这三部分内容）。行政诉讼的概念问题是当前建立行政诉讼制度迫切需要解决的理论问题，它与行政诉讼的目的、范围、机构设置、程序等密切相关，目的需要在百家争鸣基础上求同存异，取得比较一致的意见，并在行政诉讼法中明确规定下来。

三、建立我国行政诉讼制度应该遵循的原则

作为建立一种诉讼制度，行政诉讼在我国还是一个新事物。因此需要在党的领导下，理论工作者与实际工作者共同努力、互相结合。笔者认为，为建立具有中国特色的社会主义行政诉讼制度，至少应遵循以下几个原则。

（一）必须坚持四项基本原则

任何法律制度都以一定的政治原则作为指导和统帅，我们的法律制度则公开宣布以四项基本原则为指导，因为离开了这四项基本原则，就不可能建立社会主义的民主和法制。建立我国行政诉讼制度，只能有利于贯彻四项基本原则，即有利于全体人民的根本利益和长远利益，有利于社会主义社会的公共利益。

（二）适合国情原则

我们的现代化建设，必须从中国的实际出发，务必注意学习和借鉴外国经验，但是绝不能照抄照搬外国模式。这一条基本经验对行政诉讼制度完全适用。综观各国行政诉讼制度的建立，从来都是既借鉴别国经验又根据本国国情创造发展的。英美法系国家与大陆法系国家行政诉讼制度有许多差别，但互相之间进行借鉴之处甚多，并有靠拢的趋势。同一法系各个行政诉讼制度也有差异，何况社会主义国家与资本主义国家在根本制度上有区别，因此只有合理地借鉴外国经验，根据中国十亿人口的经济发展状

况、政治经验、文化水平以及法制建设现状来建设我们的法律制度。制定我国行政诉讼法，应从我国目前政治体制和法制建设现状出发，从发现有行政法建设状况出发，从现有民事诉讼法及行政诉讼有关规定出发，并同其他经济立法、行政立法配套，同步完善，而不能孤零零地单独发展。

（三）改革完善原则

我国的社会主义改革是社会主义制度的自我完善，改革包括经济体制、政治体制等多方面的改革，行政诉讼制度的建立是我国政治体制改革的组成部分，是社会主义法制的自我完善。从法律体系来讲，在宪法统帅下，行政法、民法、刑法是三大法律部门；行政诉讼法与民事诉讼法、刑事诉讼法应成为三大诉讼系统，尽管行政诉讼法可以从民事诉讼法中借用许多东西，但毕竟在诉讼对象、性质、特点、范围、程序、原则等方面有许多不同，因此没有行政诉讼法，还不能说我国已经有关完备的诉讼制度。民法通则的公布，是我国经济体制改革在法律上的成果，反过来又将促进社会主义商品经济发展。而这一切，又要求加强我国的行政立法，特别是确立比较健全的行政诉讼制度，以促进我国的政治民主化、经济民主化、社会生活民主化，大大加强社会主义社会有机体的自我调节功能。

（四）循序渐进原则

各国行政法历史，特别是行政诉讼制度的历史表明：行政诉讼制度的建立和完善绝非一朝一夕的事情，法国作为行政诉讼制度的“母国”，建立这一制度已有近二百年历史，至今仍在不断探索，法国特别重视行政诉讼判例，其行政诉讼原则往往是具体行政案件经验的积累以及有关处理方法反复适用的结果（如1873年“勃朗哥案件”审理，确定了国家责任制度和“公务”概念的标准）。各国行政诉讼制度的建立与成熟都有这样一个逐步发展的过程。特别在我国，对于行政诉讼，人们还不熟悉，许多司法人员对此也感陌生，因此不能急于求成。立法方面，可先从行政案件审理的判例中提出若干原则，并由人大常委会授权制定行政诉讼方面的暂行规定，取得经验后再制定部门行政诉讼法。

（五）理论指导原则

没有科学的理论，就不可能有切实可行的法律制度。行政诉讼制度的建立亟须理论上的指导。目前，在国家广泛的行政管理中，特别是经济行政管理中遇到许多新问题，有些问题还没有被我们充分认识，有的缺少明确的法律规定，某些行政案件虽已有法律规定，如《治安管理处罚条例》规定在治安行政诉讼中把公安机关列为被告，但由于情况复杂，涉及面广，因此还要求我们加强调查研究，在实践中不断总结经验，并逐渐上升为理论，使行政诉讼理论与行政诉讼实践互相推动，共同发展。理论工作者不能闭门造车，仅仅根据外国的或书本上的行政法知识去杜撰概念，而要到丰富的、生动的实践中去，特别是人民法院和行政机关的实际纠纷、争议案件中去调查情况，这样总结出来的理论才是真正有用的，并对我国行政诉讼制度的建立与完善起科学的指导作用。

我国应当建立独立的行政诉讼制度
——兼论民事诉讼与行政诉讼的关系*

朱维究**

从形式上看，行政诉讼与民事诉讼都具有诉讼的特点，即都由权威的第三者对纠纷双方进行裁判；两者都不涉及犯罪问题；在现实纠纷的审理中，民事诉讼与行政诉讼也常有交叉。但是，从诉讼的实质内容看，行政诉讼与民事诉讼有很大差异。行政诉讼实际上是一个独立的诉讼系统，由于目前我国尚无《行政诉讼法》，按照法律规定，人民法院在受理行政案件时援用《民事诉讼法（试行）》。因此，这就有必要在探讨我国建立独立的行政诉讼制度的同时，也要研究行政诉讼与民事诉讼的关系。

一、建立独立的行政诉讼制度的意义与作用

在我国建立独立的行政诉讼制度具有十分迫切的现实意义。

首先，这是实施宪法的需要。《宪法》第 41 条规定，中华人民共和国公民对于任何国家机关和国家工作人员的违法失职行为，有向有关国家机关提出申诉、控告或者检举的权利。在所有国家机关和国家工作人员中，机构最大、人数最多、管理范围最广，因而同公民的关系最为密切的，就是国家行政机关和国家行政工作人员。因行政管理失误、不当或违法行为引起的行政机关、行政工作人员与公民、法人之间的纠纷也最为普遍。目前的问题是，在我国应该建立起怎样的与行政司法相配套的行政诉讼制度，制定和发布哪些有关行政诉讼的法律、法规，才能使上述宪法的原则规定得到实施？这是急需解决的

---

* 载《政法论坛》1987 年第 3 期。

** 朱维究，写作本文时为中国政法大学教师、行政立法研究组成员。

问题。所以说，在我国建立独立的行政诉讼制度，是实施宪法的重要步骤之一，也是完备社会主义法制的一项重要措施。

其次，建立独立的行政诉讼制度，是调动广大人民群众的积极性，保障社会安定团结，实现综合治理，促进社会主义现代化建设的需要。出现行政纠纷是国家行政管理中的正常现象。但是，如果对行政纠纷处理不当或不及时，使虽非犯罪但却违法的各种行政违法现象严重存在下去，不但会影响广大群众的积极性的发挥，有损于社会主义行政机关的政治威信，甚至会使原本易于解决的矛盾激化，使干群关系紧张，以致出现恶性案件，影响社会的安定团结，不利于四个现代化建设。如果我国有一套必要的行政诉讼程序和专门的行政诉讼机构，有效地监督行政机关或其下属的企业事业单位与有关工作人员的不当或违法的行为，及时处理行政纠纷，就能避免这些问题出现。

第三，建立独立的行政诉讼制度是保障公民和法人正当的经济利益、合法权益和实现对行政机关监督的需要。我国国家行政机关的主要任务之一，不仅是保护人民的合法权益，随着社会政治经济的发展，不断提高人民的物质生活和文化水平，而且要提供必要保障，使人民的民主权利，经济、文化利益不受侵犯；一旦受到侵犯，能迅速有效地得到纠正和补救。同时，也就实现了人民群众、企事业单位通过行政诉讼对行政机关及其工作人员的行为进行广泛的监督。

第四，建立独立的行政诉讼制度，是使人民民主法制化的重要措施之一，也是经济体制改革、政治体制改革的需要。经济体制改革要求简政放权，使企业法人成为独立的经济实体。然而，要保证企业不受行政机关、主管部门的非法行政干预，保障其合法的政治权利和经济利益，就必须有完备的法律制度，其中重要的一项就是给企业法人在其受行政机关不当或违法行为侵害时，以诉讼的权利，保护他们的合法权益。我国社会主义民主与社会主义法制是随着社会主义经济的发展不断扩大和加强的。人民民主法制化是加强社会主义民主的必由之路。保障人民民主的法律制度要健全要发展，行政诉讼制度是其中最重要的法律制度之一。它将保证公民和法人在受到行政机关不当或违法行为侵害或损害时，不仅可以向行政机关请求复议，而且可以在不服行政复议决定时，向人民法院申诉，请求公正的判决。

所以，是否建立健全的行政诉讼制度是人民民主法制化的重要标志。

第五，行政诉讼是国家三大诉讼系统之一，是国家健全的诉讼制度的组成部分，也是国家健全行政法制监督的重要组成部分。建立一整套具有中国特色的社会主义行政司法、行政诉讼制度，是我国社会主义法制建设的重要任务之一。随着改革的深入，社会主义民主和法制的加强，这一任务必须提上议事日程。

二、行政诉讼与民事诉讼的区别

行政诉讼与民事诉讼的主要区别有：

第一，纠纷的性质不同。由民事活动自愿、公平、等价有偿、诚实信用等原则决定的民事诉讼是平等主体之间的纠纷，而在行政诉讼的双方当事人中，有一方则是有权处理其自身发生问题的国家机关，纠纷具有单方面性和纵向的关系。这是两种诉讼最根本的差异，行政诉讼的其他特点均由此特性而产生。

第二，纠纷产生的原因不同。行政纠纷大都是由行政机关的行政行为引起的。行政机关的行为一般都带有单方面性，并且拥有多种强制手段。因而在多数情况下，纠纷产生常常是由于行政机关对公民和法人的正当权利和合法利益的侵害。

第三，解决纠纷的法律依据不同。行政诉讼中，追究行政机关及其工作人员行政责任是因他们违反了行政管理法规，法院判决适用的法律准绳也都是行政管理法规，而民事诉讼则适用民事法律规范。

第四，调整的法律关系性质不同。行政纠纷涉及的是权力、权限、职能、职责、命令等行政法律关系；民事纠纷涉及的则是所有权、使用权、经营权、债权（债务）、抵押权、专利权、继承权等民事法律关系。

第五，在诉讼阶段上不同，民事诉讼均按民事诉讼法规定的程序进行，而行政诉讼通常要经过复议或称为诉愿的行政司法阶段，不服行政决定的，才进入行政诉讼阶段。这与民事诉讼必须也只有通过法院不同。所谓行政复议或诉愿的行政司法阶段的存在，正是纠纷当事人一方的行政机关有权处理因自身管理产生的纠纷这一特点的体现。

第六，在程序方面，由于行政纠纷数量多，变化快、因而形成了行政诉讼比民事诉讼在程序上要求简便迅速，诉讼费用低廉；审判人员在分配举证责任方面有较大自由；第三人参加诉讼的情况较多，又因行政行为的连续性决定。实行“职权进行原则”等，也都与民事诉讼有区别。

第七，从诉讼结果需要赔偿看，行政赔偿主要是国家赔偿。它与一般民事赔偿不同，赔偿经费一般是直接由国家财政拨出。国家行政工作人员因过失或非过失造成的赔偿亦由国家支付，但对造成损失或损害有故意或重大过失的工作人员，国家具有求偿权，并不完全免除国家工作人员自己应承担的除行政责任或刑事责任外的财产责任。

第八，从诉讼判决后的效力看，民事诉讼判决后执行的效力，有民事强制措施保障，但行政诉讼判决后的执行，一般依靠国家行政机关及其工作人员的法律意识或通过社会舆论等施加影响。法院没有强制行政机关执行的手段。

第九，从诉讼的作用看，民事诉讼是为了保护双方当事人的合法权益，维护良好的经济和社会秩序；行政诉讼则不仅在维护经济和社会秩序方面起重大作用，而且是国家民主制度的组成部分，它直接体现人民民主的法制化，对监督行政机关依法办事，保证国家行政管理顺利进行有重大作用。

第十，两种诉讼对法官的资格要求不同。行政法官，特别是高层次的行政案件审判官员，不仅是法律的专家，而且是行政管理的行家；他们必须精通法学（特别是行政法）和行政管理学，又具有司法与行政管理两方面的实践经验。因此，一般说，普通民事、经济法庭的审判人员不适应行政案件的审理工作。

综上所述，行政诉讼从性质、目的到内容，都与民事诉讼差别甚远。因此，行政诉讼逐步从民事诉讼中分离出来形成为独立的诉讼体系是世界各国诉讼制度发展的共同特点。当前，一些法制比较健全的国家，其诉讼体系大都由民事、刑事和行政诉讼三大部分所组成。从我国的实际情况看，随着经济体制改革的深入发展，行政纠纷和行政案件迅速增加，把行政诉讼从民事诉讼中分离出来，建立独立的行政诉讼制度，是当前加强社会主义法制刻不容缓的任务。

三、当前我国行政诉讼概况

（一）我国《民事诉讼法（试行）》的有关规定

目前，我国行政诉讼的受理问题，尚无法律作出统一规定。根据《民事诉讼法（试行）》第3条第2款规定："法律规定由人民法院审理的行政案件，适用本法规定。"第84条又规定："人民法院对于下列起诉，分别情况，予以处理：（一）违反治安管理处罚条例的案件，告知原告向公安机关申请解决；（二）依法应当由其他行政机关处理的争议，告知原告向有关行政机关申请解决；……"按照这些规定．我国人民法院将审理行政诉讼案件，但不是全部，而且数量有限。

对上述《民事诉讼法（试行）》的有关规定，可以理解为，必须是法律明文规定由人民法院审理的行政案件，法院才予受理，否则法院不予受理；凡由人民法院审理的行政案件，均适用民事诉讼法规定的程序。

（二）现行法律、法规关于行政诉讼的规定

实际上，在《民事诉讼法（试行）》作出这一规定以前，已有个别法律规定，其内容属于行政纠纷的案件，可以向人民法院起诉。但一般则认为，我国法律第一次明确规定行政案件由人民法院受理是1979年全国人民代表大会通过的《全国人民代表大会和地方各级人民代表大会选举法》第25条。1980年以后这类规定逐年有所增加，起初是涉外的法律、法规，逐渐国内的有关法律、行政法规也有类似规定。1982年以后地方性法规和规章中也陆续出现了由各级人民法院受理行政案件的规定，例如：《中外合资经营企业劳动管理规定》第14条，《经济合同法》第49条，《商标法》第36条，《海洋环境保护法》第41条和第42条，《统计法》第25条，《专利法》第58条，《森林法》第39条等，有这种规定的法律，目前正在迅速增加。

据统计，似上述规定行政案件由人民法院受理的法律、行政法规，我国已有50多个。还需要指出的是，尽管理论界一般认为，地方性法规，特别是规章不在法院受理行政案件所依据的法律规范之列，但近年来确有立法与司法先例打破了这些观念。仅从两个直辖市看，比如，《北京市建

设拆迁安置办法》第 26 条、第 27 条，《上海市城乡集市贸易食品卫生管理规定》第 11 条等，都规定了行政案件由人民法院处理。至于国务院所属各部、各委员会发布的部门规章（规定、办法、实施细则等）有这类规定的也有增加的趋势。可见，立法与司法实践已经提出了在我国迅速建立统一的行政诉讼制度的问题。

（三）法院受理行政诉讼的范围及有关规定

人民法院受理行政诉讼的范围是与审判机关对"行政案件"的解释相一致的。"所谓行政案件，是指因行政机关行使其处分职权所引起的争议案件。"① 这里的"处分"并非广义的行政处分，也就是说，它并不包括行政机关对国家行政工作人员的处分以及企业执行行政法规对职工的处分，仅是对法律规定的那部分行政处罚而言。实际上，目前法院具体受理的行政纠纷案件可以分为两类：一类是公民或者法人不服行政机关所作的要求承担的义务，如征税，或不服行政机关的处罚决定，如罚款、没收等，向人民法院起诉的案件。另一类是由于公民或者法人不执行行政机关依据职权所作的处罚决定，行政机关向人民法院申请强制执行的案件。这类案件严格说来不是行政诉讼，而是因行政机关缺乏行政强制手段请求法院代为执行。实质上是行政机关强制执行的延续。构成行政案件，需要具备两个要素：第一，必须以行政机关作为诉讼的一方，一般以行政机关为被告；第二，诉讼必须是针对行政机关依职权所作的行政行为。这种行为包括行政机关赋予公民的某种权利或要求公民承担某项义务；行政执行或强制执行以及行政处分，行政处罚等。两个要素缺一不可，否则不成为行政案件。

（四）当前人民法院受理行政诉讼案件的问题

我国人民法院受理行政案件是 20 世纪 80 年代开始的，这个新的领域有许多特殊问题是审判机关所不熟悉的。从发展趋势看，"法律规定由人民法院审理的行政案件"，范围将不断扩大。目前，最大的问题首先是弄清行政诉讼与行政司法（复议，诉愿）的关系，进一步明确行政诉讼的范围。从法律规定看，对行政纠纷是由行政机关复议解决，还是诉诸法院解

① 费宗祎:《什么是"法律规定由人民法院审理的行政案件"?》，载《人民司法》1983 年第 3 期。

决，大致有三种情况：可以选择的、不可以选择的和规定本身就不明确的。规定不明确的多数是行政法规与规章，例如 1982 年国务院发布的《公证暂行条例》规定：“当事人对公证处的拒绝不服或者认为公证员处理不当，可以向公证处所在地的市、县司法行政机关或者上级司法行政机关申诉，由受理机关作出决定。”这里既未规定受理机关的决定是否为终审裁决，也未规定若不服决定能否向人民法院起诉。这种规定是不妥当的，因为由行政机关承担的行政司法，只应有“可选择”和“不可选择”两种可能，含糊不清，模棱两可，将给行政纠纷的处理带来混乱，也不利于保障当事人的合法权益。

一般来说，全国人大及人大常委会通过的法律都规定可以选择和不可选择两种。可以选择的如《专利法》第 60 条，《公民出境入境管理法》第 15 条，《海洋环境保护法》第 42 条等。不可选择的又有两种情况：第一，必须经过行政复议才可以向人民法院起诉的，如《个人所得税法》第 13 条，《外国企业所得税法》第 16 条等；第二，以行政复议裁决为最终裁决的，如《民事诉讼法（试行）》第 84 条第 1、2 款所规定的情况即为此类。不管是可选择或不可选择，这两种情况在审判实践上都有互不衔接或矛盾混乱之处。还有的法院在审理行政案件时，常常将原已经过行政复议的仲裁或决定置之不理，另起炉灶，重新审理。这显然不利于我国法制的统一，反映了我国行政诉讼问题至今未作统筹安排，立法还缺乏明确、统一的目的。

需要指出的是，1985 年 11 月 6 日最高人民法院发出的《关于人民法院审理经济行政案件不应进行调解的通知》中，补充了行政案件的受理还包括经济法律、法规规定的当事人对“其他行政处理决定不服”的案件。在行政案件所适用的程序上，除按民事诉讼法人民法院受理后应当适用普通的第一审程序外，该通知特别规定了“人民法院不应进行调解，而应在查明情况的基础上作出公正的判决”，因为“这种行政案件的原告是受到行政处罚或者其他行政处理的企业事业单位、其他组织或者个人，被告是行使国家管理职权的主管行政机关。人民法院审理这种行政案件，不同于解决原被告之间的民事权利义务关系问题，而是要以事实为根据，以法律为准绳，审查和确认主管行政机关依据职权所作的行政处罚决定或者其他行政决定是否合法、正确”。该通知从总结行政司法的实践经验与存在问题入手，指出了援用《民事诉讼法（试行）》解决行政案件的不足。也可以说，是司法实践提出了应当制定不同于民事诉讼的行政诉讼程序。

法院受理行政案件的规定，还有两个问题值得研究。一是受理行政案件的机构设置，二是关于撤销与变更行政措施的问题。目前的情况是，由于多数行政案件事实上法院并未受理，数量不多的行政案件由民事审判庭和经济审判庭分别受理，以经济庭为主。审理行政案件一般难度较大，往往不可能依照民诉法的程序，也不是按最高人民法院《关于人民法院审理经济行政案件不应进行调解的通知》规定的“不能调解”，而是通过行政和党的部门施加影响，使用特殊的调解方式，或使原告撤诉，或是说服行政机关自行变更行政决定，方可结案。看来确有必要在人民法院系统设立专门处理行政案件的行政法庭，以有别于解决民事纠纷和一般经济纠纷的方式和程序进行处理。最高人民法院该通知中关于撤销和变更行政措施的规定，在理论上和具体执行中也有问题。因为明显违法的行政处罚或行政决定，法院予以撤销需要有法律规定，由人民代表大会赋予审判机关对行政机关的司法审查权。至于“变更”行政措施问题，似与人民法院的审判职权不符，是否应建议行政机关，由其自行变更，更合于国家机关之间职权的具体划分。

四、建立我国行政诉讼制度的几个问题

建立我国的行政诉讼制度有许多问题需要研究，本文仅就几个主要问题谈点想法。

（一）建立行政诉讼制度的理论问题与前提条件

从行政法学理论看，建立行政诉讼制度，首先涉及的是司法审查问题，即人民法院有无审查行政机关行为的权力。关于这点，我国宪法虽没有类似规定，但法律已有某些授权。例如，对不服行政复议决定向人民法院起诉的规定，事实上是授予审判机关监督审查行政机关采取行政措施行为的权力。在这方面，我们已经积累了一些经验，但尚待实践的总结和理论的提高，特别需要研究的，是人民代表大会可以向人民法院授予哪些权力，以达到对行政机关的监督问题。因为它是建立我国行政诉讼制度的前

提条件。比如，人民法院是否可以根据行政案件审理的实践，向人大常委会、法工委和国务院法制局提出建议，运用这种反馈主要对行政机关制定行政管理法规的抽象行为实行监督审查。这也就是是否需要在我国建立司法建议制度的问题。再如，前面已经提到，人民代表大会还应授予人民法院撤销行政机关违法的行政决定与建议行政机关变更不适当的行政决定的权力。否则，行政诉讼则没有建立的可能。

（二）制定《行政诉讼法》与确定人民法院受理行政案件的范围

建立我国行政诉讼制度的核心问题，是设置机构与制定诉讼法机构问题。这里不作专论，制定《行政诉讼法》则要考虑建立一系列制度，例如，建立我国的行政赔偿制度和行政诉讼审级制度、回避制度、辩论制度等各项诉讼制度，以及对行政诉讼的期限、当事人的名称和权利义务、公开审判等问题作出规定。

（三）对行政诉讼的范围，即人民法院受理行政案件的范围问题，也需要认真研究加以规定

除现已受理的不服行政处罚决定的行政案件和当事人对行政机关课以承担的义务产生异议的纠纷案件将继续有所扩大外，还应当包括部分对行政处分不服的人事纠纷案件。从理论上说，也还应包括对因赋予权利引起的纠纷在内。所以提出这种设想，是为了给公民和法人通过诉讼形式，最终保留一条司法途径公正地解决行政纠纷，以确保公民，法人的合法权益。正是从这种目的出发，能否考虑使具有我国特色的行政诉讼制度成为能使所有不服行政机关决定而又涉及公民或法人政治权利和经济利益的案件，都有最终向人民法院提起申诉的可能，并使之作为一种法制化的民主制度。至于实践中因人力、物力和经验的困难而使行政诉讼受理的范围不能不暂时有所限制，那是另外一个问题，可以在《行政诉讼法》中先作出某些保留规定。

民事诉讼法学的新课题（节选）*

常　怡** 张卫平*** 郭明忠****

三、民事诉讼与行政诉讼的关系

随着经济体制改革特别是政治体制改革的进一步开展，行政法和行政诉讼法的立法就必然地提到了议事日程上。行政诉讼体系的设立，就向我们逻辑地提出了如何认识行政诉讼与民事诉讼相互关系的问题。

行政诉讼大体上可以分为广义的行政诉讼和狭义的行政诉讼两种。广义的行政诉讼是指行政机关和司法机关审理解决行政纠纷的诉讼程序。狭义的行政诉讼仅指司法机关审判解决行政纠纷的诉讼程序。因为我国目前尚无独立的行政诉讼法律制度，所以严格地说，我国还没有狭义的行政诉讼。但是，这并不意味着司法机关就不审理行政案件。根据《民事诉讼法（试行）》的规定，因行政法所调整的社会关系发生争议，只要属于法律规定由人民法院按照民事诉讼程序审理的行政案件，必须按照民事诉讼程序审理。这类诉讼主要是指公民和法人不服有关行政机关作出的行政决定，向人民法院提出的保护其经济权益的诉讼。只是由于涉及当事人一方的经济权益，因而这类案件在审判实践中被称为经济行政案件。在我们看来，适用民事诉讼程序对这类行政案件进行审理，无论是在法学理论上，还是从审判实践的实际情况来看，都不是十分恰当。从法学理论上来看，首先，经济行政案件虽然涉及一定的经济利益与经济责任，但案件审理所要解决的核心问题，在于行政决定是否违法或有无不当。而且，当事人之间的实体关系是一种行政关系，是国家行政机关与公民或法人之间命令与服

---

* 载《中国法学》1987 年第 5 期、第 6 期。

** 常怡，写作本文时为西南政法大学民事诉讼法学教授。

*** 张卫平，写作本文时为西南政法大学法律系教师。

**** 郭明忠，写作本文时为西南政法大学法律系讲师。

从、支配与被支配的关系，前者是行使行政处分权的主体，而后者则是被处分的对象，这种特殊的关系就使行政案件在主体的性质上区别于一般民事案件，因而不能完全适用民事诉讼程序。其次，由于这类案件的诉讼标的是行政处分行为，而行政处分的内容又往往涉及复杂的行政机制，技术性、专业性很强，由经济审判庭适用民事诉讼程序审理就很容易造成失误。最后，行政处分是行政权的体现，如果由普通法院适用民事诉讼程序审理行政纠纷案件，就会造成司法权对行政权的过多干涉。从适用民事诉讼程序审理经济行政案件的实践来看，民事诉讼中的着重调解原则显然不能适用。在级别管辖和地域管辖方面，经济行政案件的诉讼也有独特之处。因为有的经济法规或行政法规规定，当事人不服行政处罚，可以向上一级行政机关申请复议，对上级机关的复议不服，可以在一定期限内向人民法院起诉。此时，被处分人是应当向原行政机关所在地人民法院起诉，还是应当向上一级行政机关所在地人民法院起诉？行政机关所在地法院是指与行政机关同级的人民法院还是基层人民法院？另外，部分行政案件通常是经过两级行政机关复议后再起诉到人民法院的，因此，如果该类案件再实行两审终审制是否有利于提高行政效率？等等。诸如此类诉讼程序适用上的问题，都表明行政案件不能再适用民事诉讼程序。而应当赋之以独立的行政诉讼程序。

在民事诉讼与行政诉讼的关系上，还涉及以下一些问题：

第一，行政诉讼制度虽然在本质上不同于民事诉讼制度，但在许多具体的程序方面又有共同之处。因此外国行政诉讼法一般都规定，行政诉讼法没有规定的事项适用民事诉讼法。对于这一立法技术，我们也不妨可以参照。在这里，就涉及哪些具体程序需要明确规定在行政诉讼法中，而哪些可以适用民事诉讼法的有关规定，这是民事诉讼法学与行政诉讼法学需要共同解决的问题。

第二，关于选民名单案件是继续适用民事诉讼中的特别程序，还是把它纳入行政诉讼的范围，值得研究。我们认为，一旦制定了《行政诉讼法》，应当把这类案件归入行政诉讼的范畴。因为这类案件并不涉及当事人的民事权益，通常是由选举委员会的行为引起的，将其纳入行政诉讼，似乎更为妥贴。

总之，行政诉讼与民事诉讼的关系问题不应排除在民事诉讼法学的视野之外，而且，行政诉讼制度的研究，也并不完全是行政诉讼法学的任务，民事诉讼应当把它作为一个交叉课题来考虑。

行政诉讼立法的若干问题研究 *

姜明安 ** 刘凤鸣 ***

一、问题的提出

《民事诉讼法（试行）》曾对人民法院受理和裁决行政案件作了一个很简单的规定：“法律规定由人民法院审理的行政案件，适用本法规定。”随着中国经济体制改革的深入和政治体制改革的开展，这一简单的规定已经不适用现实的需要。行政案件的性质，内容不同于民事案件的性质、内容，因此，它的审理程序、要求不可能完全同于民事案件的程序、要求，从而也不可能完全适用民事诉讼法。过去，法律规定由人民法院审理的行政案件很少（仅限于选民名单案件和少数经济行政案件），所以，民事诉讼法尚可适用，尽管也出现了困难。但随着《治安管理处罚条例》的颁布、实行以及一系列其他法律、法规的颁布、实行，人民法院受理行政案件的数量比以前大大增加。这样，很多问题被提出来了：例如，这些行政案件由谁受理，是由民庭受理，还是经济庭受理？这些案件的当事人有一方是行政机关，审理案件时行政机关不出庭怎么办？法院就案件作出了裁决，行政机关不执行怎么办？行政机关的违法失职行为造成了对公民的损害，应该由谁支付公民的赔偿，是公务员，还是损害机关，还是财政部？赔偿的范围如何？很多行政案件牵涉行政机关制定的规章，公民因违反行政规章而受到行政机关的处罚，而这些行政规章有些本身不符合法律或不符合法律的原则，法院怎么处理？等等。对于这些问题，民事诉讼法并未作出规定，或虽有相应规定，但根本不可能适用。这样，制定有关行政诉讼程序专门规则的任务就提出来了。

---

* 载《法律学习与研究》1988 年第 3 期、第 4 期。

** 姜明安，写作本文时为北京大学法律系教师、行政立法研究组成员。

*** 刘凤鸣，时为美国华盛顿大学法学院博士候选人。

怎么解决这一任务？法律实际工作者和理论工作者们提出了两个方案：一个方案是在修改整个民事诉讼法的同时制定有关行政诉讼的专门规则，将这些规则分散置于民事诉讼法的相应章节中，或将这些专门规则汇集在一起，在民事诉讼法中单列“行政案件审理特别程序”一章。另一个方案是将行政诉讼专门规则从民事诉讼法中分离出去，单独制定行政诉讼法。多数人倾向于第二个方案。于是，如何制定独立的《行政诉讼法》问题成为法学界近几年来所热烈讨论的一个课题。

二、立法目的

关于制定《行政诉讼法》的目的，有两种主要倾向：一是注重于保障行政机关实现其行政管理职能，提高其管理效率；二是注重于控制行政机关违法失职和滥用权力，保障公民合法权益。

立法目的直接影响法律的内容，不同的立法目的倾向会导致具体法律条文的不同写法。例如，关于法院收案范围，从第一种目的倾向出发，则可能作较窄的规定，而从第二种目的倾向出发，则可能作较宽的规定。某些案件，（如劳动教养案件），如首先考虑到行政效率，有利于行政的敏捷和迅速，法律则不宜规定为法院的收案范围，而留给行政机关作最终裁定；如首先考虑到如何更好地保障每个公民的权利，法律则有必要将它归入法院的收案范围，由法院通过司法程序对有异议的行政机关决定作出审查和裁决。又如，关于某些强制手段（如强制搬迁、冻结银行存款）的运用，如从第一种目的倾向出发，法律就可规定听任行政机关施行，法院不予过问，而从第二种目的倾向出发，法律则有必要规定由法院审查和作出执行裁定。再如，关于作出某些行政行为直接依据的行政规章，如从第一种目的倾向出发，法律则可规定其可作为法院裁判案件的根据；如从第二种目的倾向出发，法律则有必要规定法院可对之进行审查，确定其合宪合法后再作为判案的根据。

当然，上述两种目的倾向绝不是完全对立的。行政机关是为人民利益服务的，因此，提高它的管理效率在大多数情况下是有利于保障公民的权利和利益的；至于保障公民权利和利益正因为它是行政机关行使职能的目的，因此与它的效率也是一致的，二者在根本上是不矛盾的。

但是二者发生矛盾的可能性是存在的。这是因为：第一，行政机关虽然是为人民服务的机关，然而在其实际行使职能的过程中，它的某些部门、某些单位、某些工作人员的行为可能会有意或无意地损害人民的利益。第二，行政机关的合法行为虽然会有利于公民的整体利益，但有时它会损害个别公民的利益。如行政机关为了在某地建设某项公用事业，工程开始前可能要命令该地某些公民搬迁，工程完成后可能增加该地的噪音污染、使这里附近的公民有时会感到某些不适（尽管不严重）。第三，行政机关的某些违法行为有时不会损害多数人的直接利益，甚至有时会有利于他们的利益，但它却会严重损害个别公民的权益。

有些人过分强调行政机关和人民利益的一致性，而看不到在一定情况下可能产生的矛盾；或过分强调多数人的利益而忽视少数人在权益受到侵犯时可能产生的痛苦。因而，在立法上只注重如何有利于提高行政效率，而忽视了如何切实保障每个公民的合法利益的问题。

诚然，行政立法必须考虑加强行政管理提高行政效益，只注重防止行政机关违法越权，消极地保障公民权益，而忽视促进和保障行政机关合法行使职权，积极地增进公民福利的偏向同样是应该克服的。但在我国目前的情况下，首先要注意克服的是忽视保障公民权益的偏向。

三、调整范围

要解决行政诉讼法的调整范围问题，首先要回答什么是行政诉讼法的问题。关于行政诉讼法，在我国学术界有广义和狭义之争。广义的行政诉讼论者谓行政诉讼是指我们行政机关受理和裁决个别具体案件以及人民法院受理和以行政机关为一方当事人的行政案件的程序。狭义的行政诉讼论者谓行政诉讼仅指人民法院受理和裁决行政案件的活动。广义论者的理由是：第一，诉讼并非必然与法院相联系，行政诉讼更非自始在法院进行。法国的行政法院开始并非严格的法院，就是现在它亦不同于审理民刑案件的普通法院。美国的行政法官并非设在法院，而是设在行政机关。英国的行政裁判所虽然已经很大程度地司法化，但并非属于司法系统，而是属于行政系统。第二，行政案件是大量的，并且其中很大部分涉及专业性和技术性的问题，如将它们全部交付法院处理，法院是不可能胜任的。第三，既然大部分行政案件是在法院外处理的，在这种情况下，行政机关是在处理行政案件，而不是进行行政管理，法律就应将它的处理程序和法院的处理程序作出统一规定，而不能听任行政机关自由裁量，尽管法律可以和应当对行政案件的法院内和法院外处理作出某些不同的规定。第四，考虑到中国处理行政案件的现状：公民不服行政机关的不当决定和违法失职行为，在绝大多数情况下，只能向原行政机关上级机关或信访机构申诉，法律对于行政机关处理公民申诉未曾作过系统的和具体明确的规定（尽管也有各种内部文件的指示），而是听任行政机关自由裁量决定。这样，公民的权益往往得不到切实的法律保障。现在，如果我们把对所有行政争议案件的处理都纳入法律的轨道，作出统一的程序规定（统称行政诉讼法），使对公民申诉的处理也一定程度地司法化，对于改变我们的现状以至改变人们轻视“法治”的观念都是很有好处的。狭义论者的理由很简单，法院外无诉讼，行政诉讼既然是诉讼，就不能包括法院外行政案件的处理。至于法院外行政案件处理的法律调整，可另制定申诉法或诉愿法。我们认为，另外制定申诉法或诉愿法的想法自然是不错的，也是可行的。但是从有利于彻底转变人们观念和改变现状来说，还是不如制定统一的《行政诉讼法》效果好。

行政诉讼法调整法院受理和裁决行政案件的活动，但法院并不受理所有的行政案件。那么，法院受理哪些行政案件，从而哪些行政案件的处理能成为行政诉讼的实际调整对象？这又是一个有较大争论的问题。

人们提出了各种不同的方案，这些方案大致可以分为：宽方案、较宽方案、窄方案、最窄方案。宽方案是：法院受理公民和组织、团体认为行政机关行为损害其合法权益的行政案件。限制只有两条：一是必须是行政行为；二是行为必须损害其合法权益。较宽方案是：法院受理公民和组织、团体认为行政机关具体处理决定损害其合法权益的行政案件。这一方案比前一方案增加了一条限制，即行为必须是具体处理决定，排除了行政规章。行政规章即使违法和损害其合法权益，当事人亦不能对之提起诉讼。窄方案是：法院受理公民和组织、团体不服行政机关行政处罚和科加义务（如征税）的案件。这个方案将行为进一步限制为具体的作为，而排除不作为（如行政机关拒绝发给营业执照、拒绝发给某种许可证等行为），还排除了许多其他侵权行为（如侵犯公民出版权、集会权、言论自由权等行为）。最窄的方案是：法院受理法律规定的，公民和组织、团体不服行政机关行政处罚和科加义务的案件。这一方案比前一方案更增加了一条限制：公民提起行政诉讼，必须有具体法律规定的根据。如果行政机关的某种行政处罚和科加义务的行为，没有具体法律明确规定可以对之起诉，即使违法和损害当事人权益，亦不能向法院提起诉讼。究竟哪一种方案更为合适，必须考虑到各种因素。首先当然必须考虑如何更有利于保障公民的合法权益，如何更有利于保障行政机关合法地和有效地行使职能。但是仅考虑这一方面还不够，还必须考虑到相应方案的可行性，国家体制的要求，人民的接受力，法院的承受力。就法院的承受力来说，不仅要考虑法院的物质设施，还要考虑到目前法官的素质。

有人过分强调可行性，过分强调目前的条件，从而过分倾向于较保守的方案。他们忘记了一条真理：条件是可以改变的，人是可以改变条件的。因此，我们倾向于较宽的方案。当然，我们还可以对它加上某些限制，例如，用具体法律排除某些案件的管理，将之留给行政机关依行政程序处理。

四、主管机构

关于行政诉讼的主管机构，早在行政诉讼立法讨论研究以前，法学理论工作者和实际工作者就已经提出了各种不同的方案。这些方案中争论最多的，从而也最引起人们重视的也许是这么几种方案：（1）在中国建立行政法院系统，走法国式的双轨制道路；（2）在行政系统内设置行政裁判所，不服行政裁判所的裁决可再向普通法院上诉，走英美式的行政司法—普通法院相承接的单轨制道路；（3）在普通法院内设置行政审判庭，在行政系统内设置行政裁判所，在法律规定的情况下，不服行政裁判所裁决，可向行政审判庭上诉。

倡导“行政法院方案”的理由是：（1）行政案件的性质不同于民事案件，具有专业性和技术性，普通法院难以作正确、适当和及时的处理；（2）行政机关自己处理自己参与其间的案件，难以保证公正和保障相对人的权利；（3）行政裁判所过于分散，难以保障法治的统一，且依附于行政系统，难以期望它不受行政机关意志的影响；（4）在“权”与“法”发生冲突时，中国普通法院目前的地位似乎不足以处理重大行政案件。而持异议者认为：（1）行政法院不合中国国情，难以为人民所接受；（2）在相当长一个时期内，中国不具备建立行政法院的条件，首先，行政法官无从产生，现在即使能找到具有相当知识和才能的人来担任行政法官，但他也不可能有相应的权威能独立裁判重大行政案件；（3）设立两套法院系统，不利于法制统一；（4）目前人力财力条件均不允许。

倡导“行政裁判所方案”的理由是：（1）裁判所设在行政系统，对行政争议所涉及的背景情况以及相应行政规章、技术标准和专门业务知识最熟悉，有利于准确、迅速和适当地处理行政案件；（2）裁判所虽设在行政系统，但对行政机关具有相对独立性，比行政机关自己处理案件较能保证公正性；（3）不需花费大量人力、物力，裁判所可直接从目前各种仲裁机构和信访机构转化而成，当然这需要制定法规，确定职权和行使职权的程序，培训裁判人员等。对此持异议者除了提出如上述“分散”“影响法制统一”“易受行政当局影响”等批评外，还认为行政裁判所制度不是一种“改革”，其发展很可能是“穿新鞋，走老路”。

倡导“行政法庭方案”的理由是：（1）行政诉讼和民事诉讼均在普通法院进行，有利于法制的统一；（2）普通法院设行政审判庭，可以充分考虑行政案件的特殊性，既吸收行政法院的长处，又避免行政机关自己处理案件的短处；（3）行政审判庭并不排斥行政裁判所，而是与之共存，从而能得到行政裁判所的长处，而它又可以对裁判所的裁决进行审查，可以撤销或改变裁判所的裁决，这样它又可克服行政裁判所的短处；（4）法院组织法对行政审判庭虽未有明文规定，但有暗示规定，从而建立行政审判庭不与现行法律相冲突，从而需重新制定或修改组织法；（5）法院设立行政庭，在人力、物力方面都不会发生大的困难，法院在以前虽未有行政庭，但经济庭和民庭都审理过行政案件，因而行政审判庭所需要的审判人员可先从经济庭和民庭取得，至于法庭和其他审判设施，在法庭内均可由院长作统一安排；（6）合于中国国情，能为大多数人所接受。

“行政法庭方案”的理由最有力，因此，行政法学界最后倾向于采纳这一方案。尽管后来还有继续提倡“行政法院”的方案，但自《治安管理处罚条例》于 1987 年 1 月 1 日正式施行后，行政法庭在许多地方实际上已变成了“既成事实”。因此，后来的争论，主要不是要不要设立行政庭的问题，而是在哪一级法院设立行政庭的问题。

行政庭究竟设在哪一级法院好？仅设在最高人民法院或高级人民法院内肯定不行，它们不可能处理得了那么多行政案件。根据现行《人民法院组织法》，它们可以设到中级人民法院一级。但是，设到中级法院一级是否就可行了？在城市也许就行了，然而对于广大农村地区，一个农民要从远离几十里甚至几百里地且交通很不方便的乡下赶到中级人民法院所在地的城市去告状，即使不是不可能，也是一件相当困难的事情。因此，从便民的考虑出发，行政庭宜设到基层人民法院一级。当然，这样会与现行《人民法院组织法》发生矛盾，但是法律是可以修改的。法律必须适应人民的需要（当然是适应作为整体的人民，而不是适应个别人或一部分人的需要），而不能让人民的需要去适应法律的规定。

五、当事人

哪些人可以作为行政诉讼的“起诉人”呢？公民个人可不可以提起行政诉讼？行政机关可不可以也提起行政诉讼？社会组织、团体可不可以代公民起诉？企业事业单位能作起诉人吗？人民检察院能不能代表国家控告行政机关？如果这些都是可以的话，它们有什么条件限制？即在什么条件下才能提起行政诉讼呢？

公民和企业事业单位自然是可以以自己的名义提起行政诉讼的，但他们必须是在自己的合法权益受到行政机关具体处理决定的侵害时才能提起诉讼，如果不是自己权益，而是他人权益受到侵害，或者虽然是自己权益受到侵害，但这种侵害与行政机关的具体处理决定没有直接因果关系，他们则不能向法院提起行政诉讼。

社会组织、团体（如工会、妇联、个体劳动者协会等）能否为自己的成员代为起诉呢？多数人倾向于应予允许，因为长期以来，中国许多老百姓怕“官”，更不敢告“官”，即使权益受到严重侵害，亦忍气吞声，装出一副“没有任何不服”的样子，唯恐招来更多的麻烦。但是社会组织、团体在代为其成员诉讼时，如果出现败诉的情况，其诉讼结果（如诉讼费等）由谁来承担呢？考虑到这一点，允许时须加若干限制，如受当事人委托，经人民法院同意等。

人民检察院能否提起行政诉讼，有肯定说和否定说之争。肯定说者认为，行政机关，特别是地方行政机关从其地方利益或某种团体利益或私人利益出发，有可能作出某种损害国家利益、社会利益而并不损害某一个别公民利益的行为。在这种情况下，人民检察院应以国家公诉人的身份提起行政诉讼，不能听任国家利益和社会利益受损害。否定说者认为，行政机关的这种行为宜通过行政监察途径解决，而不应通过诉讼途径解决。我们认为，对这种行为通过诉讼途径解决可能比通过行政监察途径解决更有利于增进人们的法制观念和使问题得到更适当和更有效的解决。

关于起诉人的范围，争论最大的也许是行政机关能否作为起诉人向法院控告公民或企业事业单位。经常有这样的情况：行政机关（如北京市人民政府）制订一项规章，规定公民或企业事业单位必须作出某种行为或不准其作出某种行为（如规定企业招工必须优先录取本市待业青年或规定公民不得在市区一定范围内燃放鞭炮）。而相对人认为这种规章侵犯了他们的权利或自由而拒不执行。于是，行政机关即依据规章对之科处罚款，但被罚者拒绝缴纳。这种这种情况下，实施罚款行为的行政机关和作为被罚者的企事业单位都可能诉诸法院。被罚者认为行政机关的罚款行为是违法的，因为其所依据的规章是违法的，侵犯了被罚者的合法权益，因而请求法院撤销行政机关的行为。而行政机关认为制订规章、执行规章，对企业事业单位和公民进行管理是其职权，依据规章对违反规章者科处罚款是理所当然的，否则就没有办法进行管理，因而请求法院强制执行（法院有权通知银行从当事人账户中强制扣款）。对于被罚者和行政机关的上述请求，法院目前一般均不受理。不受理前者的理由是：我国法院没有司法审查权，对于行政机关制定的规章合法或适当与否，法院无权加以评价或裁判；不受理后者的理由是：法院只根据法律制裁案件和采取强制措施，而不能根据规章判案和采取强制措施。

法院不受理因规章而引起的争议案件导致了很多问题和矛盾：第一，公民权益因规章违法侵犯而得不到司法救济；第二，即便规章合法，但执行机关在执行过程中的违法或不当行为侵犯公民权益亦得不到司法救济，而行政行为很大一部分是直接执行规章而不是直接执行法律的行为；第三，在某些情况下，行政机关取得了超越法律而不受限制的权力，例如，法律规定对某种危害社会利益的行为处以 50 元以下的罚款，而规章对某种类似行为却可以规定 500 元以下的罚款；第四，对于行政机关的规章，老实人老老实实地予以执行，而不老实人拒不执行，行政机关却无以奈何，因为法院拒绝为它采取强制措施，从而会使行政机关合法行使职能的行为亦得不到保障。

据此，行政机关强烈要求取得行政诉讼起诉人的资格，使它们既能被公民、企业事业单位所控告，亦能控告公民和企业事业单位。但反对者认为，行政诉讼只能是“民”告“官”，“官”告“民”成何行政诉讼？

我们认为，涉及行政规章的争议，法院应该受理。根据《人民法院组织法》，人民法院的任务包括“维护社会主义法制和社会秩序”“保护公民的人身权利、民主权利和其他权利”的内容。因此，如果行政规章违反法律，侵犯公民的权益，法院就应确认其无效，以维护法律和保护公民权益；如果规章符合法律，并未侵犯公民合法权益，法院就应加以维护；或确认行政机关制裁公民违反规章的行为，并协助行政机关采取强制措施；或支持公民控告行政机关在执行过程中违反规章侵犯其权益的行为，并根据公民的请求，撤销或改变行政机关的此种行为。如果不是这样的话，法院实际上就没有履行法律赋予它的维护法制，保护公民权益的任务。至于所谓“司法审查”，我国法律虽未有明确规定，但从现行法律中，也找不出关于法院不能进行司法审查的根据；相反，现行法律事实上是赋予了法院以“司法审查权”的，试想，法院如果不能对行政规章和行政行为进行审查，它如何审理、裁决行政案件，从而如何完成它维护法制、保护公民权益的任务？

至于行政机关能否在行政诉讼中作起诉人，应视法律是否赋予行政机关实施强制措施（如扣押、封存、变卖财产、冻结银行存款强制扣缴、强制搬迁等）的权力。如果法律将这种权力赋予行政机关，行政机关就没有必要成为行政诉讼中的起诉人。至于它自己实施的强制措施是否合法、得当，公民自可请求法院审查、制裁。反之，如果法律将强制措施决定和实施权留给法院，行政机关就应有作为起诉人的资格。因为行政机关的行为以规章作根据时，公民不执行，行政机关不能直接要求法院强制执行（不同于其行为以法律作根据），而必须请求法院对其规章先行审查，确认其合法后再采取强制措施。

六、诉讼程序

行政诉讼法虽然将倾向于只调整法院受理和裁决行政案件的活动，但行政案件的处理并非总是始于法院。根据现行法律的规定，行政案件的处理有各种不同的方式和途径。其中较常见的有：（1）复议（被处分人向原处分机关声明异议，请求其重新审议和决定）—复查（被处分人向原处分机关的上级机关或行政裁判机关，如商标评审委员会、专利复审委员会等提出申诉，请求其重新审查和裁决）—诉讼（被处分人向人民法院提起行政诉讼，请求其审理和裁决）；（2）复议—诉讼；（3）复查—诉讼；（4）复查—诉讼；诉讼；（5）复查、诉讼；（6）诉讼；（7）复议—复查；（8）复查。其中(3)、(6)两种形式是目前法律中最多见和日益增加的形式；而(7)、(8)两种形式是以前解决行政案件的基本途径，今后大部分行政案件仍将要通过此两种途径解决（不过，在行政机关内部将成立专门处理行政案件的异议、申诉处理机构，即行政裁判机构）。这几乎是没有争议的。有争议的是(4)、(5)、(6)三种形式。根据此三种形式，当事人对行政处理决定不服，均可直接向人民法院提起行政诉讼而不需要经过行政机关的复议、复查程序。

对此持反对意见的人不少，他们主张，凡是提起行政诉讼的案件，必须是经过原处分机关的上级行政机关（或行政裁判机关）的行政复查程序。因为：（1）原处分机关的上级行政机关对案件发生的背景、案件涉及的各种事实以及有关行政规章和专门技术要比法院了解和熟悉得多；（2）原处分机关的上级行政机关对原处分机关负有领导、监督之责，撤销和纠正原处分机关违法或不当的决定是其应行使的权限和应履行的职责；（3）行政案件不经过原处分机关的上级行政机关（或行政裁判机关）的复查而直接向法院起诉，法院有可能不堪负担，将使案件大量积压，既影响行政机关正常活动的进行，又不利于保护公民权益。

也有人反对把行政复查作为行政诉讼的必经前置程序。其理由之一是担心“官官相护”，不利于保护公民权益；理由之二是徒增一道程序，不利于案件的迅速解决。他们认为，不用担心老百姓到法院告行政机关状的人多。现在的问题是：其合法权益被行政机关违法失职行为侵犯的老百姓到法院去告状的人太少了，而不是太多了，因此，根本没有必要加以限制。

法院接受行政案件以后，是径行审理、裁决还是先行调解？这是有关诉讼程序方面的又一个有争论的问题。对这个问题，大致有三种主张：（1）行政案件一律不准进行调解；（2）行政案件一般不进行调解，但有关损害赔偿问题可进行调解；（3）行政案件一律先行调解。持第一种主张的人认为，行政案件涉及的争议是行政决定合法与否的问题，合法不合法不是讨价还价的问题。且行政机关是代表国家进行管理，它们和公民的关系不同于公民之间或法人之间的关系，调解会使行政机关行使职权的行为有失庄重和严肃。持第二种主张的人承认第一种主张的理由适当，但是认为行政诉讼中附带的损害赔偿请求亦具有民事赔偿的性质，通过调解确立赔偿范围和赔偿额度要比较法院径行判决合理和适当。持第三种主张者认为，调解是法院和双方当事人一起学习、讨论和理解法律，解决争议的极好形式。在调解过程中，通过相互的讨论和法院的启发，行政机关有可能自己认识到自己所作决定是与某一法律和法律原则相抵触的，从而主动撤销或修改自己的决定 ，相对人于是自行撤诉，使矛盾得到解决；或者起诉人在调解发现自己是起诉人是无根据的，是处于对某一法律或法律原则的误解，行政机关处分决定并非有违法和不当之处，从而主动撤诉，亦使矛盾得到解决。法院这样做，既有利案件的迅速解决，又有利于增进管理者和被管理者之间的相互了解和消除他们之间可能产生的对立情绪。因此，调解程序不仅适用于民事诉讼，同样也适用于行政诉讼，不仅适用于损害赔偿案件的处理，也适用于一般行政案件的处理。

关于诉讼程序的第三个有争议的问题，是行政案件的审理形式问题：行政案件的审理是搞“开庭审”还是搞“书面审”？或者是以开庭审为原则，以书面审为例外或者以书面审为原则，以开庭审为例外？主张无例外地开庭或无例外地书面审的人不多，大多数人倾向于有例外地开庭审或有例外地书面审。主张有例外地开庭审的人认为，开庭审有利于保障案件公正处理，有利于保障公民权益。而主张有例外地书面审的人认为，行政案件既然已经过原处分机关的上级机关的复查程序，事实问题大多已经解决，法院审理主要是解决法律问题，从而没有多少开庭必要性。且行政案件的处理涉及行政机关管理活动的正常进行，要求及时、迅速，因此可以而且应该省去那些不必要的程序。当然，持两种主张的人都不排除有例外；前者同意对某些事实清楚、案情简单的案子实行书面审，后者赞成对某些涉及公民权益的重大案件实行开庭审。此两个方案均是所谓“原则加例外”的方案，只是各自的倾向性不同。

关于诉讼程序的第四个有争议的问题是诉讼的审级问题。行政诉讼是沿用民事诉讼的两审终审制，还是实行一审终审制？最高人民法院曾就治安行政案件的审理发布过一个文件，规定治安行政案件的审理既不采用两审终审制，也不采用一审终审制，而采用在一审之外再另加一个上级人民法院复核的程序制度。原则上一审结案，但如当事人不服，可在规定期限（5天）内请求上级人民法院复核一次。复核当时不是一级审判程序，既不开庭也不要求当事人之间进行书面辩论。这是一个折中的方案，因为考虑到行政案件的性质要求迅速处理，且行政案件进入法院以前已经过行政复查程序，因此不宜再实行二审制，但从充分保障当事人诉讼权利和尽量防止、纠正可能发生的错判考虑，亦不宜实行一审制，于是提出了这么一个一审加复核的折中方案。我们认为：这个方案在现在看来似乎是可行的，对其他行政案件亦能适用，因此，立法中可先采用。今后实践中如发生困难，可再行修改。

七、裁决与执行

人民法院审理行政案件终结，对起诉人所指控的行政处理决定可作出什么样的裁决，这是个既有一致看法亦有争论的问题。

一般来说，对于行政案件，人民法院通过审理，如果认为所指控的行政处理决定违法、失当，可作出撤销该处理决定的裁决；反之，如果认为被指控的行政处理决定合法、适当，可作出驳回起诉人请求，维持该行政处理决定的裁决。对于人民法院能作出此两种形式的裁决，大致是没有争论的。

有争论的是：人民法院通过审理，认为被指控的行为部分合法、部分违法；部分适当，部分失当；或者认为被指控的行为虽然合法，但是失当，在这些情况下，法院能否变更行政机关的决定。对于人民法院能否变更行政机关的决定，有各种不同的意见。

有人认为，法院不能变更行政决定。因为作出行政决定是法律授予行政机关的权限，而且行政机关管理某项事务，它对该事务的历史、现状、未来和所决定的相应问题所涉及的环境、条件各种技术标准以及此问题和其他问题的联系有最全面和最深入的了解，因而只有它最有可能对该问题作出最适当的决定。法院认为某项行政决定有违法、不当的地方，可以撤销和要求行政机关重新作出决定，而不能由它代替行政机关作出决定。

有人认为，法院可以而且应该变更行政决定。法院有权审理和裁决行政案件，它就应该同时有权力变更不适当的行政决定。如果法院对不适当的行政决定不予变更，怎么纠正行政决定的错误？怎么保护公民的权利？法院责成行政机关作出新的决定，它作出的新的决定仍坚持它原先的错误，或者仅作不关痛痒的修改怎么办？公民再不服，再告，一个案件何时才能了结？

有人认为，法院可以变更法律规定了一定范围、一定幅度，而行政机关超过了该范围、该幅度的的行政决定。例如，法律规定对行为违反交通规则罚款额为 1 ～ 30 元，而行政机关科处违反交通规则的行人罚款 50 元，在这种情况下，法院即可根据案情将罚款额 50 元改变到 1 ～ 30 元的幅度之内的一定数额，例如改为 20 元。如果法律对相应行政行为并未规定任何范围和幅度，而是授权行政机关自由裁量，或者虽然规定了一定范围和一定幅度而行政机关的行为并未超出该范围和幅度，法院则不应加以变更。

我们认为，最后一种意见似乎是较可取的。但是对于行政机关明显失当或出于明显不当动机作出的行政决定，即使其决定并未超出法律规定的范围和幅度，或法律并未规定范围、幅度，法院亦可作出变更。

关于法院对行政案件的裁决，另外一个有争论的问题是：法院作出的撤销或变更行政决定的裁决能否责成行政机关对因该决定受到损害的公民或单位予以损害赔偿。对此持否定意见的人认为，请求损害赔偿之诉属于民事诉讼，起诉人不能在提起行政诉讼时提起损害赔偿的请求，行政审判亦不能在审理裁决行政案件时审理和裁决损害赔偿。而对此持肯定意见的人反驳说，否定论的说法是纯粹的教条主义和繁琐哲学：行政审判庭将一个案件审理终结，对案情一目了然，从而对应否判予请求人损害赔偿和判予多少最能作出适当的裁决，有什么理由让请求人重新起诉于民庭和让民庭重将案件审理一番和作出裁决呢？

最后，关于行政审判庭裁决的执行问题，对于这个问题，人们较多的担心是怕行政机关不执行行政庭的裁决。为了保证行政机关执行法院行政审判庭作出的裁决，从事行政法研究的学者们提出了三条立法建议：（1）对行政机关拒不执行法院行政审判庭裁决的行为，法院可向同级人民代表大会常务委员会报告，并请求人大常委会督促其执行；（2）向审计主管部门或同级监察机关提出司法建议，要求其追究不执行法院裁决的相应行政机关负责人的责任，并督促他们加以执行；（3）在行政诉讼法和其他有关法律中，规定行政机关负责人执行法院裁决的法律责任和不执行的法律后果，我们认为，这三条建议均是有采行价值的。

行政诉讼立法要论*

韦 宗** 阿 江***

根据改革深入发展的需要，党的十三大报告明确提出了制定《行政诉讼法》的任务，行政诉讼立法已经提上了议事日程。行政诉讼法是三大诉讼法之一，它的制定和实施，必将促进我国社会主义民主政治的发展，促进行政管理法制化。

一、行政诉讼立法的指导思想

制定《行政诉讼法》必须有一个明确的指导思想。

加快我们的行政立法，这是在经济体制和政治体制改革的背景下提出来的任务。行政诉讼法作为行政法的重要组成部分，是改革的产物，它的制定应当贯穿改革的精神，以改革总揽全局，服从于改革，服务于改革。

在我们这样一个受封建残余思想影响深重，中华人民共和国成立后长期轻视法制，人们习惯于以权代法、以言代法的国家，制定和执行《行政诉讼法》必然会同封建残余思想和某些落后的传统观念发生尖锐冲突。将要出台的《行政诉讼法》对于封建残余思想和某些落后的传统观念，是斗争还是妥协，是坚定不移地贯彻改革精神还是“千呼万唤始出来，犹抱琵琶半遮面”，关系到《行政诉讼法》是否真正符合时代的要求、人民的需要，这是行政诉讼立法成败的关键所在。

我们认为，行政诉讼立法既然要贯穿改革精神，就必须解放思想，着眼于建立社会主义民主政治，着眼于加强社会主义法制，着眼于克服官僚主义，改善行政执法活动。

---

* 载《中国法学》1988 年第 6 期。

** 韦宗，本名费宗祎，时任最高人民法院经济审判庭副庭长、行政立法研究组成员。

*** 阿江，本名江必新，时任最高人民法院研究室助理审判员。

（一）行政诉讼立法应当着眼建立社会主义民主政治

党的十三大报告指出：“发展社会主义商品经济的过程，应该是建设社会主义民主政治的过程。”“应当通过改革，使我国社会主义民主政治一步一步走向制度化、法律化，并在政治上创造比发达资本主义国家更高、更切实的民主。”制定《行政诉讼法》是政治体制改革的一个内容，也是用法律手段建设和强化社会主义民主政治的重要途径之一。

建设社会主义民主政治不但要依法制止滥用权利和自由的行为，更应强调使宪法规定的公民权利和自由得到保障。行政诉讼法的根本任务在于公民和法人享有的合法权利受到国家行政机关的非法侵犯时，为公民和法人提供切实有效的救济方法。因此，行政诉讼不仅要解决“民能告官”的问题，而且还要解决在行政机关确有违法或不当行为时，“民能胜官”的问题。监督行政机关依法行使职权是行政诉讼的本质特征。十三大报告指出：“要制定行政诉讼法，加强对行政工作和行政人员的监察，追究一切行政人员的失职、渎职和其他违法、违纪行为。”从而精辟地揭示了行政诉讼法所应实现的任务。对于行政机关正确、合法和适当的行政行为，法院当然要支持，并且要用强制手段保障其执行。但是支持要以监督为前提和基础，绝不能撇开监督去讲支持，也不能把支持说成是第一位任务，或让支持与监督平起平坐，否则行政诉讼就失去了存在的意义。

建设社会主义民主政治，必须努力克服封建主义影响。行政诉讼立法必须坚决地同“民不告官”“官官相护”“官无悔判”等严重阻碍行政诉讼制度民主化的封建意识和观念作斗争，而决不能迁就、妥协。

（二）行政诉讼立法应当坚定不移地贯彻宪法原则

宪法是国家的根本大法，具有最高的法律效力。一切法律、行政法规和地方性法规都不得同宪法相抵触。行政诉讼法作为一部基本法律必须不折不扣地贯彻宪法规定的一些基本原则，尤其是法律面前人人平等的原则和国家机关的分工原则。

我国《宪法》规定，“中华人民共和国公民在法律面前一律平等”，“任何组织或者个人都不得有超越宪法和法律的特权”，“一切违反宪法和法律的行为，必须予以追究”。行政诉讼的当事人一方是掌握和行使国家管理职权的行政机关，另一方则是公民和法人。双方在实体的行政法律关系中的地位是不平等的。尽管如此，为了保障公民和法人的合法权益不受侵犯，必须使当事人双方在行政诉讼中处于平等的地位，绝不能允许行政机关在行政诉讼中享有任何特权。行政机关的法定代表人和委托代理人如果妨碍诉讼活动，或者拒不执行法院判决，应同普通公民一样受到法律的追究，而绝不能迁就放任，否则就违背了法律面前人人平等的宪法原则。

《宪法》规定："中华人民共和国人民法院是国家的审判机关"，"人民法院依照法律规定独立行使审判权，不受行政机关、社会团体和个人的干涉"。本着这一原则，人民法院在行政诉讼中，应当独立地依法对行政争议作出自己的判决，而不应由其他机关与法院分割审判权；应由人民法院独立地运用国家强制力依法排除行政诉讼活动中的障碍，而不宜将诉讼中的事项委由权力机关或监察部门办理；对证据的认定（包括对鉴定材料的认定），也只能由审判人员依法作出自己的判断，而不宜由其他机关更不能由行政机关自身作出终局判断。换言之，行政诉讼立法决不能混淆国家机关的职能，打乱宪法所确认的国家机关的分工，影响审判权的独立行使。

总之，宪法是国家的根本大法，行政诉讼立法中所产生的争端应当本着宪法的精神和原则去解决，而绝不可以背离宪法的精神和原则去妥协调和。

（三）行政诉讼立法应当面向行政审判中的实际问题

十三大政治报告指出："现阶段社会主义民主政治的建设必须着眼于实效"，"致力于基本制度的完善"，"要兴利除弊"。行政诉讼法亦应本着这一指导思想，解决行政审判中面临的实际问题。

这几年，我们虽然下大力气抓了普法教育，但总的来说，法制观念不强的状况尚未根本改变。从各方面反映的情况来看，当前行政审判中面临的实际问题主要是：有的当事人权益受到行政机关的非法侵害，不知道、或者还不习惯、不敢通过行政诉讼来保护自己的权益；有的行政机关对参加行政诉讼抵触情绪很大，不派员出庭应诉，不移送有关材料，不提交答辩状，不遵守法庭审判程序，不执行法院的判决和裁定；在当前，法院本身对人、财、物都没有自主权的体制下，有些法院不愿受理行政案件，不敢依法实事求是地撤销或变更行政机关的决定，怕因此得罪了行政机关，影响了关系，甚至怕丢了自己的乌纱帽。有些领导干部通过各种方式向法院施加压力，运用各种手段干预行政审判。行政诉讼立法必须面对这些现实，切实解决这些问题，而不能回避或者掩盖矛盾，否则，行政诉讼法就会有名无实，不仅无助于建立和健全社会主义民主政治，反而会造成人、财、物的巨大浪费。

二、关于行政诉讼法的结构与体制

现在，有人主张行政诉讼法同行政复议法合二为一；也有人主张行政诉讼法保留在民事诉讼法之内，作为民事诉讼法的一个特别程序。我们认为，应当制定一个与民事诉讼法脱离而自成体系的完整的行政诉讼法。它同行政复议法要相互衔接，但并不将行政复议法包含在内。

行政诉讼法不宜与行政复议法合二为一，最根本的原因在于行政诉讼与行政复议是两种性质不同的救济方法。行政复议属于行政行为的范围，是上级行政机关对下级行政机关的行政行为进行的审查，这种审查仍然属于行政系统内部的救济手段，审查后作出的决定仍然是一种行政决定；而行政诉讼是司法救济，是司法机关对行政机关的行政行为进行的审查，这种审查属于司法监督性质，是一种司法救济手段，审查后作出的决定是司法裁决。从程序上说，行政复议属于行政程序，主要由行政机关操作，而行政诉讼则属于司法程序，由司法机关操作。行政诉讼和行政复议既然是两种性质、功能均有重大区别的程序，就不宜把这两种程序硬捏到一起，规定在同一个法之内。但是，考虑到行政诉讼与行政复议具有一定的关联性，在制定行政诉讼法时，应当同时制定行政复议法，以使两个法相互照应，相互协调，紧密衔接。

行政诉讼法之所以不宜附属于民事诉讼法或者成为其中的一种特别程序，仍在于行政诉讼与民事诉讼有重大的区别：

第一，当事人的身份、地位不同。民事诉讼的双方当事人是公民或者法人。他们作为民事法律关系的主体，地位是完全平等的；进入民事诉讼后，也享有完全平等的诉讼权利。而行政诉讼的双方当事人，作为行政法律关系的主体，地位是不平等的，其中一方是国家行政机关，它享有行政管理和给予对方行政处罚或者行政处理的权利，而对方则处于接受管理和受处罚或者受处理的地位。进入诉讼后，双方当事人的诉讼地位形式上虽然是平等的，但是并不享有同样的诉讼权利。例如，只有受到行政处罚或者处理的公民或者法人有权提起行政诉讼，有权请求给予行政赔偿，有权请求撤诉；而国家行政机关既不享有起诉权，也不享有反诉权和撤诉权。

第二，诉讼的目的和内容不同。民事诉讼所涉及的是双方当事人的民事权益，所要解决的是双方当事人之间的民事权利义务关系引起的纠纷。而行政诉讼涉及的是国家行政权的行使，所要解决的是国家行政机关依据职权所作的行政处罚决定或者其他行政处罚决定是否合法、正确的问题。它虽然最终也会直接或者间接地影响到公民或者法人的经济利益或者人身权利，但同一般的民事或者经济的权利义务之争毕竟是不一样的。民事诉讼的作用在于保护双方当事人的合法权益，而行政诉讼的作用则在于着重保护受行政处罚或者其他行政处理的公民和法人的合法权益，监督国家行政机关依法行政。

第三，诉讼遵循的某些原则不同。行政诉讼与民事诉讼虽然都是诉讼活动，有些诉讼原则对两者都是适用的，但是也有一些民事诉讼的原则不适用于行政诉讼；同样有一些行政诉讼的原则也不适用于民事诉讼。例如，行政诉讼实行的是特定的主管原则，即人民法院并不审理所有的行政案件，而仅审理法律特别规定应当由人民法院主管的那部分行政案件。所以人民法院对行政案件的主管是特定的，不像民事诉讼那样，只要是公民和法人作为平等的民事主体之间因财产关系和人身关系发生纠纷的案件，都在人民法院的主管范围之内。又如，民事诉讼中的处分原则和着重调解，就不是行政诉讼的基本原则。在行政诉讼中，作为被告的国家主管行政机关无权放弃或者停止行使国家赋予的行政职权，也不得任意撤销对原告所作的行政处罚决定或者其他行政处理决定；作为原告的公民或者法人也不能随意拒绝执行国家主管行政机关作出的行政处罚决定或者其他行政处理决定。如果原告在规定期限内既不履行又不向人民法院起诉，国家主管行政机关可以申请人民法院强制执行。在行政诉讼中不能实行调解，因为行政案件是以国家主管行政机关行使处分职权是否合法、正确为争议内容的案件，在这方面不适用双方当事人互谅互让，协议解决的方式。1985 年最高人民法院在《关于人民法院审理经济行政案件不应进行调解的通知》中明确指出："人民法院审理这种行政案件，不同于解决原、被告之间的民事权利义务关系问题，而是要以事实为根据，以法律为准绳，审查和确认主管行政机关依据职权所作的行政处罚决定或者其他行政处理决定是否合法、正确。因此，人民法院不应进行调解，而应在查明情况的基础上作出公正的判决……"这表明，着重调解不是指导行政诉讼的基本原则。

基于上述考虑，我们建议制定一个独立的、完整的、自成体系的行政诉讼法，以避免审理行政案件时，在适用程序法方面产生混乱或相互抵触的现象。

三、关于主管范围

行政诉讼的主管范围所要回答的问题是，人民法院对行政机关的哪些行政行为拥有司法审查权。换句话说，当事人在哪些情况先可以向人民法院提出控告行政机关的诉讼。

我国目前行政诉讼的主管范围所采取的方式是列举式的，即由单行法列举的方式加以规定的。这种方式带有很大的局限性，应当考虑在行政诉讼上可以在一定程度上用概括的方式加以规定。当前，学术界对行政诉讼的主管范围有各种各样的主张。概括起来有三：第一种主张是，行政诉讼的范围应当既包括具体的行政行为，又包括抽象的行政行为（包括行政机关制定规范性文件的行为）；第二种主张是行政诉讼的范围不应包括抽象的行政行为，但应包含所有的具体的行政行为；第三种主张是，行政诉讼的范围不应包括所有的具体的行政行为，而应仅包括行政机关的处罚行为。

我们认为，从我国《宪法》第 41 条的规定和党的十三大报告提出的行政管理法制化的要求来看，从民主和法制的完善和世界各国的立法情况来看，在现有的基础上，扩大行政诉讼的主管范围是完全必要的，这也是行政诉讼发展的必然趋势。但是行政诉讼的主管范围应当与政治体制和经济体制改革的步伐相协调，应当随着政治体制改革和经济体制改革的逐步展开以及有关经济立法和行政立法的不断完善而逐步扩大。实体法是程序法的生命形式。在实体法尚不完备的时候，把行政机关的一切行政行为都纳入行政诉讼的主管范围，就会造成法院审理某些行政案件无法可依、无从裁判的状况。另外，行政诉讼贵在实际。人民群众和国家行政机关对行政诉讼从不认识到认识，从不熟悉到熟悉，从怀疑、抵触到信任，也还需要有一个过程。确定行政诉讼的主管范围，不能不考虑在一定时期内群众和行政机关的承受能力。如果只凭主观愿望，不顾现实条件，一下子全面铺开，反而可能产生不良效应，降低行政诉讼的威信。

基于上述理由，我们认为，确定我国行政诉讼的主管范围应当遵循这样一项原则：第一，应当将对公民和法人的权益影响大的行政行为纳入行政诉讼的主管范围；第二，应当为行政诉讼的主管范围的不断扩大留有余地；第三，行政诉讼的主管范围应有相应的实体法（已制定或将修改、制定的）与之配套和呼应；第四，应当坚持高标准、高质量和切实有效。据此，我们倾向于在制定行政诉讼时，对行政诉讼的主管范围作如下规定：

1. 对于国家行政机关所作的行政性制裁决定或者强制措施，除其他法律、法规明确规定不得向法院起诉的以外，均应允许提起行政诉讼。这就是说，公民和法人对行政机关的拘留、罚款、没收、收缴财物和非法所得、吊销许可证、停业整治、劳动教养、收容审查、查封、冻结、扣押、强制变卖等强制措施，在法律、法规没有明确规定不得提起诉讼的情况下，均可提起诉讼。

2. 其他影响公民和法人权益的行政决定，主要是授予、拒绝授予或取消某种权利或资格和责令承担某种义务的行政决定。前者如授予或不授予专利权、商标权、土地使用权，准予或撤销登记与注册，发给或吊销许可证、驾驶证等，后者如缴纳税款或其他规费。对于这类行政决定，除其他法律、法规明确规定允许当事人起诉的以外，大量的还没有相应的行政实体法作基础。因此，法院不受理这类行政决定的管辖，仍然以单行法律、法规列举式的规定为依据，可以随着行政实体法的完善而不断扩大当事人向法院起诉的范围。

四、关于管辖

关于地域管辖问题。行政案件应由作出行政处罚决定或其他行政处理决定的主管行政机关所在地的人民法院管辖。如果向人民法院起诉前，已经经过上一级主管行政机关复议并作出决定的，一般应由最先作出决定的主管行政机关所在地的人民法院管辖。1986 年 10 月 24 日，最高人民法院发布的《人民法院审理治安行政案件具体应用法律的若干问题的暂行规定》（以下简称《暂行规定》）就规定，治安行政案件一般应由最先作出裁决的公安机关或者乡（镇）人民政府所在地的基层人民法院管辖。这样规定便于被裁决受治安管理处罚的人或者被侵害人就近提起诉讼，便于公安机关就近应诉，也便于人民法院就近了解案情，审理案件。

关于级别管辖问题。有人主张受理行政案件的人民法院应比作出行政决定的主管行政机关高一级，至少也应同级，而不应低于作出行政决定的行政机关，否则就是不尊重国家行政机关。这种以国家主管行政机关的大小作为确定行政案件级别管辖的标准，显然是不妥当的。首先，这种观点与宪法关于国家体制的规定不相符合。按照《宪法》的规定，人民法院是同行政机关分离和平行的独立向国家权力机关负责的国家审判机关，把人民法院同人民政府的一些主管部门放在同一地位，违反了宪法关于国家机关分工的原则。其次，行政诉讼中的级别管辖与行政机关的级别是两回事，任何法院都是国家的审判机关，都代表国家行使审判权，行政诉讼的级别管辖主要由案件的类型和复杂程度、影响大小来决定，而不是看行政机关的大小。因此，设定行政诉讼的管辖不应着眼于“级别”是否相适应。

根据最高人民法院的上述《暂行规定》，一般治安行政案件，包括向上一级公安机关申诉并经过上一级公安机关裁决后仍然不服的治安行政案件，均由最先作出裁决的公安机关或乡（镇）人民政府所在地的基层人民法院管辖，涉外的治安行政案件由中级人民法院管辖。基层人民法院对它所管辖的案件，可以报请上级人民法院审判。上级人民法院有权审判基层人民法院管辖的案件。这样规定既有原则性，又有灵活性，是实际可行的。其他各类行政案件，除有特别规定的以外，也可以照此办理。

五、关于强制措施

当前，人民法院在审理行政案件过程中，时常遇到某些主管行政机关的法定代表人或者有关工作人员拒收原告诉状或传票，拒绝出庭应诉，咆哮公堂、辱骂或围攻审判人员，撕毁法院的裁决书情况。对于这种妨碍行政诉讼的行为，法院能否采取一定的强制措施，这也是一个有争议的问题。应当看到，发生上述情况，主要还是因为某些主管行政机关的法定代表人或者其他工作人员法制观念淡薄。有些人甚至抱有不服气的思想，认为法院是国家机关，其自身也是国家机关，法院无权对其进行审判等。因此，遇到这些情况，主要还应进行法制教育，只有对那些经过耐心教育，仍坚持不改的，才能采取必要的强制措施，以保证行政诉讼的顺利进行。但是现在也有一种观点认为，人民法院对这些妨碍行政诉讼的行为，不能采取强制措施，否则等于处罚国家行政机关，有损于国家行政机关的威信。他们主张，法院遇到行政诉讼法定代表人或者有关工作人员妨碍行政诉讼的情况时，只能向同级国家权力机关或监察部门报告，由国家权力机关去“协调”或由国家监察机关去解决，而不能自行采取任何强制措施。我们认为这种观点和主张是不恰当的。

第一，妨碍行政诉讼的行为，是在诉讼过程中发生的，这本来属于法院审判职权的范围，交给国家权力机关或国家监察部门去管，实质上是代行了法院依法独立行使的审判权让国家权力机关去管具体的案件，处理在诉讼过程中发生的妨碍诉讼行为，实际上是把国家权力机关同审判机关混同起来，不仅不能真正发挥其领导监督作用，反而降低了权力机关的地位，削弱了它的作用。国家监察机关代表国家行使行政监察权，也不能代替人民法院行使国家审判权。

第二，实施妨碍行政诉讼行为的是行政机关的法定代表人或其他工作人员，而不是“行政机关”，国家机关工作人员的妨碍行为并不能代表行政机关；法院采取的强制措施所针对的对象是个人而不是国家行政机关。那种认为采取强制措施就是法院对国家采取强制措施的说法是没有根据的。

第三，如果对公民和法人的妨碍行为可以采用强制措施，而对国家机关工作人员的妨碍行为则不得采取强制措施，这不仅违反了法律面前人人平等的宪法原则，也与我国历来对国家工作人员违法犯罪要从严惩处的原则相悖。古代尚且有王子犯法与庶民同罪之说，社会主义国家的行政机关工作人员更不应有任何凌驾于法律之上的特权。

基于以上理由，我们认为，在行政诉讼立法中应当规定：国家行政机关的法定代表人或其他诉讼代理人，以及其他工作人员，妨碍行政诉讼的，法院可以对之采取训诫、责令具结悔过、罚款、拘留等强制措施。世界上绝大多数国家，还有藐视法庭罪的规定，我国行政诉讼立法也可以考虑规定类似的刑罚条款，这是加强行政诉讼法制权威性的重要措施。

六、关于司法变更权

人民法院审理行政案件能否变更行政机关的决定，目前是一个争议激烈的热点问题。有一种观点认为：在行政诉讼中，如果准许人民法院变更国家主管行政诉讼的行政决定，就有可能侵犯行政机关的管理职权，因此，不宜授予人民法院以司法变更权。我们认为，人民法院审理行政案件，原则上应该拥有司法变更权。其理由是：首先，从行政权与审判权的分工讲，变更权是审判权的组成部分，是制约和监督行政机关依法办事的有效方式。考虑问题的出发点，应当着眼于如何才能更有效地实行法治原则，更有效地纠正行政机关的错误，更有效地保护当事人的合法权益。其次，实践已经证明，司法监督如仅限于维持和撤销这两种裁判手段，就只能是一种蹩脚的监督，因为：第一，部分正确部分错误的行政决定难以处理；第二，人民法院撤销行政机关的决定后，行政机关如果坚持错误，或者搁置不办，或者加重对申诉人的处罚，或者用劳教代替治安处罚等，法院仍然只能撤销，这将形成一种恶性循环。现在有些法律、法规已经规定法院在行政诉讼中可以变更行政机关决定，实践证明，这种裁判手段不仅没有给行政机关执法带来消极影响；相反，有效地促进了行政机关的严肃执法。最后，法院在行政诉讼中的司法变更权并不意味着侵犯行政机关的管理职权。因为，在法治国家，无论是司法权还是行政权均由宪法和法律设定，法律将变更行政决定的权力授予法院，目的在于排除行政决定中的非法或错误因素，从而使行政机关的决定完全回复到法律的轨道上来。从其本质意义上来说，司法变更权旨在保障行政机关依法行使职权，而绝无侵犯行政权之虞。另外，授予法院以司法变更权在国际上也不乏先例。美国《各州标准行政程序法》第 15 条第 7 款规定："法院可以确认行政机关的裁决，或要求行政机关对案件重新进行裁决，也可以取消、变更（一译"改变"）行政机关的裁决。"法国的行政法院对完全管辖权之诉（包括税收行政案件等）拥有变更权。《苏俄民诉法典》第 239 条、《苏联和各加盟共和国行政违法行为立法纲要》第 40 条第 2 款第 4 项也规定，法院可以在有关"规范性文件规定的范围内变更处罚措施"。此外，亚洲的有些国家也都有类似的规定。

我国行政诉讼立法的几个问题 *

王名扬 **

自从十一届三中全会以来，我国建设的重点是发展生产力加快经济建设和健全社会主义民主与法制。这两项建设互相联系，生产力和经济建设的发展只有在健全法制的保障和促进下才能顺利进行。社会主义法制建设，首先要求制定各种必要的法律，使各项活动有法可依。但立法工作只是法制建设的一个侧面，如果有法不依，执法不严，违法不究，立法工作就毫无实际意义。因此，贯彻执行法律，依法办事是法制建设的另一侧面。依法办事首先是政府依法办事，只有政府依法办事才能带动全体公民遵法守纪。政府依法办事的中心是依法行政，而依法行政的有效保障是行政诉讼制度，即公民对于违法的行政行为，可以请求一个独立的司法机关对它进行审查和撤销，使它不能发生效果，而且在受到损害时还可请求赔偿。有了这样一种制度，行政机关实际上不可能不依法办事。因此，一个有效的行政诉讼制度是健全社会主义法制的有力支柱。

我国行政诉讼法草案经人大常委会审议通过。本文就以下几个有分歧的问题，提出笔者的看法。

一、行政诉讼的范围

行政诉讼的范围问题是与行政诉讼目的，以及法律规定行政诉讼的方式有关。行政诉讼的目的有两方面：一是保障国家的法律得到遵守，维护统治阶级所建立的法律秩序。二是保护公民的权利不受行政机关侵害，促进安定团结的局面。前一目的是行政诉讼所追求的客观效益，是行政诉讼的主要目的，后一目的是行政诉讼满足公民保护本

* 载《法学杂志》1989 年第 1 期。

** 王名扬，写作此文时为中国政法大学行政法学教授、行政立法研究组顾问。

身权利的主观愿望，是行政诉讼的次要目的，因为公民权利的保护，除可以通过行政诉讼以外，也还可以通过普通诉讼而得到。从行政诉讼所要达到的客观效益而言，行政诉讼的范围要广，对一切侵犯公民利益和公共利益的违法行为都可提起行政诉讼，这样才能保障国家的全部法律得到遵守。就保护公民的权利不受行政机关侵害而言，行政诉讼的范围较窄，因为公民从行政活动所得到的各种利益，并不全都构成公民的权利。公民权利的范围根据各时代和各个社会中流行的观念，以及各个社会中经济发展的程度而定。目前世界各国实施行政诉讼的目的，大都着重于维护该国的法律秩序，所以行政诉讼的范围较广，不限于侵害公民权利的违法行为，而且包括侵害公民利益和公共利益的违法行为在内。

行政诉讼的目的从法律技术的观点着眼，表现于能够提起行政诉讼的当事人的资格。任何诉讼只在当事人具备一定的资格以后，才能起诉。如果认为行政诉讼的目的在于保障客观的法律秩序，则凡是公民的利益和公共利益受到侵犯的时候，公民、公民团体、以及包括国家在内的公共团体都应具有起诉资格。如果认为行政诉讼的目的是保护公民的主观权利，则只有权利受到侵犯的公民和公民团体，才具有起诉资格。

法律对于行政诉讼规定的方式也影响行政诉讼的范围。如果法律对于行政诉讼采取列举方式，没有列举的事项不在行政诉讼范围以内，行政诉讼的范围就较窄。如果法律对于行政诉讼采取概括规定的方式，凡是符合法定标准的事项都可被诉，不能被诉的事项采取列举方式，行政诉讼的范围就较广。这两种方式的选择，取决于立法者的意图究竟采取广范围的或窄范围的行政诉讼。世界各国对于政治性质浓厚的事项，大都认为不能被诉。这些事项的名称和种类，各国不一样。有的称为国家行为，有的称为政府行为，有的称为政治行为。有的国家这些事项较多，有的国家这些事项较少。就各国发展的趋势而言，这些事项的数量越来越少。除了将政治性质浓厚的事项排除在行政诉讼以外，有时为了某种公共利益的需要，法律也可暂时规定某些事项不能被诉。对于这些事项的种类，各国根据自己的情况决定。

二、法院对于行政机关自由裁量权监督范围

自由裁量权是指法律赋予行政机关可以根据自己的判断，作出最符合公共利益的决定的权力，行政机关对于所要采取的措施，具有选择的自由。自由裁量权在很多情况下是提高行政效率所必要的权力，近代行政发展的趋势是授予行政机关广泛的自由裁量权力。因为行政机关所面临的情况复杂，变更迅速，法律不能对行政机关预先规定一种决定，只能授权行政机关根据情况决定。自由裁量权的行使产生两个问题：一是权力的行使是否妥当问题；二是权力的行使是否合法问题。权力的行使是否妥当，取决于行使权力者的专业知识，行政经验，对于政策理解和具体情况掌握的程度。而这些条件只有行政人员才能具备，法官作为法律专家不具备这些条件。所以自由裁量权的行使是否妥当，应由行政机关及其上级机关判断。法官即使不赞成行政机关的决定，也不能用自己对于行政决定妥当性的判断，代替行政机关的判断。另一方面，法院对于行政机关自由裁量权的行使，也不能不闻不问。任何权力的行使如果不受外界的监督，必将流于专横。法官作为法律专家，必须对于自由裁量权的行使是否合法进行监督。所谓自由裁量权的行使是否合法，包括审查行政机关的决定是否滥用权力，是否超越法定的范围以外，是否严重缺乏事实根据等法律问题。当然，合法性和妥当性的区别，不是绝对隔离，水火不容。有时，法律规定行政机关作出某种决定，只能在必要的范围和合理的程度内才是合法，特别是行政机关在作出强制性的决定时受到这种限制。根据这样的规定，法官在审查行政决定的合法性时，必须审查行政决定的必要性或合理性。而必要性和合理性的审查，在很大程度上接近于妥当性的判断。即使在这种规定下，也不能认为法院在监督行政决定的妥当性，法院审查的对象仍是行政决定的合法性。法院在审查行政决定的必要性时，原则上要尊重行政专家的意见，只在后者的意见缺乏实质性的证据支持时，才能认为违法。

三、司法变更问题

司法变更是指法院对于行政机关的决定，不是维持或者撤销，而是加以变更。在讨论这个问题时，必须首先弄清楚司法监督的性质。法院对于

行政机关的监督，不同于上级行政机关对于下级行政机关的监督，也不同于上级法院对于下级法院的监督。上级机关对于下级机关的监督属于层级监督，上级机关对于下级机关的决定，具有维持、撤销或变更的权力，除非法律另有规定时例外。法院对于行政机关的监督是两个互相独立的系统的机关之间的关系。正如行政机关应当尊重法院的独立，不能干涉法院的职权一样，法院也应当尊重行政机关职权的范围。法院监督行政机关行使职权，不是代替行政机关行使职权。因此，法院对于行政机关的决定，只能或者维持，或者撤销。在后一情况下，由行政机关得出结论，作出合理的安排。法院在撤销行政机关决定时，也可以发回行政机关另作处理。法院在判决中还可以命令行政机关执行法律所规定的职务。有时，法院对于行政机关的决定认为结果合法，应予维持，但认为支持决定的理由不合法时，可以在判决书中说明理由部分，用正确的理由矫正行政机关的理由。这种情况不是变更行政机关的决定，而是维持行政机关的决定。法院不能变更行政机关的决定，是尊重行政职权和司法职权互相独立的需要，也是职务分工发挥各自专长的需要。如果立法者认为在某种行政事项上，授权法院变更行政机关的决定更为合理时，法律可以作出特别的规定。在法律没有特别规定时，不能认为行政诉讼中有所谓司法变更权。立法者在作出这种特别规定时必须特别慎重。

四、行政规章可否作为审理行政案件的依据问题

行政规章在我国的法律秩序中，是指国务院以外，其他行政机关所制定的普遍适用的法的规范而言。行政规章不同于行政组织所采取的内部行政措施。内部行政措施没有经过公布程序，不规定外部关系，对外部不产生执行力，法院不予适用，但在一定情况下可以作为执行人员免除责任的证明。行政规章经过正式公布，对外发生效力。法院如果拒绝适用，必然破坏法律秩序的完整体系。一个国家的法律秩序，由不同层次的法的规范所构成，好象一座金字塔，基础部分的规范较多，比较具体，适用的范围较小，效力也较低。中层和上层的规范数量逐渐减少，内容较抽象，适用的范围较广，效力逐级上升。就我国法律秩序的结构而言，金字塔的顶点

是宪法，主要是规定最一般性的原则。这些原则在执行中逐级具体化，发展成为基本法律，一般法律，全国性的行政法规和行政规章，地方性的行政法规和规章。在这个结构中，下级规范的效力来源于上级规范，是上级规范在较低一级范围内的执行和具体化。如果没有这个层级结构，一个国家的法律不可能既有统一性，又有适应性，成为一个合谐一致的整体。如果否认规章的法律效力，等于减少法律秩序的发展层级，结果导致国务院以下的行政机关在执行法律和行政法规时，只有作出具体处理的手段，不能采取普遍性的措施，这在现代行政上是不可能的事情。现代行政机关必须同时具有这两种法律手段，才能进行活动。行政规章是行政机关在其管辖范围内落实上级规定的手段，也是保障本机关的具体处理合谐一致的措施。法院必须从法律秩序的整体结构观察行政规章的效力，理解行政上的需要。

法院必须适用行政规章，并不表示法院必须适用任何行政规章。法院对于规章的效力必须审查，只在规章有效范围以内才能适用。规章的内容不能违背法律、法规、和上级规章的规定。除了纯粹的执行规章以外，补充性的规章必须根据法律或法规的授权。制定规章的程序必须符合法律和法规的规定。

评《行政诉讼法（草案）》*

王名扬**

一、《行政诉讼法（草案）》公布的重大意义

1988年11月10日，北京各大报刊全文登载《行政诉讼法（草案）》（以下简称行诉法草案）全文，在全国范围内广泛征求意见。草案的公布以及这种征求意见的方式，其重要性超过立法工作本身，具有深远的政治意义和历史意义。

（一）讨论行诉法草案是公民参与政治的一种方式

我国宪法规定一切权力属于人民，人民行使权力的机关是全国人民代表大会和地方各级人民代表大会。因此，公民参与立法活动的正常方式是通过人大代表进行，然而这次公布行诉法草案征求意见是公民直接参与立法活动。过去我国在立法工作中也经常听取公民意见，但这次征求意见和以往相比，范围更广泛，方式更直接。这标志着我国从十一届三中全会以来，政治民主化又前进了一步。

（二）公布行诉法草案是依法行政发展的里程碑

依法行政是我国宪法所规定的基本原则。《宪法》第5条第3款规定："一切国家机关和武装力量、各政党和各社会团体、各企业事业单位组织都必须遵守宪法和法律，一些违反宪法和法律的行为，必须予以追究。"这是依法行政的庄严宣示。我国人民吸取"文化大革命"的破坏法制的十年痛苦教训以后，对依法行政的重要性认识是极为深刻的。因此，从十一届三中全会以后，特别重视法制建设。从1979年到1987年，全国人大和人大常委会审议通过、修改、补充法律87

---

* 载《政法论坛》1989年第1期。

** 王名扬，写作此文时为中国政法大学行政法学教授、行政立法研究组顾问。

件，通过有关法律问题的决定34件，为依法行政提供了必要的法律依据。在此期间，对行诉法草案的制定也作了一些准备工作，但没有来得及制定，这是行政立法中的最大缺陷。因为法律的意义在于实施，不实施的法律再多也没有用处。保证行政法的实施最有效的手段是建立行政诉讼。有了行政诉讼制度以后，行政机关不合法的决定才有可能被法院撤销；行政机关除依法办事以外，没有其他可能。行政诉讼法是其他行政法的保障，是行政法律中的基本法。所以说，行诉法草案的公布是我国依法行政发展的重要里程碑。

（三）公布行诉法草案具有政治教育意义

法院活动的原则是不告不理，只在公民有决心以行诉法作为维护法制和自己权益的手段时，行诉法会发挥作用。在我国的社会发展史中，封建主义时期太长，我国人民至今未能完全摆脱封建思想的影响，很多人头脑中还有官贵民贱的等级观念，不敢约束和监督政府依法行政。这次公布行诉法草案广泛征求意见，公开讨论，是对公民的一种政治教育；宣传政府和人民一样有守法义务，政府机关不守法时，公民可以去法院控诉。这种宣传是为行政诉讼法的实施准备一个社会基础。

二、行诉法草案的特点

行诉法草案的特点是从我国的实际情况出发，制定一个符合国情、能为各方面接受的法律。草案中的条文是在调查研究的基础上规定的，其特点主要表现在以下几个方面。

（一）行政条例不能作为诉讼标的（第2条、第10条）

我国的行政诉讼处于初创阶段，行政机关接受诉讼有一个心理过程，在最初阶段诉讼的范围不宜太宽，所以行诉法草案规定行政条例不能作为诉讼标的。公民的权益只在行政机关根据条例作出具体决定时才直接受到影响。公民对于行政机关的具体决定已经可以提起行政诉讼，法院不能审理行政条例案件，公民的权益也不会因此而缺乏保护。公民认为行政条例违法时，可以请求制定条例的上级行政机关或同级人大常委会采取措施，并不是毫无救济手段。这条规定是从我国当前的实际情况出发制定的。

（二）行政诉讼所保护的权益限于法律所列举的重要事项（第 9 条）

这条规定的立法理由和上款相同，行政诉讼的范围在最初阶段不宜太宽，公民不能对于任何违法侵害权益的行政行为都可提起行政诉讼，行政诉讼所保护的权益以法律和法规中有规定者为限。在其他法律和法规中无规定时，行诉法草案第 9 条列举 5 类事项可以提起行政诉讼：（1）行政机关的处罚决定；（2）剥夺或限制人身自由的强制措施；（3）侵犯合法的承包经营权；（4）拒绝或拖延公民应有的许可证或证明；（5）行政机关工作人员滥用职权侵害公民和组织合法权益的行为。在这 5 项规定中，最主要的诉讼为第 1 项所规定的行政机关的处罚决定。第 2、3、4 项所规定的范围比较具体。第 5 项规定的范围较广，包括侵害公民一切合法权益的行为在内。但这项规定的适用限于行政人员滥用职权的行为，即行政人员故意的侵害行为，不包括行政人员其他的侵害行为在内，也不包括行政机关由于组织和管理混乱而作出的侵害行为在内。从这 5 项规定来看，行诉法所规定的诉讼范围不广。除行诉法以外，其他法律和法规中关于行政诉讼的规定有 120 多个（根据任建新主编的《行政诉讼常用法规总览》）。在这些法律和法规中，最主要的事项仍然是关于行政处罚的决定。目前阶段我国行政诉讼事项以行政处罚为主的原因，是由于公民权益中最需要保护的是不受行政机关违法的处罚。至于公民和行政主体的其他方面利益，例如环保、卫生、自然资源、财政补助、社会福利、劳动服务、文教体育、出国护照、宗教信仰、公民权利，大都暂时没有列入诉讼保护范围。这种规定反映我国的行政诉讼范围采取逐渐发展的做法。

（三）社会团体可以接受成员委托，提起行政诉讼（第 24 条）

社会团体在其本身利益受到侵害时，可以提起诉讼，也可为了保护成员利益参与成员的诉讼，这些都属于团体的正常活动。但团体接受成员的委托，代理成员提起诉讼，必须有法律的规定。行诉法草案从我国的实际情况出发，作出了这样的规定。在我国，有些人由于受封建思想的束缚，不敢控诉行政机关；有些人由于知识缺乏或经济困难，无力提起诉讼。在这种情况下，委托团体代理起诉，可以充分保障公民的合法权益，监督行政机关依法行使职权。

（四）陪审员参加行政诉讼（第 29 条）

我国的民事诉讼和刑事诉讼，在第一审程序中都有陪审员参加。行诉法草案把陪审制度推广适用于行政诉讼，这是我国在诉讼方面贯彻群众路线的表现，也是我国人民作为国家主人，有权参加包括审判工作在内的国家事务管理的表现。和其他诉讼相比，陪审员在行政诉讼中所能发挥的作用更大。因为审理行政诉讼需要专业知识，由专家、群众代表或有管理经验的人作为陪审员参加诉讼，和法官结合审理行政案件，能够提高行政诉讼质量。

（五）被诉人必须证明作出行政决定的事实和法律依据（第 31 条）

举证责任在刑事诉讼中和民事诉讼中不同：在刑事诉讼中由追诉人员负证明责任，在民事诉讼中由主张自己利益的人员负举证责任。行政诉讼有时类似刑事诉讼，例如行政处罚的决定；有时类似民事诉讼，例如当事人申请某项利益的诉讼。在当事人不服行政处罚之诉中，行政机关处于被追诉人的地位，应负举证责任。在当事人申请某项利益时，由当事人首先负举证责任。考虑到行诉过程中，行政机关处于优越地位，掌握和案件有关的大量材料，所以在当事人能够证明其请求相当合理时，行政机关有义务证明其作出决定的事实和法律依据。在我国行政机关中，有人认为在权大于法的情况下，行诉法草案关于举证责任的规定，明确行政机关所作决定必须以事实为根据，以法律为准绳，很有现实意义。

（六）行政处罚畸轻畸重显失公平的，法院可以变更（第 36 条第 4 项）

行诉法草案原则上不承认法院有权变更行政机关的决定，但是对于显然不公正的行政处罚法院可以变更这条规定是慎重考虑的结果。法院只能监督行政机关行使职权，不能代替行政机关作出决定，所以法院原则上没有变更行政决定的权力。另外，行政机关一切权力的行使，必须符合公正原则。显然不公正的处罚，不论是轻犯重惩，或者是徇私宽纵，本身就是一种越权，行政机关不可能具有作出显然不公正处罚的权力。行政处罚作为一种制裁手段，严重影响公民的自由权利。法院具有保障公民不受违法处罚的职责，为了避免行政机关在其处罚决定撤销以后，再次作出同样的或类似的决定，法律授权法院对于显失公平的处罚可以变更，不是授权法院代替行政机关作出决定，而是授权法院能够更有效地履行其保障公民自由和权利的职责和维护行政公平的原则。

（七）规定执行法院判决的强制措施（第 44 条）

对于有些行政诉讼的判决，行政机关在执行中可能会遇到某些困难。为了发挥行政诉讼的实效，必须针对行政机关执行法院判决，规定某些强制执行措施，在其他国家如此，我国也不例外。行诉法草案中关于强制执行法院判决的措施，是其显著的特点。

三、对行诉法草案的几点看法

（一）行政条例作为诉讼标的的问题

以上已经说明行政条例不能作为行政诉讼标的的理由。另一方面，也不应当忽视条例不能作为诉讼标的的缺点。行政条例虽然不直接影响公民的权益，但是毫无疑问，它能够而且一定会影响公民的权益。因为行政机关可以根据条例作出具体的处理，如果公民只能对根据条例作出的具体处理提出申诉，这样的申诉一定很多，加重法院的负担。不如允许公民直接请求法院撤销违法的行政条例，避免可能重复发生的行政诉讼。在承认行政诉讼的国家大都承认法院有权撤销违法的行政条例。如果法院没有这种权力，则行政诉讼的作用减少了一半。行政机关对于法院撤销条例的判决不服，可以上诉。经过法院两次审查以后，判决必定达到一定的质量。行政机关对于上诉后的判决仍然不服时，鉴于我国的具体情况，法律还可规定再给行政机关一次申诉的机会。行政机关可以把案件提交于和上诉法院同级的人大常委会，由后者决定条例是否合法或作出其他规定。这种解决办法符合我国体制，因为法院和行政机关都要接受权力机关的监督和执行权力机关的决定。这种解决的办法好处在于：（1）避免法院审理由于行政条例违法而引起的多次诉讼。（2）维持法院对于行政诉讼的完整的管辖权；（3）行政机关对法院判决不服有申诉机会；（4）强化权力机关对行政机关和法院的监督。

（二）检察官的起诉资格

行诉法草案第 7 条规定，人民检察院有权对行政诉讼实行法律监督。第 2 条规定公民和组织在其合法权益受到行政权力侵犯时，有权向人民法院起诉。结合这两条观察，检察官对刑诉的监督不包括起诉权力，行政机关的违法行为不仅可能侵犯公民和组织的合法权益，也可能侵害国家利益。在后面这种情况下，公民和组织没有起诉资格，只能由检察官作为公共利益的代表，请求法院审查行政行为的合法性，并撤销违法的行为。

（三）行政诉讼的级别管辖

行诉法草案第 15 条规定行政诉讼原则上由基层人民法院作为初审法院，第 16 条规定专利、海关、重大和复杂的案件以中级人民法院作为终审法院。这样的规定是否符合我国法官水平？草案第 20 条规定，上级法院有权提审下级法院初审的案件，下级法院就其初审的案件也有权报请上级法院审判，这是对级别管辖的例外调整，这种调整没有改变行政诉讼以基层人民法院作为初审法院的原则。

行诉法草案关于级别管辖的规定，基本上和民事诉讼相同。但民事诉讼发生在地位平等的主体之间，判决的效力只涉及民事主体的权利，而行政诉讼发生在地位不相等的行政机关和公民之间，判决的效力涉及政府权力的行使和公民权益的保护。这两种诉讼的性质、重要程度和作用不一样，行政诉讼是否可以完全不采用民事诉讼的级别管辖原则，值得讨论。为了适应行政诉讼当事人地位的特点，是否可以考虑作以下规定：公民和组织不服县政府作出的决定和复议的案件，原则上以基层人民法院作为初审法院，不服省政府作出的决定和复议的案件，原则上以中级人民法院作为初审法院。中央各部的地位和省相同，但各部的重要案件可由高级人民法院作为初审法院。公民和组织不服国务院的决定，原则上以最高人民法院作为初审和终审法院。这样规定的好处在于便利当事人的申诉和法院的调查。因为基层人民法院大都设在县城或普通市内，中级和高级人民法院大都设在省会和大城市内。而且由和行政机关同级的的法院作出初审判决，由此行政机关级别较高的法院受理上诉，这样的判决易为行政机关接受，便于执行。

（四）复议机关作为被告问题

行诉法草案第 22 条第 2 款规定经复议机关裁决的案件，复议机关是被诉人。复议机关通常是作出原行政决定机关的上级监督机关，公民对其监督权的行使不服，法律规定它作为被告，有利于敦促上级机关在行使监督权时认真负责。但是就诉讼的理论来看，原告和被告是诉讼的当事人。当事人是指权利和义务发生争执，以自己的名义起诉和应诉并受法院判决拘束的人。在行政诉讼中，公民所控告的行为属于原来行政机关的决定，只有原来的行政机关是争执中的权利和和义务主体。法院判决的结果需要采取其他行政行为时，由原行政机关采取，复议机关不能代替。法院判决赔偿时，由原行政机关赔偿，复议机关不能代赔。行政机关败诉需要缴纳诉讼费时，由原机关缴纳，不由复议机关负担。从各种诉讼关系来看，都应以原行政机关作为被告，不能由复议机关作为被告。级别较高的行政机关所复议的案件必然很多，如果都要作为被告，单是应诉就已经应接不暇，更不用说诉讼费用负担了。这一点民事诉讼的实践可以作为行政诉讼的参考。在复议的案件中，复议机关的裁决只是行使监督权力，它本身不是所争执的行政权力的主体，不因为行使裁决权而成为当事人。公民不服复议机关的裁决提起诉讼时，仍应以原来作出决定的机关作为被告，请求法院同时撤销原机关和复议机关所作出的两个行政决定。

（五）行政机关代替私人和组织作为被告问题

行诉法草案第 22 条第 3 款规定行政机关授权个人或者组织实施行政行为时，由授权的行政机关作为被告。这样的规定过于笼统。一切在法律上有独立存在的人应对自己的行为负责，这是原则；代替别人负责只是例外。私人被授权实施行政行为时，不能因为是执行行政职务而可以对相对人一概不负责任；行政机关也不能因为私人所执行的职务属于行政职务，而必须完全负责。行政机关对授权实施的行政行为，首先应对授权行为的合法性负责，其次应对监督权的行使负责。因此，行政机关授权公民或组织实施行为时的责任，应区别不同的情况。如果被授权人毫无决定权力，只是按照行政机关的指示办事，这时行为人只是行政机关执行职务时的工具，行政机关应当对其行为负责。如果行为人具有一定的决定权力，行政机关原则上只能就监督行为负责，当事人在追诉行政机关以前，应先请求行政机关对被授权者的行为加以矫正。只在行政机关不行使监督权，或者当事人对监督权的行使不满意时，才能对行政机关提起诉讼。当然，行政机关在被授权人有决定权时，也不是在监督权外完全没有其他责任。例如被授权人和组织需要赔偿而无力负担时，为了弥补公民的损失，应由行政机关赔偿。这是例外情况，不是行为人对相对人不负责任。

（六）当事人的诉状交换问题

行诉法草案第 28 条规定，行政诉讼原则上应开庭审理，但法院认为事实清楚的案件可以实行书面审理。行政诉讼实行书面审理比民事诉讼容易，因为行政机关办案的过程，大多见于书面材料，通过原告和被告的诉状交换，以及双方所提供的证据材料，法院大致可以澄清事实。行诉法草案第 26 条对当事人的诉状交换只规定一次，立法理由可能认为多次诉状交换会迟延开庭时间，事实情况应在开庭时澄清。然而为了加速诉讼的进程，法院必须在开庭审理以前，对案件的事实基本上已经澄清，庭审在法院的指导下进行，才能节省时间。如果在没有准备的情况下匆匆开庭，不仅不能加速判决，反而浪费时间，为了在开庭前有充分准备，原告和被告之间的诉状交换不应以一次为限，承办案件的法官认为必要时，可以在开庭前指定时间，命令当事人为第二次和第三次诉状交换，确定双方争论的关键所在。

（七）检察院提取审判监督程序问题

行诉法草案第 41 条规定有权决定再审之诉的机关是各级法院审判委员会和上级法院，没有规定检察院提出再审的权力。草案第 7 条规定检察院对行政诉讼实行法律监督，法律监督的范围当然包括对认定事实和适用法律错误的已经生效的判决可以提起抗诉，按照再审程序加以纠正。第 41 条的规定应修正和第 7 条一致。

（八）强制执行的程序问题

人民法院采取强制执行程序，原则上应依当事人的申请，在当事人申请的范围内决定执行措施。而且在采取强制手段以前，先要经过催告程序，避免强制措施。只在紧急和特殊情况下，才由法院依职权移送执行。行诉法草案第 42 条第 3 款规定，适用于依职权采取的强制执行，没有规定一般的强制执行程序。

（九）损害赔偿的起诉资格

草案第 2 条规定的行政诉讼的起诉资格和第 43 条规定的损害赔偿之诉的起诉资格相同，都以当事人的权利和利益（权益）受到违法侵害为条件。其实，在行政行为提起的诉讼中，由于当事人的诉讼请求不同，法律所要求的起诉资格也不应当一样。撤销之诉，由于具有保障行政法治的客观作用，法律所要求的起诉资格较宽，当事人只要合法的利益受到违法的侵害时就可起诉。损害赔偿之诉，由于只是对当事人的保护，属于主观的诉讼，法律要求当事人只在权利受到侵害时才有起诉资格，当事人的一般利益受到侵害，只在法律有规定时才能得到赔偿。第 43 条中“权益”一词改为权利比较妥当。在大部分西方国家中，损害赔偿之诉原则上不包括行政诉讼在内，可以在行政诉讼时附带提起，也可以独立提起。只有法国例外，行政诉讼同时包括撤销之诉和赔偿之诉，行政赔偿不适用一般的侵权行为原则。但法国对于撤销之诉赔偿之诉和仍然要求不同的起诉资格，诉讼的程序和费用也不完全一样。

试论我国的行政诉讼制度和行政诉讼法 *

张尚鷟 **

一

在我国，建国 30 多年来，由于政府工作基本上只讲按政策办事，不强调依法（依照行政法）办事，因此，政府工作的法制建设，很长时期都未能提上国家的重要议事日程。30 多年来，由于进行行政管理的需要，虽然各级国家有权机关也先后制定颁布了不少行政管理方面的法律、法规和具有行政法效力的规范性文件，但由于人们普遍缺乏行政法制观念，不理解“依法行政”的重要意义，因而，截至目前为止，在各级政府工作中，有法不依、执法不严、违法不究的现象仍然是十分突出的。与此相适应，当各级政府及其工作人员（国家公务员）在行政管理活动过程中，由于采取了不恰当的或违反行政法律文件规定的行政行为，从而侵犯了相对一方当事人特别是公民的合法权利或利益时，几十年来，一般都只是通过当事人向上级国家行政机关或专门设立的国家监察部门“上访”的办法，按照国家管理各方面行政工作的政策，作为公务员违反政府纪律的案件，而不是作为行政违法案件来处理。其中，除了构成犯罪的违法行为以外，行政违法行为是从来也不会被告到法院去的。这就是说，在我国，老百姓到法院去告“官”，特别是起诉政府及其工作人员的违法行为，是缺少法制保障、几乎没有法律对此作出规定。长期以来，我国法律既没有明确规定过公民或其他当事人（其他国家机关、企业事业单位、社会团体等）对政府及其工作人员（国家公务员）的行政违法行为可以依法到法院去起诉；也没有明确规定过法院处理行政违法案件的比较完善的诉讼

* 载《中国法学》1989 年第 1 期。

** 张尚鷟，写作此文时为中国政法大学行政法学教授、行政立法研究组顾问。

程序。在这种情况下，行政诉讼当然是提不上日程的。总之，在这种情况下，在我国，所有行政违法行为，几乎一律不被看成法律问题，只有当政府工作人员（国家公务员）在行政管理活动过程中实施犯罪行为，才认为是法律问题，才由法院来受理。所以，在考察中华人民共和国建立以后30多年来的历史过程以后，我们完全可以这样说：在我国，1949年以后，长期没有自觉地建立过行政诉讼制度。

近十年来，由于现代化建设的需要，国家大力强调发展人民民主、健全社会主义法制，因此，以法院为核心的国家司法工作逐步健全起来。这些年来，依法办事的口号在我国提得越来越响亮，通过不断加强法制的实践，法院在人们心目中的威信也越来越高。在这样的情况下，有一些国家公务员在行政管理过程中实施的过去被认为是违反政府纪律的行为，主要是侵犯当事人行政法上合法权利和利益的行为，因为在政府系统依靠“上访”制度长期得不到妥善解决，不少当事人特别是有些公民开始找到法院去告状了。这就是所谓“民告官”的案件。还有一些“官告官”的案件，由于在政府系统内扯不完的皮，总是解决不了，也有一部分告到法院去的。当然，法院要想受理这类案件，起初是十分困难的，主要一条就是法院找不到受理这类案件的法律依据。但这种情况，不管怎样，却反映了人们要求我国建立行政诉讼制度的迫切愿望。我认为，正是这种要求依法解决行政纠纷的愿望促使我国立法部门近年来自觉不自觉地在某些新制定颁布的有关行政管理的法律文件中，开始对行政诉讼作出一些简单的规定，从而揭开了历史的新的一页，有意无意地安排上了在我国加快建立行政诉讼制度的日程。

1982年3月8日，由五届全国人大常委会制定颁布的《民事诉讼法（试行）》，在中国法制史上第一次用法律条文明确规定了“行政案件”的地位。这个法律的第3条第2款规定：“法律规定由人民法院审理的行政案件，适用本法规定。”这就是说，从1982年开始，人民法院也可以依照有关法律的规定受理行政案件了。受理以后，在没有制定颁布行政诉讼程序法的情况下，先适用民事诉讼法的有关规定。也就是说，从1982年的《民事诉讼法（试行）》开始，国家已经把逐步建立健全行政诉讼制度正式提上了日程。以后，国家在制定有关行政管理的一些法律时，在这些法律中，一般都规定了一些简单的有关行政诉讼的条文。但有一段时期，由于人民法院尚未建立起行政案件审判庭，依照有关法律规定可以向法院起诉的行政案件，只能由法院的经济审判庭负责审理。因此，在这个期间，起诉到法院的行政案件，多数是涉及国家经济行政管理的“官告官”的经济行政案件，这期间，“民告官”的行政案件，在广大公民法制观念单薄，一般还不愿意到法院去“打官司”的情况下，告到法院去的涉及政府在行政管理活动中侵犯公民权利和利益的行政案件，是不多的。直到 1986 年 9 月 5 日六届全国人大常委会制定颁布新的《治安管理处罚条例》以后，我国行政诉讼制度的建立才进入了又一个新的发展阶段。

1985 年的《治安管理处罚条例》，同 1957 年旧的《治安管理处罚条例》相比，有一个显著的不同之点，即当公安机关在实施治安行政管理过程中对违反治安管理的当事人采用了不当的或违法的治安处罚（警告、罚款、拘留）时，当事人不服，可以向上一级公安机关申请复议，请求上一级公安机关改变或撤销下一级公安机关违法的或不当的处罚决定；如果对上一级公安机关仍然不服，可以依照《治安管理处罚条例》和《民事诉讼法（试行）》的规定，作为告公安机关的行政案件，告到法院去，即对此提起行政诉讼。在 1957 年的旧《治安管理处罚条例》中，是没有关于到法院去提起行政诉讼这种规定的。同时，新的《治安管理处罚条例》还规定：公安机关对公民（或其他当事人）给予的治安处罚如果被确认为有错误时，除由上级公安机关按照行政程序或由人民法院按审判程序予以撤销以外，公安机关还应当向受处罚人承认错误，退回罚款及没收的财物；对受处罚人的合法权利和利益造成的损害，还应当负责赔偿。这对改善我国的治安行政管理，保证公安机关更准确、更有效地实施治安行政管理；对切实保障公民在各种公安行政法上规定的合法权利和利益；对发展我国的人民民主，都具有极其重要的深远的意义。由于《治安管理处罚条例》的公布施行，为了更好地受理大量出现的治安行政案件，也为了进一步发展我国的人民民主，促使我国各级法院开始试建行政案件审判庭，从而使我国建立健全行政诉讼制度的工作完全进入了一个新的发展阶段。截至 1988 年 6 月底，全国已有 21 个高级法院、224 个中级法院、1154 个基层法院正式建立了行政审判庭，开始受理包括治安行政案件在内的各种行政案件，开始改变了过去行政案件由人民法院经济审判庭来负责受理的状况。公安机关，是享有重要行政权的国家行政机关，在我国，老百姓对公安机关的违法行为，可以作为行政案件向法院提起行政诉讼了。这标志着我国的人民民主制度又向前大大地发展了一步。学术界普遍认为，1986 年新的《治安管理处罚条例》的制定公布，在我国，是行政诉讼制度发展的一个重要的里程碑。

二

我国的行政诉讼制度，始建于 1982 年。近年来，随着改革、开放的不断深化，行政案件逐年增加。从 1983 年到 1988 年 6 月底止，全国各级法院共审理一审行政案件 21914 件，二审行政案件 1217 件。从 1982 年《民事诉讼法（试行）》公布施行以后，已有不少法律、法规规定了当事人不服国家行政机关处罚和某些处理决定的，可以向人民法院提起行政诉讼。例如：

（1）有关工商行政管理的行政法律文件大部分对此已作了明确规定。例如，《商标法》（1982 年 8 月 23 日由五届全国人大常委会通过）第 36 条规定，“对工商行政管理部门根据本法第三十一条、第三十三条、第三十四条的规定做出的罚款决定，当事人不服的，可以在收到通知十五天内，向人民法院起诉”。又如《广告管理条例》（1987 年 10 月 26 日国务院发布）第 19 条规定：“广告客户和广告经营者对工商行政管理机关处罚决定不服的，可以在收到处罚通知之日起十五日内，向一级工商行政管理机关申请复议，对复议决定仍不服的，可以在收到复议决定之日起三十日内，向人民法院起诉。”其他有关工商管理的一些行政法文件，如《城乡个体工商户管理暂行条例》（1987 年 8 月 5 日国务院发布）、《私营企业暂行条例》（1988 年 6 月 25 日国务院发布）等，也有类似规定。

（2）有关税务行政管理的行政法律文件大部分对此也作了明确规定。例如，《税收征收管理暂行条例》（1986 年 4 月 21 日国务院发布）第 40 条规定：“纳税人、代征人或其他当事人同税务机关在纳税或者违章处理问题上发生争议时，必须首先按照税务机关的决定缴纳税款、滞纳金、罚款，然后在十日内向上级税务机关申请复议。上级税务机关应当在接到申诉人的申请之日三十日内作出答复。申诉人对答复不服的，可以在接到答复之日起三十日内向人民法院起诉。”又如，《城乡个体工商业户所得税暂行条例》（1986年1月7日国务院发布）第15条规定：“纳税人同税务机关在纳税问题上发生争议时，必须先按税务机关的决定缴税，然后向上级税务机关申请复议。上级税务机关应当在接到申请之日起的三十日内作出答复。纳税人对上级税务机关的复议不服时，可以向当地人民法院起诉。”其他有关税务管理的一些行政法律文件，如《个人所得税法》（1980年9月10日由五届全国人大第三次会议通过）、《集体企业所得税暂行条例》（1985年4月11日国务院发布）、《耕地占用税暂行条例》（1987年4月1日国务院发布）等，也有类似规定。

（3）另外还有不少行政法律文件，对此也作了明确规定。例如，《价格管理条例》（1987年9月11日国务院发布）第32条规定：“被处罚的单位和个人对处罚决定不服的，可以在收到处罚通知之日起十五日内，向上一级物价检查机构申请复议。上一级物价检查机构应当在收到复议申请之日起三十日内作出复议决定。复议期间，原处罚决定照常执行。申诉人对复议决定不服，可以在收到复议通知之日十五日内，向人民法院起诉。”又如，《食品卫生法（试行）》（1982年11月19日由五届全国人大常委会第二十五次会议通过，1983年7月1日起试行）第38条规定，“当事人对食品卫生监督机构给予的行政处罚不服的，在接到处罚通知之日起十五天内，可以向人民法院起诉。但是，对食品控制的决定应当立即执行”。再如，《土地管理法》（1986年6月25日由六届全国人大常委会第十六次会议通过）第52条中规定，“本法规定的行政处罚由县级以上地方人民政府土地管理部门决定，本法第四十五条规定的行政处罚可以由乡人民政府决定。当事人对行政处罚决定不服的，可以在接到处罚决定通知之日起三十日内，向人民法院起诉”。近年来，国家行政管理方面的法律、法规，对此作了类似规定的还有：《海洋环境保护法》（1982年8月23日由五届全国人大常委会通过）第41条和第42条、《统计法》（1983年12月8日由六届全国人大常委会第三次会议通过、1984年1月1日起施行）第25条、《水污染防治法》（1984年5月11日由六届全国人大常委会第五次会议通过、1984年11月1日起施行）第40条、《森林法》（1984年9

月20日由六届全国人大常委会第七次会议通过、1985年1月1日起施行）第39条、《药品管理法》（1984年9月20日由六届全国人大常委会通过）第55条和第56条、《草原法》（1985年6月18日由六届全国人大常委会第十一次会议通过）第21条、《海洋倾废管理条例》（1985年3月6日国务院发布）第22条、《计量法》（1985年9月6日由六届全国人大常委会第十二次会议通过）第32条、《渔业法》（1986年1月20日由六届全国人大常委会第十四次会议通过）第33条、《矿产资源法》（1986年3月19日由六届全国人大常委会第十五次会议通过）第46条、《邮政法》（1986年12月2日由六届全国人大常委会第十八次会议通过）第40条、《电力设施保护条例》（1987年9月15日国务院发布）第32条、《投机倒把行政处罚暂行条例》（1987年9月7日国务院发布）第11条、《大气污染防治法》（1987年9月5日由六届全国人大常委会第二十二次会议通过）第35条、《广播电视设施保护条例》（1987年4月24日国务院发布）第16条、《水法》（1988年1月21日由六届全国人大常委会第二十四次会议通过）第48条、《全民所有制工业企业法》（1988年4月13日由七届全国人大第一次会议通过）第59条等。

（4）近年来，有一些涉外行政法律文件也开始对此作出明确规定。例如：《中外合资经营企业所得税法》（1980年9月10日由五届全国人大常委会第三次会议通过、1980年9月10日起施行）第15条规定："合营企业同税务机关在纳税问题上发生争议时，必须先按照规定纳税，然后再向上级税务机关申请复议。如果不服复议后的决定，可以向当地人民法院提起诉讼。"又如，《外国人入境出境管理法》（1985年1月22日由六届全国人大常委会第十三次会议通过）第29条第2款规定："受公安机关罚款或拘留处罚的外国人，对处罚不服的，在接到通知之日起十五日内，可以向上一级公安机关提出申诉，由上一级公安机关作出最后的裁决，也可以直接向当地的人民法院提起诉讼。"再如，《违反外汇管理处罚施行细则》（1985年3月25日国务院批准、1985年4月5日国家外汇管理局公布）第12条规定："管汇机关处理违反外汇管理案件，应当制发处罚决定书，通知被查处的单位或者个人。当事人对管汇机关的处罚决定不服，可以在接到处罚决定书之日起的十五日内，向上一级管汇机关申请复议；当事人不服复议决定的，可以向当地人民法院起诉。”再如，《海关法》（1987年1月22日由六届全国人大常委会第十九次会议通过、1987年7月1日起施行）第53条中规定，“当事人对海关的处罚决定不服的，可以自收到处罚通知之日起三十日内，海关无法通知的，自海关的处罚决定公告之日起三十日内，向作出处罚决定的海关或者上一级海关申请复议；对复议决定仍然不服的，可以自收到复议决定后之日起三十日内，向人民法院起诉。当事人也可以自收到处罚通知之日或者自海关的处罚决定公告之日起三十日内，直接向人民法院起诉”。其他一些涉外行政法律文件，如《外国企业所得税法》（1981年12月13日由五届全国人大第四次会议通过、1982年1月1日起施行）第16条、《商标法》（1982年8月23日由五届全国人大常委会第二十四次会议通过、1983年3月1日起施行）第36条和第39条、《海上交通安全法》（1983年9月2日由六届全国人大常委会第二次会议通过、1984年1月1日起施行）第45条、《专利法》（1984年3月12日由六届全国人大常委会第四次会议通过、1985年4月1日起施行）第43、49、58、60条、《进出口关税条例》（1985年3月7日国务院发布、1987年9月12日国务院修订发布）第32～34条、《国境卫生检疫法》（1986年12月2日由六届全国人大常委会第十八次会议通过）第21条、《麻醉药品管理办法》（1987年11月28日国务院发布）第34条、《海关法行政处罚实施细则》（1987年6月30日国务院批准、1987年7月1日海关总署发布）第26条、《民用航空器适航管理条例》（1987年5月4日国务院发布）第26条等，也都作了类似规定。

据不完全统计，截至1988年上半年为止，仅中央一级，已经有130多个法律、法规对此作了明确，已涉及工商行政、税务、物价、公安、卫生、土地、环境保护、统计、计量、森林、渔业、矿产资源、邮政、电力设施、广播电视设施、工业企业等各个方面的国家行政管理工作，以及一些涉外行政管理。此外，各省、市制定颁布的地方性法规中也有不少对此作了类似规定的。我国法院受理行政案件的范围，正在随着四化建设的需要不断扩大，我国的行政诉讼制度已在逐步建立健全起来。在这样的形势下，我国人民的民主权利和合法权益正进一步受到法律的保障；外国朋友到中国投资和同我国人民进行各方面的交往，根据“法律面前人人平等”的原则，从国家行政管理的角度来看，也必将进一步受到我国行政法的保护，这是毫无疑义的。

三

由于现代化建设的需要，由于进一步发展人民民主的需要，目前，在我国，尽快建立健全行政诉讼制度，抓紧制定行政诉讼法，已成为举国上下迫切的要求。在全国人大法律委员会的指导下，一个行政立法研究小组早在 1986 年 10 月就已建立起来。这个研究小组在开始工作以后，重点研究了起草行政诉讼法的一系列问题，并于 1987 年 8 月完成了《行政诉讼法（试拟稿）》。这个试拟稿在广泛征求意见的基础上，经过三次修改以后，于 1988 年年初，转交全国人大法制工作委员会，形成了正式的《行政诉讼法（草案）》。截至 1988 年 8 月底，这个草案在继续征求各方面意见的基础上，又五易其稿。至此，一个具有中国特色的行政诉讼法已初具雏形。现在，这个草案在进一步征求意见的基础上，作了必要的修改，已提交七届全国人大常委会第四次会议审议，并由全国人大常委会作出决定，在报上全文公布，广泛征求意见，以便进一步研究修改，提请七届全国人大二次会议审议。

在我国，建立健全行政诉讼制度的目的，主要是要求在国家行政机关内部实施行政监督的基础上，进一步运用法院审判行政案件、处理一部分行政纠纷的办法，对各级政府及各级国家公务员的各种行政管理活动从司法的角度来进行监督，以便有效地保证它（他）们在实施行政管理活动过程中，严格“依法行政”。一方面，让各级政府能运用行政法手段来更有力地管好国家各方面的行政工作，从而保证在国家行政管理领域正确地、有效地行使人民赋予政府的国家行政权，更好地克服官僚主义，提高行政管理效率；另一方面，又能更好地规范各级政府和各级国家公务员的活动，保证他们恪尽职守，不越权，不滥用行政权力，从而进一步保障广大公民在行政法上的合法权益。只有在加强国家行政机关自身的行政监督的基础上，进一步建立健全行政诉讼制度，加强对各级国家行政机关和各级国家公务员的审判监督，才能更好地保证形成全国范围内自上而下都“依法行政”的强有力的政府工作系统，保证更好地发展人民民主，切实保障广大公民在国家政治生活和日常生活中的各项合法权益和民主权利。目前在报上全文公布以便广泛征求意见的《行政诉讼法（草案）》，就是在这样的指导思想下完成的。该草案的第 1 条已明确写上了制定这个法律的目的是：（1）保护公民和组织的合法权益；（2）促使国家行政机关依法行使行政权力；（3）保证人民法院及时地审理行政案件。

为了建立健全我国的行政诉讼制度，需要尽快制定一部适合我国国情的行政诉讼法。笔者认为：从我国现代化建设的需要出发，从改革开放的实际情况出发，在总结近年来我国行政诉讼制度化法律化的经验基础上，在吸取现代世界各国建立健全行政诉讼制度的经验教训的基础上，完善这个草案需要着重研究的一些主要问题应是：

第一，关于受理行政案件的范围。当然不可能把一切行政纠纷都推到法院去成为行政案件。目前，需要进一步认真研究的是：哪些方面的行政纠纷已经成熟到可以由法院审理了。例如，一些涉及国民经济行政管理的行政案件，为了进一步贯彻改革、开放的总方针，就很有必要首先在一些经济法律、法规中明确规定下来；并与之配套，在统一的行政诉讼法典中也明确地作出原则的规定。目前，在土地管理法、矿产资源法、渔业法、草原法、森林法等法律中，对此已作了一些简单的规定，这些方面的国家行政机关和国家公务员在经济行政管理活动中，如果采取了不当的或违反法律规定的行政措施，侵犯了相对一方当事人依法享有的权益时，当事人已经可以依法向法院去控告这些国家行政机关以及有关的国家公务员，形成行政案件，由法院来审理了。此外，还有哪些涉及国民经济行政管理的行政纠纷可以列入行政案件的受理范围，提到法院去审理呢？这需要在深入经济体制改革的基础上，在制定行政诉讼法典过程中，认真加以考虑。又例如，目前，也有一些不涉及经济行政管理的纠纷，如治安行政、卫生行政管理方面的行政纠纷，已经由有关法律、法规规定可以告到法院去形成行政案件，由法院来审理了。但像文物行政管理、教育行政管理、科技行政管理方面的一些行政纠纷，是否也可以在一些法律、法规中明文规定可以形成行政案件，由法院来处理并在行政诉讼法典中作出原则规定呢？这都是起草行政诉讼法典需要认真考虑的问题。看来，法定的行政案件的收案范围，只能根据我国社会经济形势的发展和国家行政管理的需要以及法院行政审判庭建设的实际情况（它们的承受能力），采取逐步扩大的方针来决定，决不能把一切行政纠纷一股脑儿地都立即推给法院去处理。行政诉讼法典在规定行政案件的收案范围时，有必要坚持原则性与灵活性相结合、现实性与超前性相结合的方针，即从我国实际国情出发，既总结肯定已有的经验，也照顾到改革前景的需要，才能做到更好地符合我国的国情。

第二，关于行政诉讼与行政复议的关系问题。可以告到法院去的行政案件，是否都需要先由行政机关自己通过行政复议程序来处理以后，当事人仍然不服时，才转为行政诉讼，像目前《治安管理处罚条例》等法律明文规定的那样呢？这也是起草行政诉讼法典需要明确回答的问题。看来，对这样的问题，还是要按照具体问题具体分析的原则来正确对待才好。目前，世界上不少国家采用的解决行政纠纷的办法都不是“单打一”的，而是：（1）大量的一般行政纠纷，先由行政机关自己和它们的上一级领导机关来处理，即建立诉愿制度或行政复议制度来处理；（2）一部分特殊的行政纠纷由比较超脱的行政机关来处理，如建立国家行政检察部门来处理，或建立各种专业的行政委员会来处理；（3）只有一小部分行政纠纷才依照法律的明文规定送到法院去审理。照我看，不采用“单打一”的办法，而把上述三种办法结合起来使用，按照这种精神来起草行政诉讼法典，像目前公布交付全民讨论的草案所作的那样，应当说是更为合理的。采用这样的办法，也是更适合我国目前实际需要的。

第三，关于一系列审理程序问题。如行政案件的立案程序，以及行政诉讼中的回避、辩护、审限制度等，需要在行政诉讼法典中作出明确的规定。当然，这类规定，也只能从我国的实际情况出发，根据需要与可能，首先作出一些必要的规定才行。我们需要借鉴世界各国行政诉讼法典中对我们有用的东西，但绝不可能全部照搬国外一些行政诉讼法典中只能适用于各该国的一些现成规定。这些应当作为我们作出有关这一方面规定的一个总的指导思想。

第四，关于赔偿的责任问题。建立行政诉讼制度的目的之一，就是要使公民和企事业单位、群众团体等组织被国家行政机关及其工作人员侵害的合法权益得到补救。我国《宪法》关于赔偿问题早已作出原则规定。我国一些重要的基本法律如《刑法》《民法通则》等，对此也都作了一些规定，行政诉讼法对此当然也要作出进一步的规定才行。根据发展人民民主的需要，根据保护公民和企事业、社会团体等组织宪法权利的需要，目前，在这个问题上，已有必要和可能，在行政诉讼法中作出比在刑法、民法通则等基本法律中更加切实和具体的规定了。应当说，这也是进一步修订目前这个草案必须认真加以研究的问题。

我国的《行政诉讼法（草案）》，在经过多次修改以后，现已公布于众，交付全民讨论。因为这个法律是一个规范政府同广大公民之间行政法律关系的法律，是我国社会主义法律体系中一个重要的基本法律，是一个与在我国发展人民民主和进一步深入搞好政治体制改革关系极为密切的法律。我相信，在广泛征求全国人民意见的基础上，这个法律草案一定会修改得更能适合中国的国情。它的正式公布施行必将在我国起到切实保障公民权利和发展人民民主的作用。

关于《行政诉讼法》的两点意见[*]

张友渔[**]

1989年4月4日第七届全国人民代表大会第二次会议通过了《行政诉讼法》，这是进行法制建设的一个重要步骤，也是政治体制改革的一项主要内容。

所谓行政诉讼主要是指由于国家行政机关及其工作人员行使行政权力的具体行为被认为是侵犯了公民或其他组织的合法权益所引起的诉讼，也是政府和人民的关系的不正常乃至矛盾激化的表现。如果处理不当，将会引起人民对政府的不满，影响社会的安定团结。而要处理得当，就必须要有正确的行政诉讼法。受理行政诉讼的机关，各国有所不同。有的国家由普通法院受理，如美国；有的国家由行政法院受理，如法国。而行政法院又有两个类型。有的国家是属于行政系统的，如法国。有的国家是属于法院系统的，如联邦德国。但无论是普通法院受理，或是行政法院受理，都必须有行政诉讼法，像民事诉讼必须有民事诉讼法，刑事诉讼必须有刑事诉讼法一样。我国过去没有行政诉讼法，只是在《民事诉讼法（试行）》中带了一笔“法律规定由人民法院审理的行政案件，适用本法规定”（《民事诉讼法（试行）》第3条第2款）。同时，还规定“依法应当由其他行政机关处理的争议，告知原告向有关行政机关申请解决”（《民事诉讼法（试行）》第84条第2项），这是不适应现在社会发展的实际需要的。因此，制定《行政诉讼法》十分必要，可以说是当务之急。

这个《行政诉讼法》的内容基本上是可行的。但是由于过去缺乏实践经验，对于有些问题，各方面意见还不完全一致。因此，这次人民代表大会虽然通过了本法，但是没有立即颁布施行，而于附则第

---

* 载《中国法学》1989年第4期。

** 张友渔，曾任第六届全国人大常委会委员兼法律委员会副主任。

75条中规定“本法自1990年10月1日起施行”。这就是为了作施行的充分准备，并为进一步研究讨论留有余地。凡有不同意见的人，都还可以提出自己的意见。我在这里提出下述两点意见：

一是关于行政诉讼向谁提出的问题。提出行政诉讼的方式、程序，各国不同。一般可概括为三种：第一种是直接向法院提起诉讼；第二种是向上级行政机关提出申诉，请求复议，不服复议的，可向法院起诉；第三种是由提出诉讼的人自行选择，可以直接向法院起诉，也可以向上级行政机关提出申诉。本法是采取第一种方式兼第二种方式。在第2条只规定“公民、法人或者其他组织认为行政机关和行政机关工作人员的具体行政行为侵犯其合法权益，有权依照本法向人民法院提起诉讼”，没有说也可以向上级行政机关提出申诉。第37条第1款规定：“对属于人民法院受案范围的行政案件，公民、法人或者其他组织可以先向上一级行政机关或者法律、法规规定的行政机关申请复议，对复议不服的，再向人民法院提起诉讼；也可以直接向人民法院提起诉讼。”第2款规定：“法律、法规规定应当先向行政机关申请复议，对复议不服再向人民法院提起诉讼的，依照法律、法规的规定。”这表示一般原则是直接向人民法院起诉，向上级行政机关申请复议只是例外。我认为根据我国目前的实际情况，似以采取第二种方式为宜。就是一切案件都先向上级行政机关申诉请求复议，不服上级行政机关复议裁决的，再向人民法院起诉。这是因为上级行政机关熟悉有关业务，比较了解争议情况，并且有责任也有权力对下级行政机关进行领导、监督，解决问题比较容易。另一方面，毋庸讳言，现在我们基层法院乃至某些高级、中级法院的干部质量并不是很高，能力并不是很强，对社会各种情况并不完全了解，审理大量行政诉讼案件，即使专设行政诉讼庭，大增人员也很难要求都作到判决完全正确，这一点是最高人民法院所确认的。最高人民法院在对《行政诉讼法（草案）》的修改建议中主张公民、组织对行政机关的具体行政行为不服，一律经过上级行政机关复议以后，才能向人民法院起诉。理由之一，就是审判实践证明，大量处理行政争议可以通过行政复议求得解决。法院可以集中力量处理经过复议解决不了的行政案件，以保证办案质量。

有人以为上级行政机关会袒护、包庇下级行政机关，不可能公正解决问题，法院则处于超然地位，能够公平审理、判决。不能这样看问题。上级行政机关袒护、包庇下级行政机关的事可能不少，但不能说都是这样，不能认为“天下乌鸦一般黑”！单线领导的上级机关可能是这样，统一领导各部门的上级机关就未必是这样。事实证明，经过上级机关复议，纠正下级机关的错误行为的并不是少数。据海关总署的材料，从1987年以来，申请海关复议的200多件案件中，经复议裁决变更的100多件，约占50%。据公安部的材料，1987年，公安部门经过复议，改变最初处理的案件，约占36%。天津市人大常委会的材料则说明，天津市法院在审理治安案件中，撤销公安机关的处理决定的，只有3件，每件都要做大量的工作。而公安机关经过复议，撤销或变更原决定的有100多件，进行得非常顺利。另一方面，由于上述法院干部的现状，法院审理案件也未必都能公平，事实上，错案、冤案不是也不少吗？并且即使上级行政机关袒护、包庇下级行政机关，复议裁决不当，公民、法人、其他组织不服还可以向人民法院起诉，并不影响行使起诉权，只是多了一层手续，似乎添了一些麻烦。但直接向法院起诉，也并不一定麻烦就少。例如，向上级行政机关申请复议，手续比较简单，写一封申请书交去就可以了。向法院起诉，则须经过复杂的程序，花费较多的时间，并要交诉讼费，有的还要花钱请律师。不服一审判决还要上诉，不也是两层手续吗？因此，我以为本法第2条末句，最好改为“有权向上级行政机关申请复议；对复议裁决不服的，可以向人民法院起诉。”删去第37条。

这样做，对争论最多的另一个主要问题也就连带解决了。本法第11条规定了法院“受案范围”，除在第2款规定“除前款规定外，人民法院受理法律、法规规定可以提起诉讼的其他行政案件”外，在第1款列举了8个方面的具体范围。有人以为范围窄了，主张扩大范围，这在我国现在法院的组织机构和干部的数量、质量的情况下，实际上是办不到的。法院直接受理的范围只能是由少到多，逐步扩大。如何恰当地划定“受案范围”，的确存在很不容易解决的难题。如果先经过上级行政机关复议，法院只受理复议解决不了的案件，则这个难题就不存在了。因为像最高人民法院的建议所说的，大量行政争议，可以经过行政复议求得解决，法院只受理极少数案件。那还有什么划定“受案范围”的必要？因而也就没有必要争论“受案范围”的宽窄问题了。

二是关于规章能不能作为法院审理行政案件的依据的问题。关于这个问题，根据本法第52条的规定："人民法院审理行政案件，以法律和行政法规、地方性法规为依据"。这里没有提到规章，意思就是规章不能作为依据。只是在第53条第1款规定："人民法院审理行政案件，参照国务院部、委根据法律和国务院的行政法规、决定、命令制定发布的规章以及省、自治区、直辖市和省、自治区的人民政府所在地的市和经国务院批准的较大的市的人民政府根据法律和国务院的行政法规制定发布的规章。"这就是说规章不能作为依据，只能"参照"。我认为规章应当作为法院审理行政案件的依据，不应只是"参照"。本法的规定需要重新考虑。因为：（1）国务院各部、委和省级地方人民政府以及特定的市人民政府可以制定、发布规章，是《宪法》、《国务院组织法》和《地方各级人民代表大会和地方各级人民政府组织法》所明确规定的。《宪法》第90条第2款规定："各部、各委员会根据法律和国务院的行政法规、决定、命令，在本部门的权限内，发布命令、指示和规章。"《国务院组织法》第10条同样规定：根据法律和国务院的决定，主管部、委员会可以在本部门的权限内发布命令、指示和规章。1982年《地方各级人民代表大会和地方各级人民政府组织法》则在第35条规定了省级人民政府和特定的市的人民政府"还可以根据法律和国务院的行政法规，制定规章"。这一规定是原来的组织法没有，1982年12月第五届全国人大第五次会议修改组织法时特别加入的。宪法和两个组织法所以作这样规定，是因为关于行政方面的问题，特别是具体行为，法律和法规不可能也不必要都作出详细的具体规定，需要运用规章来解决。规章固不同于法律、法规，但它是法律、法规的具体化，是实现或补充法律、法规的必要手段，也可以说是宪法、法律授权行政机关制定的"法律文件"。因而它是具有法律效力的，人民应当遵守，行政机关本身应当执行，法院也应当作为审理行政案件的依据。不能因为规章不是由行使立法权的全国人大或其常委会制定的就没有法律效力，就不能作为审理案件的依据。国务院的行政法规也不是行使立法权的全国人大或其常委会制定的，而是由作为行政机关的国务院制定的，为什么具有法律效力，可以作为法院审理案件的依据呢？（2）事实上，行政机关处理行政事务，不少国家都是依靠规章。资本主义国家美国，社会主义联盟苏联都是这样。

我国由于法律、法规不够完备，更不能不这样。例如我国现行的有关工商管理的法律、法规和规章有180多个，其中，规章就有130多个，占总数的3/4。如果规章没有法律效力，法院判案不作为依据，行政机关执行行政职务就会陷于无所依据，不能正确完成任务，人民对涉及有关行政关系的行为也不知该怎么做，只能盲目活动；而法院审理案件也会增加很多困难，所以，最高人民法院召开的全国法院工作会议决定规章可以作为经济案件的判案依据。反对规章作为法院判案依据的主要理由是现在的规章又多又乱，而且各个规章互相矛盾，如作为判案依据，会使判案失去公正，损害人民利益。这是没有把什么是规章，规章本身应当不应当具有法律效力，同如何制定规章，具有什么内容才成其为规章这两个问题划分清楚，混为一谈了。所谓规章，如宪法和两个组织法所规定的，必须具有三个条件：一是国务院各部、委及地方人民政府等行政机关制定的，不是非行政机关的企事业单位或社会团体制定的；二是它是根据法律和国务院的行政法规、决定制定的，不是同法律、法规相抵触的：三是它是在本行政机关的权限范围内制定的，不是超越权限范围的。具备这三个条件才是规章，不具备这三个条件的就不能算是规章。现在所存在的所谓“规章”既多又乱，有的还是内部掌握，没有公开，人民并不知道，这是事实。这些所谓“规章”，其实不都是名符其实的规章，应当加以清理。符合三条件的规定保存，不符合三条件的规定应纠正乃至废除，当然没有法律效力，法院判案不能作为依据。但是不能因此就得出这样的结论：宪法和两个组织法授权行政机关制定的规章本身就一般说没有法律效力，法院判案，只可“参考”，不能作为依据，甚至连“参照”也不可以。清理工作当然很繁重，搞不好会搞乱。但这是工作方法、工作步骤的问题，不是搞不搞的问题。应当是分清轻重缓急，有计划、有步骤地进行。我们对于过去的法律、法规，不是也已进行了清理工作并取得一定成绩吗？不能因怕困难，而采取一般地否认规章的法律效力的简单办法。同时，要根据宪法和两个组织法的原则，确立制定规章的程序，严格规章的内容，不符合要求的一律无效，情节严重的还应当追究制定机关的责任。虽然内容没有问题，而只是内部掌握没有公开的，也无法律效力，不能作为法院判案依据。

这里有一个问题，就是法院在审理行政案件中，认为有关规章同法律、法规相抵触时，如何解决？由于我国法院没有司法审查权，不能自己作出这个规章没有法律效力的决定，基本上可按本法第53条第2款规定的原则处理，即“人民法院认为地方人民政府制定、发布的规章与国务院部、委制定、发布的规章不一致的，以及国务院部、委制定、发布的规章之间不一致的，由最高人民法院送请国务院作出解释或者裁决”。需要补充的是法院认为规章同法律、行政法规相抵触的，可经由最高人民法院分别提请全国人民代表大会常务委员会或国务院解释；认为地方人民政府制定的规章同地方性法规抵触的，可提请地方人民代表大会常务委员会解释。法院同国务院或地方人民代表大会常务委员会认识不一致的，可提请全国人民代表大会常务委员会作出决定。

主张规章不可作为法院审判行政案件的依据的，还有一个理由，就是行政机关实行首长负责制，规章是首长个人随意决定的，不像法律那样是经过多数人决定的，有规范性、稳定性。这个理由也不太充分。因为我们的首长负责制不是个人独裁制。《宪法》第3条第1款明确规定，中华人民共和国的国家机构实行民主集中制的原则。也就是毛泽东同志所说的“民主基础上的集中，集中指导下的民主”。一切国家机关都须实行这一原则，行政机关也不能例外，只是具体做法有所不同。《宪法》第86条虽然规定“各部、各委员会实行部长、主任负责制”，但是第90条第1款又规定：“国务院各部部长、各委员会主任负责本部门的工作；召集和主持部务会议或者委员会会议、委务会议，讨论决定本部门工作的重大问题。”《国务院组织法》也有同样规定，并且还规定“国务院工作中的重大问题，必须经国务院常务会议或者国务院全体会议讨论决定”（第4条）。可见首长负责制对重大问题也要提交会议，进行民主讨论，然后由首长作出决定，不是首长可以独断独行，随意作出决定的。各部、委制定规章是根据国务院关于各部、委工作中的方针、政策、计划和重大行政措施的决定（《国务院组织法》第10条），并符合前面所述的不同法律和行政法规相抵触，不超越本部门的权限范围，经过会议讨论决定的。怎么能说都是首长随意决定的产物，不能作为法院审到行政案件的依据呢？总之，我认为规章应当作为法院审判行政案件的依据之一，本法第52条第1款“地方性法规”后应加入“规章”二字或“行政机关在其权限范围内制定的规章”一语。第53条“参照”的规定不可取。

这无异赋予法院以司法审查权，它可以对规章随意取舍，不符合我们国家的整个体制。为了使人们明确了解规章的含义，不把现存的那些不是规章的东西也当作规章，可以考虑使用“本法所称规章，是指国务院各部、委、省、自治区、直辖市以及省、自治区的人民政府所在地的市和经国务院批准的较大的市的人民政府根据法律、行政法规和国务院的命令、决定制定的规章”。

以上是我对《行政诉讼法》的两点意见，提供大家参考。

行政诉讼的基本原则 *

应松年 **

行政诉讼的基本原则，是宪法和法律规定的，反映我国行政诉讼的基本特点，对行政诉讼具有普遍指导意义，在解决和处理行政案件时必须遵循的基本行为准则。

研究探索行政诉讼的基本原则，是当前正在讨论的建立具有中国特色的行政诉讼制度的核心问题。因为任何法律的制定，都必须首先搞清该法律的基本原则，才可能对各项具体制度作出规定。本文试图对行政诉讼的原则作一比较全面的探讨，希望得到批评和指正。

一、行政诉讼基本原则的意义、特点、影响因素和分类

（一）研究行政诉讼基本原则的意义

研究行政诉讼的基本原则，在《行政诉讼法》颁布以前，将对制定法律起指导作用。我国正在研究和讨论制定《行政诉讼法》，对基本原则的研究和讨论，是其中的核心部分，也是主要的难点所在。基本原则讨论清楚了，其他问题都将易于解决。

研究和掌握行政诉讼的基本原则，在《行政诉讼法》颁布以后，将帮助人们领会我国行政诉讼制度的精神实质，把行政诉讼法正确地适用于各个具体案件，保证法律的统一和正确实施。在行政诉讼法对某些问题缺乏具体规定时，基本原则将为解决审判实践中出现的新问题提供方向，以期最终完善我国的行政诉讼制度。

* 载《政法论坛》1988年第5期。

** 应松年，时任中国政法大学中国法制研究所副所长、副教授、行政立法研究组副组长。

（二）行政诉讼基本原则的特点

第一，行政诉讼的基本原则必须由法律所规定。规定行政诉讼基本原则的法律主要是：宪法、人民法院组织法、人民检察院组织法、民事诉讼法和行政诉讼法。例如，《宪法》规定中华人民共和国人民法院是国家的审判机关，这是人民法院主管行政诉讼原则的宪法根据。《民事诉讼法（试行）》第 3 条第 2 款关于法律规定由人民法院审理的行政案件，适用本法的规定，这是人民法院在行政诉讼中实行特定主管原则的法律依据。集中规定行政诉讼基本原则的应该是行政诉讼法，但由于我国尚未制定《行政诉讼法》，因而此处所说的行政诉讼的基本原则，还只能从宪法、法律规定的精神中和我国国情的特点中概括和归纳出来。这一特点必然使我们在论述行政诉讼的基本原则时，比之论述其他诉讼的基本原则，更富探索性，因而也更易引起争论。

第二，行政诉讼的基本原则必须具有概括性。这包含两层意思：一是要概括行政诉讼与其他诉讼（刑事诉讼和民事诉讼）的共性与个性；二是要概括出与本国的政治、经济制度和法制传统相联系的我国行政诉讼的特点。例如，人民法院特定主管原则就是一个概括了行政诉讼的特殊性并反映了我国行政诉讼特点的基本原则。

第三，行政诉讼的基本原则必须具有普遍的指导意义。基本原则是行政诉讼中人民法院的审判活动和诉讼参加人的诉讼活动所必须遵循的行为准则。这些准则有些贯穿于诉讼的全过程，例如人民检察院参加行政诉讼的原则；有些则涉及行政诉讼中极为重要的阶段，例如人民法院不享有司法变更权，就主要是审判阶段的原则等。这里需要强调的是：任何普遍性都不可避免有其例外和特殊性。法律的任务和困难就在于作出普遍规定的同时，明确指出其例外情况。我们在探讨基本原则时，也应该注意对例外情况的研究。

第四，由于行政诉讼的基本原则体现了特定的国情和行政诉讼的特殊性，因而它较之一般的程序和制度就更有稳定性。

（三）影响行政诉讼基本原则的主要因素

行政诉讼的基本原则并不是主观随意的产物，它植根于行政诉讼的客观发展规律。从总体上说，影响行政诉讼基本原则的主要因素，应该是一国的国情。它包括：国家的经济制度和政治制度、司法实践和法制传统以及行政诉讼法律关系的特殊性三个方面。

1. 我国的经济制度与政治制度。行政诉讼是商品经济和民主政治发展的产物。但我国几十年产品经济形成的政治结构，曾长期把企业事业单位作为行政机关的附属物，使行政管理在经济发展中处于决定地位，同时也使个人对组织的从属性和依附性大大增强。这就产生了两个结果：一是行政纠纷数量很多，二是解决这种纠纷的行政诉讼却难以顺利开展。在这种条件下，我国的行政诉讼就需要强调人民法院独立行使审判权，强调诉讼中的支持原则和检察院参与行政诉讼等基本原则。

我国的政治制度是人民民主专政的制度，人民通过人民代表大会行使国家权力，并且设置行政机关与司法机关来分别行使行政权和司法权。行政机关和司法机关都对人民代表大会负责并报告工作，它们相互间的关系不是三权分立和制衡的关系，而是相互尊重和监督的关系。行政诉讼是对行政机关的管理活动进行司法监督的重要环节。由于行政机关担负着直接组织和管理国家事务的任务，与国家的命运和人民的幸福息息相关。因此，通过行政诉讼，加强司法机关对行政行为的监督，保护公民的合法权利和利益，同时监督和保障行政机关依法行使职权，是十分必要的。正如行政机关必须充分尊重法院在行政诉讼中行使司法权一样，这一监督也要建立在尊重行政机关充分行使行政权的基础之上，并最终向权力机关负责。这些特点对我国行政诉讼产生了深刻的影响。人民法院独立行使审判权、行政机关负主要举证责任、复议前置、诉讼不停止执行原则等，都是在这一基础上产生的。

2. 法制传统和司法实践。一国的法制传统和司法实践，常常对行政诉讼的基本原则产生重大影响。英国的法制传统和司法实践。产生了以行政裁判所为处理行政争议的主要机构和普通法院具有处理行政案件的最后决定权，以及英国不分行政争议和民事纠纷的诉讼特点。法国的法制传统和司法实践则产生了明确划分民事纠纷和行政争议，建立独立的行政法院系统以处理行政案件的诉讼特点。这两个国家的行政诉讼制度，对世界各国的行政诉讼产生了广泛的影响，形成了英美法系和大陆法系两大行政诉讼体系。我国的法制传统和司法实践却不同。第一，我国宪法规定了审判权由人民法院行使，因而不可能另设行政法院；第二，我国的法制传统是对民事纠纷和行政争议的明确划分，因此，必须由人民法院内设置的行政庭来处理行政争议。司法监督成为行政法制监督的重要组成部分。由此产生了人民法院主管行政诉讼的原则。

3. 行政诉讼法律关系的特殊性。行政诉讼法律关系与刑事和民事诉讼法律关系的不同在于，人民法院主持下解决的行政争议，是行政机关在行政管理活动中与公民和社会组织之间发生的争议。行政机关作为被告参加诉讼，原由行政机关管理的相对人，在行政诉讼中成为原告。原与行政机关处于平行地位的法院，现在成为行使司法监督权、主持处理争议的裁判者，行政机关必须遵守诉讼的一切法定程序，执行人民法院的裁判。与此同时，行政机关作为国家机关的地位，即使在进入诉讼阶段以后，也会在诉讼中有所反映。法律关系中的这些特殊性，必然要求行政诉讼有不同于民事和刑事诉讼的基本原则，例如，被告诉讼权利有限原则等。

（四）行政诉讼基本原则的分类

行政诉讼的基本原则，按不同的标准，可以有不同的分类。

1. 根据基本原则的性质，可以分为组织原则和职能原则两大类。组织原则就是规定人民法院在行政诉讼中的组织活动的，也可以称为组织制度，如公开审判原则、回避原则、使用民族语言文字原则等。职能原则就是规定诉讼活动必须遵循的基本准则的。有些对诉讼参与人都有关，例如，当事人诉讼权利平等等原则；有些与人民法院审判活动有关，如不适用调解原则；有些与某些诉讼参与人有关，如人民检察院参加行政诉讼原则等。

2. 根据基本原则所由规定的法律不同，可以分为宪法、相关组织法规定的基本原则，行政诉讼法规定的基本原则和其他法律规定的基本原则三大类。宪法和人民法院组织、人民检察院组织法规定的基本原则，一般适用于各类诉讼。行政诉讼法规定的基本原则则更多地反映了行政诉讼的特点。其他法律，如民事诉讼法与某些法律，也可能对基本原则作出规定；有些则可能对基本原则的例外情况作出规定。从而影响与丰富基本原则的内涵。

3. 根据基本原则的适用范围，可以分为一般原则和特殊原则两大类。一般原则指民事、刑事和行政诉讼都适用的基本原则，或适用于民事诉讼和行政诉讼的基本原则。特殊原则是行政诉讼所特有，与刑事、民事诉讼，特别是民事诉讼相区别的基本原则。由于这种分类方法叙述比较方便，本文将依此对行政诉讼的基本原则逐一进行分析和探讨。

二、行政诉讼的各种基本原则

（一）行政诉讼的一般原则

一般基本原则有三种情况，一是对刑事、民事、行政三类诉讼都适用的基本原则；二是适用于民事和行政诉讼的基本原则；三是适用于三类诉讼，同时又含有行政诉讼特殊性的基本原则。

1. 以事实为根据，以法律为准绳。这是我国各类诉讼共有的基本原则。它们基本要求是：人民法院在审理案件时必须查清案件的事实真相，以有关的法律为衡量标准，辨明是非曲直，作出正确的裁判。它是实事求是和依法办案这一指导思想的体现。行政诉讼和其他诉讼所不同的是，行政诉讼是对行政机关的行政处理决定的审查。行政处理决定本身就是对一定的事实适用法律规定，因此，在行政诉讼中，所谓以事实为根据，就是人民法院要查明行政机关据以作出处理决定的事实是否符合客观情况；所谓以法律为准绳，就是要查明行政机关据以作出处理决定的法律规定，是否运用正确。上述任何一点的肯定或否定，都将是人民法院作出维持或撤销裁定的根据。正是因为这一特点，引起了事实审还是法律审的争论。笔者认为，用事实审还是法律审，似以由人民法院自行决定为好。案情比较简单清楚的，人民法院可以以法律审为主；案情比较复杂确实尚需查证的，也可以进行事实与法律两方面的审查。

2. 诉讼当事人在适用法律上一律平等。这是宪法规定的公民在法律面前一律平等的社会主义法制原则在诉讼上的体现，它是我国各类诉讼所共有的基本原则。行政诉讼的特殊性在于，由于行政案件总是发生在行政机关与公民或社会组织之间，是由于公民或社会组织对有权的行政机关作出的处理决定不服引起的，因此，适用法律一律平等，就意味着并不因行政机关是有权的一方而有任何偏袒或不公正；同样，也不能因强调保护公民的合法权益而对行政机关有任何歧视或不公正。

3. 公开审判。这是我国各类诉讼共有的基本原则。是指除涉及隐私或机密的案件外，一律公开审理，行政诉讼并无例外。

4. 回避。这是我国各类诉讼共有的基本原则。是指承办本案的审判人员和其他人员，如是本案当事人或当事人的近亲时，或是与本案有利害关系以及与本案当事人有其他关系，可能影响对案件的公正审理的，必须自动退出本案的审理，当事人也有权申请更换，行政诉讼也无例外。

5. 使用本民族语言文字。这是我国各类诉讼共有的基本原则。是指各民族都有用本民族语言文字进行诉讼的权利，是宪法规定的我国各民族人民平等原则在诉讼中的具体表现，行政诉讼也并无例外。

6. 人民法院依照法律规定独立行使审判权。这是我国各类诉讼所共有的基本原则，但对于行政案件尤为重要。因为行政诉讼的被告是行政机关，在行政法制意识还比较淡薄的情况下，仍有相当一部分人把行政机关的败诉，看成是“丢脸”和“丧失威信”的事情，而没有认识到这是对公民或社会组织的合法权益的保护，是维护提高了行政机关的威望，因而他们想方设法动员各种力量，从各个方面对主持审判的人民法院施加影响，其严重程度远远超过其他诉讼活动。已经成为顺利开展行政诉讼的不可忽视的障碍。因此，强调人民法院依照法律规定独立行使审判权的基本原则，对于干扰这一原则的行政机关、团体和个人，作出具体的严格的制裁性的规定，是必不可少的。

7. 保障诉讼当事人平等地行使诉讼权利。这是行政诉讼和民事诉讼共有的基本原则。在刑事诉讼中，有保障诉讼参与人的诉讼权利的原则，主要是指由于诉讼参与人在刑事诉讼中的诉讼地位各不相同，因而法律赋于他们的权利也不同。这些诉讼权利依法应得到保障。但在民事诉讼中，应该保障的是诉讼当事人平等地行使诉讼权利的原则，不允许当事人的任何一方享有比另一方更多的权利。这种平等可以表现为双方当事人在某些方面享有相同的诉讼权利，在某些方面享有并不相同的诉讼权利，但后者必须互相对等，彼此适应，不能因享有诉讼权利的不同而影响双方当事人在诉讼地位上的平等。在一定意义上说，行政诉讼中当事人平等行使诉讼权利的原则较之民事诉讼更为重要。这是因为，行政诉讼双方当事人在进入诉讼以前，一方当事人（行政机关）是依法享有单方表示意思并行使管理权的管理者，另一方当事人则是必须接受行政机关的意思表示和服从管理的被管理者。一旦进入诉讼，则原来管理与被管理者之间的行政争议，转为由人民法院主持解决的原告与被告之间的争议，将双方关系转变为三方关系，其核心内容是人民法院依法对被诉讼行政机关所作的处理决定是否合法进行审查。行政机关（被告）在行政诉讼中只享有与原告平等的诉讼权利。人民法院对诉讼当事人平等地行使诉讼权利给予保障。例如，原告与被告都有委托代理人、申请回避、提供证据和进行辩论的诉讼权利。原告有变更或放弃诉讼请求的权利，被告有承认或反驳诉讼请求的权利等。

进一步说，不仅行政机关在行政诉讼中不享有特别的优越的诉讼权利，相反，由于行政机关进入诉讼以前享有单方意思表示并拥有监督和强制相对人接受这种意思表示的权力。除法律另有规定外，并不需要第三者的力量。因此，行政诉讼只能是由不服行政处理决定，但自身又没有能力推翻或改变这一处理决定的相对人提起，所以，在行政诉讼中，行政机关总是被告，管理相对人总是原告。相对人享有起诉权，行政机关既无起诉权又无反诉权，相反，只有按期应诉，并主动提供据以作出行政处理决定的事实和法律根据的义务。从这一特点说，在行政诉讼中实行的是行政机关的诉讼权利有限的原则。这又是与民事诉讼很不相同的。

8. 支持起诉。这是民事诉讼与行政诉讼共有的基本原则，是指机关、团体、企业事业单位对损害国家、集体或者个人合法权益的行政行为，可以支持受损害的单位或者个人向人民法院起诉。在民事诉讼中，支持起诉内容限于侵权行为引起的民事案件，支持者限于机关、团体、企业事业单位，不包括个人，并且必须是受害人没有起诉的。支持起诉原则在行政诉讼中有更加重要的意义。这是因为，在行政法律关系双方当事人之间是一种管理与被管理的关系。被管理者由于害怕受到有权的管理者的报复或顾虑“官官相护”，常常不敢提起诉讼。因此，通过各类组织支持相对人提起行政诉讼，有利于更好地维护公民或社会组织的合法权益，有利于深入监督行政机关的行政行为。

值得注意的是，支持起诉原则的理由虽然非常清楚，但实践中还有许多具体问题需要解决。例如，支持起诉者在法庭上处于什么地位？有什么权利和义务？支持起诉者与被支持者之间是什么关系？等等问题，还有待于总结实践经验作出明确规定。

9. 人民检察院参加行政诉讼。在《民事诉讼法（试行）》中，对这一基本原则的表达是人民检察院对审判活动实行法律监督。这一点也完全适用于行政诉讼。对于行政审判活动中产生的问题，例如，应该受理的行政案件不予受理，不应受理的案件却予受理；屈服于外界压力或诱惑，作出不公正的判决或裁定，以及违反诉讼程序的规定进行审判等，人民检察院都应进行监督。但是，在行政诉讼中，人民检察院不仅仅只是实施上述形式的法律监督。第一，在行政诉讼中，人民检察院如何实现对法院审判活动的监督？是否也可以与刑事诉讼一样，地方各级人民检察院对第一审案件的判决或裁定，认为有错误时，按照上诉程序提出抗诉；最高人民检察院对各级人民法院，上级人民检察院对下级人民法院已经发生法律效力的判决或裁定，如果发现确有错误，按照审判监督程序提出抗诉？回答应该是肯定的。根据人民检察院组织法的规定，人民检察院是专职的法律监督机构。人民检察院提出抗诉的权力不只限于刑事诉讼。同样也适用于行政诉讼和民事诉讼。因为1986年《人民检察院组织法》第17、18条规定，实际上泛指所有的诉讼，并不局限于刑事诉讼。第二，由于行政诉讼中双方当事人中有一方是有权的国家行政机关，被管理者出于各种考虑，常有可能对损害其合法权益的行为不敢提起行政诉讼；还有一些行政行为，并不损害个别公民的权益，但却使集体甚至国家利益受到损害。人民检察院作为专职的法律监督机构，在行政机关的行为严重损害国家、集体或公民的权益但却无人提起诉讼的时候，就应积极干预，主动支持，甚至以自己的名义向法院提起行政诉讼，并对诉讼后果负责。第三，对行政机关在行政诉讼中是否严格遵循行政诉讼法规定的程序，例如，行政机关是否按时应诉，并将答辩书和有关证据、卷宗移交法院；是否按时出庭并遵守法庭秩序；在人民法院作出不利于行政机关的判决或裁定时，是否依法执行等，也都可以进行法律监督，把违法者的情况告诉监察部门或行政机关的上级机关，并建议给予一定的行政处分。如果上述观点能够成立，那就应该将“人民检察院对审判活动实行监督”的基本原则的提法，改为人民检察院参加行政诉讼的原则。

（二）行政诉讼的特殊原则

这里是指不适用于其他诉讼而仅为行政诉讼所特有的一些基本原则。或者说，这是一些使行政诉讼区别于其他诉讼的基本原则。

1. 人民法院特定主管原则。与刑事案件、民事案件统归人民法院管辖不同，行政案件只有一部分归人民法院管辖。特定主管的含义：一是人民法院只主管法律规定主管的那一部分行政案件，而不是全部行政案件；二是法律规定由人民法院主管的行政案件，必须由人民法院管辖。

（1）人民法院主管行政案件的范围。目前，人民法院主管哪些行政案件，根据《民事诉讼法（试行）》第3条第2款的规定，是由各个实体法具体规定的。这些法律法规总数已超过一百，多数规定相对人不服行政机关的行政处罚决定的可以提起诉讼，个别的规定相对人在不服授予权利或承担义务时，可以提起诉讼，还有个别的法规规定在损害相对人合法权益时，可以提起诉讼。由于这种列举式的规定与我国人民民主发展的进程不相适应，对相对人的合法权益只保护某一部分而不保护其他部分；且由各个法律法规逐一规定，既累赘又很不统一，为此，现在无论是实际部门或理论界对此都很不满意，认为：第一，必须改变目前这种规定方式，最好是制定行政诉讼法对此作出统一规定；第二，扩大人民法院受理行政案件的范围。至于受理范围扩大到何种程度，由于各人所依据的理由很不一样，因而分歧也很大。归纳起来，主要的分歧在于：人民法院主管行政案件的范围。是应该根据目前法院在人力、物力方面的承受能力，还是根据我国政治体制的特点，以法院应不应该和可不可以受理为准？毫无疑问，承受能力是应该考虑的。但是，这毕竟只是一个带有技术性的问题，无非就是增加经费与培训人才的问题。对我们这样一个社会主义国家来说，行政诉讼已经列入政治体制改革的范围，只要下决心，应该并不是一个不可解决的困难。人民法院主管行政案件的范围问题实际上就是人民法院是全部还是有选择地保护人民合法权益的问题，是一个反映社会主义民主的广度和深度问题。从这样一个角度来考虑，人民法院对行政案件的主管范围应该是全面的，凡属损害公民或社会组织的权益的行为，都应在人民法院受理范围以内，既不应在内容方面加以限制（不管这些处理决定是授予权利还是承担义务，包括给予处罚），也不以法律法规有否规定为界。而应以行政机关的具体处理决定是否损害公民的合法权益为审查目标。

需要说明的是：我国政治体制的特点是人民代表大会领导下由行政机关和司法机关分别行使行政职能和司法职能。行政机关在管理其内部事务时发生的争议,例如,行政机关内部的职权争议,地方行政机关间关于乡界、县界、省界的边界区划争议，行政机关内领导与公务员之间的争议，虽也都称为行政争议，由于并不直接影响到公民的权利义务，因此一般都不应进入行政诉讼的渠道，不属司法监督的范围。在这里，我们实际上是把行政争议划分为内部争议与外部争议两大部分。只有后者，即行政机关在管理国家事务时与公民发生的争议，才属于行政诉讼的范围。这是我国行政诉讼制度的重大特色之一。为此，人民法院主管行政案件的范围仍就是有限制的，这就是特定主管的含义。国际通例，政府的政治性行为，如外交、军事等，都不属于行政诉讼的范围。

顺便指出，行政机关内部的行政争议，应该通过另一些渠道解决。例如，行政机关之间的职权争议和行政区划争议，可以通过他们的上级机关或特定主管机关来解决；数量最多的行政机关内领导与公务员之间的行政争议，常常具有两重性，它既是行政机关的内部事务，又经常涉及公民的某些权利和义务，可以由监察部主管解决。我国的实践证明，这些争议由行政机关自己解决，比较方便，也比较顺当。问题是要将这一解决途径法制化。

（2）行政机关与公民之间的行政争议，除法律另有规定外，最终都必须由人民法院主持解决。我国的法制传统是严格划分民事纠纷和行政争议，由人民法院统一行使审判权，单设行政庭以主持解决行政争议，设民庭以主持解决民事纠纷，而不设独立的行政法院系统。在进入诉讼阶段以前，一般行政争议都可向上级行政机关申请复议，不服复议的，再向人民法院行政庭提起行政诉讼，最终解决外部行政争议的权力统一由人民法院行使。这将是一项具有我国自己的特色，同时又贯彻了一定理论原则的行政诉讼制度。

2. 复议前置原则。行政复议就是由行政机关主持解决行政争议，复议前置，是就行政复议与行政诉讼的关系而言的。即行政争议在进入诉讼阶段以前，要将复议作为一个必经阶段。未经复议的行政争议，除法律另有规定外，人民法院不予受理。复议前置原则是行政诉讼区别于刑事诉讼和民事诉讼的重大特点之一。

复议前置原则是为行政争议的本身性质所决定的。行政争议是行政机关与被管理相对人之间发生的争议，作为一方当事人的行政机关，是一个具有严格的层次结构的统一行使行政权的系统。为此，第一，行政机关有权，也有能力解决因自己的管理行为引起的争议；第二，上级行政机关对下级行政机关的行政行为负有监督检查的权利和义务。这就有可能使行政争议通过行政复议的途径来解决。不经行政复议就立即交人民法院解决，不仅使行政机关失去了纠正自己的缺点和错误的必要机会，也将剥夺上级行政机关对下级行政机关的行为进行监督检查的权利和义务，显然不利于行政权的行使和行政效率的提高，也影响人民法院对行政机关的尊重。此外，行政复议有利于较快解决行政争议，特别是专业性技术性较强的争议，有利于减轻法院的负担等，也是确定复议前置原则的重要原因。国外也有很多国家实行这种原则。如美国，有所谓穷尽原则，实际上相当于这里说的复议前置原则。

我国的司法实践已经证明，复议前置是一条行之有效的基本原则，例如，治安管理处罚条例规定的复议前置原则，既有利于公安机关提高办案质量，保护当事人的合法权益，又有利于解决争议，提高效率，并减轻法院的压力。

3. 人民法院在行政诉讼中不适用调解的原则。与民事诉讼不同，在行政诉讼中不适用人民法院着重调解和以调解为结案方式的原则。因为行政争议的双方当事人中，相对人一方虽然享有处分其实体权利和诉讼权利的自由，但另一方当事人，即行政机关却在多数情况下并不享有这类自由。行政机关的处理决定，包括处罚决定，是代表国家依法作出的，本质上是一种执法行为，不能随意处分。因此，人民法院在审理行政案件时，就不能像民事诉讼那样，为了求得争议的解决而要求行政机关在依法作出的处理决定方面作出某些让步。如果作出让步，就构成了行政违法。人民法院在审理行政案件时，只能就行政处理决定是否符合事实和是否合法作出判决或裁定。最早规定不适用调解原则的是最高人民法院《关于人民法院审理经济行政案件不应进行调解的通知》（1985 年 11 月 6 日），显然，这一精神也适用于经济行政案件以外的其他行政案件。

但是，需要注意的是，不适用调解的原则并不排斥人民法院可以在判决或裁定以前，对双方当事人做思想工作。这种工作的结果，有可能使原有错误的一方认识错误。如果是相对人认识错误，就要由相对人主动撤诉。如果是被告认识错误。就可由被告主动撤销行政处理决定，取得相对人谅解，再由相对人撤诉。从司法实践看，例外的情况是行政赔偿。一般说，如果行政赔偿是金钱赔偿，而法律法规多数也很难对金钱赔偿的数额作出明确的规定，这就可能需要先通过调解，然后由法院作出判决。

4. 人民法院在行政诉讼中不享有司法变更权。人民法院在行政诉讼中对被诉行政机关的处理决定，只能作出维持或撤销的裁定，不得变更。这是行政诉讼不同于民事诉讼的重大特点之一。不享有司法变更权最早见于最高人民法院 1986 年 10 月 24 日发布的《人民法院审理治安行政案件具体应用法律的若干问题的暂行规定》第 4 条规定："人民法院只就公安机关后一次裁决是否符合事实以及是否合法进行审查，依法分别作出维持或者撤销的裁定"。这一规定具有普遍意义，对其他行政案件同样适用。

（1）不得变更的范围。在民事诉讼中，人民法院享有撤销，维持或变更民事实体权利义务的全面的审判权。但在行政诉讼中，人民法院只享有维持或撤销的权力，在一般情况下，不能改变行政处理决定的内容，即不享有司法变更权。这主要是指：①法律法规对可以作出行政处理决定的事项有明确的种类和幅度的规定，而被诉行政处理决定又是根据这一法律法规作出并在法定的幅度以内；②法律法规规定的可以作出行政处理决定的幅极宽度，如《食品卫生法（试行）》规定的对违反食品卫生法者的罚款可以从 20 元到 30000 元。但据此作出的行政处理决定并不失之公允；③法律法规对可以作出行政处理决定的事项没有具体明确的种类和幅度的规定，但据此作出的行政处理决定并不畸重。人民法院对符合上述情况的行政处理决定，可以从是否符合事实和是否合法进行审查，作出维持或撤销的裁定，一般不应变更。（2）不得变更的原因。司法机关的任务主要是审查行政处理决定是否违法，同时也查证是否符合事实，而不是审查行政机关根据法律规定，针对当时情况，在法定幅度以内所行使的自由裁量权。如果事实和证据清楚，适用法律也合适，分歧仅在于处理决定的量度方面，司法机关就不能也不应变更。因为，在这种情况下：第一，在幅度内选择的行政处理决定，纯属行政机关的职责，司法机关不能代替行政机关工作，不能以司法职能代替行政职能；第二，在合法的情况下，如何使用自由裁量权，最有经验最有发言权的，毕竟是行政机关，司法机关不宜越俎代庖。（3）不得变更的例外。在司法变更权方面，不得变更是原则，可变更是例外。不得变更的例外主要是指：①行政机关的处理决定是在幅度以内，但法院有确凿的证据证明行政机关所作的决定受到了不相关因素的影响，或明显失之公允，以至损害了相对人的权益时，法院可以变更。②在我国的具体情况下，很多法律法规常常没有具体的幅度规定，完全由行政机关自由裁量。在这种情况下，就很难判断行政机关的行为是属于违法还是不当。对此可以有两个处理办法：一是提请原制定机关，用实施细则或立法解释，及时作出明确的幅度规定，为法院提供办案依据。二是在没有提供具体幅度以前，如果人民法院根据实际情况，认定确实是处理畸重，并且影响相对人的合法权益，可以作出变更的判决。③属于行政赔偿的诉讼，特别是金钱赔偿的数额，如果是行政机关单方决定而相对人又不满意的，可以由人民法院判决，作出变更的决定。

5. 行政机关负主要举证责任原则。民事诉讼中当事人对自己的主张负有提出证据，以证明其主张的真实性的责任。民事诉讼法并没有规定双方当事人中哪一方负有主要举证责任。但一般要求原告应当证明他提出诉讼请求所依据的事实。如果提不出证据，法院也查不出证据，则原告有败诉的可能。被告也有对自己的答辩提供证据的责任。答辩的证据推不倒原告提供的证据，则被告可能败诉。行政诉讼的证据原则与此不同。在行政诉讼中，被告行政机关要负主要举证责任。这是因为：第一，行政处理决定是行政机关单方面作出的，法律关系一般也由行政机关单方面主张和决定。行政机关作出处理决定的过程，实际上是一个收集和运用证据并适用法律的过程。相对人在这里是被动的，常常不很明白行政机关作出决定所依据的事实和法律。在这种情况下，原告提起诉讼后，虽然同样也要提供证据，但主要的举证责任却在行政机关这一方。行政机关有责任提供作出处理决定的事实和法律根据。第二，同一原因，由于被诉行政处理决定是由被告作出的。如果原告在诉讼时提供的证据不足或难以说明问题，与民事诉讼中原告因此可能败诉的情况不同，在行政诉讼中，原告不一定因此败诉，还要看行政机关是否能提供出足以证明其处理决定是正确的事实和所依据的法律。如果被告无法证明其行为是正确的，被告仍有可能败诉。可见，在行政诉讼中，实行的是行政机关负主要举证责任的原则。根据这一原则，人民法院在审理行政案件的过程中，就不能要求原告负主要举证责任，不能在原告提不出足够的证据时就判原告败诉。例外情况是，对属于因行政机关不作为而提起的诉讼，原告就有提供被告应该作出决定但并未作出决定的事实和法律根据的责任。因为在这种法律关系中，采取主动行为的是原告而不是行政机关。

6. 起诉不停止执行原则。这是指在行政诉讼中，原行政处理决定并不因为原告提起诉讼而停止执行。这是行政诉讼的特殊原则。不停止执行的主要原因在于：行政管理具有连续性，不能因提起诉讼而中断或贻误。事实上，如果行政处理决定可以因起诉而中断，那就有可能在起诉的情况较多时，使整个行政管理陷于瘫痪，这是不利于国家和公众的利益的。正因如此，行政处理决定在法律效力上就具有公定力和执行力，它不会因提起诉讼而中断。我国有很多法律对此作了明确的规定，例如，《食品卫生法（试行）》第 38 条规定，在当事人提起诉讼时，"对食品控制的决定应当立即执行"。

起诉不停止执行的例外情况是：（1）法律明确规定的，一般属于行政机关自己没有强制执行的权力，需要申请人民法院强制执行的那一类行政处理决定，由于尚需经过法院审查后才可强制执行，故在规定的起诉期限内，实际上只能停止执行；（2）各国法律一般都规定，当事人在起诉时申请暂停执行，经法院批准，可以全部或部分停止执行；（3）法律另有规定的，如治安行政诉讼中，规定在当事人交纳保证金或提供担保人时原处罚决定可停止执行。

7. 权力机关监督原则。我国政治体制的特点，决定了权力机关必须对行政诉讼实施监督。我国的行政机关与司法机关都是由权力机关产生，对它负责，受它监督。权力机关对行政诉讼的监督，包含如下主要内容，第一，行政机关虽然是被告身份，但仍有可能产生不遵守诉讼中某些规定的情况，例如不提供证明，不作答辩书，不出庭辩论等；或不服从司法机关不利于行政机关的判决或裁定。例如，在法院撤销原行政处理决定以后，另以其他办法处理相对人；不执行法院行政赔偿的判决；对司法机关变更行政处理决定的司法建议书置若罔闻等。在这种情况下，司法机关是否可以像民事诉讼一样，采取强制措施。例如拘传、从银行划拨等强制措施是否行得通？对行政机关与司法机关今后的关系会有什么影响等，都是需要认真研究的问题。但不管如何，权力机关作为产生和监督行政机关与司法机关的人民意志的代表机关，有权利也有义务，要对这类情况作出反应。如果司法机关认为行政机关违反了行政诉讼法的规定，或者不执行人民法院的裁定和判决，在司法机关已向行政机关的上级机关或监察部门提出但并未见效的情况下，司法机关可以向同级权力机关提出报告，请求权力机关行使它对行政机关的监督权，以求得问题的解决。第二，在行政诉讼中，司法机关在审查行政处理决定时，如果发现行政机关据以作出决定的法规、规章或其他规范性文件本身就是违宪或违法的，司法机关又无权撤销法规、规章或其他规范性文件时，一般只能向权力机关提出，请求权力机关行使撤销权。第三，在某些特殊情况下，被告行政机关对法院的判决或裁定不服，通过审判监督程序也没有解决的，行政机关也可以向权力机关提出，请求权力机关行使对司法机关的监督权。

权力机关对行政诉讼的监督方式，主要是对行政诉讼中违法的行政机关或司法机关的法定代表人提出质询或行使罢免权和对不合法的规范性文件行使撤销权等。权力机关对行政诉讼的监督及监督的方式方法，实际上都是宪法所规定的。是宪法所规定的权力机关权利义务在行政诉讼中的具体化。

在人民法院中可以设立行政法庭*

卓泽渊**

随着社会主义建设的发展，行政纠纷日益增多，行政诉讼问题迫切需要解决，建立行政司法机构更是刻不容缓。针对我国的具体情况，笔者认为在人民法院内设立行政法庭专司行政诉讼，是必要而可行的。

一、建立行政司法机构具有重要作用

1. 设立行政法庭可以加速行政案件的处理和解决。在社会主义社会的建设中，公民、社会组织与国家行政机关之间的纠纷不断增加，而目前的行政案件，除很少一部分由人民法院管辖外，其余绝大部分由有关行政机关处理。这种做法很不适应现实社会的要求。各级国家行政机关各自都有自己的特定使命，对行政案件的处理，并非是其主要工作。因此，它们对许多行政案件常常东推西推，使许多行政纠纷中被侵害的一方告状无门；即使得到了有关行政机关的重视，也由于人力不足等原因，被一拖再拖。人民法院中建立行政法庭进行审理，就会比现在主要由各行政机关兼管处理行政纠纷要迅速得多。许多在行政机关一拖数年的案件，在行政法庭经过法定的诉讼程序就可很快获得依法处理。这有利于及时解决纠纷，消除矛盾。

2. 设立行政法庭，可以提高处理行政案件的质量。设立行政法庭，可以把大量长期拖而不决的案件，集中由一个专门机关审理。行政案件由一个专门机关审理，当然比由多个行政单位自行兼管处理，在调查事实、适用法律上无疑会更为准确。因而有了专门的行政诉讼机关，对行政案件的处理质量会大大提高。

3. 设立行政法庭，可以减轻行政领导机关的负担。由行政法庭处

---

* 载《政治与法律》1986 年第 3 期。

** 卓泽渊，写作本文时为西南政法大学法律系教师。

理行政案件，更有利于行政机关集中精力履行自己的职责。如果当事人不服，就起诉于司法机关，那已不是行政机关的事情了。

4. 设立行政法庭，有利于完善人民法院的组织机构，更充分地发挥人民法院实行审判的职能。当今世界，许多国家都设立了专门的行政法院或行政法庭。如，法国、联邦德国等都有自己专门的行政法院系统，英国、美国、日本等虽然没有专门的行政法院，但他们或将行政案件归普通法院管辖，或直接在普通法院内设立行政法庭。罗马尼亚等国却专门设立了独特的行政司法机关。随着时代和社会的发展，每个国家都必须在其司法系统中设立这样或那样的行政司法机构，尽管形式千差万别，但这样的审判组织却是一个国家司法组织中不可缺少的重要部分。为了完善我国司法组织机构，充分实现我国司法机关的全面职能，可以创造条件，在人民法院中建立行政法庭。

二、我国在人民法院内设立行政法庭是可行的

在我国，可以设立单独的行政法院，也可以在普通法院内设立行政法庭。究竟是设立行政法院还是行政法庭，世界各国都是根据自己本国的情况来确定的。从我国的具体情况考虑，我认为在我国人民法院内设立行政法庭的作法尤为可行。

第一，设立行政法院，在政治体制上就不能不引起较大变化，又难以为广大群众普遍迅速接受，现在如果新增设行政法院，就会涉及修改有关国家机构及其职权的宪法和法律，重新划分国家审判机关的职能，组织一套新的审判机构等。这种较大的变化，不利于社会生活的调整，及其社会生活本身的稳定化、秩序化。

第二，从我国行政诉讼要先经有关行政部门处理的特点看，设立专门的行政法院也没有很大必要。在我国，依据现行法规和实际做法，对行政案件处理的方法大多是先经有关行政机关解决，如不服，再由司法机关处理。虽然行政机关对许多行政案件难以完全解决，但是它依然具有不应低估的作用，因而在我国目前还没有设立专门行政法院的必要。

第三，新设行政法院，对人力、物力的要求远比设立一个行政法庭多

得多。目前，我国司法人员本已十分缺乏，许多刑、民事案件都难以及时处理，特别是民事案件大量积压。如果要新设行政法院，专门的行政司法干部从何而来？基于此，我认为目前设立行政法院不太现实。

第四，许多行政案件，都已为现行法律明确规定由人民法院受理。比如，我国《中外合资经营企业所得税法》第 15 条就规定："合营企业同税务机关在纳税问题上发生争议时，必须先按规定纳税，然后再向上级税务机关申请复议。如果不服复议后的决定，可以向当地人民法院提起诉讼。"如果设立行政法院，就得对这些法规一一予以修改。这样，对我国法制建设也很不利。这一具体情况也说明目前设立单独的行政法院的不必要。

我国各级人民法院从管辖案件的部类分，一般都只有刑事法庭、民事法庭和经济法庭三个。要让刑事审判庭管辖行政诉讼案件，显然很不合适；而要令民事和经济审判庭受理行政诉讼，也不恰当。行政诉讼，它作为一种独特的诉讼，较之民事诉讼、经济诉讼都有其显著的特点。即它是由公民或社会组织对国家行政机关的行政职务行为提出审判请求所引起的；这种诉讼一般要以已由有关行政机关解决过，当事人不服再提起诉讼为前提；在诉讼结果上，行政诉讼也有其显著特点。

检察制度与行政诉讼[*]

王桂五[**]

行政诉讼，是法院审理由于国家机关和国家工作人员的职务行为而引起行政法律关系，判明职务行为是否合法，解决行政争议的一种诉讼活动。它是同刑事诉讼和民事诉讼并列的三种诉讼活动的一种。这种行政争议，可以发生在国家机关同公民和法人之间，也可以发生在有关机关相互之间。行政诉讼又是同行政诉愿相对称的一个司法概念。在西方国家和1949年前的中国，当公民不服行政机关的行政处罚时，向该行政机关的直接上级机关提出申诉，称为行政诉愿；公民不服上级行政机关的裁决，向司法机关提出诉讼，称为行政诉讼。现在，我们国家继刑事立法和民事立法大体完备之后，关于制定《行政诉讼法》的工作即将提到议事日程上来，因而有必要讨论检察制度与行政诉讼的关系问题。

一

在西方国家中，审理行政诉讼案件的机关各有不同，基本上有三种形式：一种是设置行政法院专门审理行政诉讼案件，如法国、联邦德国、意大利等国；一种是由普通法院审理行政诉讼案件，如英国、美国等，但在第二次世界大战后也设置了彼此不相隶属的行政法庭；一种是由隶属于议会的司法督察专员审理行政诉讼案件，如瑞典。日本在第二次世界大战前仿照法国，设置了行政法院，第二次世界大战后又受英美法律的影响，废除了行政法院，改由普通法院审理行政诉讼案件。在苏联和东欧各国，行政案件均由普通法院审理。关于各国检察机关是否参与行政诉讼的问题，根据我们所接触的资料，多数国

* 载《中国法学》1987年第2期。

** 王桂五，曾任最高人民检察院研究室主任、检察委员会委员、党组成员。

家没有参与。但也有一些国家的检察机关参与了行政诉讼活动，如英国和南斯拉夫等。

英国检察长在下述情况下参与行政诉讼：（1）凡涉及公共权利和利益的诉讼，并要颁布训戒令或宣言加以保护的，必须有检察长参加，因为检察长代表王权，王权代表社会；（2）为防止损害公共利益或约束公共机关不致发生违法行为，经申请检察长许可后，私人和地方机关可以假借检察长的名义提起诉讼；（3）选举法院审理有关选举权的案件时，需有公共控诉局长的代表参加；选举法院关于说明选举中有无不法行为向高级法院的报告，须抄送检察长，以便研究决定是否实行控诉。[①]

南斯拉夫检察机关在参与和监督行政诉讼活动方面，享有广泛的权利，主要是：（1）在行政诉讼案件中，南斯拉夫检察机关对于具有最后约束力的判决（终审判决），有权向主管法院提出关于保护合法性的请求（审判监督）。在 1976 年，检察机关提出这方面的请求共为 24 件。（2）对于联邦行政机关或者它的下属组织所作出的有关行政纠纷的裁决，联邦检察长有权提出关于保护合法性的请求，由具有审核权的联邦上一级行政机关作出裁决；如果没有此项机关时，则由联邦执行委员会作出裁决。这表明南斯拉夫检察机关具有监督行政机关的裁决是否合法的权力。（3）在行政—会计争议中，联邦检察长有权对联邦法院合议庭的判决，向联邦法院审判员全体会议提出关于保护合法性的请求。（4）如果某一行政行为违反法律，检察长有权提起行政争议的诉讼程序。（5）如果联邦检察长发现违宪性或违法性的案件，他有权向南斯拉夫宪法法院提起关于评定合宪性和合法性的诉讼；共和国或省检察长则分别向主管的共和国或省的宪法法院提起诉讼。[②]

由上述可知，广泛参与和监督行政诉讼和行政裁决活动，是南斯拉夫检察制度的特点之一。我们知道，根据列宁的理论，大多数社会主义国家的检察机关都有一般监督的职权，即对行政机关的决定和行政行为是否合法实行监督。在南斯拉夫，对于行政机关的决定和行政行为的合法性的监督，则是由检察机关提起诉讼，由法院进行审理，而不是经由一般监督程

① 参见刘乃诚：《各国地方政治制度·英吉列篇》。

② 参见潘汉典译《南斯拉夫检察制度》，载《法学译丛》1979 年第 2 期。

序解决的。根据1974年公布的《南斯拉夫联邦检察院组织法》的规定，检察机关没有一般监督的职权。我国法律原来规定了检察机关的一般监督职权，1979年《检察院组织法》和1982年《宪法》修改了这一规定，检察机关不再具有这一职权。南斯拉夫检察机关参加行政诉讼的经验可供我们参考借鉴。

这里顺便说明行政诉讼和一般监督的异同之点。两者审查的对象都是行政机关违法的决定和行为，这是它们的相同之点。两者的区别有三点：（1）两者的意义和作用的不同。一般监督的意义和作用在于维护法制的统一，因而对于某一行政决定或行为不论其是否引起行政争议，只要是违反法律的，都要提起抗议，要求纠正；而行政诉讼的作用和意义在于解决行政争议，保护合法的权利和利益。如果某一行政决定或行政行为并未引起争议，即使这一行为确系违法，也不可能提起诉讼，而是由有关机关予以处理。（2）处理的程序不同。行政诉讼是按照诉讼程序进行的，争议的问题由法院作出裁决；而一般监督程序则是由检察机关向发生违法行为的行政机关或其上级机关提出抗议，由行政机关加以纠正。（3）案件的提起者不同。行政诉讼一般由行政争议的一方提起，也可以根据法律的规定由检察机关提起，而一般监督则只能由检察机关提起。

二

制定《行政诉讼法》，由人民法院审理行政争议案件，以及检察机关参加行政诉讼，是直接有关改善行政管理，保护公民、法人合法权益的重要问题。对于这一点，不需要从理论上多加论证，只要看一看某些行政机关侵权行为的普遍性和严重性就可以明白。这里摘录一些报纸上登载的有关材料：

1. 实行不合理的摊派，侵犯农民的经济利益。黑龙江省松江地区经过清理，发现对农民实行不合理的派工、派捐、派股金、派证卡、派电影等多达十几种共计295万元。巧立名目，乱收费用多达30多种，增加农民额外负担104万元。这种不合理的摊派，实际上就是非法征收。

2. 发放“高价牌证”加重农民负担。据吉林省委农村政策研究室调查，一些部门和单位发放的“高价牌证”五花八门，名目繁多，达30多种。其中有些是可以收费的，但收费过高。有许多是应由业务部门核销的费用，却向农民收费。如供销社和信用社的股金证，粮食部门发放的卖粮证，农电部门发放的用电证，林业部门印发的防火宣传单等；有些是根本不应收费而收费的，如一些地方发放的文明家庭牌，计划生育模范家庭牌等。有些牌证根本没有发放的必要，如高档商品证、大车驾驶证、马车照等。

3. 以费充税，强行征收。税收是国家凭借行政权力，强制地、无偿地取得财政收入的一种手段。而费用则是国家行政机关为社会提供服务所收取的一定费用。但是有些部门混淆税和费的界限，甚至冒充税的名义滥施收费，既损害了人民的利益，又使“费”吃掉了“税”，影响国家财政收入。如有些地方打着税收的旗号，向个体工商户征收卫生费、占道费、治安费、街道绿化费、派出所装备费等。

4. 自定章程，乱施罚款。罚款本来是实行社会管理和经济管理的一种必要手段，对加强法制，保障国家和人民利益起着重要作用。但目前比较普遍地出现了乱罚款的现象，表现在罚出多门，自定标准，出口成“法”，手续混乱。一些执罚人员既不佩带标志，也不出示证件，罚款收据仅是一张白纸，没有印章编号，甚至规定罚款指标，实行超额奖励，更加助长了乱罚现象，直接侵犯群众切身利益。

这里之所以详细列举有关材料，是为了说明问题的严重性。在这些问题中包含大量的侵权行为，直接侵犯公民和法人的经济利益，影响党和政府同人民群众的关系。至于国家工作人员侵犯公民人身权利、民主权利的行为，也不断发生，这里就不作列举了。

上述问题已经引起党和政府的重视。1985年10月31日中央发出《关于制止向农民乱派款、乱收费的通知》，各地都程度不同地进行了检查清理。舆论界也不断就此发出呼吁。但无论就原因的分析或提出的措施来说，都没有提出运用法律手段，通过诉讼途径来解决行政部门侵权行为的问题。在已经采取的方法中，主要是加强法制教育，以提高行政干部的守法观念，以及由行政部门自上而下地进行检查清理等。这些方法虽然都是必要的，也有一定的效果，但事实证明并不能根治以上各种侵权行为。因此，还需要再加上行政诉讼的手段，更有效地制止各种不法行为。行政诉讼的重要意义和作用在于：

第一，行政诉讼活动同其他诉讼活动一样，是社会关系的自动调节器，它可以使人民群众逐渐学会运用法律武器，来保护自己的合法权益，使各种权利、义务纠纷随时得到解决，而不致使问题成堆。比起采取临时突击的方法进行检查处理，具有更大的优越性。

第二，有利于发展社会主义民主。在行政诉讼活动中，是依靠公民和法人本身的主动精神将案件提交到法院进行审判。这就是说一般公民和法人可以作为起诉的一方控告“官府”，同作为应诉一方的行政机关处于平等的地位，同样享有诉讼的权利，履行诉讼的义务，打破了“官贵民贱”的传统观念。这在我们这个具有浓厚封建传统的国家里，是了不起的大事。因此，随着行政诉讼活动的逐步展开，必将激发和增进广大群众的民主意识，克服封建专制主义思想的残余，推动社会主义民主的发展。

第三，有利于健全社会主义法制。在《刑法》、《刑事诉讼法》、《民法通则》和《民事诉讼法（试行）》已经制定之后，我国法制不健全的主要表现就是行政法制不健全。而缺少一部《行政诉讼法》，又是行政法制不健全的主要表现。因此，制定行政诉讼法，开展行政诉讼活动，是非常必要的。它对于健全社会主义法制的作用表现在许多方面：

首先，这关系到落实宪法中有关物质赔偿权的规定，保证这一规定的有效实施。《宪法》第 41 条第 3 款规定：“由于国家机关和国家工作人员侵犯公民权利而受到损失的人，有依照法律规定取得赔偿的权利。”这里说的“依照法律”，首先就是行政诉讼法，即通过行政诉讼活动，取得物质赔偿。

其次，这是加强对行政执法的监督的必要措施。目前对行政机关执法情况的监督是法制建设中的一个薄弱环节。各级国家权力机关对行政机关的监督，主要是对重大问题的监督，而不可能进行经常的随时随地的监督。而且从事实上看，国家权力机关对行政机关的监督主要是工作上的监督，即在开会期间听取政府工作报告，并作出决议，而很少实行法律监督。依靠行政系统自上而下的监督是一个重要方面，也起了一定作用，但由于部门工作的局限性，往往容易发生执法不严、违法不究的现象，这也是许多行政违法行为未能得到制止的一个原因。检察机关的法律监督职能中原来有一般监督，但由于种种原因，现在已被取消。所有这些情况，都在不同的程度上造成或助长行政机关执法不严的现象，以致侵权行为不断发生。行政诉讼活动实质上是监督行政执法的一种形式，是人民群众通过诉讼活动对行政行为的合法性实行广泛的社会监督，它有助于弥补行政监督的不足。

最后，有利于健全检察制度和审判制度。建国以来，我国检察机关的职能主要是对刑事案件实行侦查起诉和进行司法监督，现在阶级斗争虽然仍在一定范围内存在，但已经不是国内的主要矛盾，加上国家工作的重点已经转移到经济建设上来，检察机关的职能也需要作相应的调整，除了继续以参加刑事诉讼和实行司法监督作为主要任务之外，迫切需要把参与民事诉讼活动和参与行政诉讼提到议事日程上来，以便完善我国的检察制度。就审判制度来说，由于没有建立起对行政案件的审判工作，使行政争议的当事人投诉无门，问题得不到及时解决。我国人民法院的刑事审判制度和民事审判制度早已建立，现在再把行政案件的审判制度建立起来，整个审判制度就臻于完备了。

三

关于我国检察机关参加行政诉讼的问题，早在 1949 年 12 月经中央人民政府委员会批准的《中央人民政府最高人民检察署试行组织条例》中，就作了规定："对于全国社会与劳动人民利益有关之民事案件及一切行政诉讼，均得代表国家公益参与之。"（第 5 条第 5 项）1951 年 9 月制定的《中央人民政府最高人民检察署暂行组织条例》和《各级地方人民检察署组织通则》，仍然保持了这一规定。但是由于我国没有行政法院的设置，普通法院也没有受理行政诉讼案件，因而这一规定实际上没有执行。当时检察机关办理过一些有关选举权的申诉案件，但都是通过选举委员会给予解决，而没有采取诉讼的手段。根据这种情况，1954 年制定的《人民检察院组织法》删去了检察机关参与行政诉讼的规定。

1979 年全国人大修正通过的《人民检察院组织法》，虽然没有直接作出检察机关参加行政诉讼的规定，但实际上包含了这个内容。该法第 6 条规定："人民检察院依法保障公民对于违法的国家工作人员提出控告的权利，追究侵犯公民的人身权利、民主权利和其他权利的人的法律责任。"这一规定表明以下几点：（1）公民对于违法的国家工作人员提出的控告，其中包括对于行政侵权行为的控告，从而引起行政诉讼；（2）检察机关要依法保障公民的这种控告权利，就必须参加行政诉讼；（3）检察机关追究侵犯公民人身权利、民主权利和其他权利的人的法律责任，包括刑事责任，也包括由于侵权行为引起的损害赔偿责任。至于行政责任，则由有关行政机关予以追究。在实践中，检察机关办理了不少侵犯公民权利的犯罪案件，追究被告人的刑事责任，但很少提起附带民事诉讼，赔偿受害人的物质损失。至于对这类违法行为提起行政诉讼，或由检察机关加以监督的案件，至今还没有办理过。这说明对于《人民检察院组织法》第6条的规定，并没有认真研究落实，这是检察制度不健全的一种表现。

1982年制定的《民事诉讼法（试行）》第3条第2款规定："法律规定由人民法院审理的行政案件，适用本法规定。"第12条规定："人民检察院有权对人民法院的民事审判活动实行法律监督。"把这两条规定结合起来看，可以理解为人民检察院有权对人民法院的行政审判活动是否合法实行监督。但由于人民检察院一直没有监督民事审判，因而这一规定也没有执行。这种情况，亟待加以改变。

检察机关参加行政诉讼活动的必要性是十分明显的：由于历史上遗留下来的封建专制主义思想的影响，一般人的民主意识不强，在自己的权利遭到行政违法行为的非法侵犯的情况下，不懂得如何通过法律程序保护自己的权利；或者虽然懂得了这一点，但不敢同行政机关进行争讼，宁愿自己吃亏了事。这就需要检察机关参加行政诉讼活动，以保护公民的权利，促进社会主义民主的发展。另一方面，检察机关参加行政诉讼，可以弥补现有检察手段的不足，使各项检察职能之间互相配合，互相补充，更加适当地处理各种违法犯罪案件。

检察机关有必要参加行政诉讼，但并不是说检察机关要参加一切行政案件的诉讼，这既没有必要，也没有可能。检察机关参加行政诉讼应当是有选择的、有重点的，大体上有以下几种案件：（1）行政侵权行为涉及社会公共利益的案件；（2）行政侵权行为的后果比较严重，而受害人又放弃诉讼权利以致没有起诉的案件；（3）在审判活动中有违法情节的案件；（4）其他有重大社会政治意义的案件等。目前有些行政机关在处理本单位干部侵犯公民权利的案件中，往往只给予行政纪律处分，而不作损害赔偿，在这种情况下，受害人或检察机关仍然可以提起行政诉讼，要求赔偿。

检察机关参加行政诉讼活动的方式，可以根据案件性质的不同而有所区别：（1）作为原告人提起诉讼，这适用于上述一、二两类案件；（2）在当事人已经提起诉讼的情况下，检察机关如认为必要，可以派员参与诉讼，就案件的事实问题和法律问题发表意见，求得公正的审理和正确的判决；（3）实行审判监督。无论是在提起行政诉讼、参与行政诉讼或者受理申诉的情况下，检察机关如认为必要均可对违法判决提出抗诉，并对审判活动是否合法实行监督。如果发现审判中有枉法行为，检察机关一方面对由此发生的错误裁判提出抗诉；另一方面当这种枉法行为已经构成犯罪时，检察机关应当立案侦查，另行办理。前者属于对审判活动的监督，后者则属于办理刑事案件，两者不能混淆。

检察机关在行政诉讼中的法律地位，仍然是法律监督机关的地位。这在参与行政诉讼和实行审判监督中固然是十分清楚的，无须多加解释。即使在作为原告人提起行政诉讼的情况下，检察机关也并不享有实体法上的权利，经法院判决作出的物质赔偿仍归受害人。检察机关的代表人，只是作为程序法意义上的原告人而出现于法庭上。因此，从实质上说，检察机关提起行政诉讼仍然属于法律监督的性质。

无论是在提起行政诉讼、参与行政诉讼或者实行审判监督中，检察机关都要首先查明引起争议的行政措施和行政行为是否违法？在查明违法的基础上，然后提出撤销违法措施、纠正违法行为的要求，并且提出损害赔偿的责任。与此相适应，人民法院的判决不仅要确定损害赔偿的责任，而且要就撤销违法措施和纠正违法行为作出决定，从而有利于贯彻行政管理工作中的法制原则。

试论我国行政诉讼的范围 *

金俊银 **　邱星美 ***

行政诉讼的范围，是指哪些行政争议，公民和法人才可以向法院提起行政诉讼，亦即法院主管一定范围内行政争议的权限。在确立和完善我国行政诉讼制度的今天，正确地界定和廓清我国行政诉讼的范围，对保护公民和法人的合法权益，督促国家行政机关依法行使行政管理职权，保障行政管理法规的贯彻实施，具有重要意义。因此，本文拟就我国行政诉讼的范围及其发展趋势作些粗浅探讨。

一、人民法院目前受理的行政案件

我国《民事诉讼法（试行）》第 3 条第 2 款规定："法律规定由人民法院审理的行政案件，适用本法规定。"

这一规定表明了两个范围：一是人民法院主管行政案件范围，即我国行政诉讼的范围仅限于"法律规定由人民法院审理的行政案件"。也就是说，当事人因不服国家主管行政机关的处罚或其他处理决定而诉诸法院的，人民法院能否受理，主要取决于有关行政机关作出的具体的行政决定所依据的法律是否有明文规定可以向人民法院起诉。凡是法律明文规定由人民法院受理的行政案件，才属于行政诉讼的范畴；凡是法律没有明文规定由人民法院主管的行政案件，则不能诉诸法院，当事人起诉的，人民法院也不予受理，而仅告知当事人向有关行政机关申请解决。这里的"法律"应作广义理解，主要包括：（1）全国人民代表大会及其常委会制定的法律；（2）国务院根据宪法和法律制定的行政法规；（3）各省、直辖市人民代表大会及其常委会制定

* 载《西北政法学院学报》1988 年第 3 期。

** 金俊银，时任最高人民法院研究室干部。
*** 邱星美，作者身份不祥。

的与宪法、法律和行政法规不相抵触的地方性法规；（4）民族自治地方的人民代表大会依照当地政治、经济和文化特点制定的自治条例和单行法规。我国迄今已有 100 多个行政管理法规都规定有：当事人不服行政机关的处罚或其他处理决定可以向人民法院起诉。其涉及的领域包括食品卫生、医药管理、环境保护、财政税收、商标专利、计量统计、交通运输、海关外汇、农林水利、矿产资源、劳动争议、基本建设、邮电和治安行政管理等方面。随着行政管理法制化程度的提高，今后，这方面的法律、法规还将不断增加。

二是民事诉讼法对行政案件的适用范围，即只有人民法院审理的行政案件，才适用民事诉讼法的程序规定，其他大部分由国家行政机关自行处理的行政案件，则不适用民事诉讼法的程序规定。这里的“行政案件”是指公民和法人不服行政机关的行政处罚或其他处理决定，在法定的期限内，依法向人民法院起诉的案件。目前，属于人民法院主管的行政案件，必须具有以下四个特征：（1）必须是法律、法规及地方性法规中规定有公民和法人对国家行政机关所作的行政处罚或其他处理决定不服，可以向人民法院起诉的专门条款。（2）原告一方当事人必须是受国家行政机关处罚或处理的公民和法人，或者是有利害关系的公民。如某企业法人在生产过程中因排污造成水源严重污染，环境保护部门责令其限期治理污染，并对其处以罚款。该企业法人若不服这个处罚决定，可以原告身份向人民法院起诉。（3）被告一方必须是行使行政管理职权对原告作出处罚或处理决定的国家行政机关。（4）原告必须是在国家行政机关对其作出处罚或处理决定之后表示不服，并在法定的期限内，向有管辖权的人民法院提起诉讼。上述四个特征中，第一个特征表明了人民法院主管行政案件量的规定性，即人民法院目前主管行政案件的范围的大小，直接受到单行法律、法规数量及其种类的限制。其他三个特征，表明了人民法院主管行政案件的质的规定性。四者的结合，即构成了人民法院主管行政案件的充分必要条件。

在我国，目前由人民法院主管的行政案件，按行政决定的性质划分，基本上有两种类型。第一类是当事人不服国家行政机关的处罚决定，根据法律、法规的规定，向人民法院起诉的案件。这类案件一般是在公民或法人以及其他社会组织违反行政管理法规，实施了某种违法行为时，对社会或他人造成一定的危害，而由有关国家主管行政机关依照法律规定作出处罚决定的，这种决定就其性质而言，属于行政制裁。例如，《药品管理法》第50条第1款规定："生产、销售假药的，没收假药和违法所得，处以罚款，并可以责令该单位停产、停业整顿或者吊销《药品生产企业许可证》、《药品经营企业许可证》、《制剂许可证》"。此外，《统计法》第25条，《土地管理法》第43条、第44条、第47条和第49条，《商标法》第31条、第33条、第34条，《食品卫生法（试行）》第37条，《计量法》第23条至第27条，《草原法》第20条，《森林法》第34条，《矿产资源法》第39条至第44条，《海上交通安全法》第44条，《外国人入境出境管理法》第29条、第30条，《公民出境入境管理法》第14条，《邮政法》第40条，《国境卫生检疫法》第20条，《海关法》第48条至第52条，《渔业法》第28条至第32条，《海洋环境保护法》第41条，《海洋石油勘探开发环境保护管理条例》第27条，《水污染防治法》第37条、第39条，《国营企业奖金税暂行规定》第12条、第13条，《国营企业工资调节税暂行规定》第14条，《城乡个体工商业户所得税暂行条例》第13条，《税收征收管理暂行条例》第36条至第38条等行政管理法规规定的处罚条款，都属于这一类行政案件。其处罚种类主要有：警告、罚款、拘留、没收财物和非法所得、吊销营业执照或许可证、责令停产、停业、关闭、责令追回已售出的禁止生产经营的产品、撤销注册商标、对外国人限期出境或者驱逐出境等。

第二类是国家行政机关依照行政管理法规就是否授予公民或法人某种权利（如授予或拒绝授予发明专利权）或者责令行政管理相对一方当事人承担某项义务（如缴纳一定数额的税款）作出某种行政处理决定，而当事人不服依法向人民法院起诉的案件。例如《专利法》第43条第2款规定："发明专利的申请人对专利复审委员会收回复审请求的决定不服的，可以在收到通知之日起三个月内向人民法院起诉。"又如《中外合资经营企业所得税法》第15条规定："合资企业同税务机关在纳税问题上发生争议时，必须先按照规定纳税，然后再向上级税务机关申请复议。如果不服复议后的决定，可以向当地人民法院起诉。"从上述规定中不难看出：两个法律中所指的“决定”是国家行政机关为行政相对人设定某种权利或课以某种义务，并非行政制裁。

由于行政案件是当事人之间因行政法律关系发生的管理与被管理、支配与被支配的异议而引起的争议案件，因此当事人之间的法律地位是不平等的。它不同于基于民事法律关系而产生的平等主体之间有关权利义务争议的民事案件和经济纠纷案件。有的法学著作把经济纠纷案件经过行政机关或有关仲裁机构调解或仲裁，当事人不服又依法向人民法院起诉的，也当作行政案件。[①] 我们认为这种看法是不正确的，它混淆了民事、经济纠纷案件与行政案件的本质区别。这是因为，主管行政机关或仲裁机构对经济合同纠纷案件的仲裁或调解，是应当事人一方或双方的请求进行的，它们仅仅是仲裁者或调解者而已，并不是经济合同纠纷的一方当事人。经济纠纷双方当事人之间存在的经济法律关系和诉讼主体（原告与被告）的地位并未因经过行政调解或仲裁机构仲裁而有所改变，因而案件的性质也不会由经济纠纷案件变为行政案件。因此，对行政机关或仲裁机构的调解或仲裁的经济纠纷案件，当事人不服诉至人民法院的，不应属于我国行政诉讼的范围。

当事人不服行政机关的处罚或其他处理决定，依法向人民法院起诉，是行政案件的基本特征之一。但在有些单行行政管理法规中同样规定了当事人对有关主管行政机关处理决定不服的，可以在法定期限内向人民法院起诉的案件却不一定是行政案件。例如，《土地管理法》第 13 条、《森林法》第 14 条规定当事人之间发生的土地、林木、林地所有权和使用权争议，由县级以上人民政府处理，当事人对人民政府的处理不服的，可以向人民法院起诉。此类案件虽然是当事人不服有关人民政府的处理决定而诉至法院，但在人民法院审理时，当事人仍然是争议的双方，争议标的仍然是双方当事人发生争议的权利义务关系即土地、林木、林地所有权和使用权的归属问题，而不是人民政府的处理决定是否正确合法。因此，此类案件的性质仍属于民事权益争议，而不是行政案件，也不属行政诉讼的范围。

有些行政管理法规还规定，对于主管行政机关所作的行政处罚或处理

① 参见法学教材编辑部《行政法概要》编写组编：《行政法概要》，法律出版社 1983 年版，第 147 ～ 151 页。

决定，当事人在法律规定的期限内既不履行又不起诉的，作出行政决定的行政机关为了履行自己的职责，可以申请人民法院依法强制执行。对于这种案件，在审判实践中有的法院也将其作为行政案件而予以受理。其实，这是一种误解。因为这种案件并没有经过人民法院的审理，所以只是行政执行案件而不是行政诉讼案件。诚然，人民法院在执行前要对行政机关申请据以强制执行的法律文书——行政决定书或行政裁决书是否正确、合法进行审查，但这种审查不是以行政机关作为原告的诉讼，因为此时作为强制执行机关的人民法院无权决定双方当事人的权利和义务是否存在以及范围如何，没有执行诉讼的职能，而是依照民事诉讼法的有关规定所进行的强制执行活动，因而这种活动也不属于行政诉讼的范畴。

二、我国尚待人民法院受理的行政案件

近年来，随着我国行政立法和经济立法的不断发展，人民法院依法审理行政案件的范围正在逐步扩大。但是，还有哪些行政案件尚待人民法院受理，这就不能不涉及对行政诉讼范围的立法探讨。在确定法院主管行政案件的范围时，现代各国在立法体制上不外采用两种方式，即概括式和列举式。前者是指由法律规定一个概括抽象的标准，凡是与此标准相符合的行政案件，均可以提起行政诉讼。如1977年生效的《南斯拉夫行政争议法》第2条第1款规定："如果个人或法人认为其某种合法权利或本身的合法利益受到行政文件的侵犯有权提起行政诉讼。"后者是指以单个法律、法规所列举的具体事项为标准，凡是在所列范围以内的行政争议案件，才能提起行政诉讼。匈牙利等国采取的就是这种方式。由于列举式存在分散、繁杂和不便执行等缺点，因而，当今世界各国行政诉讼范围立法的总的趋势是从列举式向概括式过渡。

目前，我国在行政诉讼范围的立法形式上，采取的是列举式。除了《民事诉讼法（试行）》第3条第2款的原则规定外，还有100多个法律、法规分别规定了人民法院主管行政案件的范围。这种以单行法逐个列举规定行政诉讼范围的方法，从单行法律或法规本身来看，集实体法与程序法于一个法律之中，似乎有利于形成一个完整的体系。但从行政诉讼的立法来

看，却不能发挥其保障行政实体法律全面贯彻实施的功能。这是因为国家行政管理的范围广泛、情况复杂、种类繁多，在各个领域内不可避免发生的行政争议案件，立法机关在短期内无法列尽。如果在行政诉讼立法中仍继续采用列举规定的办法，至少会出现或已经出现以下难以克服的弊端：

首先，不利于维护和保持行政法制的统一和协调，甚至还可能给司法实践带来混乱。在我国现行的行政管理法规中，由于行政法规颁布的时间先后不同，对行政决定不服，行政相对人是否可以向人民法院起诉的规定也颇不相同。例如，1979 年颁布的《环境保护法（试行）》没有不服行政处罚可以向人民法院起诉的规定，而 1982 年颁布的《海洋环境保护法》和 1984 年颁布的《水污染防治法》却分别规定了当事人不服行政处罚决定可以向人民法院起诉。这就形成了同类性质案件的处理程序不一，行政相对人所享有的诉权不等的状况。又如，对于非法倒卖文物案件，按《文物保护法》收缴文物并处以罚款的行政相对人不能向法院起诉；但若按《投机倒把行政处罚暂行条例》处罚的，行政相对人不服则可以向法院起诉。如果作出行政处罚决定的行政机关及其工作人员想要拒绝司法审查，就可能在作出行政决定时适用前一种法律规定，而不适用后者，这种规定很容易为某些行政机关逃避人民法院的监督造成空隙。再如，同样是公安机关作出的行政决定，对违反治安管理所作的处罚（警告、罚款和拘留）裁决不服的，法律规定相对人可以向人民法院起诉；而对于违反法纪但不宜追究刑事责任的有劳动能力的公民所作的劳动教养不服的，法律却没有规定相对人可以向人民法院起诉。上述法律、法规的不统一和不协调，不仅会使相对人失去公正的司法保护机会，而且还往往会给行政机关及其工作人员的违法乱纪、规避法律造成可乘之机。

其次，难以保护行政相对人的合法权益。由于目前人民法院审理的行政案件采取由“法律规定”的列举方式，那么，法律没有规定而又适合于人民法院审理的行政案件，人民法院就不受理，这就难免造成“挂一漏万”，势必出现“告状无门”的现象，致使当事人的合法利益得不到及时有效的保护。事实上，许多行政争议案件已经出现“四不管”的现象，即本单位不管，上级领导机关不管，有关主管国家机关不管，法院因没有法律依据不管，使一些当事人频繁信访，四处投诉，而目前的信访机构只是一个办事机构，没有直接处理行政争议的法定裁量权，它们在接到公民的申诉、控告和检举以后，按照案件的内容，批转给各主管机关处理，有时还转回到被控告单位和人员手中。这种“上递下转”的工作方式，显然为行政争议的及时解决带来了许多问题，它不但使公民的合法利益得不到保障，而且为打击报复事件的发生开了“绿灯”。

由此可见，对行政诉讼范围从列举规定向有限制的概括规定过渡，不仅仅是当今世界其他国家的发展趋势，也是我国行政管理法制化、系统化、制度化的客观要求。同时，行政审判实践的开展也亟待要求制定一部《行政诉讼法》专门规定人民法院主管行政案件的范围以及与之相适应、相配套的程序制度。鉴于目前我国行政审判刚刚起步，行政立法还很不完善，人民法院的承受能力还非常有限，要确定我国行政诉讼的范围，应当有一个从窄到宽的逐步扩大的过程。在现阶段，我国行政诉讼立法中关于行政诉讼范围的规定，似应采用概括式和列举式相结合的方式，即相对人不服国家行政机关所作的行政处罚决定，除法律另有规定的外，都可以提起行政诉讼；相对人不服国家行政机关所作的授予权利或要求履行义务的行政决定，或者所作的限制人身自由的行政强制措施的决定，除法律另有规定的外，不得提起行政诉讼。待条件成熟后，再进一步采用有限制的概括、抽象的规定，即除法律另有规定的外，凡因行政机关的具体处理决定，致使公民和法人以及其他社会组织的权利和利益受到损害时，均可提起行政诉讼。

试论人民法院受理行政案件范围 *

胡康申 **

一、扩大受案范围所遵循的原则

我国的行政诉讼制度始建于 1982 年，即《民事诉讼法（试行）》第 3 条第 2 款规定：“法律规定由人民法院审理的行政案件，适用本法规定。”当时，人民法院受理行政案件的范围是由有关的单行法律逐个确定的，虽然起步较小，但它毕竟表明，我国从无到有建立了行政诉讼制度。“民可以告官”开始有法可依，这无疑是法制建设的一个重大进展。6 年多来，我国已有 130 多个法律、法规规定了公民、法人或者其他组织对于具体行政行为不服可以提起行政诉讼。各级人民法院已建立了 1400 多个行政审判庭，审理了不少行政案件。实践证明，建立行政诉讼制度，对于保护公民、法人或者其他组织的合法权益，促进行政机关依法行政，起到了积极的作用。在制定《行政诉讼法》的时候，应该遵循什么原则确定人民法院的受案范围呢？从世界上一些国家的行政诉讼制度看，各国对行政诉讼的概念、法院的受案范围等规定不尽相同，这是由各自国家的历史状况、政治制度、法律制度、传统习惯等诸因素决定的。我国的行政诉讼制度还很年轻，从我国的实际出发，总结行政审判工作的经验，并参考、借鉴国外的行政诉讼制度，《行政诉讼法》对于人民法院的受案范围主要是根据以下原则确定的：

1. 根据宪法和党的十三大精神，应当进一步保障公民、法人或者其他组织的合法权益，促进行政管理工作的法制化。《宪法》第 41 条规定：公民“对任何国家机关和国家工作人员的违法失职行为”，“有

* 载《中国法学》1989 年第 3 期。

** 胡康申，本名胡康生，时任全国人大法制工作委员会民法室干部。

向有关国家机关提出申诉、控告或者检举的权利”。“由于国家机关和国家工作人员侵犯公民权利而受到损失的人，有依照法律规定取得赔偿的权利”。党的十三大报告指出：要制定《行政诉讼法》，加强对行政工作人员的监察，追究一切行政人员的失职、渎职和其他违法、违纪行为。其根本的目的之一，就是为了监督和纠正行政机关及其工作人员的违法失职行为。”我国现在虽然已有130多个法律、法规规定了公民、法人或者其他组织可以提起行政诉讼，但还有一些可以列入人民法院受案范围的具体行政行为尚未列入。例如，相比较而言，同属对行政处罚不服的情形，有的法律、法规规定可以提起诉讼，有的法律、法规却没有规定；公民对被处15天以下的行政拘留不服可以提起诉讼，对被劳动教养1～3年却不能提起诉讼。况且，目前行政机关和行政机关工作人员滥用职权，以权谋私，违法失职，侵犯公民、法人或者其他组织合法权益的现象屡有发生，有的甚至很严重。因此，必须扩大人民法院现行的受案范围。

2. 正确处理行政权和审判权的关系。根据宪法关于国家机关职权分工的原则，国家管理行政事务的权力由行政机关行使，审判权由人民法院行使。人民法院审理行政案件，主要是审查具体行政行为是否合法，对合法的应当判决维持，对违法的应当判决撤销或者部分撤销，需要重新作出决定的应当由行政机关重作，人民法院不能代替行政机关行使职权。至于法律、法规赋予行政机关行使的自由裁量权，是为了使行政机关能对大量纷繁复杂、情况各异的具体实践作出适当裁量，即使行政机关在法定范围内有裁量不当的情形，原则上应当由行政机关复议解决。但考虑到我国现行有些法律、法规对行政处罚的幅度规定过宽或者根本没有规定幅度，行政机关的自由裁量权过大或者没有限制。现在人民法院审理行政案件的实际做法是，对经济行政案件中的行政处罚可以判决变更。因此，根据《行政诉讼法》第54条的规定，人民法院对“行政处罚显失公正的，可以判决变更”。这是法律的特别规定。

3. 正确处理必要性和可行性的关系。从必要性说，应当尽量扩大人民法院的受案范围。这符合我国建立高度民主、法制完备、富有效率、充满活力的社会主义政治体制的长远目标，但这是需要长期努力才能实现的。建设社会主义民主政治同发展社会主义商品经济一样，是一个逐步积累的渐进过程。人民法院受理行政案件的范围，应当同改革的步伐合拍，一步一步地扩大才是可行的。并且，应当看到，我国是一个经历了长期封建制度的国家，目前“官贵民贱”“民不告官”的封建思想影响还较深。行政诉讼法规定“民可以告官”，不等于民敢于告官，无论是老百姓还是行政机关、人民法院，都有个观念更新逐步适应的过程。再加上法制的配套完善，人民法院行政审判组织建立、健全，也需要有个过程。因此，对于人民法院的受案范围，不宜一步到位，否则会欲速不达，如果法律规定了却做不到，反而会产生不良影响，不利于维护法律的尊严和威信。

根据以上原则，人民法院的受案范围应当扩大，但只能是适当地扩大，逐步地扩大，它主要体现在：公民、法人或者其他组织认为行政机关和行政机关工作人员作出的具体行政行为侵犯其人身权、财产权的，都可以提起诉讼，这比现行限于只有法律、法规规定的才可以提起诉讼的受案范围，有了相当程度的扩大。同时，《行政诉讼法》还规定，“人民法院受理法律、法规规定可以提起诉讼的其他行政案件”，这为今后逐步扩大人民法院的受案范围留有充分的发展余地。

二、行政案件应具备的条件

《行政诉讼法》第 2 条规定：“公民、法人或者其他组织认为行政机关和行政机关工作人员的具体行政行为侵犯其合法权益，有权依照本法向人民法院提起诉讼。”该法对公民、法人或者其他组织有权提起诉讼的是哪些行政案件，由人民法院受理的行政案件应当具备哪些案件，作出了规定：

1. 原告必须是认为自己的合法权益直接受到行政机关和行政机关工作人员的具体行政行为侵犯的公民、法人或者其他组织，不包括自己的合法权益尚未直接受到具体行政行为侵犯的公民、法人或者其他组织。

被告必须是对公民、法人或者其他组织作出具体行政行为的行政机关，不包括司法机关、立法机关或者党派团体。只有属于《行政诉讼法》第 25 条规定的，“由法律、法规授权的组织所作的具体行政行为，该组织是被告”，才是例外。

2. 必须是因行政法律关系引起的行政争议。行政机关的法律行为有两类：一类是行政法律行为，即行政机关代表国家管理行政事务，同公民、法人或者其他组织发生的法律关系；一类是民事法律行为，即行政机关以民事主体的身份，同公民、法人或者其他组织发生的法律关系。可以提起行政诉讼的是因行政法律关系引起的行政争议。例如，根据《治安管理处罚条例》的规定，被裁决受治安管理处罚的人不服公安机关的裁决，经上一级复议后仍不服的，可以向当地的人民法院提起诉讼。不包括行政机关因民事法律关系引起的争议。例如，行政机关因购买办公用品、盖宿舍等，同公民、法人或者其他组织发生的民事、经济纠纷，是属于民事诉讼。

3. 必须是行政行为中的具体行政行为。行政行为按行为的对象不同，可以分为具体行政行为和抽象行政行为。具体行政行为是指行政机关处理具体事件的行为，即行政机关行使行政职权，对特定的公民、法人或者其他组织作出的有关该公民、法人或者其他组织权利义务的单方行为。例如，甲有违反交通管理的行为，交通民警依照《治安管理处罚条例》对甲作出处 5 元以下的罚款或警告，这就是交通民警代表公安机关行使行政职权，对甲作出的具体行政行为。抽象行政行为是指行政机关为进行行政管理而制定的具有普遍约束力的规范性文件。例如，行政法规、规章。它们不对某一具体实践作出具体规定，但一切具体实践合于行政法规、规章等抽象规范的，都在其适用范围内。可以提起行政诉讼的只能是具体行政行为。如果公民、法人或者其他组织认为行政法规、规章等抽象规范违法，依据《宪法》和《地方各级人民代表大会和地方各级人民政府组织法》的规定，可以向制定该规范性文件的同级人大常委会或其上一级行政机关提出。

4. 必须是违法的具体行政行为侵犯公民、法人或者其他组织的合法权益。例如，根据《治安管理处罚条例》的规定，公安机关可以对结伙斗殴扰乱公共秩序的人处 15 天以下的拘留。如果公安机关将没有结伙斗殴事实的人拘留了，或者将有结伙斗殴事实的人拘留了 20 天，超出了法律规定的幅度，这都是违法的行为，被处罚人可以提起诉讼。对行政机关因合法的具体行政行为可能给公民、法人或者其他组织造成的损失，不属于人民法院的受案范围。例如，根据《海关法》的规定，海关有权在监管区检查有走私嫌疑的运输工具。只要海关依法执行上述职务，对有走私嫌疑的运输工具进行检查，经检查排除了走私嫌疑予以放行，持运输工具的个人或者单位不能以检查耽误了交货合同的履行为由，提起行政诉讼。对于行政机关行使自由裁量权的行为，一般由行政机关复议解决。

5. 必须符合《行政诉讼法》第 11 条规定的受案范围，公民、法人或者其他组织才有权提起诉讼。提起诉讼还必须符合《行政诉讼法》第 41 条规定的起诉条件，人民法院予以受理。

三、人民法院的具体受案范围

对于人民法院受理行政案件的范围，有的同志主张采取概括式界定，这种主张不无道理。但是，考虑到我国行政诉讼制度刚刚起步，人们对运用这项法律武器维护合法权益的法制意识还不强，为使公民、法人或者其他组织清楚对哪些行政案件可以提起诉讼，以便于他们行使诉讼权利，更好地维护自身的合法权益，因此，行政诉讼法采取列举办法规定了人民法院的具体受案范围。

（一）公民、法人或者其他组织认为具体行政行为侵犯其人身权、财产权的，都可以提起诉讼

1. 行政处罚。行政处罚是国家主管行政机关依法对违反行政法律、法规的公民、法人或者其他组织给予的行政制裁。行政处罚较之其他具体行政行为而言有“三多”：一是依法有权实施行政处罚的行政机关多，如工商、公安、税务、环保、卫生、计量、海关等；二是行政处罚的种类多，如拘留、罚款、吊销许可证和执照、责令停产停业、没收财物等；三是实施行政处罚的数量较多，如去年全国的治安行政处罚有 130 多万起。从行政审判实践看，人民法院审理的行政案件中，大量的是对行政处罚不服。因此，行政机关实施行政处罚是否合法，同公民、法人或者其他组织的人身权、财产权关系甚密。目前我国尚有一些法律、法规虽然规定了行政处罚，但却没有规定对行政处罚不服可以提起诉讼。依照《行政诉讼法》的规定，凡是对行政处罚不服，都可以提起诉讼，这是扩大公民、法人或者其他组织的诉权，扩大人民法院受案范围的重要表现。

2. 行政强制措施。行政强制措施有两种：一种是限制人身自由的行政强制措施，例如，劳动教养、收容审查等。相对来说，这种行政强制措施，

限制人自由的时间比行政拘留长，比行政处罚严厉。目前，公民对行政拘留不服可以提起诉讼，但对劳动教养、收容审查不服只能向行政机关或有关机关提出申诉，不能提起诉讼，显得不尽合理。为进一步保障公民的合法权益，行政诉讼法将限制人身自由的行政强制措施列入了受案范围。另一种行政强制措施是对公民、法人或者其他组织的财产实行查封、扣押、冻结等。这种行政强制措施限制了财产的流通，对公民、法人或者其他组织的合法权益影响较大。《行政诉讼法》规定对此可以提起诉讼，是对公民、法人或者其他组织合法权益的一个有力保障。

3. 对行政机关侵犯法律规定的经营自主权的具体行政行为，可以提起诉讼。这里需要指出的是：第一，可以提起行政诉讼的，必须是属于行政机关侵犯经营自主权的行为，不包括其他国家机关或者党派、团体、组织侵犯经营自主权的行为或者上级企业侵犯下级企业经营自主权的行为。第二，必须是侵犯公民、法人或者其他组织依法享有的经营自主权。例如《全民所有制工业企业法》规定，企业对国家授与其经营的财产享有占有、使用和依法处分的权利。企业在人财物、产供销等方面依法享有经营自主权。国务院《关于城镇集体所有制经济若干政策问题的暂行规定》中规定，城镇集体所有制企业在国家法律、政策和计划许可的范围内，享有如下各项自主权：灵活安排生产和经营活动；执行支配和使用企业的生产资料和自有资金；采购原材料和销售产品；购置和租赁固定资产；出租或有偿转让闲置多余的固定资产；根据实际需要，经过考核、聘用或录用职工；决定对职工的奖惩、解聘或辞退。还有私营企业、个体工商户、中外合资企业、中外合作企业、外资企业等，都依法享有经营自主权。目前有些企业的经营自主权尚未得到落实，其中一个重要原因是政企不分，有些行政机关非法干预企业的经营自主权。《行政诉讼法》规定，公民、法人或者其他组织对行政机关侵犯其经营自主权的行为，可以提起诉讼，这对于进一步贯彻实施《全民所有制工业企业法》等有关法律、法规，实现政企分开，促进治理整顿、深化改革，具有重要意义。

4. 对申请行政机关颁发许可证和执照，行政机关拒绝颁发或者不予答复的，可以提起诉讼。行政机关颁发许可证和执照是准予申请人从事某种活动的具体行政行为。这类具体行政行为直接决定着申请许可的公民、法人或者其他组织能否从事某项生产经营等方面的活动，直接影响着他们的合法权益。例如，应当发给企业生产许可证，行政机关拒绝发给；应当发给个体工商户营业执照，行政机关拒绝发给，会使企业或个体工商户的利益受到损害。这类具体行政行为，现在由于缺乏严格的行政行为程序的规定，行政机关的随意性较大。行政诉讼法将这类具体行政行为列入受案范围，对于进一步保障公民、法人或者其他组织的合法权益是必要的。需要指出的是，这里所指行政机关对申请许可证和执照拒绝颁发或者不予答复，包含两层意思：一是行政机关拒绝颁发，即行政机关明确表示不同意。另一层是行政机关不予答复，即既不表示同意也不表示不同意，老处于“研究研究”的不确定状态，这是行政机关不作为的表现。对于行政机关的不作为，过去是不能提起诉讼的，人民法院从未审理过这类案件，现将其列入受案范围是一个突破，对于行政机关克服官僚主义、改进工作作风、提高工作效率，具有特别的意义。但是，目前对于行政机关颁发许可证和执照的期限，只有少数法律、法规作出明确规定，许多法律、法规没有规定，因此，随着《行政诉讼法》的颁布和实施，应当抓紧完善这方面的程序规定。

许可证和执照的种类很多。行政诉讼法所称的申请行政机关颁发许可证和执照，是指有法律、法规、规章规定的应由主管行政机关核发的许可证和执照。例如《药品管理法》规定：“开办药品生产企业，必须由所在省、自治区、直辖市药品生产经营主管部门审查同意，经所在省、自治区、直辖市卫生行政部门审查批准，并发给《药品生产企业许可证》。”《城市规划条例》规定：“申请建设用地的组织和个人，经城市规划主管部门审查批准其用地位置、用地面积和范围，并划拨土地，发给建设用地许可证后，方可使用土地。”

5. 对申请行政机关履行保护人身权、财产权的法定职责，行政机关拒绝履行或者不予答复的，可以提起诉讼。所谓行政机关拒绝履行或者不予答复的，是指某些行政机关负有保护公民、法人或者其他组织的人身权、财产权的法定职责，应当履行法定职责而不履行的行为。例如，根据关于坚决打击拐卖妇女、儿童犯罪活动的有关规定，公安机关要抓紧案件侦破，及时将拐卖人口的犯罪分子查获归案。妇联和公安机关要相互配合，做好被拐卖妇女、儿童的解救工作。各有关部门对群众来信来访中申报妇女、儿童失踪的，要认真登记接待，然后按分工交主管部门处理，不得推出了事。根据以上规定，公安机关对于打击拐卖妇女、儿童的犯罪活动，做好被拐卖妇女、儿童的解救工作，负有法定职责。如果被拐卖的妇女、儿童向某公安机关请求解救，公安机关应当履行法定职责，认真处理。假如公安机关拒绝履行法定职责或者对被害人的请求不予答复，被害人对公安机关的违法失职行为，可以提起诉讼。这项规定，对进一步保障公民、法人或者其他组织的合法权益，促进行政机关认真履行自己的法定职责，具有重要作用。

6. 对行政机关没有依法发给抚恤金的具体行政行为，可以提起诉讼。抚恤金，在我国是指对革命军人、职工因工伤亡或病故发给抚恤费。有革命残废军人残废金，革命军人牺牲、病故抚恤金，职工伤亡抚恤金等。抚恤金是公民依法享有的法定权利。公民对此提起诉讼应注意两点：第一，必须是法律、法规明确规定应当依法发给的抚恤金。例如，国务院《军人抚恤优待条例》规定："现役军人死亡，根据死亡性质和本人死亡时的工资收入，由民政部门发给其家属一次性抚恤金。""退出现役后没有参加工作的革命伤残军人，由民政部门发给伤残抚恤金；退出现役后参加工作，或者享有离休、退休待遇的革命伤残军人，由民政部门发给伤残保障金。"根据以上规定，属于民政部门没有依法发给一次性抚恤金、伤残抚恤金、伤残保障金的，合法权益受到损害的可以提起诉讼。第二，必须是行政机关没有依法发给抚恤金的行为，不包括企事业单位等应当依法发给而没有发给职工或其家属抚恤金的行为。例如，根据《劳动保险条例》的规定，企业应当依法发给伤残职工抚恤金，如果企业没有依法发给抚恤金而引起争议，不属于行政案件。

7. 对行政机关违法要求履行义务的，可以提起诉讼。公民、法人或者其他组织对于法定义务，有责任履行并自觉地履行，行政机关对不履行法定义务的公民、法人或者其他组织，可以采取行政处罚等手段督促其履行或者依法强制执行，这是为了维护国家的整体利益。但是，行政机关无权要求公民、法人或者其他组织在履行法定义务之外再承担义务。目前有些行政机关违法要求公民、法人或者其他组织履行义务，包括违法要求纳税、乱摊派、滥收费等，这是对公民、法人或者其他组织合法权益的一种侵犯。将行政机关违法要求履行义务的行为列入受案范围，对于制止目前社会上盛行的乱摊派、滥收费的歪风，有积极作用。需要指出的是，对于其他国家机关或者党派、团体、组织的乱摊派、滥收费等行为，不属于人民法院的受案范围，受侵犯的公民、法人或者其他组织可以向党纪、政纪、信访等有关部门提出。

8. 对行政机关侵犯其他人身权、财产权的具体行政行为，可以提起诉讼。这是一项兜底条款，是指除了上述 7 项内容以外，只要是属于行政机关侵犯公民、法人或者其他组织的人身权、财产权的行为，均在受案范围之内。公民的人身权、财产权内容很广泛，上述 7 项列举了主要内容，但难以一一列举齐全。例如，人身权方面还有生命权、肖像权、荣誉权等；财产权方面还有专利权、商标权、版权等。有了这项兜底条款，体现了行政诉讼法对公民、法人或者其他组织的最基本的权利——人身权、财产权的充分保护。

（二）公民、法人或者其他组织对法律、法规规定由人民法院受理的其他行政案件，可以提起诉讼

根据《宪法》，公民的基本权利除了人身权、财产权之外，还有选举权和被选举权，有言论、出版、集会、结社、游行、示威的自由，有受教育权的权利等。这些方面的权利，国家是通过多种途径给予保护的，是否都要通过诉讼途径给予保护，有待于探索实践经验。根据改革的要求，《行政诉讼法》规定，人民法院受理法律、法规规定的其他行政案件，体现了原则性和适应性。它既肯定了我国通过诉讼途径保护公民、法人或者其他组织合法权益的原则，又体现了今后可以采取由单行法律、法规规定的办法，以适应逐步扩大人民法院受案范围的需要。我们相信，随着政治体制改革的逐步深入，社会主义民主政治建设的不断发展，人民法院的受案范围，一定会得以逐步扩大。

顺便指出，公民、法人或者其他组织行使诉讼权利时，需要注意的是，对于下列事项，不能向人民法院提起诉讼：（1）国防、外交等国家行为；（2）行政法规规章或者行政机关制定、发布的具有普遍约束力的决定、命令；（3）行政机关对行政机关工作人员的奖惩、任免等决定；（4）法律规定由行政机关最终裁决的具体行政行为。以上事项，应当分别向有关国家机关提出。

略论行政审判权的构成 *

皮纯协 **　刘永志 ***

行政审判权是行政审判机关对行政机关所为的违法（有些国家也包括不当）的行政行为所行使的审查判决权。由于各国的行政审判机关不同，适用的法律规则和要实现的目的存在差异，这就决定了行政审判权的构成也各不相同。因此，立足于我国实际，探讨和研究行政审判权的构成，对实现行政审判的职能和目的，完善我国的行政审判制度，无疑有着重要的意义。

一、行政行为的司法审查权

行政行为是行政机关所为的具有法律效果的行为。行政行为纷繁复杂，大到国家的政治行为、外交行为、军事行为，小到户籍检查、发放许可证等。因而，行政行为侵犯公民和组织权益的机会是很多的，必须确认审判机关对违法的行政行为的监督制约权，即司法审查权。

行政行为的司法审查权确定的是行政审判机关对有争议的行政行为的管辖权问题，或者说司法审查范围问题。并非行政审判机关对所有的行政行为都有管辖权。各个国家所确定的受审判机关管辖的行政行为都是有限制的。之所以要有所限制，是因为行政机关和审判机关各有职责分工，行政机关在其职权范围内依法行使职权应当受到尊重；行政审判机关对行政机关的审查应当依法进行，如果允许行政审判机关审查行政机关所有的行政行为就会干涉行政机关行政权的行使，因为在纯行政事务上，不能保证审判机关比行政机关的判断能力更强。

---

*　载《法律学习与研究》1989 年第 1 期。

**　皮纯协，中国人民大学法律系教师，行政立法研究组成员。
***　刘永志，时任国务院外国专家局政策法规司干部。

世界各国对行政审判机关审查行政行为的范围多采取这样两种方式来确定：一种称普遍审查式，即行政审判机关对行政机关的行政行为可以进行普遍性的审查，只是法律规定的个别情况排除在审查范围之外。这种方式有利于加强行政审判机关对行政机关的监督和制约，对公民提供的补救范围比较广，但其缺点是审查范围太广，有可能对行政机关的正常行政活动带来消极的影响。另一种称列举适用式，即行政审判机关只能对法律规定的行政机关的某些活动进行审查，行政审判机关有权审查的行政行为一般都在法律中一一列举，法律未规定者，审判机关不能审查。这种方式的优点是审判机关的审查范围比较明确，但其缺点是容易挂一漏万，不利于对公民和组织的权益进行充分的补救。

我国的司法机关在很长一段时间内，不论是在理论上，还是在实践中，对行政机关的行政行为都没有司法审查权，也没有行政诉讼制度。从 1980 年开始，我国的一些法律开始规定行政管理相对人不服行政机关的处罚或其他处理决定，可以向人民法院提起诉讼。1982 年 3 月 8 日，由第五届全国人大常委会制定颁布的《民事诉讼法（试行）》明确规定了人民法院审理行政案件适用民事诉讼程序。随后，越来越多的法律、行政法规对行政诉讼问题作了规定。但在这一阶段，法律对行政诉讼案件的受理范围的规定一直采取列举的方式，而且基本上只限于行政处罚。1989 年 4 月 4 日，第七届全国人民代表大会第二次会议通过了《行政诉讼法》。该法第 3 条第 1 款规定："人民法院依法对行政案件独立行使审判权，不受行政机关、社会团体和个人的干涉。"第 5 条规定："人民法院审理行政案件，对具体行政行为是否合法进行审查。"从而第一次明确肯定了人民法院对行政机关具体的行政行为的司法审查权。

我国《行政诉讼法》第 11 条对行政机关具体的行政行为的司法审查范围主要是采取列举的方式进行规定的，为弥补列举式的不足，又采取了概括的方式进行补充。这种规定方式要比《民事诉讼法》和其他单行法律、法规的规定前进了一大步。虽然跟一些行政诉讼制度比较发达的国家相比，我国法院对行政行为的司法审查范围还有待于扩展，但考虑到我国目前的实际情况，行政法还不完备，人民法院的审判庭还不够健全，法院的承受能力，当事人观念的更新等问题，因此法院受案范围只能逐步扩大，目前的规定是符合我国国情的。

当然，我国行政诉讼法对于人民法院的司法审查范围也是有限制的。《行政诉讼法》第 12 条规定了下列 4 种行政行为不受法院审查，它们是：（1）国防、外交等国家行为；（2）行政法规、规章或者行政机关制定、发布的具有普遍约束力的决定、命令；（3）行政机关对行政机关工作人员的奖惩、任免等决定；（4）法律规定由行政机关最终裁决的具体行政行为。上述的规定是否妥当，是值得我们深入研究和探讨的。因为这种探讨，是与行政审判权的发展前途密切相关的。

首先，根据什么标准来判断一个中央政府的行为是“国家行为”还是“非国家行为”呢？笔者认为，应从这样几个方面来考虑：第一，“国家行为”是中央政府的行政行为，非中央政府的行政行为不是“国家行为”；第二，“国家行为”是事关国家安全或国计民生的重大的行政行为，例如关于国家安全的外交和国防行为，宣布国家的某一部分（省一级行政区）的戒严管制行为；关于国家重大的基本建设，如决定修建大型核电站、重大的水利工程的行为；第三，它在很大程度上是一种政策性的行为，而非法律性的行为。

究竟应该由谁来对“国家行为”进行认定呢？由中央政府来认定，因中央政府自身就是该行为的实施者，由它自己来认定其行为该不该受司法机关管辖显然是不妥当的；那么由最高权力机关来判断是否就恰当呢？从理论上说是可以的，但在实践中往往难以行得通，因为最高权力机关事务繁多，工作时间和工作力量都很有限。对于“国家行为”的判定最恰当的机关应是最高司法机关，因为它是对法律争议行为的最后裁定机关，它的裁定是最有权威性的。当然，裁定标准应当是由最高权力机关确定的。如果最高司法机关既确定裁定标准，又主持裁判，这又是违反了法制原则的。因此，由最高立法机关来确定判断“国家行为”的标准，由最高司法机关来进行裁定，这是最佳的选择。按照目前《行政诉讼法》对“国家行为”的这种模糊的规定方法，这一规定将在实践中很难付诸实施。它可能导致中央政府的所有行政行为都排除司法审查的局面。

其次，《行政诉讼法》第 12 条第 3 项将行政机关对其工作人员的奖惩、任免等决定绝对地排除在司法审查之外，这也是值得研究的。例如，一个开除国家公务员的行政行为，它不仅仅是国家行政机关内部的事务，而是涉及宪法规定的公民劳动的基本权利问题，如果不允许被开除的公务员向人民法院提起行政诉讼，也就等于剥夺了他向审判机关寻求最终的司法补救的权利。因此，除了应该考虑行政机关内部事务的因素外，还要考虑到国家宪法规定的公民的基本权利。因此，笔者建议，对于涉及公务员作为一个公民的基本权利的行政处分决定，应当允许公务员依法提起行政诉讼。

再次，《行政诉讼法》第 12 条第 4 项将法律规定的行政机关的最终裁决行为排除在司法审查之外，这一规定也不利于保护公民的基本权利。第一，根据法治的原则，裁定一个有争议的法律行为的最终机关应是法院，行政机关不应对法律问题享有绝对的、不可变更的裁决权。第二，我国很长一个时期以来，没有行政诉讼制度。许多法律规定了行政机关对某些有争议的行为有最终的裁定权，这是不利于保护公民的合法权益的。例如，商标法规定了行政机关对于商标侵权行为，有最终的裁决权，法院不能过问，不知其依据是什么。对行政机关某些有最终裁决权的行为，法院也应享有审查权，因为法律在这里赋予行政机关的是事实的最终裁决权，而不是法律的最终适用权，没有理由认为行政机关适用法律的能力比法院更强。

最后，对于一些法律既没有规定可以受理，又没有明确规定可以排除司法审查的案件，应该怎么办？《行政诉讼法》并没有对这一问题作出规定。笔者认为，扩大法院的受案范围是世界各国行政诉讼制度发展的趋势，我国行政诉讼法立法的一个基本思想也是在实践中逐渐扩大行政案件的受案范围，扩大对公民和其他组织的合法权益的保障领域。同时，我国《行政诉讼法》关于法院受案范围的某些规定是很原则的，为法院在实践中扩大对行政案件的审查受理范围留下了宽广的余地。例如，《行政诉讼法》关于法院受理行政机关侵犯其他人身权、财产权案件的规定，如果法院在实践中运用得好，是可以大有作为的。但扩大司法审查范围应是一件十分慎重的事情，采取哪一种方式为好呢？是采用立法规定的方式，还是采取司法的方式——通过判例和司法解释来扩大司法审查范围。笔者认为，采取后一种方式为好。其理由是：第一，立法方式并不是一种简便的、可以经常使用的方式。既然法律已经规定由人民法院执行，就应该充分信任法院，允许法院根据法律的精神来扩大受案范围。第二，司法解释权是法院固有的职权，法院通过司法解释和通过判例来扩大对行政案件的受理范围，有利于及时对行政侵权行为进行补救，提高法院的权威。另外，从国外的经验看，不论是英美法系的国家，还是大陆法系的国家，都在运用判例和司法解释的方式扩大受案的范围，这种做法值得我们借鉴。

二、调查取证权

行政审判机关的调查取证权是指法院拥有的调查与案件有关的事实，获取证据的权力。这也是保证审判机关公正行使审判权的必要条件。

调查取证权的内容应该包括：（1）审判机关有权根据诉讼进展情况作出判断，确定调查证据的范围和应当予以考虑的证据。如果审判机关无权确定调查证据的范围和应予考虑的证据，就难以保证审判的客观性、公正性，调查取证权也是无意义的。（2）审判机关有权听取诉讼参与人的陈述，询问证人和鉴定人，或向他们索取书面文件。（3）审判机关认为必要，可以采取诉讼证据的保全措施。审判机关对所收集的证据，有判定其真伪的权力。

为了排除行政机关的优越地位，审判机关对于行政机关在调查取证方面应当具有特殊的措施：第一，有权命令行政机关提供其据以作出行政决定的规范性文件，在行政机关拒绝出示证据的情况下，有权判决行政机关的该具体行政行为无效。第二，对行政机关声明保密的规范性文件，有权依法判断是否属于保密的范畴，以决定是否予以公开。

对于涉及国家重大机密的问题，排除法院的调查，这是各国的通例，但从趋势上看，各国政府机密的范围越来越缩小。在我国，赋予法院在行政审判过程中判断“政府机密”权力对推进政府的公开性是很有意义的。这是因为：第一，我国在传统上，行政机关的权威在国家机关体系中是很高的，政府的公开性较差，保密的范围太广，该保密的保密，不该保密的也保密，普通公民对于行政机关的这种作法是很有意见的，赋予法院依法判断“政府秘密”范围的权力，是促使政府政务公开，减少非法行为的一个强有力的措施。第二，过去，我国的行政法制建设很落后，行政机关执行公务往往没有统一的法律可循，而是按照许多内部规定，这些规定有时并不公开，但却经常为行政机关所适用。特别是这些内部规定过多地考虑了部门利益，甚至是“长官意志”的产物，是对旧的习惯做法的一种确认，有的互相矛盾，甚至与宪法、法律的规定相抵触。而这些内部规定经常被行政机关以“政府秘密”为借口拒绝告知公民。赋予法院调查取证权，就可以为结束这种不正常的状况创造条件。

同调查取证权密切相关的是确定行政机关的举证责任问题。因为在行政活动中，行政机关及其工作人员始终处于主动和优越地位，能以指挥命令、强制执行等方式令对方服从自己的行政决定。因此，在行政诉讼中，行政机关有责任提供证据，证明自己的行政行为是以事实为根据，也符合法律的要求。这样才能体现行政机关权利义务相统一的原则。并且，由于行政机关是代表国家行使职权，拥有人员、经费、材料、设备上的物质优势，在证据收集方面也处于明显的优势地位。相形之下，行政机关相对的一方则是比较被动的。他们往往只知道自己权益受到侵害的结果，而对造成损害的行政行为的产生依据了解甚少或根本无法了解。因此，有必要对行政机关和对方当事人的举证责任提出不同的要求，明确在行政诉讼中，行政机关必须负举证责任。行政机关不能寻找借口，推脱举证责任。

为了保证人民法院所收集的证据的客观性，还有必要确认在行政诉讼过程中，行政机关不经人民法院批准，不得自行向原告和证人收集证据的原则。这样的好处是；第一，可以促使行政机关在作出行政决定时就有充分的理由和法律依据，减少违法行为的发生；第二，避免行政机关在原告人起诉后向原告人和证人收集证据，给原告人和证人带来思想压力，影响原告和证人坚持其合法权益。当然，在人民法院允许的情况下，行政机关是可以补充收集证据的，这是人民法院认为行政机关补充收集证据不会影响案件的公正审理时，才能采取的措施。

三、程序上的停止执行权

程序上的停止执行权是指行政审判机关在案件审理过程中基于某种特定的考虑在程序上裁定暂时停止行政机关某一行政决定的执行力的权力，又称暂缓执行权。程序上的停止执行权，是行政审判权的重要组成部分，没有该项权力，行政诉讼的目的就难以顺利实现，行政审判权就不完整，行政审判权的权威就要受到影响。

赋予行政审判机关的暂缓执行权，是加强司法机关对行政机关的制约的一种措施。如果这种权力一点也不受限制，则可能影响行政机关的正确的决定的执行，这就又与行政诉讼的目的相背离了。因此，各国法律在赋予法院暂缓执行权的时候都规定了严格的限制，在一般情况下，审判机关不能随意裁定停止行政决定的执行，只是在法律规定的特殊情况下，才允许运用暂缓执行权。之所以如此，是因为赋予法院暂缓执行权不是为了与行政机关唱“对台戏”，而是为了避免违法或显失公平的行政决定的仓促执行所可能产生的无法挽救的恶果。

在我国，行政机关的权威在很长一个时期以来，一直高于司法机关，这是一个不能否认的事实。为了对这种不正常现象进行某种修正，防止行政专横情况发生，保护公民、组织的正当权益，就必须赋予行政审判机关以暂缓执行权。我国《行政诉讼法》第 44 条对行政决定的执行力问题是这样规定的：“诉讼期间，不停止具体行政行为的执行，但有下列情形之一的，停止执行：（一）被告认为需要停止执行的；（二）原告申请停止执行，人民法院认为该具体行政行为的执行会造成难以弥补的损失，并且停止执行不损害公共利益，裁定停止执行的；（三）法律、法规规定停止执行的。”上述第 1 项和第 3 项规定产生争议的可能性比较小，有争议的问题可能发生在第 2 项规定。因为这里有下面几个问题值得研究：第一，如果以原告申请停止执行作为人民法院裁定停止行政决定执行力的充分条件，那么，毫无疑问会导致原告滥用其申请停止行政决定执行力的权利，会给行政机关的正常活动带来很多麻烦。第二，如果把停止行政决定执行力的权力无限制赋予人民法院，那么，审判人员的素质又将是暂缓执行权能否得到正确运用的关键因素。第三，审判机关行使暂缓执行权以停止执行不违背社会公共利益为前提，但是否违背社会公共利益的判断标准如何确定呢？

显然，第一种情况以起诉人的申请为行使对行政决定的暂缓执行权的充分条件是不妥的，指望审判人员的执法素质会在很短的时间内提高到能够不偏不倚地运用暂缓执行权的程度也是不可能的；违背社会公共利益的判断标准如何确定和运用既涉及审判人员的素质，又涉及行政法理论的突破。因此，只有在深入研究各国行政诉讼经验的基础上，结合我国的实际，尽可能对暂缓执行的各种情况作出明确的法律上的限定，才是解决问题的办法。但现有的法律、法规多没有这方面的规定。要解决这一矛盾，就要尽可能利用法院的自由裁量权。法院的自由裁量权是指法院所享有的在法律没有规定的情况下，根据立法本意相应行事的权力。

为保证行政机关的正常活动不受司法裁量权的干涉，法院在行使停止执行权时应该注意哪些问题呢？第一，要搞清授予法院停止执行权的目的，这个目的就是保证法院使受到不法侵害的公民获得救济，同时保证行政机关正确行使职权。行使这一权力不能违背上述目的。第二，这一权力的行使应当符合法律规定的条件：（1）原告申请停止执行；（2）法院基于法律和社会公益的全面衡量，认为该具体行政行为的执行会造成难以弥补的损失；（3）停止执行不损害社会的利益。除了法律规定的上述情况的出现，不应轻易使用停止执行权。第三，为了解决法律、法规没有规定法院停止执行权的弊病，应当确认最高人民法院根据自由裁量权作出的停止执行行政决定的判例的法律效力。

四、实体上变更行政决定的权力

实体上变更行政决定的权力应当是判决权的一部分。但行政审判机关在审理行政案件的过程中，发现行政机关的行政处理决定或因认定事实不正确，或因适用法律不当，能否对该案件享有变更权，或变更到什么程度？这是一个争议很大的问题。行政部门的官员认为审判机关对行政机关的处理和裁决不应享有变更权；否则，就是司法权对行政权的侵犯和干涉，会削弱行政机关的权威，影响行政效率。而审判机关则认为司法变更权是审判权的组成部分，赋予行政审判机关司法变更权是确保审判机关审判权的统一和权威的需要。

考察一下世界上行政诉讼制度比较发达的国家，还没有发现哪个国家的审判机关绝对不享有变更权的例子。这主要是因为：第一，司法变更权确实是审判权的必不可少的组成部分，没有司法变更权，审判机关就不能有效地对行政机关的违法和滥用职权的行为实施有效的监督。第二，事实上，行政机关行使的某些裁判权力实质上就是准司法权，不是纯粹的行政权，因此，审判机关对行政机关的准司法权进行某种控制是必要的，不存在侵犯行政权的问题。第三，司法变更权由审判机关享有是实践的需要，它对保证审判权的统一、加强对行政机关的监督、保护公民的合法权益、减少诉累确实起了很好的作用。我国已经开展起来的行政审判实践表明，对于某些错误的行政裁定，如认定事实有误，处罚范围不当，处理方式违法或不当，处罚超过法定幅度，适用法律错误，显失公平，处罚畸轻畸重，赔偿损失裁决错误，定性不当等，法院审理中维持不妥，撤销也不当，只有变更判决才适用。

人民法院对行政决定的司法变更权是必要的，但这种权力同样不是毫无限制的。否则，势必会产生司法权代替行政权的现象，矫枉过正。那么法院究竟对哪些行政决定可以行使司法变更权呢？我国《行政诉讼法》第 54 条第 4 项规定："行政处罚显失公平的，可以判决变更。"可见，法院可以行使司法变更权的对象只是行政处罚行为，行使司法变更权的条件是行政处罚显失公正。

那么人民法院对于行政机关限制公民权利、设定公民义务的其他行政决定（行政处罚之外）是否亦有变更权呢？根据法律，既不能推定有，也不能推定没有，这是一个需要立法机关加以明确的问题。笔者认为，应该承认人民法院对行政处罚以外的部分显失公平的行政决定亦有变更权。因为，授予法院司法变更权实质是为了使司法机关对行政机关的自由裁量权进行一定的控制。行政机关的自由裁量权是指给行政机关在作出决定时某种程度的自由，以使它能从法律允许的范围内选择它认为最合适的决定的权力。行政机关的自由裁量权不是无限制的。第一，它的行使不能违背法律确定的该权力的行使目的。第二，必须遵守客观性与公正性的原则。行政机关在作出决定时，必须对相关的全部事实予以考虑，而无关的事实则不应影响行政机关的决定。第三，必须遵守平等的原则。行政机关在处理类似的事情时，必须用类似的方法，在工作中应尽量避免差别。第四，必须遵守均衡性的原则。即要求行政机关所作的决定对有关人员的权利、自由或利益所造成的损害和行政机关所追求的公共利益的目的之间必须保持恰当的平衡。第五，遵守合理的时间的原则。行政决定必须在一定的期限内作出，不能久拖不决。通常影响合理的时间的因素包括：有关事务的复杂性，该事务的紧迫状况，以及所涉及的当事人的数量等。第六，必须遵守一般的行政准则。行政准则通常包括本部门处理行政事务的一般程序原则及工作人员应遵守的纪律等。显然，上述对自由裁量权行使的限制绝不仅仅是针对行政处罚而言的，还应包括其他行政决定。而且，判断行政机关在作出行政决定时是否遵守了行使自由裁量权的规则，不应由行政机关自身来判断，而应由人民法院来判断。因此，应该赋予人民法院对行政处罚以外的行政决定的变更权。

还有一个问题是人民法院能在多大程度上变更行政决定。例如，对行政处罚决定，人民法院是只能在同一种行政处罚的不同幅度上进行变更，还是能在不同种类的行政处罚上作出变更。笔者认为，这就取决于法院对“显失公平”的含义的认识了，如果法院在同一种行政处罚幅度内变更了行政决定后，仍然觉得“显失公平”，那么，就应允许法院在不同的行政处罚种类内进行变更，否则，就会有违赋予法院“司法变更权”之目的。

五、对判决的强制执行权

强制执行权是法院以强制执行的方法要求诉讼当事人履行判决所确定的义务的权力。没有强制执行权，法院的一切审判活动所取得的成果都可能付之东流，从而损害法院的权威。

在行政诉讼中，一方当事人是公民、法人和其他组织（通常是原告），另一方当事人是行政机关（通常是被告）。法院对于前者有强制执行权，这是无疑的。但对于后者，对行政机关是否也具有强制执行权，这便是一个有争议的问题了。

认为不应赋予行政审判机关强制执行的理由是：行政机关和司法机关同属于国家机关系统，对于法院的判决，一般是可以尊重法院的意见的，对个别行政机关抵制审判机关的情况，可以通过司法监督来解决。这种论点是站不住脚的。因为：第一，它没有阐明行政机关不须强制就会自觉履行司法判决的充分依据，而是根据一种想当然的推测。第二，在一个政府行政法制观念不太强的国度，在行政机关具有高于司法机关的权威的现实面前，行政机关对司法机关的判决不服，予以抵制的可能性是存在的。而赋予法院强制执行权的理由却是很充分的。第一，法院是行使国家行政审判权的唯一机关，其判决是有普遍的强制性的，要求所有的国家机关和公民个人都予以尊重，行政机关亦概莫能外。第二，即使绝大多数情况下，行政机关会主动履行法院的判决，也不能因此而不承认法院的强制执行权，因为这种权力是法院固有的；或者说，在行政诉讼中，强制执行权是法院的储备权力。第三，如果不承认法院的强制执行权，法院也就失去了对受到行政机关不法侵害的公民、法人实施补救，制约行政机关的一种有效手段，这与行政诉讼的目的是相悖的。

我国《行政诉讼法》对执行问题作了如下的规定："行政机关拒绝履行判决、裁定的，第一审法院可以采取如下措施：（一）对应当归还罚款或应当付给的赔偿金，通知银行从该行政机关的帐户内划拨。（二）在规定期内不履行，从期满之日起，对该行政机关按日处五十元到一百元的罚款。（三）向该行政机关的上一级行政机关或者监察、人事机关提出司法建议。接受司法建议的机关，根据有关规定进行处理，并将处理的情况告知法院。（四）拒不履行判决、裁定，情节严重、构成犯罪的，依法追究主管人员和直接责任人员的刑事责任。"

从上述规定可以看出：（1）我国《行政诉讼法》确认了法院的强制执行权；（2）法院对行政机关的强制执行权是很有限的，它明确地局限在退还罚款和给付赔偿金的范围；（3）对行政机关不履行人民法院的其他判决和裁定的情况，法院一般只能对该机关处以罚款，或向有关行政机关提出司法建议；（4）法院对拒不履行判决、裁定，情节严重、构成犯罪的，有权依法追究主管人员和直接责任人员的刑事责任。由于我国行政诉讼制度尚处初创阶段，法律对执行问题的上述规定是符合我国目前情况的。当然从发展的角度看，无论在强制执行权的范围上，还是在强制执行的措施上，乃至于在追究责任的形式上，都还是可以有所作为的。

行政合理性原则*

龚祥瑞**

多数政治学家或重视政治观点的法学家大抵都怀疑法治中的合法性原则是否有良好的成效。但是，从法学观点看，法也不见得条条都是尽善尽美的，合法的未必合理。仅仅根据合法性原则，并不一定能达到真正法治的目的。从政治学观点看，法律不能仅仅表示权威机关的意志，而必须符合某种更为正当有效的东西。除法律外，应有一套确认的规范或原理、原则，借以保证政府的自由裁量权不至于被滥用，使由立法机关漫无限制地授予行政当局的裁量权受到限制。于是，就从合法性中产生出了合理性问题。

一、法律是“以理服人”的工具

行政机关作出决定时，是否有提供理由的责任，这个问题将由法律具体规定。至于提供理由是否充分，则有两条原则可供参考：（1）依法必须提供理由的，已经构成了一种义务和责任，如拒绝依法必须提供的理由，有武断之嫌。（2）所提供的理由必须针对实质问题，不能扯得太远，凡理由不清楚的，必须重述。

为什么法律要求行政提供理由呢？英国法兰克斯委员会对这个问题作了论述：（1）明文规定要求提供理由，可以使决定是经过深思熟虑的而不是主观武断作出的；（2）在有权上诉的场合，申请人完全可以提出相反的理由；（3）有利于法院或其他机关加以审查监督；（4）原则上要求即使没有提供的义务，也以提供为佳，以便社会（法律学会等学术团体）审议有关规程。

那么在什么场合提供理由是不适当、不必要、不实际的呢？（1）有

* 载《法学杂志》1987年第2期。

** 龚祥瑞，北京大学行政法学教授，行政立法研究组顾问。

损公共利益的场合（如有关国家安全），或为避免不必要的诉讼时。（2）有关重要的问题（例如为了不放走一个囚犯），以不提供为佳。（3）凡不让起诉的案件即不用提供理由的。

作出的决定如有两个彼此独立的理由，只要其中一个清楚，则其决定就有效，如果法律规定有提供理由的义务，而不予履行则法院可以进行审查和干预。法院的职能是审查据而合理地作出的决定有无事实根据。

二、合理性的标准

所谓“标准”就是客观的准绳。决定是在合理的范围内作出的，法院就不能干预。如一个具体政策是否明智，法院是不能过问的，法院唯一能够干预的是它的行使超越了权限，也就是滥用权力的问题。为此，法院只能在两种情况下进行干涉：第一，当局的行为是立法从未授予的。第二，当局没有做到立法所要求做到的。

三、不合理事项的类别

1. 不符合议会的政策。当局和议会的政策对峙、不履行或者加以歪曲，这种动机是不合理的。

2. 出于财政动机。常常有这种情况，为了节约开支当局运用权力牟取赢利——为了某种不是合法的目的。例如教育当局不能为了节支而开除教师；又如领取执照，要申请人付款1000英镑是不合理不合法的，因为颁发执照不是为了收款，也不能附以条件。

3. 不加区别、前后不一、不公平的行为。例如，不同房屋征取同样租金就是不加区别。对待公民，应该一视同仁，不能是此一时彼一时而反复无常，前后不一。

4. 不适当的社会救济。法院一般反对用公款（地方税收）进行新的救济或慈善事业，不问动机是否善良，这类行为要受合理性原则的限制。如英国波普拉市议会想要成为“模范雇主”而给本市职工增加工资，并超过了市场工资价格和生活指数，就被审计员撤销，主张由市议员个人负责退款，卫生大臣以命令免除市议员的赔偿责任，此项行政决定终于被高等法院宣告为无效。因为，市议会的善良动机不是法律上有关的考虑所以被法院撤销了。市议会的决定没有考虑市场价格贸然增加工资，逾越了权限，在英国审计一般是不能过问政策问题的。然则行政和政策的界限何在呢？法院认为无理增加工资是个行政问题，属审计监督的范围。

5. 可以允准的优待。如立法可以授权地方议会对不同房客规定不同的房租金、以作为对经济困难户的优待，但不能照顾经济上供得起的住户。

6. 吊销执照的不适当决定，法院限制决定权是以授权法所规定或要求的真实目的为其标准，不允许专断的或压制性的吊销或附以种种不适当条件的刁难。如上诉法院撤销了一个吊销市场商贩的决定，理由是处罚过重，剥夺了他的生存权，行政要遵循“罪刑相称原则”，这也是欧洲法的一项原则。

四、多种目的混合

1. 双重目的。例如，内政部引渡一个美国罪犯，其真正目的是讨好美国政府（基于美国政府的请求）。毋宁认为这种决定是不合法的，如果是为了公共安全，那么他的决定便是合法的。由于最后是由法院来裁定到底合法还是不合法。法院最终可以查清引渡背后的目的。如认为引渡的动机适当，就与协助美国政府的目的一致了。

2. 双重动机。主要动机不当，就会构成越权。以一种目的掩盖另一种目的。如对一位教师的撤职决定有教育方面的理由，也有非教育方面的理由，在这种情况下，只要教育方面的理由充分作为行动的真正动机，也就无损于决定的合理性，否则就是一种越权的行动。

五、恶意（bad faith）

恶意就是指不合理。也就是无关的考虑——节外生枝，因此也可以成为无效的一个独立因素。如以政治理由吊销执照，显然是不相干的考虑，是非善意的决定，因而是非法的。打击报复，显然是一种恶意的行为。以政治理由侵犯合法权益，也是一种恶意的打击行为。欺诈与贪污，更是一种恶意的行为。但上述原则只适用于行政，而不适用于立法。在英国，法院不能宣告议会通过的法案违宪。

六、主观语气与客观审查

英国授权法案经常使用下列主观语气，如“当大臣认为适当时……”。在法院看来，原则上大臣的行为都必须合理作出。“当大臣认为适当时……”这样主观性的规定，也未能使行政当局获得不受法律控制的权力。但有时议会作了极广的权力授予，被授权者系唯一的裁决者，在这种情况下，法院不问客观事实，只凭大臣的主观认识。根据英国 1939 年的紧急权力（国防）法据而制定的规程、命令、法院一般不予审查。只要为了国防的目的，是不受限制的。

法院坚持它始终能够审问总督的“主观认识”是否有合理的根据，是否在法律上站得住脚。法律（法院）是不论等级的，除了战时和危机时刻，司法控制行政的原则是贯彻始终的，即使是国王（或代表国王的总督）也非例外。韦德认为主观用语的客观解释是司法审查的奠基石，具有极大的重要性，不应被削弱。有许多法官不能授予大臣以下受限制的拘留权。他们说，如果只有决定权的人才能作最后的解释的话，那么任何有意识的限制都会等于零。

人民法院能否审查在法定范围和幅度以内的行政决定*

阿　江**

有一种观点认为，只要行政机关的决定没有超出法定范围和幅度，人民法院不能变更行政机关的决定，更不能撤销其决定，而只能维持行政机关的决定。笔者认为，这种观点值得商榷。

第一，在法定范围和幅度以内的行政决定不一定都是合法的。例如，《治安管理处罚条例》第 16 条、第 17 条分别考虑的从重从轻情节，执法机关如不考虑这些情节而处罚当事人，就不能说是合法的。行政机关认定事实部分有误，或者非法所得计算有误等情况即使没有超出法定幅度和范围，也不能认为是合法的裁决。行政机关滥用职权（不正确、不合理地行使自由裁量权）所作的裁决，在现代法治国家都是以违法论处的。

第二，我国目前相当一部分法规的处罚范围和幅度比较广泛，甚至有相当一部分法规没有规定处罚的范围和幅度。例如，《食品卫生法（试行）》的处罚幅度是 20 元至 3 万元，《海洋倾废管理条例》第 17 条所规定的幅度是"处以警告或人民币十万元以下的罚款"。据粗略统计，国务院颁布的行政法规中大约有 50% 的法规规定了处罚而没有规定处罚幅度，有的甚至连处罚条件、处罚方式都没有规定。如果认为处罚裁决只要是在法规规定的范围和幅度以内的，法院就不能干预，那就在事实上大大缩小了行政诉讼的范围，显然这是有悖于确立行政诉讼制度的目的的。

第三，行政自由裁量权绝不是任性裁量权，不是无一定之规的权

---

*　载《学习与辅导》1988 年第 12 期。

**　阿江，本名江必新，时任最高人民法院研究室助理审判员。

力，也不可能是不该受监督的权力。法律赋予行政机关自由裁量的目的，是为了使行政机关根据具体情况作出正确的选择，而绝不意味着行政机关对同一对象既可以这样，又可以那样。当前行政机关的自由裁量权的适用状况，对于形成平等的竞争机制至关重要。控制行政自由裁量权，提高行政执法人员的自我约束机制，是建立商品经济新秩序的一个重要方面。现代法治国家大都把自由裁量权的监督作为法治的基本特征。从笔者收集到的国外行政诉讼法来看，除极个别国家外，基本上都授权法院监督行政机关的自由裁量权，赋予法院撤销或变更滥用职权的行政决定的权力。

第四，通过司法途径监督行政自由裁量权是完全可行的。有一种观点认为，法院审查行政机关的裁决无一定标准，只能由行政机关的上级机关审查。我们认为，由于法院的地位比较超脱，且法院有一套司法程序作保障（这套程序可以保障当事人平等地、公开地进行辩论、质证），这就保证法院有可能正确地掌握审查的具体标准，作出公正的裁判。

根据以上理由，笔者认为，行政机关的决定如果明显不当、显失公平，或者有滥用职权之虞，即使在法定范围和幅度以内，人民法院亦应当依法予以撤销或变更，以保障公民合法权益，保障行政机关依法行使职权。但是，如果行政决定正确、合法，没有明显不当，显失公平或滥用职权之虞，人民法院应当驳回原告人的诉讼请求。

试论人民法院审查具体行政行为合法性的原则*

肖 峋**

同民事诉讼法律关系和刑事诉讼法律关系相比较，行政诉讼法律关系中有一个独有的、特殊的关系，就是人民法院同被诉行政机关的诉讼法律关系。这一关系的双方都是国家权力机关，人民法院是拥有国家审判权的机关，行政机关是拥有国家行政权的机关。行政诉讼法如何调整这一诉讼法律关系，实际上是处理在诉讼中国家的两大权力的关系问题。这一问题的解决，涉及在行政诉讼范围内国家审判权的行使，也影响到在诉讼范围外行使国家职权如何提高依法行政的水平和行政效率。这是民事诉讼法、刑事诉讼法中没有但却是制定《行政诉讼法》必须解决的一个特殊的、重大的问题。

为此，行政诉讼法确立了一些不同于民事诉讼的特殊原则。《行政诉讼法》第 5 条规定："人民法院审理行政案件，对具体行政行为是否合法进行审查。"这是其中的一个原则，可以称作审查具体行政行为合法性的原则。这个原则应当包括以下内容：（1）人民法院对被诉行政机关的行为拥有司法审查权，包括受理、审理和判决的权力。行政机关作为一方当事人，负有义务服从和协助人民法院行使这一权力，执行人民法院对其行为是否合法作出的判决。（2）人民法院行使司法审查权的范围，主要是具体行政行为而不是抽象行政行为。（3）人民法院行使司法审查权的内容主要是具体行政行为的合法性而不是不妥当性。《行政诉讼法》的这一原则说明，人民法院因全国人民代表大会授权，在行政诉讼过程中，司法审判权力有高于行政权力的效力，人民法院有权确认被诉行政机关的具体行政行为是否合法，肯定或者否定具体行政行为原有的效力。另一方面，这一原则对人民法院在行

* 载《中国法学》1989 年第 4 期。

** 肖峋，时任全国人大法制工作委员会民法室干部，行政立法研究组成员。

政诉讼中的司法审查权也作了限制，人民法院必须按照这一原则规定的范围和内容行使权力。

二

审查具体行政行为合法性的原则，规定了人民法院行使司法审查权的范围，主要是审查具体行政行为而不是抽象行政行为是否合法。行政诉讼法这样规定，是因为：

（1）符合我国宪法和有关组织法的规定。我国《宪法》以及《地方各级人民代表大会和地方各级人民政府组织法》规定审查抽象行政行为合法性的权力由各级人民代表大会和他的常委会，以及作出抽象行政行为的机关的上级行政机关行使。例如，《宪法》第 67 条规定，全国人大常委会有权“撤销国务院制定的同宪法、法律相抵触的行政法规、决定和命令”，第 89 条规定国务院有权“改变或者撤销各部、各委员会发布的不适当的命令、指示和规章”。因此，规定人民法院有权审查具体行政行为，是符合我国宪法和有关组织法的规定的。

（2）符合我国现状。依照我国现行的制度，对行政机关和行政机关工作人员的监督，是由各有关国家机关、民主党派、舆论单位等进行的，他们分工负责，各有权限。行政监察机关、刑事审判机关不享有对具体行政行为的司法审查权，行政监察机关负责处理行政机关工作人员违反政纪的事件，刑事审判机关、人民检察院和公安机关负责处理行政机关工作人员违反刑法的案件，他们监督的是行政机关的工作人员。各级人大、政协、舆论单位等虽然有权监督行政机关的具体行政行为，但各有侧重、各有特点。各级人大拥有全面监督行政机关的权力，因此不可能对具体行政行为进行广泛、经常的监督，而只能总揽全局，选择对具有全局意义的某些具体行政行为进行监督。在我国，上级行政机关对下级行政机关也有全面的监督权，但上级行政机关容易偏袒下级行政机关，很难保证完全公正。有了人民法院进行外部监督的条件，上级对下级监督才能落到实处。我国的政协、舆论单位、信访机构等，对具体行政行为进行的监督是很有作用的，但他们的监督缺少法律效力。依照我国现行的制度，人民法院负责审理法律、法规规定可以向人民法院起诉的行政案件，而依照法律、法规的规定，这些案件无一例外，全部是起诉具体行政行为的。几年来的司法实践表明，由人民法院监督行政机关的具体行政行为，有可能使监督工作做到广泛、经常、公正、有效。因此，规定人民法院对具体行政行为享有司法审查权，是符合我国现状的。

（3）同人民法院的承受能力是相适应的。规定人民法院对具体行政行为享有司法审查权，同人民法院的承受能力也是相适应的。因为我国人民法院监督行政的历史不长，审判人员缺少行政工作和审判行政案件的经验，而且由于法制不够健全，还有来自各方的干涉，审查具体行政行为已经是困难重重了，怎么能再让他承受对抽象行政行为提起的诉讼？

但是，这并不是说，人民法院对抽象行政行为没有任何程度的司法审查权。《行政诉讼法》第 53 条规定，人民法院审理行政案件，参照有权机关制定、发布的规章。参照是以审查为前提的，但这不是完整的司法审查权，因为它并没有受理权和裁判权，人民法院对规章享有的权力是：（1）对作出具体行政行为根据的规章，人民法院有权确认其是否合法。（2）人民法院认为该规章同法律、行政法规等没有抵触，同其他规章也没有不一致，有权决定参照。（3）人民法院认为该规章同法律、行政法规等有抵触，有权不予参照，而是根据法律、行政法规等作出判决。（4）人民法院认为该规章同其他规章不一致，是非不清，可以提请国务院作出解释或者裁决，有权暂不予参照。因此可以说，为了解决人民法院对规章是否参照审理的问题，《行政诉讼法》规定人民法院对规章有确认其是否合法的权力。

二

审查具体行政行为合法性的原则，规定了人民法院行使司法审查权的内容，主要是审查具体行政行为的合法性，而不是它的不妥当性。

行政机关应当依法行政，这是我国宪法规定的原则。《宪法》第 5 条第 3 款、第 4 款规定：“一切国家机关和武装力量、各政党和各社会团体、各企业事业组织都必须遵守宪法和法律。一切违反宪法和法律的行为，必须予以追究。任何组织或者个人都不得有超越宪法和法律的特权。”根据这一规定，我国行政机关行使行政职权，必须遵守宪法和法律，不得违反、不得超越宪法和法律，这就是“依法行政”。“依法行政”而不是“依我行政”，是法治而不是人治，是加强行政职权，保证行政行为的正确性、有效性和权威性的唯一途径。

宪法规定的依法行政原则同行政诉讼法规定的审查具体行政行为合法性的原则是相互关联的。一方面，依法行政原则决定了在行政诉讼中人民法院必须对行政是否依法进行审查，决定了人民法院在行政诉讼中的基本任务是解决一个是否合法的问题。因此，审查具体行政行为合法性的原则是宪法依法行政原则的必然延伸和继续。另一方面，行政诉讼法的这一原则又是贯彻宪法的依法行政原则的一个重要保证，《行政诉讼法》第1条规定，立法宗旨之一是“维护和监督行政机关依法行使行政职权”，人民法院在审理行政案件时，如果做到了监督和纠正违法的行为，支持和维护合法的行为，就必然会加强而不是削弱我国的行政权。

审查具体行政行为合法性的原则，规定了人民法院在审理行政案件时，如果确认了行政机关的具体行政行为没有违法，而是在自由裁量权限内作出的不妥当行为，原则上不应当进行干预。

行政机关应当依法行政，受到法律的拘束。依照法律对其行为拘束的是否严格，行政机关享有两种权限。（1）羁束权限。在法律明确规定了条件以及在这种条件出现时行政机关必须采取的措施，行政机关受到法律的拘束是严格的，没有灵活的余地，这种权限叫羁束权限。比如，《中外合资经营企业所得税法》规定了什么叫所得额，这是法定条件。在这种条件出现时，税务机关必须征收所得额30%的所得税，外加10%的地方所得税。税务机关没有灵活性，征税额多于或少于40%都是违法。（2）自由裁量权限。在法律只有原则规定、行政机关在规定的原则和范围内可以灵活机动时，这种权限叫作自由裁量权限。比如，《治安管理处罚条例》第20条规定的处罚种类，有拘留、罚款、警告，幅度是拘留15日以内，罚款200元以下。在这里，法律授予行政机关的自由裁量权是：在3种处罚措施中有选择权，在处罚幅度内也有选择权。行政机关不仅在实施处罚行为方面享有自由裁量权限，在发放许可证或执照，实施行政强制措施等方面，也有自由裁量权。

自由裁量权存在的必然性是由两个因素决定的。（1）它是不可避免的。因为立法机关的会期有限，法律条文也有限，有限的时间和条文不可能将复杂的、多变的几乎是无限的行政事项概括无遗，也不可能将其中涉及的技术性、专业性问题作出详尽的规定。例如，许可证的种类繁多，涉及几乎所有的行政管理领域，因此，尽管许可证的发放关系到人民权利甚至是设定权利能力的问题，立法机关往往也不能作出具体规定。另外，我国正在进行改革，许多改革措施尚不成熟，难以制定成法律，但改革又必须进行，所以，立法机关不得不采取原则授权的办法，使行政机关得以“便宜行事”。以上原因，使立法机关往往只能规定一些原则，规定一些有弹性的条文，可供选择的措施，可供上下活动的幅度，使行政机关有灵活机动的余地。（2）它是保证行政效率所必需。由于行政事项极端复杂、瞬息万变，为了使行政机关能够审时度势、权衡轻重，不至于在复杂多变的问题面前束手无策，错过时机，必须实行原则性与灵活性相结合，赋予行政机关在一定范围内、一定原则内的自由裁量权，使他能够灵活果断地决定问题，提高行政效率。

自由裁量权限是法律赋予行政机关的至关重要的权力，因此，在行政诉讼中如何对待这一权力，不能不是许多国家必须加以解决的重要问题。根据已有的资料，解决这一问题的方式有二。一是美国方式，即广泛干预自由裁量权的方式，美国的《联邦行政程序法》第706条规定：“对于独断专横、反复无常、滥用自由裁量权”的行为，法院“应当宣布其为非法，予以撤销”。二是法国方式，即法国行政法院执行的“不审查不妥当行为的原则”，但是也有例外，即对严重不当的行为，法院也有审查权。我国在制定《行政诉讼法》的过程中，对这一问题的争论很大。从中国的实际出发，最后，我国《行政诉讼法》在总则中写进了审查具体行政行为合法性的原则，基本上排除了对于自由裁量权限范围内的不妥当行为的干预。因为：（1）在人民法院这方面，行政审判人员的审判经验和行政经验不足，如果允许用人民法院的自由裁量代替行政机关的自由裁量，未必能使不妥当变为妥当。（2）在行政机关这方面，如果能够法治而不是人治，按照法律规定的原则和范围进行行政管理，在目前，这已经是执法的良好状态了，这种积极性应当保护而不应挫伤，保护这种积极性有利于促进行政机关依法行政，过分苛求则会使行政机关无所适从、手足无措，影响行政效率。总之，行政诉讼法对行政机关的自由裁量权采取的这种十分审慎的态度，是完全合乎我国国情的。我国的行政诉讼和行政法制建设都处于“初级阶段”，审查具体行政行为是否合法，已经是问题很多、阻力很大了，行政诉讼是否能再深入行政自由裁量权限的领域，要在有了相当的司法经验和在行政法制建设进一步完善以后，视情况而定。

但是，审查具体行政行为合法性的原则还有一个例外。《行政诉讼法》第54条第4项规定：“行政处罚显失公正的，可以判决变更。”这是说，行政机关即使是在自由裁量权范围内实施处罚行为，如果有严重不当，即“显失公正”，人民法院也要干预。即为这种行为的不公正已经十分明显，人心不服，舆论不服，甚至会成为众矢之的，在这种情况下，只考虑行政效率就不够了，还要考虑执法的威信，执法机关与人民的关系。但这个例外的范围很窄，只限于处罚，只限于显失公正。这种显失公正的处罚多半会在法律、法规只是原则授权、行政机关的自由裁量权“权大无边”的情况下发生。比如，《文物保护法》第30条规定，对于“发现文物隐匿不报，不上交国家”的人，公安机关有权罚款，至于罚多少，是否根据情节区分档次，该法没有规定，行政机关因此而得到的自由裁量权是很大的，在这种情况下，就容易发生显失公正的处罚。根据审查具体行政行为合法性的原则，对于这个例外应当采取非常谨慎的态度，防止过多地干预行政机关的自由裁量权。

三

为了贯彻审查具体行政行为合法性的原则，行政诉讼法对于认定具体行政行为是否合法的标准作了规定。

1. 行政机关的积极行为是否合法，《行政诉讼法》第54条第1、2项作了规定，可以概括为五个标准，违反了其中一个就是违法，五个标准全部具备了是合法。这五个标准是：

第一，主要证据是否充足和确凿。行政机关作出具体行政行为必须有证据。证据有主要和次要之分，主要证据是指能够决定事件性质的证据。

在主要证据不足或失实的情况下决定了事件的性质，再根据这一认定作出的具体行政行为必然是违法的。

第二，适用法律、法规是否错误。行政机关作出具体行政行为，应当根据法律、法规，或者根据符合法律、法规并由有权机关制定、公布的规章。所谓适用法律、法规的错误，是指作出具体行政行为的法律理由错误，应当根据这一法律却根据了那一法律，应当根据法律、法规却根据了违法的规章，有的甚至根据了已经废除的法律条文、法规或规章，这些都是违法的。

第三，是否违反了法定程序。法定程序是指行政机关作出具体行政行为应当遵守的由法律规定的行政程序。我国目前还没有一部行政程序法，有关程序的规定只是散见于有关行政管理的法律、法规之中，如《专利法》规定的有关专利的申请、审查和批准的程序，《治安管理处罚条例》规定的处罚程序等。对于法律、法规有关行政程序的规定，行政机关必须遵守，因为它是防止行政机关作出错误的决定、违法侵犯公民权利的手段。这种事先防止的手段，比事后纠正的手段，如行政复议程序、行政诉讼程序等，在一定意义上，对于保护公民的合法权益更为重要。因此，《行政诉讼法》规定，违反法定程序也是违法。

第四，是否超越了职权。不同的行政机关依法各自享有不同的行政管理职权，这才能保证有一个正常的行政管理秩序。如果发生了越权，这一机关行使了那一机关的职权，或者行使了法律、法规没有授予的权力，也是违法行为。

第五，是否滥用了职权。对滥用职权可以有许多解释，但根据我国行政诉讼法的审查具体行政行为合法性的原则，对滥用职权不得进行过宽的解释，以防止干预行政机关的自由裁量权，它可以解释为作出具体行政行为的目的违法，是为了以权谋私，基于这样的目的而作出的具体行政行为应认定为违法。

合法的具体行政行为必须同时具备五个条件，即证据确凿，适用法律、法规正确包括依法行使职权，没有超越职权，没有滥用职权，符合法定程序。

2. 对于行政机关的消极行为即不作为行为，《行政诉讼法》第 54 条第 3 项规定："被告不履行或者拖延履行法定职责的，判决其在一定期限内履行。"也就是说，行政机关对于其法定职责不予履行或拖延履行的，就构成了违法，人民法院应予纠正。

不履行或拖延履行是指行政机关没有作出行为，如对申请许可证的人不予理睬。不履行或拖延履行指的不是行政机关的否定行为，否定行为是已经有了一个行为，如驳回对营业执照的申请。不履行和拖延履行的区别，是后者在口头上答应履行，实际上仍未履行，如在妇女、儿童被拐卖的情况下请求公安机关保护，在农田遭到工厂废水污染的情况下请求环保局处理，他们答应研究，但不采取任何行动。行政机关的这种不作为行为的后果，是直接或间接地剥夺了人民的权利，因此也应当认定为违法。

四

审查具体行政行为合法性的原则，决定或影响了行政诉讼法的其他一些原则。

1. 关于举证。《民事诉讼法（试行）》第 56 条规定了当事人都负有举证责任的原则，“谁主张，谁举证”，有主张而无证据的一方可能要承担败诉后果。但《行政诉讼法》规定的是被诉行政机关负举证责任的原则，《行政诉讼法》第 32 条规定：“被告对作出的具体行政行为负有举证责任，应当提供作出该具体行政行为的证据和所依据的规范性文件。”这是在证据问题上，行政诉讼法不同于民事诉讼法的一个原则。因为行政诉讼的基本任务是审查具体行政行为的合法性，而具体行政行为是行政机关作出的，行政机关理应按照公认的程序规则“先取证、后裁决”，在拥有充分的事实理由和法律理由以后才能作出。因此，也须由他来承担证明其行为合法的责任，是“谁决定，谁负责”，理所当然，责无旁贷。作为具体行政行为的相对人一方，只是该行为法律后果的承担者，甚至对行政机关作出具体行政行为的原因也有可能不甚了解，所以，也只有行政机关才能提供证据。如果行政机关不能举证，或者举出的主要证据不足或失实，那么，就要承担对其不利的后果，甚至可能败诉。

2. 关于调解。《民事诉讼法（试行）》第 6 条规定，人民法院审理民事案件，应当着重调解。但《行政诉讼法》第 50 条规定：“人民法院审理行政案件，不适用调解。”有的同志认为，审理行政案件，人民法院不进行调解的原因，是因为行政机关的职权是国家和人民授予的，是国家权力，行政机关无权处分，不存在让步的可能。因此，就不能在“互谅互让”的基础上进行调解。这样理解是不够确切的。因为行政机关享有自由裁量权，在自由裁量的范围内，行政机关也可以有进有退，并非不能“互谅互让”。但是，人民法院审理行政案件的基本任务是审查具体行政行为是否合法，原则上不干预行政机关的自由裁量权，所以，对于人民法院来说，无须承担调解的任务。但对于原、被告来说，并不是不可以达成和解。《行政诉讼法》第 51 条规定的就是和解原则。

3. 关于判决。人民法院审理民事案件，享有完全的变更权，因为人民法院审理民事案件的一个任务，是“确认民事权利义务关系，制裁民事违法行为”，是解决民事纠纷和调整民事关系。人民法院审理行政案件，当然有利于解决行政纠纷和调整行政关系，但是，人民法院的任务不是直接去解决行政纠纷和调整行政关系，人民法院审理行政案件的主要任务是审查具体行政行为是否合法，合法的行政行为，法院判决维持，违法的行政行为，法院判决撤销。因此，人民法院对行政案件的判决权是以撤销和维持为主要内容，以不变更为原则，以变更为例外。

《行政诉讼法》第 54 条规定，对于显失公正的行政处罚，人民法院“可以判决变更”，这是不变更原则的一个例外。根据我国的司法实践，由人民法院作出一个新的处罚决定代替行政机关的显失公正的决定，有利于案件的迅速审结和保护公民的合法权益，行政机关对此没有很多异议，有的甚至要求法院变更。但第 54 条规定的是“可以变更”，并不是必须变更，如果判决撤销，要求行政机关重新作出一个公正的处罚决定也未尝不可。

4. 关于审判组织。《民事诉讼法》规定，合议是原则，独任审判是例外，独任审判可以适用于简单民事案件的审理。但是，根据《行政诉讼法》第 46 条的规定，“人民法院审理行政案件，由审判员组成合议庭，或者由审判员，陪审员组成合议庭”。审判行政案件的组织只有合议庭一种，没有独任审判。《行政诉讼法》的这一规定也同审查具体行政行为合法性的原则有关。具体行政行为是由具有专业技术知识、一定的政策水平和行政经验的行政机关作出的，有的则经过了鉴定、勘验、检索等活动，有的则经过反复研究。人民法院的行政审判人员虽然在适用法律方面有特长，也比较超脱和公正，但在专业技术知识和行政经验方面则有欠缺。因此，在审查具体行政行为的合法性时，人民法院有时会有一定的困难。《行政诉讼法》规定行政审判组织只有合议制一种，并且规定了可以有陪审员参加，目的之一是集思广益，依靠集体智慧克服困难，尽可能地使判决做到准确无误。

总之，审查具体行政行为合法性的原则，是行政诉讼法调整人民法院同被诉行政机关的行政诉讼法律关系的一个重要原则，对于它的意义和作用，还需要在司法实践中进一步研究。

行政诉讼的标准和范围 *

张树义 **

我国的行政诉讼制度正在建立之中，无论是在行政诉讼的实践，还是在《行政诉讼法》的制定中，行政诉讼的标准和范围都是必须首先明确的，也是存在争论最多的问题。本文谈谈自己的看法。

一、行政诉讼的标准

行政诉讼的标准，即人民法院受理行政案件的标准，也可以称为公民可以提起行政诉讼的标准。我国目前是采取由单行法律、法规逐一规定的做法。这种做法既不能为人民法院受理行政案件提供明确的标准，又不能有效地保障公民的合法权益。因此，只能作为过渡性措施。

行政诉讼是以行政行为为诉讼对象的一种诉讼活动。行政机关的一切行为并非都可以诉之于法院，行政诉讼的许多行为并不具有可以提起行政诉讼的性质。那么，可以提起行政诉讼或人民法院对行政案件管辖权的标准是什么？对于这个问题的分析，我们必须从诉讼活动的性质入手。诉讼活动的本质是裁决社会生活中产生的纠纷，从而维护整个社会秩序的稳定。因此，诉讼总是和纠纷、侵权行为相联系的。在社会生活中，凡是侵犯他人权利，给他人权益造成损害的行为，不论行为者是公民、企事业组织或者国家机关，都应当通过诉讼的途径加以解决。行政活动是国家行政机关行使权力，对国家事务进行管理的活动。行政机关用履行其职责的全部手段，它不但可以命令、指挥企事业组织、公民从事一定活动，而且可以采取处罚、强制执行等措施实现所要求的状态。在这种不平等的活动中，就有可能给企事业组织和公民造成损害。国家设置行政诉讼，就是留给企事业组织、公民

---

* 载《法制日报》1989 年 3 月 3 日，第 3 版。

** 张树义，写作本文时为中国政法大学教师。

以救济的途径，当侵权行为发生后，使其可以通过人民法院的裁决得到补救。因此，行政机关的活动，只要是对企事业组织、公民造成一定的损害，就可以而且应当允许提起行政诉讼。从行政行为的结果看，不论是行政机关抽象地制定规章的行为，还是具体地采取措施的行为，只要是该行为造成，或者可能造成一定的后果，都可以成为行政诉讼的对象，有关当事人或者实际受到不利影响的人都可以到人民法院对该行为提起诉讼，要求人民法院依法对该行为进行审查，决定撤销与否。应该看到，公民对行政行为提起诉讼，并不单纯是一种意愿的表示，更为重要的是对行政行为实际效果的争议，是出于维护自己合法权益的目的。立法之所以确定某种行政行为应当接受人民法院的审查，就是为了制止不适当的行政行为，维护公民的合法权益，以寻求行政机关与公民在法律上的平衡。

二、行政诉讼的范围

根据行政机关活动的性质，行政诉讼范围的确定可以从以下几个方面考虑：

内部行为与外部行为。以行政活动是否行使公共权力为标准，行政行为可以分为内部行为与外部行为。内部行为是指行政机关内部的事务、人事和财物管理，如内部机构设置、制定工作规划、规定行政纪律等。这些职能主要和行政机关的正常运转有关，它们通常涉及内部行政事务，不影响公民的权利和义务，因而不具有可诉性。人民法院对行政机关纯内部措施不应干预，它可以通过行政组织系统解决。行政诉讼限定于那些行政机关对外部行使公共权力的行为，因此只有这些行为才直接影响到公民的权益，才具有可以提起行政诉讼的性质。

政治行为与行政行为。国家行政机关管理公共事务的许多行为并不具有由法院裁决的性质。对于这些行为的监督只能采取行政或政治措施。行政机关的政治行为，各国通例不能提起行政诉讼。如关于国防、国家安全等方面的决定就不能进行司法审查。政治行为还包括政府行为。所谓政府行为是指以政府名义从事的活动，如签订国际协议、条约、发动战争等，这些行为基本上属于国际关系的领域。对此，政府享有安全的司法豁免权。

政治行为并非毫无约束，而是采取承担政治责任的方式来解决。所谓政治责任，是行政机关对权力机关承担的责任，权力机关采取弹劾、罢免行政官员、不信任投票等方式解决行政机关政治行为的得失问题。只有那些行政机关管理日常公共事务的行政行为才能接受司法审查。

法律行为与裁量行为。行政诉讼仅仅是解决行政纠纷的一种方式，不是唯一的方式。不同性质的行政纠纷，产生的原因不同，处理方式也应有所区别。根据各国的行政诉讼实践，由普通法院审理行政案件一般是对行政行为中的法律问题进行审查，而不对行政行为的适当与否进行审理。行政机关行使国家行政权，一方面，须受法律的约束，不能超越法律的范围从事活动；另一方面，须适应社会生活中千变万化的复杂事态，在其职权范围内，不能不给予其一定的活动范围。对行政行为过多的、不适当的诉讼势必影响行政效率。自由裁量就是各国在确定行政诉讼的范围时采取的一个标准。法院只审查违法的行政行为，也即法律行为，而不能决定其是否适当，当行政决定或措施属于行政机关自由裁量权的事项范围之时，法院就不能对之予以制裁。

自由裁量行为的设定必须满足两个条件：（1）完善行政机关内部的申诉、复议制度。自由裁量行为不能提起行政诉讼，但必须保有行政诉讼内部申诉、复议的途径，有一套完整的制度能够切实有效地保障公民的合法权益。因为自由裁量权无疑是对公民权益的最大威胁。（2）要有完善的立法。确定自由裁量行为的过界来自法律规定。假如对行政机关的无论什么活动都加以详细规定的话，那么也就不存在自由裁量行为，同样，如果行政活动毫无法律拘束，也就不会有行政诉讼的存在。因此，完善立法首先是要掌握好立法界限，在保障公民的权益和实现行政机关的高效率之间作出最佳选择。行政机关自由裁量的范围取决于法律规定，而法律规定则取决于政治制度、行政活动的水平等多种因素。对于这些问题我们必须审慎待之。

行政性法规接受司法审查析 *

张树义 **

对行政机关制定的规范性文件法院能否审查，《行政诉讼法（草案）》采取了否定态度。该草案规定："告知原告向制定该文件的行政机关或者其上一级行政机关或者同级人民代表大会常务委员会提出。"显然，这里将行政机关制定的规范性文件排除在司法审查之外。对此，我以为是不妥的。

其一，不利于充分保护公民的权益。实际生活中因行政机关规范性文件而受到侵害的不乏其例，而且大多数行政行为都是依据其作出的，将其排除在司法审查之外，无异于堵塞了公民因规范性文件侵害而寻求救济的途径，行政诉讼的范围将因此而大打折扣。

其二，不利于改变行政立法领域中的混乱状况。毋庸讳言，我国行政立法领域是十分混乱的：多头立法，导致法律、法规相互矛盾的状况屡见不鲜；借法争权，利用行政性法规来扩大自己部门的权力也绝非仅有。改变这种状况的有效途径是进行司法审查。排除在司法审查之外，则使这些矛盾永远被掩盖着，从而难以解决。

其三，将对行政性法规的审查交给"人大常委会"，似乎是一良策，但却引来一系列问题：（1）人大常委会承担审查的职责是否与其性质相合？表面上看，这与我国宪法规定相吻合，但宪法所言的"可以"并不是要交由人大常委会承担这种职能。人大常委会无论是就其组织形式、工作方式等都不宜于承担，尤其是公民的控告涉及具体侵害事实时，这种司法裁判职能更不宜于人大常委会承担。（2）如果交由人大常委会审查，那么由人大常委会的何种机构来审查？如果没有确定的机构，这种规定就是无法实现的空话，等于不审查。在这分析我

---

* 载《法制日报》1989年3月24日，第3版。

** 张树义，写作本文时为中国政法大学教师。

们是有先例的。我国宪法早就规定国务院制定的法规要报人大常委会备案、批准，不就是因为人大没有专门机构而流于形式吗？真正审查能有几何？我们不能再因立法上的疏忽而使人民产生搪塞之感了。（3）退一步讲，如果真有人大常委会审查，人大常委会也确实设定专门机构承担，它是否能够解决全部问题？很显然，权力机构的审查一般只能是事先审查，它无法对法规实施后产生的纠纷作出判决，人大常委会审查不能解决全部问题。

对此，笔者认为：首先需要确定的是，行政机关制定的规范性文件是否会对公民的权益造成损害。我国行政机关制定的规范性文件无论就其经过的程序，还是就其内容而言，都是行政机关单方面一致的体现。既然未经人民的同意、认可，讨论或参与，其对公民造成损害的可能就是不可避免的。事实上，实际生活中大量侵害公民权益的行政行为大多源于行政性法规。既然行政性法规侵害公民权益的可能存在，我们就不应将其排除在审查之外。

其次，确定行政性法规可以审查，那么由谁来审查较为合适？途径不外有两种：权力机关和司法机关。由权力机关审查当然无可非议。因为行政机关的立法只能来自权力机关的授权，而且行政机关制定的规范性文件不得与宪法、法律相抵触。权力机关授权之后自然要承担监督审查之责，而且为了保证不与宪法、法律相抵触也应该加以审查。问题在于司法机关能否审查？我以为司法机关的审查也是理所当然的。按照“依法行政”的原则，所有的行政行为必须处于司法的控制范围之内。行政机关制定的规范性文件既然存在侵害公民权益的可能性，那就不能将其排除在司法审查之外。尤其是对于那些涉及行政性法规的控告，对行政性法规的审查直接关系到诉讼案件的裁决，我们就更没有理由排除司法审查而交由权力机关承担。因为裁决案件是司法机关的职责，保证行政性法规不与宪法、法律相违背的不仅仅只有权力机关，司法审查同样也是有效的途径。

正确地说，上述两条途径各自有不同的作用，而且其作用是不能替代的。立法审查只能是事先的、抽象的审查，即行政性法规在制定前后的送审；司法审查则是事后的、具体的审查，即结合具体案件对行政性法规进行审查。在一般情况下，公民对规范性文件提出审查的要求，总是与某种具体的侵害事实相连。没有人会凭空地、毫无根据地对规范性文件提出质疑。

当某种损害事实发生而又涉及某种规范性文件时，如果排除司法审查是不妥的。正因为立法审查和司法审查的作用不同，所以，各自采取的措施也有区别。权力机关可以撤销违法的行政性法规，司法审查则只能在具体案件中不适用行政性法规，而不能将其撤销。

问题并不仅仅限于行政性法规能否审查。如果我们将此和《行政诉讼法（草案）》第4条联系起来，则更能感觉到问题的严重性。行政机关都要求将自己制定的行政性法规作为法院判案依据。天下哪有这样的道理！行政性法规不但不接受审查，反而要成为法院判案的依据。只享受权利，不承担义务，是谁赋予行政性法规这样高的效力？对此，人民是不会答应的。

行政性法规是否接受司法审查和能否作为法院判案依据这样两个问题看似矛盾，实则统一。正是在统一之中我们找到解决的答案。问题似乎可以这样解决：如果行政性法规接受法院的审查，那么，它可以作为法院判案的依据。如果行政性法规不接受审查，那它就没有资格要求作为法院判案的依据。因为还在未弄清行政性法规是否与宪法、法律相违背的情况下，它没有权力强加于法院，更没有权力要求人民必须服从。

谈规章在行政审判中的地位和作用*

甄　鸣**

规章在行政审判中的地位和作用，是制定《行政诉讼法》中的重要问题，也是争论较大的一个问题，争论的焦点在于规章能否作为人民法院审理行政案件的依据。正确估价规章在行政审判中的作用，阐明它在行政审判中的地位，不仅对实现行政诉讼的立法宗旨，而且对我国的行政法制建设，都具有重要意义。本文拟从规章的实际状况入手，探讨它在行政审判中的地位和作用。

一、规章的作用和存在的问题

什么叫规章？《宪法》第90条规定，国务院各部、委有权根据法律和国务院的行政法规、决定、命令，在本部门的权限内发布规章。1986年修正的《地方各级人民代表大会和地方各级人民政府组织法》第51条规定，省、自治区、直辖市以及省、自治区的人民政府所在地的市和经国务院批准的较大的市的人民政府，有权根据法律和国务院的行政法规，制定规章。宪法和地方组织法的规定，从规章的制定机关角度，说明了规章的性质，即只有国务院各部、委，省、自治区、直辖市以及省、自治区所在地的市和经国务院批准的较大的市的人民政府，才有权依法制定规章，其他机关都无权制定规章。规章的性质，除了从制定机关角度，还可以从其他角度去说明。譬如，制定规章属于抽象行政行为，为了区别具体行政行为，我们可以说规章是具有普遍约束力的可以反复实施的行政行为。

明确了什么是规章，那么规章的现状如何，它在社会生活特别是行政管理中起哪些作用？对这个问题，我们认为应当从两方面看。一

---

*　载《中国法学》1989年第5期。

**　甄鸣，本名张尚鷟，写作本文时为《中国法学》主编。

方面，规章在行政管理中的作用很大，许多行政活动都是依照规章的规定进行的，对贯彻实施宪法和法律、进一步改革和开放、促进社会主义精神文明建设、提高行政效率、促进行政管理的法制化，都具有重要意义。据工商行政管理部门反映，目前工商行政管理工作中适用的法律、法规和规章共有 180 多个，其中规章有 140 多个，占 75%。由此可见：大量的行政活动是依照规章的规定进行的，其原因主要是：第一，近 10 年来，虽然是我国立法的黄金时代，但是仍然在一些方面没有相应的法律、法规，有些工作仍然无法可依；第二，已经制定的一些法律、法规，由于各种原因，不够全面和具体，缺乏操作性，因而需要制定规章予以具体化，便于实施；第三，我国各地发展不平衡，在行政管理中各地都有一些特殊情况，这些问题不宜由法律、法规作统一规定，而需要由各地政府有针对性地制定规章去解决。

另一方面，规章在行政管理中作用很大，保障了行政机关依法行使职权，但同时也存在一些问题。这些问题除了制定规章的机关在制定过程中考虑本部门的利益较多，损害了公民的合法权益，以及制定规章的程序不严格、权限不明确之外，还表现在有的规章的规定和法律、法规的规定相抵触，有的规章之间的规定不一致等。如《国务院批转〈关于海南岛进一步对外开放加快经济开发建设的座谈会纪要〉的通知》中规定：属于供省内市场销售的商品（包括国家限制进口商品），一律减半征收关税和进口环节的产品税或增值税。海关总署 1988 年 6 月颁布的《中华人民共和国海关对海南经济特区进出境货物、运输工具、行李物品和邮递物品的管理规定》中也规定：海南特区企业进口供市场销售货物（包括国家限制进口的货物及其零件（部件），按规定税率减半征税。但海南省人民政府《关于贯彻国务院（1988）26 号文件加快海南经济特区开发建设的若干规定》（1988 年 8 月发布）中却规定：海南进口供省内市场销售的生产资料，免征关税、产品税或增值税。又如煤炭工业部 1985 年 10 月颁布的《乡镇煤矿管理办法》第 6 条规定：办矿必须经煤炭主管部门批准，取得开采许可证。农牧渔业部 1986 年 1 月颁布的《乡镇煤矿管理办法》第 10 条规定：开办乡镇煤矿由乡镇企业主管部门审批，发给开采证。

当然，以上情况只是个别情况，即有的地方规章同国家法律、法规的规定相抵触，但绝大多数规章是好的或比较好的，有问题的规章只是极少数。

二、规章能否作为人民法院的审判依据

审判依据，是人民法院审理案件时的准绳，是衡量违法还是合法的尺度。有的同志认为，规章应当作为审判依据，主要理由是宪法和地方组织法规定了国务院各部、委和省、自治区、直辖市等人民政府有权制定规章，规章是法律、法规的具体化，政府部门许多行政行为是依据规章进行的。如果规章不能作为判案的依据，就不能保障行政机关行使职权，法院对一些行政案件也就不好审理。上述理由有的失之片面，如规章是法律、法规的具体化。其实只有一部分规章是法律、法规的具体化，许多规章并不是法律、法规的具体化，如根据本部门或本地区的实际需要制定的规章和对法律、法规作补充的规章；有的理由和结论之间若即若离，如宪法和地方组织法规定了国务院各部、委和省、自治区、直辖市等人民政府有权制定规章，宪法和地方组织法是从政府的职责权限角度规定规章的制定机关问题，不是从人民法院的审判依据角度去规定规章是人民法院审理行政案件的依据。

规章能否作为人民法院的审判依据，我们的结论是否定的，即规章不能作为人民法院的审判依据。理由除了前面叙述的规章本身存在一些问题之外，主要有两点：第一，规章作为人民法院的审判依据，不符合行政诉讼的立法目的。行政诉讼的立法目的是保护人民、法人和其他组织的合法权益，维护和监督行政机关依法行使行政职权。行政诉讼，是公民、法人或者其他组织认为行政机关和行政机关工作人员的具体行政行为侵犯其合法权益，向人民法院提起的诉讼。在行政诉讼中，行政机关作为一方当事人，请求人民法院通过审判活动来解决行政争议。如果人民法院解决行政争议的尺度，是以行政机关制定的规章为依据，那么，实质上就是以是否符合行政机关的利益为准则，这是违反法律的公正原则的。既不利于保护公民、法人和其他组织的合法利益，也不利于监督

行政机关依法行使行政职权。第二，规章作为人民法院的审判依据，不符合审判机关只向权力机关负责的原则。《宪法》第128条规定：最高人民法院对全国人民代表大会和全国人民代表大会常务委员会负责，地方各级人民法院对产生它的国家权力机关负责。审判机关向权力机关负责的一个重要方面就是依照权力机关制定的法律、法规进行审判。如果把规章作为审判依据，就意味着人民法院审理案件，必须依照行政机关制定的规章，把规章具有的行政管理上的效力延伸到审判活动中去，这不符合审判机关由权力机关产生并对它负责、受它监督的精神，也不符合行政机关和审判机关之间的合理分工。

当然，政府机关和审判机关的分工也不是绝对的，美国、日本、英国、联邦德国等都允许某种内阁法规或者部委规章，可以作为法院的审判依据。但行政机关制定的法规或者规章，要成为法院的审判依据，有严格的条件限制。这些条件主要有：第一，行政机关制定的法规或者规章的内容，特别是涉及公民权利义务的，需有法律的授权。如根据日本国宪法和日本国家行政组织法的规定，日本行政机关制定的法规，仅限于法律特别授权的委任命令和执行某种法律的执行命令。委任命令主要指法律中不便规定的具体行政措施，包含实体内容。执行命令主要指某些法律的实施细则，属程序性规定。除非有法律的特别规定，行政机关不得在法规中设立罚则、规定国民义务和限制国民权利。第二，行政机关制定法规或者规章，需遵守严格的程序。如英国的授权立法，根据英国习惯法和1946年的《法规法》，对一些比较重要的问题应当通过新闻媒介进行讨论，被授权机构也可以召开公共集会，听取各方面意见，除法律另有规定外，所有的授权立法都必须打印、编号、出版。第三，法院有权审查行政机关制定的法规或者规章，对不符合法律的法规或者规章可以撤销。如联邦德国的《基本法》和《行政法院组织法》规定，联邦行政法院可以审查除法律规定必须由宪法法院审查以外的所有行政机关颁布的法规和规章。美国《行政法评论》1988年第3期刊登美国著名行政法专家伯纳德·许华兹的讲演，伯纳德·许华兹认为，所有影响到公民的权利和义务的行政行为都应受到独立的司法审核，要由法院来决定行政机关的裁定是否适用了行政机关制定的错误的规章。

改革十年来，我国的法制建设得到长足的进展，人们开始关注规章内容的制定权限和规章的制定程序等问题，上海市和广州市已经制定了《规章制定程序的规定》，但从总的来看，上述三个条件在我国并不具备，因此，尚不能把规章作为人民法院的审判依据。

三、人民法院审理行政案件应当参照规章

一方面，规章不能作为人民法院的审判依据；另一方面，在审判实践中，完全脱离规章，一些行政案件又不好审理，怎么解决这一矛盾呢？最近颁布的《行政诉讼法》较好地解决了这个问题。该法第53条规定：人民法院审理行政案件，参照国务院部、委根据法律和国务院的行政法规、决定、命令制定、发布的规章以及省、自治区、直辖市和省、自治区的人民政府所在地的市和经国务院批准的较大的市的人民政府根据法律和国务院的行政法规制定、发布的规章。人民法院认为地方人民政府制定、发布的规章与国务院部、委制定、发布的规章不一致的，以及国务院部、委制定、发布的规章之间不一致的，由最高人民法院送请国务院作出解释或者裁决。参照的基本含义是参考并仿照，对符合法律、行政法规规定的规章，人民法院审理行政案件时应当参照，对不符合或不完全符合法律、行政法规规定的规章，人民法院可以有灵活处理的余地。因此，参照一词包含两方面内容，即对合法的规章应当参照，对违法的规章不能参照，能不能参照的尺度在于是否合法。参照规章的规定，是对规章本身状况的一个科学概括，因为规章本身既具有符合法律、法规的规定，适应行政管理的实际需要的一面，同时又存在一些问题的另一面。参照规章的规定，是对人民法院审判实践经验的总结，在审理民事案件和经济案件的实践中，人民法院对规章一直是参照执行的。参照规章的规定，也是对人民法院审判依据的一个创新，它基本肯定了规章在行政审判中的积极作用，便利人民法院运用合法的规章正确、及时地解决行政纠纷，同时又区分了法律、法规和规章在行政审判中的不同地位和效力。

人民法院审理行政案件参照规章的规定，并不影响行政机关在法定权限内积极制定规章，通过规章来加强行政管理。有的同志认为，规章

不能作为人民法院的审判依据，制定规章就没有意义了。这种认识是错误的。制定规章是行政机关的一种行政管理手段，依法制定的规章是行政机关行使职权的根据，公民、法人和其他组织也应当自觉履行合法的规章，如果违反规章的规定，行政机关可以依照规章的规定进行处理。公民、法人和其他组织对该处理不服，向人民法院提出诉讼，只要规章的规定符合法律和行政法规，人民法院就应当参照规章，而不是可以参照或可以不参照。

试论人民法院审理行政案件如何参照行政规章 *

江必新 **

《行政诉讼法》第 53 条第 1 款规定："人民法院审理行政案件，参照国务院部、委根据法律和国务院的行政法规、决定、命令制定、发布的规章以及省、自治区、直辖市和省、自治区的人民政府所在地的市和经国务院批准的较大的市的人民政府根据法律和国务院的行政法规制定、发布的规章。"对"参照"一词应当作何理解，合法的行政规章必须具备一些什么条件，如何确认规章的合法性？是本文所要阐述的核心问题。

一、对"参照"应当作何理解

如何理解"参照"一词的内涵，关系到行政规章在行政诉讼中的地位问题，也关系到人民法院审理行政案件正确运用规章向题。

我们认为，所谓参照，是指行政规章从总体上说对人民法院不具有绝对的拘束力。但是，如果行政规章与法律法规相符合，人民法院可以作为裁判的依据。换言之，如果行政规章具有法律效力（或者说，如果人民法院不能否定其法律效力），人民法院要依据该规章的规定作出裁判。这种理解可从以下几个方面得到证明。

第一，从立法的意图来理解"参照"一词的内涵。

在行政诉讼立法过程中，对规章是否作为法院审理行政案件的依据问题，始终有不同意见。一种意见认为，规章应当作为法院裁判的依据。理由是：发布行政规章是宪法赋予特定行政机关的一项职权；

---

* 载《中国法学》1989 年第 6 期。

** 江必新，时任最高人民法院行政审判庭助理审判员。

在现实生活中，相当一部分行政管理关系都由行政规章来调整，如果规章不能作为裁判的依据，将使相当一部分领域无法可依，现行规章存在的一些问题，可以通过立法逐步解决。

另一种意见认为，规章不能作为裁判的依据。理由是：行政诉讼是以行政机关为被告的诉讼，如果人民法院既审查行政机关的具体行政行为，又要照行政规章办事，那就有悖于行政法治原则；当前规章的情况比较复杂，超越权力范围甚至与法律相抵触者屡见不鲜，有的规章相互矛盾，有些规章任意设定处罚条款且名目繁多，如果法院以行政规章为裁判依据，势必导致正义两歧；有的权力机关不予通过的行政性法规草案，一些行政机关却以规章予以发布，如果一律承认法律效力，势必使我国的立法体系紊乱。

以上两种不同意见，一方面反映出规章的复杂情况，另一方面也反映出我国目前立法体制上存在的某些问题。正是两种意见所反映的两个侧面的情况，使立法机关作出了人民法院审理行政案件参照规章的规定。这一点，王汉斌同志《关于〈中华人民共和国行政诉讼法（草案）〉的说明》已作了较明确的阐述：“现在对规章是否可以作为法院审理行政案件的依据仍有不同意见，有的认为应该作为依据，有的认为不能作为依据，只能以法律、行政法规和地方性法规作为依据。我们考虑，宪法和有关法律规定国务院各部委和省、市人民政府有权依法制定规章，行政机关有权依据规章行使职权。但是，规章与法律、法规的地位和效力不完全相同，有的规章还存在一些问题。因此，草案规定法院在审理行政案件时，参照规章的规定，是考虑了上述两种不同的意见，对符合法律、行政法规规定的规章，法院要参照审理，对不符合或不完全符合法律、行政法规原则精神的规章，法院可以有灵活处理的余地。”

第二，从规章的性质来理解“参照”的内涵。

制定行政规章，是宪法赋予特定行政机关的一项职权。《宪法》第90条第2款规定：“各部、各委员会根据法律和国务院的行政法规、决定、命令，在本部门的权限内，发布命令、指示和规章。”现行《地方各级人民代表大会和地方各级人民政府组织法》第51条规定：“……省、自治区、直辖市以及省、自治区的人民政府所在地的市和经国务院批准的较大的市的人民政府，还可以根据法律和国务院的行政法规，制定规章……”从我国宪法和法律的授权可以看出：制定规章是特定行政机关从事行政管理活动的一项重要权能；由于国家行政机关是国家权力机关的执行机关，因此，制定规章的行为在性质上仍然属于行政行为的范畴；制定规章的行为必须遵循一定的规则：必须与法律和行政法规（或国务院的决定和命令）为依据，必须是在本部门的权限范围之内。

根据规章的上述性质，可以得出如下结论：（1）规章具有效力的先定性，但又没有绝对的拘束力，规章如果与法律和行政法规相抵触或者超越权限范围，就不应具有拘束力；（2）规章是法律和行政法规的产物，是我国社会主义法律体系的组成部分，但规章又不是法律自身，不能与法律、法规“平起平坐”，合法的规章具有与法律相同的效力，不合法的规章就不具有法律效力。

上述结论都基于同一个事实：我们不能假定所有规章都是合法的。也就是说，规章具有不合法的可能性。所以不能预先设定所有规章都具有法律效力或者具有绝对的拘束力。

第三，从语义学的角度来理解“参照”的内涵。

“参照”一词，《辞海》《辞源》均无所载。按照惯常的理解以及从行政诉讼立法过程中不同的表述主张来看，“参照”一词是介于“参考”和“依照”之间的一个概念。“参考”是“参合他事他说而考察之”；“依照”是“以某事物为根据照着进行”。“参照”应当是参酌之后而决定是否依照，而不是“参考”和“依照”的合称。

二、合法的行政规章必须具备的条件

行政规章能否具有法律效力并作为人民法院裁判的依据，决定的因素在于行政规章是否合法。因为，合法的行政规章是形成法律秩序的必不可少的部分；使合法的行政规章具有法律效力，与宪法所确立的法制原则是相辅相成的；规章同法律一样规定行为准则，有关的人必须遵守；合法的规章是法律的具体化，其效力是法律效力的延伸；如果合法的行政规章不具有法律效力，那么，授予制定规章权就无意义了。

合法的行政规章必须具备哪些条件？根据我国宪法和法律的规定，结合行政法的一般规则，笔者认为，至少应该具备以下三方面的条件。

第一，行政规章所涉及的内容必须在发布该规章的行政机关的权限范围之内。

我国宪法在授权特定行政机关制定行政规章时，明确要求制定行政规章的部门应当“在本部门的权限内”来行使制定规章权。这一规定应当得到遵守。这是因为：越权无效原则是行政法的基本原则；法律是行政权力或行政权限的渊源，只有在法定权限范围之内的行政行为（包括制定规章的行为）才是有效的，否则就是无效的；制定规章的行政权力不得超过有关法律授予的权力，否则，就意味着规章可以超越于宪法和法律之上。

严格意义上的权限合法的标准，应当是行政机关发布的任何一个规章都必须有委任或授权的依据，因为就行政的性质而言，不能包括创制权。这就是说，行政机关如要通过规章影响管理相对人实体法上的权利与义务，必须有法律明确的授权。我国宪法和法律在授予特定机关制定规章的时候，强调根据法律和国务院的行政法规、决定、命令，应当说具有“规章必须有法律和行政法规的委任或授权”的寓意，至少可以这样认为：制定发布规章必须有法律或行政法规的依据。

能否将制定规章的权限范围解释为行政管理权的一项当然权能呢？或者说，能否认为仅仅依据《宪法》第90条第2款的规定以及《地方各级人民代表大会和地方各级人民政府组织法》第51条的规定就当然地取得发布一切规章的权限呢？我们认为应当作否定回答。理由是：如果行政管理权本身就意味着对制定规章的普遍授权或概括授权，或者仅仅依据宪法和政府组织法就取得发布一切规章的合法权限，那么，宪法、政府组织法就没有必要设定“根据法律和国务院的行政法规、决定、命令”的要件了。笔者认为，宪法和政府组织法只解决制定规章的可能性问题，特定的行政机关要具体地制定某一个规章，还必须有具体的法律和行政法规的依据。

第二，行政规章的内容不得与宪法、法律和行政法规相抵触。

《宪法》第5条规定：“国家维护社会主义法制的统一和尊严。一切法律、行政法规和地方性法规都不得同宪法相抵触。一切国家机关和武装力量、各政党和各社会团体、各企业事业组织都必须遵守宪法和法律。一切违反宪法和法律的行为，必须予以追究。任何组织和个人都不得有超越宪法和法律的特权。”由于规章之上，尚有行政法规这一层次，因此，规章除了不得与宪法和法律相抵触之外，还不能同行政法规相抵触，当然，行政法规本身也不得与法律或宪法相抵触。宪法和政府组织法在授权特定机关制定规章的同时，要求行政机关必须据法律和行政法规制定，也包含规章不得与法律和行政法规相抵触的寓意。

规章的内容不得与法律和行政法规相抵触，这是社会主义法制原则的基本要求。因为规章与法律和行政法规的一致性，是法制得以统一的必要条件，是保障国家机器得以正常运转的必备要求，也是防止行政越权和行政权的滥用的基本保障。如果行政机关可以通过规章来突破法律和行政法规的规定，而人民法院又承认其法律效力，那么事实上必将是把规章凌驾于法律和行政法规之上，这是有悖于宪法所规定的法制原则的。

当然，判断某一个规章是否与法律和行政法规相抵触，需要有一个基本标准。笔者认为，应当从以下两个方面加以分析：（1）规章所涉及的内容不得与更高层次的规范（包括宪法、法律、行政法规、地方法规）相冲突，相矛盾；（2）规章必须与有关的更高层次的规范的目的合理地联系在一起，或者说必须与有关的法律、行政法规的目的和精神相一致。以上两个标准结合在一起的法律表现应当是：规章所设定的行政管理相对人的权利义务的范围与更高层次的规范所确定的范围应当一致；规章所设定的行政机关的职权范围不得大于更高层次的规范所确定的范围；规章所设定的职责范围不得小于更高层次的规范所确定的范围。

第三，行政规章的制定必须符合法定程序。

现代行政法要求行政机关的所有活动都必须合法化、民主化、公开化。制定规章是一项极为重要的行政活动，它对行政管理相对人的权利义务的影响远远超过具体的行政行为，因此，客观上需要行政程序法来设定制定规章的程序。目前，我国尚未制定行政程序法，其他法律对制定规章的程序也很少有所规范，只是有一些部门和地方政府制定了一些有关规章制定程序的文件，或称“政府规范性文件若干问题暂行规定”，或称“关于制定规章程序的暂行规定”等。这些规定一般包括制定规章的提议、起草、审定、通过及颁布等程序。这些规定对行政机关自身是有约束力的，行政机关应当严格遵守。如果违反这些规定，规章就不能生效或不具有法律效力。

但是，从总体上来说，我国目前的规章制定程序主要解决的是机关内部有关制定规章的职能分工问题。从法治和民主的观点来看，规章制定程序法的重点要解决的问题应当是，规章制定机关同与规章有利害关系的管理相对人之间的关系问题。其主要内容应包括拟议制定规章的程序，事先的论证、宣传与通告，与受规章影响的各方协商、座谈与交换意见，向各种学术机构、专业团体和专家的咨询，举行必要的听证会或辩论会，利害关系人提供书面资料、书面意见或辩论词的时机及程序，发布规章的程序与方式，等等。当然，上述事项是否能成为法定程序的内容，这有待于行政程序法作出专门规定。

目前，在制定规章的程序方面，笔者认为至少应当遵守以下几条：（1）规章的制定必须遵守行政机关已有的程序规定；（2）规章的发布必须经行政首长的签署；（3）规章必须公布。

以上三个方面的条件，是一个法治国家衡量规章是否合法的最起码的条件。从理论上说，除了以上三个方面的条件外，规章还必须合理、适当，否则法院拒绝将其作为裁判依据。考虑到我国目前的实际情况，在确定判断规章合法性的标准时，可先以上述三个方面的条件作为“参考系”，并将违反法律、法规目的的规章纳入违法规章的范畴，作为规章内容与法律、法规相抵触的一个重要方面，凡违背上述三个方面的条件之一的规章，人民法院就不应将其作为裁判的依据。

三、如何判明行政规章的合法性

行政规章既然存在合法或不合法两种可能性，法院在审理行政案件时就有选择适用的必要。也就是说，法院在决定某一规章可否作为裁判的依据时，一个必要的前提是，必须判明该行政规章是否合法。这一点人民法院是无论如何也回避不了的。只有在判明或确认该规章是合法的情况下，该规章才能作为法院裁判的依据；不合法的，就不能作为依据。否则，“参照”规章也就无从谈起。

判明行政规章的合法性，必须解决两个问题：一是判明主体，即由谁来判断行政规章的合法性，二是通过什么程序和方式来判断行政规章的合法性。现分论如下：

第一，关于确认主体的问题。

由谁来判断行政规章是否合法，从国外的情况来看，不外乎有三种情况：

一是由最高行政机关确认。就一般情况而言，最高行政机关有权撤销其所属或下级行政部门的规章等规范性文件，这是行政隶属关系的题中应有之义。但是，由于行政机关在行政诉讼中总是被看成是利害关系人，一旦在诉讼中发生了行政规范性文件的合法性问题时，一般不再由最高行政机关确认，这一原则通常被认为是“确认上的回避”。在那些将抽象行政行为（制定规章等）也包括在行政诉讼受案范围内的国家，行政规范性文件本身可以独立成为诉讼客体，法院审查行政规范性文件的合法性被认为是理所当然的事情。他们认为，行政机关不能自己充当行政案件的法官，不能由行政机关在诉讼中自己最终确认行政规范性文件的合法性。

二是由立法机关确认。由立法机关来确认行政规范性文件是否合法的根据在于：行政机关制定规范性文件的权力来源于权力机关的授权；行政机关制定的规范性文件不得与宪法和法律相抵触；权力机关授权行政机关制定规范性文件的同时，权力机关必须承担审查监督的责任。但是，由于立法机关不可能对每一个案件所涉及的规范性文件都进行审查，因此，当诉讼涉及规范性文件的合法性问题时，事实上也并不是由立法机关来一一加以确认。

三是由审判机关确认。由审判机关来确认行政规范性文件是否合法的根据在于：按照依法行政的原则，所有的行政行为（包括抽象行政行为），除法律有特别规定的以外，都必须在司法的控制范围之内；既然行政机关制定的规范性文件存在侵害行政管理相对人权益的可能性，那就不能将其排除在司法审查之外；裁判案件是司法机关的职责，与案件有关的行政规范性文件是否合法，由审判机关直接裁决比由其他机关裁决更有利于形成制约机制，更有利于案件的及时审结。

在我国行政诉讼立法过程中，同样也提出过以上几种方案。《行政诉讼法》既没有将抽象的行政行为纳入行政诉讼的范围，从而授予人民法院可以宣布行政规章无效的权力，也没有排斥人民法院直接审查行政规章合法性的权力，而是根据不同情况作出了不同的规定。

人民法院认为地方人民政府制定、发布的规章与国务院部、委制定、发布的规章不一致的，以及国务院部、委制定、发布的规章之间不一致的，由最高人民法院送请国务院作出裁决或者解释。

赋予人民法院以“参照权”。人民法院如果认为行政规章与法不符（即违反宪法、法律或法规）有权拒绝适用，如果判明行政规章符合宪法、法律或法规，有权作为裁判依据。这种“参照权”在事实上是一种“选择适用权”，或者是一种“准确认权”。

行政诉讼法授予人民法院以“选择适用权”或“准确认权”，是否与该法第12条第2项的规定相抵触？或者说是否意味着法律授予了人民法院对行政规章的司法审查权？回答应是否定的。“选择适用权”或“准确认权”与司法审查权虽然都包含有确认的意思，但两者是有质的区别的：

首先，确认的前提不同。人民法院行使“选择适用权”，只能在直接关系到具体案件的裁决的情况下，才能判断行政规章的合法性；而在具有司法审查权的情况下，法院则可以单独就行政规章的合法性进行审查。这就是说，在目前情况下，人民法院不能受理控告行政规章违法的案件，而只有在某一行政规章与认定被诉具体行政行为的合法性有关联的情况下，才有权判断某一行政规章的合法性。

其次，确认的程度不同。凡是授予法院审查抽象行政行为的国家，一般都授予法院审查行政规范性文件是否合理的权力。例如，在美国，如果一部规章太专横或不合理，即便它所涉及的问题在行政机关的委任权之内，法院也可以宣布其无效。而我国法院对行政规章的“选择适用权”原则上不包括对规章的合理性的审查。

最后，确认的效力不同。在对行政规章具有司法审查权的情况下，法院可以宣布违法的行政规章无效，或者撤销违法的行政规章；而“选择适用权”中的确认的后果，只能是拒绝在有关的案件中适用违法的行政规章，或者将合法的行政规章作为裁判的依据。

第二，关于确认的程序和方式问题。

行政诉讼法对确认行政规章是否合法的程序和方式没有作详细规定，但在审判实践中，这个问题是无法回避的。笔者认为，应根据不同的情况采取不同的程序和方式：

凡是法院和当事人双方对案件所涉及的行政规章的合法性（包括合法或不合法）认识相同的，或者说没有异议的，法院可以根据行政规章是否合法，直接决定是否作为裁判的依据。

凡是当事人双方对案件所涉及的行政规章的合法性（包括合法或不合法）持有异议，但比该行政规章层次高的地方性法规、行政法规和法律等，对所争议的事项已有明确的规定时，人民法院可以直接适用地方性法规、行政法规和法律等来进行裁判。

凡当事人对行政规章的合法性持有异议，而又没有高层次的地方性法规、行政法规、法律等规范或者高层次的规范比较笼统、原则，需要有权机关认可或者需要判定该高层次的规范的机关作出解释的，人民法院应当中止案件的审理，分别情况作如下处理：需要省、自治区或直辖市的人大常委会认可或解释的，应当通过所从属的高级人民法院提请省、自治区或直辖市的人大常委会认可或解释；需要国务院认可或解释的，由最高人民法院送请国务院作出认可或解释；需要由全国人大常委会认可或解释的，由最高人民法院报请全国人大常委会作出认可或解释。待上述机关作出认可或不认可的决定或者作出解释后，恢复案件的审理。人民法院认为地方人民政府制定、发布的规章与国务院部、委制定、发布的规章不一致的，以及国务院部、委制定、发布的规章之间不一致的，由最高人民法院送请国务院作出解释或者裁决。

行政审判中的司法变更权研究 *

江嘉禧 **

一、司法变更权与“司法窘境”

当前，我国正在进行行政审判试验。在这一重要的民主制度和诉讼制度的试验中，我们已取得了不少成果，但更多地面临许多问题的挑战。在这些富有挑战性的问题中，我们首先面临的是“司法变更权”问题。

所谓“司法变更权”，是在我国特定环境中产生的特定概念，它意味着作为司法机关的人民法院，对作为行政诉讼标的的行政决定，享有依法改变或变更的权力。这样一种权力能不能存在？如果它能够存在，其适用范围是否应受到限制？这便是我们需要讨论的主题。

对于这一主题的讨论已经形成了一场学术论战。一些人主张这种权力不应存在；一些人主张这种权力应当存在；一些人主张这种权力有时存在，有时不存在。那么究竟这种权力是否应当存在？究竟这种权力怎样有条件地存在呢？

从问题产生的根源来看，“司法变更权”是我国普通法院设置行政法庭进行行政审判实践所提出的问题。在行政审判中，人民法院常常面对以下 3 种局面束手无策：

1. 由于行政有意无意的对抗情绪，行政机关在自己的决定被法院宣告违法、加以撤销后，往往就同一事实和需要再次作出违法决定。这就导致了“循环诉讼”。

2. 行政机关的决定是在自己裁量范围内作出的，但是往往很不适当。

3. 法院在行政审判中由于缺乏更多的审查行政决定的手段，对很

---

* 载《中国法学》1988 年第 6 期。

** 江嘉禧，写作本文时为北京大学法律系研究生。

多实际上有“法律问题”的行政决定只好听之任之或者裁定支持。

这三种使法院束手无策的局面我们可以称为“司法窘境”。正是基于这些“司法窘境”，人们才提出行政法庭应与民事法庭一样拥有“变更权”，以摆脱上述窘境。

问题产生的根源告诉我们，仅仅从理论上评估“司法变更权”是远远不够的——我们必须从实践的角度进一步研究这种权力，我们必须以摆脱上述“司法窘境”为目标而研究“司法变更权”。

为此目的，我们需要对主题进行逐步的分析。首先，我们将考察外国关于这一方面的经验；其次，我们将寻找司法变更权的理论依据；再次，我们将权衡司法变更权适用利弊并构思司法变更权适用范围的理想模式；最后，我们将总结全文，提出现行宪法和法律环境下的解决“司法窘境”与“司法变更”问题的方法。

二、“司法变更权”在国外：命运多舛

当代世界的行政诉讼制度[①]基本上可以分成两类，即行政审判制度和行政裁判制度。凡是以普通法院作为行政诉讼主管机关的行政诉讼制度，我们就称为“行政审判制度”；凡是以行政法院作为行政诉讼主管机关的行政诉讼制度，我们就称为“行政裁判制度”。

根据我国目前试行的行政诉讼体制，我们重点要考察的是国外行政审判制度中的“司法变更权”。

行政审判制度目前有两种形态：一种是资本主义法系中的英美行政审判制度：另一种是社会主义法系中的苏联东欧行政审判制度。[②]因此，我们将分别考察这两种行政审判制度中的司法变更权。

（一）司法变更权与英美法系行政审判

在英美法系行政审判制度中，并不存在明确的“司法变更权”概念，

① 本文的“行政诉讼制度”指一国设立的独立于行政机关权力行为引起的与公民、社会法人之间行政争议一般管辖权的普通法院或行政法院的裁决讼诉制度。

② 当然，这并不意味着社会主义东欧国家尽皆实行行政审判制度。波兰、南斯拉夫等就实行行政裁判制度。

除非议会法强行授权司法变更行政决定，“司法变更权”在普通法和行政法法理中几乎得不到承认。

例如，美国《联邦行政程序法》（1946年公布，1978年增补）第10条第5项“司法审查范围”规定：“为了作出裁决，根据所受理的问题，审查法院应裁决所有有关的法律问题，解释宪法和法律条文，决断行政机关行动的所有措辞的含义或适用力。审查法院：（1）应强制行政机关履行非法拒绝或不当延误的履行行为；（2）如认定行政行为、裁决、结论具有下列性质，应宣布其为违法，予以撤销：（a）……”从这里我们可以看出，美国《联邦行政程序法》并未赋予法院变更行政决定的权力。

在英美法系行政审判中，有三种事实与“司法变更”十分相似，但毕竟不是司法变更：

1. 英国的法院可以命令行政机关依法院的意思修改行政决定。

一般来说，英国法院在发布“提审令”（certiorari）对行政决定进行司法审查时，如果发现“越权”（ultra vires）情形，可以在撤销行政决定的同时，根据需要指令行政机关按法院意图修改原行政决定。法院这种“指令”在英国司法实践中不常发布，但很有权威。然而从其性质来看，它不是依据法院的职权而作出的判决，实际上它仅是“司法建议”，是以法院权威社会地位和“蔑视法庭罪”余威为背景的“司法建议”。再说，在这种清况下，行政决定的变更毕竟是由行政官员决定的，不存在“司法”变更问题。

2. 法院可以直接判决行政赔偿。

“行政赔偿”是指行政机关对其侵权行为应负的法律责任，责任形式是赔偿损失。一般来说，发生行政赔偿案件时，行政行为已实施完毕或正在实施，因此，此时的诉讼标的不再是行政决定行为，而是行政侵权这一既成事实。因此，在这种诉讼中，法院除非有回天之力才能“变更”行政决定，否则就只好根据民事侵权法判决行政赔偿。纵然侵权行为仍在实施，法院的手段也不外乎是发布禁止令，使行政行为实施终结；或者发布执行令，使侵权结果得以阻止而不进一步加重；——在这两种情况下法院的判决结果一定是公式化的：撤销造成侵权的行政决定或宣告其无效，或者强制行政履行其义务，同时，法院对已经存在的侵权结果作出行政赔偿判决。

在这类案件中显然是不存在司法变更问题的。

在美国，情形较为复杂，但分析的结果同样是行政赔偿诉讼中不存在司法变更问题。美国《联邦侵权赔偿法》规定，对于赔偿请求额为2500美元以下的行政赔偿案，行政首长可以作出处理。但是，如果行政首长处理中存在“欺诈”时，法院则可以受理该2500美元以下赔偿案，作出自己的判决；在这里，似乎法院“变更”了行政首长的赔偿决定，实际上不然，因为行政赔偿问题一般国家都把它看成是“民事诉讼问题”，[①] 因而基本上依据民法和民事诉讼法加以解决。假如行政机关根据议会法律而在这方面获得有限的权力时，那么它必须依议会法规定条件行使并受到普通法院监督。一旦法院发现行政行使这一权力过程中存在“欺诈”时，法院将撤销行政这一赔偿决定，行政对这一案件的原管辖汉也就随之丧失。这时，法院将依据事实、证据和法律径行赔偿判决，绝不像“司法审查”时那样要受行政既定的事实范围和证据的约束。因此，法院此时作出的赔偿判决不是对原行政赔偿决定的变更，而是对原行政侵权案件的“重审”（Hearing de novo）。“重审”依《布莱克法律字典》（1979）第649页的解释，“一般是指第二次进行的审理或进行新的审理，是适用与第一次审理时同样的程式进行的全面的审理，是对第一次审理的复查。在重审中，重审法院是作为拥有原始管辖权的法院而进行重审的，不是作为拥有上诉管辖权的法院而进行重审的”。因此我们可以看出，“重审”既非上诉审亦非司法审查，不涉及对行政决定的变更问题。

3. 法院可以对行政决定部分撤销部分维持。

依据上述美国《联邦行政程序法》条文，法院可以“决断行政机关行动的所有措辞的含义或适用力”。“适用力”（applicability）应指行政决定的适用范围、期间和对象。由于法院拥有这一权力，实践中就形成了对行政决定部分撤销部分维持的局面。例如，美国的“全国劳资关系委员会诉奥乔亚化肥公司案”中，上诉法院就剔除了全国劳资关系委员会决定的部分内容，然后才接受了该委员会的申请，强制执行了委员会的决定。[②]

然而“部分撤销部分维持”与“司法变更”毕竟不同：

---

① 大陆法系中只有极少的国家不这样看。法国的行政赔偿问题归行政法院管辖。

② 转引自［美］伯纳德·施瓦茨：《行政法》，徐炳译，群众出版社1986年版，第545页。

一是“司法变更”意味着司法机关直接依据法律作出自己认为“合适”的决定，而“部分撤销部分维持”只意味着司法机关对行政决定违法部分宣告无效并加以撤销，而对行政决定的合法部分予以维持。

二是“司法变更”是司法机关对原行政决定内容进行实质的更改，经常添加新的内容，亦即以“司法自由裁量代替行政自由裁量”；而“部分撤销部分维持”只是对原行政决定的内容进行裁减。举例来说，当法院将原行政决定罚款 200 元的内容改成罚款 100 元，或罚款 100 元并吊销许可证时，是“司法变更”；当法院将原行政决定的“罚款 200 元并没收违法所得”内容改成“没收违法所得”时，是“部分撤销部分维持。”

三是“司法变更”除受法律界限限制外，没有任何限制；而“部分撤销部分维持”只是对行政决定适用范围、适用期限、适用对象的缩减。这就是说，“司法变更”不仅使法院行使了法律授权行政机关的自由裁量，而且使法院有可能加重对行政相对人的不利；而“部分撤销部分维持”时法院没有自由裁量权，它只能依据法律审查行政适用法律有无错误，作为适用法律前提的事实认定是否全部合理，因此，法院客观上不能加重对行政相对人的不利。例如，当法律规定行政有权对“患有传染病的马”予以“宰杀或掩埋”时，假如法院判定原行政关于宰杀某农场主的 12 匹马的决定应改为掩埋这 12 匹马或宰杀该农场主 13 匹马时，法院是在进行“司法变更”；但是假如法院判决原 12 匹马中有 3 匹并非患有传染病，因而撤销了行政对这 3 匹马的宰杀内容时，法院是在进行“部分撤销部分维持”。

从以上比较中我们就可以看出，“部分撤销部分维持”实际上只是“合法性”审查的内容之一，而“司法变更”超出了“行政合法性”审查范畴，从而进行了与“合法性”相对的“妥当性”审查。

在英美法系中，假如一定要谈论“司法变更”的话，那么通常就是指这种“部分撤销部分维持”。

但是，例外情况是存在的。举例来说，在美国纽约州的法律中，法院有权对行政处罚决定进行司法变更。有一个案件可以典型地说明问题。纽约市行政法典规定，对于轻微违章的消防队员，市消防委员会应扣发其 10 天以下的工资；对于严重违章者则应予以开除。纽约市消防委员会据此作出了开除原告的决定。法院认为，市行政法典的特别规定与“纽约民事诉讼法第 7803 条第 4 款关于法院对纪律制裁措施的审查权的规定不一致，前者应服从后者”。于是，法院把开除改成暂时停职 6 个月。（在这里，法院已经把“开除”当作一种行政处罚加以对待。）“现在，这类案件在纽约行政法中已属平常之事。在这类案件中审查法院事实上成了行政机关的上司。它所起的作用并不是审查法院的作用，而是上诉法院的作用。法官用自己的自由裁量权取代行政官的自由裁量权时也没有客观的法律标准约束他。法官几乎具有‘衡平法官’的司法地位，各个法官可以因其个人的见解不同而得出不同结论。但是，在当今受到较为严格管理的社会中，保存一点类似衡平法官的权力，以缓和不公正现象，难道不重要吗？行政专家的局限性之一是他比较单纯真城，热情有余。法官则可超脱于眼下案件的压力之外，用公众的正义冲淡行政专家的热情。”[①]

这里我们可以看出作为例外情况的“司法变更权”在英美法系存在的特点及存在的理由。

（二）司法变更权与社会主义法系行政审判

现在让我们看看社会主义阵营中的行政审判与“司法变更权”的关系吧！

东欧实行行政审判制度的国家主要是保加利亚、匈牙利和罗马尼亚。在这些国家的行政审判制度中，“法院的审判权以审查法律问题为限，而且法院只能审查决定行政行为是否符合法律。假如，法院查明行政决定与法律相抵触，此时它可以撤销这一决定，但是它不能作出新的决定，因为这种权力只有行政机关拥有”。[②] 因此，在东欧行政审判体制中，“司法变更权”是受到拒斥的。

但是在苏联，情形就不同了。根据《苏联和各加盟共和国行政违法行为立法纲要》和《俄罗斯联邦行政违法行为法典》，法院对行政处罚决定有一定的变更权。《俄罗斯联邦行政违法行为法典》（1984）第 273 条规定，法院可以维持或撤销原行政处罚决定，并且可以“在有关该行政违法行为责任的规范性文件规定的范围内，变更处罚措施，但不得加重处罚”。苏

① 转引自［美］伯纳德·施瓦茨：《行政法》，徐炳译，群众出版社 1986 年版，第 577 页。

② 转引自华沙大学法学教授 Marek Wierzbowski：《东欧的行政程序》，1977 年《比较法年鉴》（英文版）第 227 页。

联的行政处罚形式分警告、罚款、征收、没收、取消专门权利、劳动改造和行政拘留 7 种。由于警告处罚不得向法院起诉，劳动改造与行政拘留处罚权直接归属于区（市）法院，而征收、没收、取消当事人专门权利 3 种处罚中技术性错综复杂，因此，在实践中，苏联法院的“司法变更权”一般限于变更行政罚款处罚决定，并且只能减少罚款而不得增加罚款。①

在苏联，人们习惯于把行政处罚当作低于刑事处罚层次的一种法律制裁，而不是一种单纯的行政行为。因此，法院与行政机关都可以实施“行政处罚”，而法院变更行政处罚只不过是法律制裁体系中上层次对下层次的控制问题。同时，考虑到公民不服行政机关处罚而向法院申诉的目的，法院“不得加重行政处罚”原则也就产生了。②

（三）发达行政法治与歧视司法变更

在考察了行政审判体系中的“司法变更权”之后，我们也可以附带考察一下行政裁判体系中的相关问题。

严格地说，行政裁判制度中不可能存在“司法变更权”，因为行政裁判机构性质上属于行政机关而不是司法机关。我们在这里谈论行政裁判制度，只是因为它与行政审判制度可能涉及的同一个问题才显得有价值：作为行政诉讼主管机关，是不是必须拥有“变更权”才足以控制行政行为。

相对于普通法院来说，行政法院似乎完全应当拥有变更不当行政决定之权。因为如果说普通法院不能变更行政决定的根本原因在于权力分立原则的阻止的话，那么行政法院已经可以不受这一原则的限制了。

然而令人诧异的是，大陆法系也基本上否认这种变更权。③

仔细考虑一下，我们觉得这并无令人惊诧之处。因为在行政法治较为发达的西方国家，行政诉讼的基本目的都在于审查行政行为的合法性，而不是帮助行政机关实施管理。行政机关本身是与法院一样具有国家权力的

① 参考[苏]瓦西林科夫：《苏维埃行政法总论》姜明安、武树臣译，北京大学出版社 1985 年版，第 185 页。

② 1988 年 1 月 1 日始生效的《苏联关于对公职人员损害公民权利的违法行为向法院控告的程序法》排斥了法院对一般行政决定的变更权，从而使上述情形的“司法变更”愈发成为例外。

③ 参见[英]杰克·迦纳和纳维尔·布朗：《法国行政法》（英文版）（1983），第 153 ~ 161 页，第 162 ~ 170 页。但是法国行政法院在行政赔偿方面拥有变更行政决定之权。

当事人，它对它与公民、社会法人之间的法律事实或利益有独立排他的决定权，这就使行政诉讼与民事诉讼中的法院审判职能产生了微妙的区别。因此，根据职能分工和避免双重管辖这一行政学基本原理，行政的权限既然在于对引起争议的法律事实或利益进行处理，那么法院的权限就应限于对行政这种处理的合法性的审查，而不能包含去干预行政处理正确性的内容。正因为存在这样一个国家管理的和谐要求，大陆法系的行政法院与英美法系的普通法院审查目标并无区别，即审查行政行为的合法性，而不是行政行为的正确性、完美性。一句话，法院不能动辄变更行政决定。

三、司法变更权：寻找理论依据

在我国学术界，有的人认为司法变更权不仅应当存在，而且应当存在于法院对任何行政案件的审判之中。这种观点无疑具有取消行政职权的危险倾向。假如行政机关决定穿越北京大学校园修建一条公路，而法院依据北京大学的控告把行政决定的内容改成“穿越清华大学修建此条公路”，那么这种“变更”的结果除了意味着取消行政权，还能意味着什么呢?

实际上，持这种观点的人主观上并不是要取消行政权，而是误解了“行政诉讼案件”。这些人认为，“只有对行政处罚不服，按照有关法律的规定起诉到人民法院的行政案件才能构成行政诉讼案件”。[①] 因此，从其主观动机看，这些人只是主张行政处罚应允许司法变更。

事实上，主张司法可以变更行政处罚决定的观点在我国目前的学术讨论中已有人明确提出。这种观点认为，像治安处罚这样的行政处罚在国外就常常属于法院系统的治安法庭或警察法庭管辖，而在我国，治安处罚却由作为行政机关的公安机关管辖。对于这种行政“准司法行为”，应允许法院进行变更。[②]

司法变更权的理论依据问题已经被提出来了。

刚才表述的那种观点实际上是认为，凡是应属司法管辖的事项，法院就可以对之进行变更。或者说，司法变更准司法决定，并无任何理论上的

① 《也谈行政诉讼中的司法变更权》，载《中国法制报》1987 年 10 月 3 日，第 3 版。
② 参见费宗祎、江必新：《建立我国行政诉讼制度的若干问题》，载《法学季刊》1987 年第 4 期。

障碍。这里指出的是“行政司法”问题。

在我国目前的行政法理论中，人们对“行政司法”问题研究甚少，但我国的行政司法实践并不因此就止步不前。事实上，在当今的国家管理中，“行政司法”是与“行政立法”一样普遍存在的现象。

关于什么是“行政司法”行为，学术上有两种观点。第一种观点认为：“行政机关行使权力时对相对人的权利和利益产生不利影响的具体决定是司法性质的行为。”[①] 这是英国上议院1963年在“芮奇诉巴尔德文”案中阐述的观点。第二种观点认为，行政机关行使权力处理法律争议、追究法律责任的行为即行政司法行为。我们在这里采取第二种观点。

根据第二种观点，行政司法行为可以分为“明形行政司法行为”和“隐形行政司法行为”，前者指明显存在法律争议而由行政机关处理的行政司法行为，而后者则指虽无明显存在的法律争议，但由行政机关追究违法者法律责任的行政司法行为。从性质上说，明形行政司法行为与民事司法行为相似，而隐形行政司法行为与刑事司法行为相似。

具体到行政审判领域来说，“明形行政司法行为”是指行政仲裁、裁判、复议、调解、责令赔偿损失等行为；“隐形行政司法行为”是指行政处罚行为（在行政处分可以向普通法院申诉的情形下，也包括开除等行政处分行为）。

在承认行政司法行为的条件下，人们实际上可以把行政行为分成行政“立法行为”（law-making act）、行政“司法行为”（law-deciding act）和“纯行政行为”（purely administrative act）。[②] 从实质性的职能分工的角度看，立法事项应由议会统一主管，执法事项应由行政统一主管，司法事项则应由司法统一主管。因此，问题似乎是，法院没有什么不可以变更行政司法决定的理由。

然而从各国的实践看，情形并非如此简单。随着传统意义上的实质性分权走向现代意义上的形式性分权，各国一般都把行政机关拥有的实质意义上的司法权当作形式意义上的行政权看待。在这种情况下，遵循传统分权模式而对行政司法怀有敌意并支持法院审查变更各种行政司法决定的要

① 转引自王名扬：《英国行政法》中国政法大学出版社1987年版，第182页。

② 参考［印度］德迦·达斯·巴苏：《行政法》（1986）（英文版）和孟格尔·清祝·吉安·克格睿：《印度行政法》（1981）（英文版）二书中有关章节。

求已经很不现实了。现实情况是：

1. 对于行政裁判、复议行为，基于其产生的目的即在于与法院进行分权或分工，一般国家都规定法院只能审查其法律问题，不能对之进行“司法变更”。[①]

2. 对于行政调解、仲裁行为，由于行政机关调解、仲裁时是依据当事人自愿并与当事人选择的人员共同组成调解或仲裁组织的，因此，行政机关与其说是在行使权力还不如说是在行使疏导、协调的权利，所以一般国家都允许法院对这些“半行政行为”或“准行政行为”进行变更。[②] 但是我们不应忘记的是，行政机关调解、仲裁的案件一般属于“民事案件”或“经济案件”，而变更行政调解、仲裁决定的权力也相应地属于“民事审判权”或“经济审判权”，与“行政审判权”不同。

3. 对于“责令赔偿损失”行政决定，既然它本来是基于民事侵权而引起的行政行为，因此，正如前文所述，一般国家法院都采取撤销行政决定而进行“重审”（hearing de novo）的办法，不涉及本文的“司法变更”。

4. 对于隐形行政司法行为，一般国家都否认法院对其变更权，但苏联等少数国家允许法院有条件地对之进行变更。

从上述现实中我们就可以看出，即使承认行政司法行为，一般国家也并非赞赏司法变更。这也就等于在说，我们寻求的以“行政司法”作为司法变更的理论依据的努力遭到了实践的打击。

如果我们对我国的宪法条文进行严格的解释，那么我们的努力可能归于彻底的失败。

诚然，我国宪法并没有条文专门规定法院对待行政决定应有的态度。然而，这并不意味着宪法对法院权力与行政机关权力没有作出划分。由于行政司法是与行政立法一样有别于行政执法（纯行政）的活动，因此，我们可以从宪法确定的对待行政立法的态度去推测其对待行政司法的态度。

在我国，立法机关可以全面地监督行政行为，而司法机关只能监督行

① 参见英国《裁判所和调查庭法》、印度《行政裁判所法》、我国最高人民法院《人民法院审理治安行政案件具体应用法律的若干问题的暂行规定》等文件。

② 参见中国社科院法学研究所民法研究室编《外国仲裁法》（1982年版）及我国《经济合同仲裁条例》《国营企业劳动争议处理暂行规定》等文件。

政立法之外的其他行政行为。我国全国人民代表大会常委会在这一方面的主要权力是“撤销国务院制定的同宪法、法律相抵触的行政法规、决定和命令”（《宪法》第67条第7项）。大家注意到，这里的条文显示我国全国人大常委作为立法机关只能撤销作为行政机关的国务院的违法法规、决定、命令，而不能改变之。我们可以把这一条与《宪法》第89条第13、14项进行比照，后者是规定国务院职权的，“（十三）改变或者撤销各部、各委员会发布的不适当的命令、指示和规章；（十四）改变或者撤销地方各级国家行政机关的不适当的决定和命令”。

事情很明显，我国宪法比较注重国家管理职能分工，即使是作为最高国家权力机关的全国人大，也不能对行政法规、决定和命令进行变更，而只能加以撤销——变更行政行为的权力只能由行政机关自己拥有。既然国家立法机关都已经放弃了对行政决定行为的变更权，作为与行政机关政治地位同等的法院，凭什么宪法依据去变更行政决定行为（特别是行政司法行为）呢?

到这里为止，我们不难发现，为了摆脱“司法窘境”，我们已经陷入了“宪法困境”。

四、司法变更权：利弊权衡和适用范围构思

假如我们要摆脱自己的“宪法困境”，唯一的办法当然是寻求全国人大常委会关于上述宪法条文的权威解释。

但是在我们作出上述呼吁之前，我们不得不先权衡司法变更权适用的利弊，否则我们怎么知道全国人大常委会是否应当肯定“司法变更权”呢?

拥有司法变更权的行政审判机关可能会摆脱前述司法窘境，强化自己的法律地位并给行政灌输司法的法律思想，这些显然都是适用司法变更权的有益之处。但在此同时，适用司法变更权至少会带来下述三种不利：

1. 无限的司法变更权必然导致司法对行政的全面干涉，结果使人民法院成为行政机关的“太上皇”，这也就破坏了现代国家职能分工的学说，摧毁了独立的行政权的地位。

2. 司法机关往往不具备行政决定的事务方面的专业知识或专业组织，

因此，司法变更权的适用可能导致司法专制或司法滥用裁量权，不利于整个国家管理目的。例如对于确定专利权事项，司法机关首先是不具备专利知识，其次也缺乏专利审查组织，如果认为司法机关可以通过专家鉴定来弥补这一缺陷的话，那么由于这类专家的资格的取得常由行政控制，同时这类专家在我国也多数隶属于行政机关，因此结果还是司法依据行政意见处理专利事务。事情很简单，除非把所有专业管理组织都附设在司法系统内部，否则司法因为缺乏专业管理能力必然会重新落入行政的“圈套”，这样一来，司法变更权不是显得荒诞就是显得专断。

3. 司法机关假如拥有对行政决定的变更权，随着行政案件数量的剧增，那么司法将不堪忍受由于变更需要本身所带来的调查、判断等压力，结果或者导致司法质量的下降，或者导致司法只在撤销与维持之间作出选择——这也就违背了司法变更权适用的宗旨。

诚然，尽管司法变更权适用具有上述三大弊病，人们还是可以争辩说，难道就没有一些不需要特别管理能力的行政领域？难道司法变更权就不能在这种领域中存在？例如治安管理问题，外国法院有能力管辖难道我们法院就没有能力管辖？一句话，难道司法变更权就不能有限地存在？

这些争辩显然是有道理的。假如我们认定司法变更权应当有限地存在，那么这将不仅仅是适用司法变更权功利的诱惑，而且是基于对下述这个事实的考虑：从法律素质上看，司法机关具有行政不可比拟的优势——难道就没有一些领域强调法律性胜过强调管理性吗？

经验证明这样的领域是存在的。在行政处罚行为中，我们将能发现这样的领域。不过这样的领域各个方面强调重点也许并不一致。例如对于海洋环境污染利用罚款进行控制时，“确定污染”的技术性胜过法律性，而“进行罚款”的法律性胜过技术性。这就启示我们，从行政效益与公民权益权衡角度出发，我们必须去寻求更多地关系公民权益的行政控制领域，并以此为适用司法变更权的有限范围。

根据国外的经验，行政财产处罚行为和人身自由处罚行为与公民权益最密切相关。但是像没收或征收违法工具或违法直接目的物这种财产处罚往往具有附属性质，并且法院采用宣告“违法”或改变适用范围的方式即足以控制之，所以我们在这里不考虑其适用司法变更的可能性。但是，对于罚款或人身自由处罚，一方面因为其与公民权益紧密相关，另一方面因为法院通过审查合法性或适用力的方式难以进行控制，因此我们很有必要考虑其适用司法变更的可能性。

我们知道，在行政法治发达的西方，人们习惯于把行政罚款与行政拘留合称作行政刑罚（administrative penalties），主张议会与法院对之严加控制。[①] 这里包含的是西方近代一个基本政治思想，即财产权与人身自由是公民最基本的权利，只有议会立法才能对之加以限制。因此，假如因为现实需要必须授予行政机关这方面权力时，则严厉的司法审查制度应予实施。在采社会主义法系的苏联，这种思想实际已被接受。苏联不仅把人身自由处罚权直接给法院，而且允许法院变更行政的罚款处罚，以减少罚款额。

而在我国，尚没有反映上述思想的制度存在。我国的行政机关不仅可以罚款巨额，而且可以进行人身拘留并决定劳动教养。在我们执意完善社会主义民主和落实宪法确定的公民基本权利、自由的今天，难道我们不应该借鉴一下国外保障民权的经验，特别是借鉴一下苏联在这方面的经验吗？

进一步说，行政拘留处罚基本在治安管理领域适用，而这一领域中并非存在大量的阻却司法变更的行政专业技术。劳动教养处罚则接近于刑罚，更无行政技术因素涉及。至于罚款，第一，我国法规对此项权力规定极不统一，罚款主体及罚款数额缺乏标准规化，极易造成权力滥用后果；第二，行政罚款裁量幅度极大，从一元至几十万元以上，裁量不当行为不仅经常发生，而且司法不易找到撤销其裁量的法律理由；第三，罚款本身可以从数量上计算，法院可以凭常理推断是否偏重；第四，正如适才所述，罚款是与人身自由处罚一样直接关系到公民基本权利的处罚——因此法院拥有对罚款的变更权，对我国目前现实来说是有价值的。

这就是说，我们实际上提出一了个关于司法变更权的方案，即允许法院对作为行政诉讼标的的行政拘留处罚、劳动教养处罚和罚款处罚进行变更。法院的变更应根据法律明文规定在法定幅度内进行。这里应当声明的是，第一，法院的变更不得加重对起诉人的不利，这是行政诉讼目的的要求，

① 参见瓦尔特·盖尔洪：《行政刑罚的规定和适用》，载《华盛顿大学法学季刊》1970 年第 3 期。

同时故意纵容行政违法行为的行政决定可以通过法院撤销和行政纪律程序阻止。第二，我国劳动教养由政府的劳动教养管理委员会决定。与其他行政处罚有别，故法院对之只能进行期限缩短这种变更。第三，当法律规定处罚者可在行政拘留与罚款之间进行选择时，法院可以将行政拘留改成罚款，但不得将罚款改成拘留。[①]

五、“宪法困境”之下：寻求新的司法手段

然而，我国宪法毕竟具有对司法变更权否定的寓意。因此，无论我们的方案怎样理想，无论我们的方案怎样解决当前的学术争论，在宪法寓意得以明确之前，或者在《行政诉讼法》得以公布之前，我们都不应贸然鼓吹“司法变更”。而且，多数国家的行政审判主要手段或行政裁判主要手段都不是“司法变更”，而是别的什么。特别是有的国家还没有“司法变更”手段。那么这些国家主要通过什么“司法变更”以外的手段实现行政诉讼目的的呢？对我们来说，探索这一问题意义更加重要。

事实将要证明的是，造成我国行政审判“司法窘境”的根本原因不在于司法缺乏变更权，而在于司法缺乏丰富的行政合法性审查经验及与此相关的法律制度。

在行政法治发达的国家，行政合法性审查范围已经扩展到了令我们难以想象的程度。我们习惯于把“违法”与“不当”、“合法”与“合理”对应起来考虑问题，认为后者是道德、公理或政策要求，而行政法治发达国家则已经把“不当”看成是“违法”的延伸内容，把“合理”当成是“合法”的附加要求。

人们也许会问，他们怎么竟能把“违法”与“不当”、“合法”与“合理”混为一谈呢？

这里我们还是请西方专家们来回答这一问题吧！

---

① 我们在这里未讨论行政赔偿与司法变更问题，是基于下述两点考虑：一是行政赔偿决定的司法变更问题仅仅在法国等极少国家行政裁判制度中存在，而大陆法系多数国家和英美法系国家将之归于民事审判范畴，将之排斥在行政裁判或审判制度之外；二是我国《民法通则》第 121 条规定行政赔偿问题属于民事诉讼，因而也将其排除出行政审判范畴。至于将来立法将行政赔偿问题交行政庭时，如果奉行“行政救济穷尽原则”，那当然也应在这一领域允许司法变更。不过我们觉得现在法律规定更为妥当。

美国学者E.盖尔洪和B.鲍叶尔认为，如果议会（或人民）法律授权行政机关进行某项行为，那么法律条文本身就应寓有合法的标准；如果行政行为要合乎这一标准，那么它就当考虑一些应当考虑的因素，而不能考虑一些不应当考虑的因素。与此同时，法律授权的目的都是让行政机关为了正当目的通过正当程序作出正当决定，因此，一切与授权目的、正当程序、正当运用权力相背的也就是违法的。这也就是说，议会的立法都是根据理性与人民利益制定的，因此，议会法律授权行政进行行为时，它不仅包含不能与法律条文明显抵触的要求，而且包含不能违背理性，人民利益的要求。所以，一切不合“理”（理主要指理性、人民利益）的行政行为，如基于不正当目的、不相关考虑的行为，非理性的行为及其他从根本上看不符合国家利益的行为，都是不合法的行为，属于对“合法行政”要求的违背。[①]

这两位学者的论证典型地说明了西方行政合法性审查范围广博的理论原因。

在英国，普通法院除了援引制定法条之外，更多地运用普通法上的“越权”学说（the doctrine of uItra vires）对行政行为进行合法性审查。在这里值得一提的是，“越权”不仅指缺乏或超越管辖权，而且指恶意行使权力、考虑不相关因素或未考虑相关因素、非理性运用权力、违反自然公正原则及其他滥用权力情形。

在美国，普通法院可以根据《联邦行政程序法》，以违宪、不合法定要求、超越权限、缺乏正当程序、缺乏事实根据、滥用自由裁量、行为专断、反复无常等标准审查行政行为的合法性。

在法国，行政法院除了用“违反法律”（包括“违反法律一般原则”：violation des principaux généraux du droit ）理由撤销行政决定外，还可以用“管辖不能”（incompétence）、“程序瑕疵”（vice de form）、“权力滥用”（dé tournement de pouvoir）等理由撤销行政决定。尤其值得一提的是，法国行政法院不仅可以利用“越权”（exès de pouvoir）学说审查行政行为的“动机”（motifs），而且可以运用“权衡”（Le bilan）学

① 参考［美］欧内斯特·盖尔洪和巴里·鲍叶尔：《行政法与行政程序》（英文版）（1981），第69～77页。

说审查行政行为的效益。[①]“权衡”学说的意思是，行政法院可以权衡行政机关决定的得失利弊，并且可以以弊大于利的理由撤销行政决定。例如在1973年的格哈散案中，法国国家行政法院撤销了一项行政决定；该项决定动议在波瓦捷埃附近修建一新机场，行政法院认为因此带来的噪音与震动之弊大于带给这一地区的好处。在1979年的德海格塞勒—达勒格航案中，巴黎市长决定征用圣彼埃尔大街的一处民宅，以解决国立桥梁和公路学院的校门拥挤问题。法国国家行政法院经过权衡，认为这一征用和拆迁费用昂贵（达2000万法朗），超过了满足学院需要可能带来的利益，因此，行政法院最终撤销了这一行政征用决定。

也许对我们来说，澳大利亚《司法审查法》（1977）的规定更能逻辑而系统地说明西方国家的行政合法性审查范围。澳大利亚《司法审查法》第5条第1项规定，行政行为具有下列情形之一时，法院就可进行司法审查：“（1）在作出决定过程中具有违反自然公正规则情形；（2）在作出决定时没有遵守法律规定应当遵循的程序；（3）作出决定的官员缺乏管辖权；（4）执行法律时作出的决定不是法律授权范围内的；（5）执行法律作出的决定属于对法律授予的权力的不适当的运用；（6）决定有法律错误，不论这种错误是否反映在作出决定的书面记录中；（7）决定系根据欺诈作出，或受到欺诈的影响；（8）作出决定时没有资以证明的证据或其他材料；（9）决定存在其他违反法律情形。”

接着，该法该条第2项对第1项第（5）目进行了解释，规定“权力的不适当的运用”是指以下几种情形：“（1）在行使权力时考虑了不相关因素；（2）在行使权力时没有考虑相关因素；（3）行使权力追求的是授权法授权目的之外的目的；（4）行使自由裁量权时存在恶意；（5）行使应独立行使的自由裁量权时接受了他人的指示或指令；（6）依据法规或政策行使自由裁量权时没有考虑具体事务的具体情况：（7）权力运用得太不合理，以致没有一个理智的人会这样行使权力；（8）行使权力的方式导致权力行使结果的不确定状态；（9）其他方式的权力滥用。”

——在这样严密而细致的行政合法性审查标准面前，法院还有什么必

① 参见［英］杰克·迦纳和经维尔·布朗：《法国行政法》（英文版）（1983），第143～151页、第160～161页。

要采用变更的手段去对付行政决定呢？

显而易见，假如我国的人民法院利用对“合法行政”要求的深入的司法解释，运用判例，引进西方的“越权”学说直至“权衡”学说，有什么不妥当的或与法律抵触的行政决定能够逃脱司法撤销之裁判呢？

也就是说，纵然处于“宪法困境”之下，只要适当地运用司法解释和司法判例，我们仅用“撤销”（特别是“部分撤销部分维持”）手段就可以对付一切行政的不符合法律条文和不合理、不适当的决定。我们所寻求的新的司法手段是指扩大化的合法性要求下的司法撤销手段，尤其是部分撤销部分维持手段。

有些人也许还会争辩说，纵然法院在撤销手段上拥有无限的权力，以建立司法权威和控制行政裁量，但是这不能避免“循环诉讼”。

然而我们要反问的是，难道司法拥有变更权，在我国现存体制下就能使“循环诉讼”得以避免吗？

实际上，避免“循环诉讼”的关键在于健全行政审判执行制度和公务员惩戒制度。假如没有纪律程序保证公务员服从司法判决，假如没有治以蔑视法庭罪或处以罚款的法院执行方面的权力，即使是对于司法变更后的决定，行政机关也不仅可以置之不理，而且可以再作出新的违法决定。自此可见，避免“循环诉讼”作为司法变更的理由只能是一种假设。解决“循环诉讼”问题有赖于行政审判其他制度的建立和完善。

因此我们可以看到，只要对行政合法性原则进行深入的司法解释，我们可以不必采用“司法变更”手段而达到监督行政行为的目标。这一点难道还有什么疑问的吗？

况且这样一种做法既解决了我们涉及的“司法窘境”，又跳出了我们面临的“宪法困境”，是一种两全之策：能够真正地推动我国行政审判的发展。

六、结论

1.“司法变更权”问题源自我国目前行政审判的“司法窘境”；

2.“司法变更权”问题本身在各国行政审判制度中不占有重要地位，

而在我国，这一问题之所以显得重要是因为它背后所隐藏的问题；

3.“司法变更权”的理论依据可以通过行政司法理论加以论证，但这种论证在我国受到宪法寓意的阻止；

4. 如果纯粹从摆脱“司法窘境”角度考虑，我们可以赋予法院对行政罚款决定、行政拘留决定和行政劳教决定进行变更的权限，但是法院变更不得加重行政处罚；

5. 在“司法窘境”与“宪法困境”之间均衡考虑时，我们主张法院应通过其判例与司法解释丰富“行政合法”要求的内涵，以达到对行政行为全面而深入的监督的目的，结束我国目前关于“司法变更权”的争论。

论行政诉讼中的司法变更权*

江必新**

行政诉讼中，司法机关能否变更行政机关的裁决，亦即法院能否作出改变的判决是一个有争议的问题。现就这个问题作初步探讨。

一、司法变更权的可能性

从各国行政诉讼的立法来看，确实有些国家在行政诉讼立法中没有赋予审判机关以司法变更权，或者对司法变更权作了不同程度的限制。这并不意味着司法变更权在行政诉讼中不可能存在。但也有一些国家的行政诉讼法赋予法院司法变更权。

认为司法变更权在行政诉讼中不可能存在的同志的论据是：如果赋予法院以司法变更权，就侵犯了行政机关的职权。笔者不同意这种论证：

1. 从法治的观点看，行政机关任何权力都来自宪法和法律的授予，或者说，宪法和法律是行政权的渊源。法律将裁决权赋予法院即为司法权，赋予行政机关则为行政权。如果法律把变更权赋予法院，当然它就成为司法权的一个组成部分，因此，也就谈不上侵犯行政管理的职权。

2. 从变更权的本质看，变更权无非是使行政机关的裁决回复到法律上来的一种手段，是对超越法律的行为的一种矫正，它所“侵犯”的是非法行为和越权行为，而绝不是行政机关的职权。因为不能想象立法机关授权行政机关去损害公民的权益，去违犯它所制定的法律。

3. 在行政诉讼中把变更权授予法院并不违犯国际上有关授权的一般法则。我国目前有关变更权的争议主要集中在治安行政案件。应当

---

* 载《法学研究》1988年第6期。

** 江必新，时任最高人民法院研究室助理审判员。

指出，大多数国家的立法，治安处罚权一般都赋予司法机关，这些国家或设立专门的治安法院，或作为违警罪由普通法院给予处罚，也就是说治安处罚权本身就属于司法权的范畴。

4. 承认或赋予法院对一定范围的行政决定拥有司法变更权在国际上比比皆是。美国统一法律委员会 1970 年修正的《美国各州标准行政程序法》第 15 条第 7 款规定：法院可以确认行政机构的裁决或要求行政机构对案件重新进行裁决，法院可以取消或变更行政机构的裁决。法国有关行政诉讼的法律也规定行政法院对完全管辖权之诉享有变更权。《苏俄民诉法典》第 239 条、《苏联和各加盟共和国行政违法行为立法纲要》第 40 条第 2 款第 4 项都规定了法院的司法变更权，明确规定法院在对行政违法行为规定责任的规范性文件规定的范围内，变更处罚措施。

二、司法变更权的必要性

我国目前的行政诉讼，赋予法院司法变更权，是十分必要的。笔者认为，人民法院如果没有司法变更权，必须要有以下条件：

1. 行政诉讼的目标仅限于保障公民的权益不受侵犯。在这种行政诉讼目标模式下，法院扮演的是一个“权利卫士”的角色，在行政诉讼中仅仅行使撤销权，即只要行政机关的行为影响公民的基本权利，法院即予以撤销，如果行政机关的裁决不影响当事人的实体权利，法院则不多加干涉。而我国行政诉讼的目标模式不限于保障公民的合法权益，其根本目的在于保障法律法规的贯彻实施，保障行政机关依法行使职权。其理由是：（1）中国共产党第十三次全国代表大会报告指出：“要制定行政诉讼法，加强对行政工作和行政人员的监察，追究一切行政人员的失职、渎职和其他违法违纪的行为。”这里明确指出行政诉讼所要达到的目标是解决行政机关和行政工作人员的“失职、渎职和其他违法违纪的行为”，而不仅限于保障公民的权益不受侵犯；（2）我国的立法实践也突破了行政诉讼仅以保障公民权益不受侵犯的目标模式，如《治安管理处罚条例》第 39 条明确规定，受侵害人对行政机关的裁决不服也可以向人民法院起诉。赋予被侵害人以起诉权的主要目的在于防止行政机关失职和渎职行为，即应罚不罚、重错轻罚等行为；（3）十三大报告还指出："国家的政治生活、经济生活和社会生活的各个方面，民主和专政的各个环节，都应做到有法可依，执法必严，违法必究。"而我国目前的实际情况是：既有大量侵犯公民权益的行为存在；也有大量的失职和渎职的行为存在，而对于大量的失职和渎职行为，目前尚没有一套违法追究的法律规范。行政诉讼法可以而且应当承担这个任务。

如果我国的行政诉讼以保障法律的贯彻实施、促进行政机关依法办事为目标模式，只有撤销手段就显得不够了。因为对于不作为的行政行为，撤销不解决什么问题。

2. 必须有切实的法律手段和措施保障行政机关不折不扣地执行法院的判决。如果只有撤销权没有司法变更权，就意味着对行政机关存在瑕疵的行政裁决（包括部分正确、部分错误）都要采取撤销的方式来解决。而撤销仅仅是一种否决，对含有正确因素的行政裁决来说，不是对行政争议的最后解决。这种裁决本身就需要行政机关作出符合法院意图的裁决。而要使行政机关这样做，必须有一套切实的法律措施。例如，《美国联邦行政程序法》没有规定司法变更权，但该法规定法院可以强制行政机关履行非法拒绝履行的或不当延误的机关行为。为使这一措施得到实现，法律规定了四条保障措施：（1）法院可以书面裁定美国功绩制保护局的特别法律顾问对拒绝执行法院命令的主要责任官员或职员给以纪律处分；（2）法院可以按藐视法庭罪处罚负责的职员或负责人；（3）每个机关必须在每年3月1日或3月1日以前向众议院议长和参议院议长呈交一份有关事项的年度报告；（4）规定司法部长督促各行政机关执行法院判决，并就有关情况提供年度报告。

如果没有上述的法律保障，只有撤销权没有司法变更权就会带来一些问题，尤其是在民主不健全、法制不完备的国家，行政机关的裁决被法院撤销之后，行政机关或拒不作出裁决使争议长期得不到解决；或使原告处于更加不利的境地。

我国目前有关保障法院判决执行的法律措施尚下健全，在这种情况下，如果没有司法变更权，行政诉讼就发挥不了应有的作用。

3. 法院独立地依法行使审判权。如果没有司法变更权，法院只有维持和撤销两种裁判手段。在没有充分的司法独立保障（包括政治、经济、社会等方面的保障）的情况下，要法院正确地行使撤销权只是一种良好的愿望。行政审判实践表明，由于外来的干扰和压力事实上撤销的范围十分狭窄。把含有正确因素的行政裁决撤销，行政机关想不通，有时党委也接受不了。于是一个个比法院地位高得多的机关要员纷纷要求法院维持。有些法院也就违心地“维持”含有不正确因素甚至是根本错误的裁决。这种情况的形成，与没有司法变更权有直接的关系。

4. 人民法院不实行司法变更权就意味着必须扩大撤销的范围，否则就无法解决那些含有正确因素的行政裁决。人民法院要撤销裁决必须于法有据，就是说只有当行政裁决于法相悖的情况下才能撤销。然而，有些行政活动的领域尚没有法律规范；有些法律由部门起草，基本上有授权而无限制；有些法律授予主管机关以处罚权，但没有规定处罚幅度，处罚应遵循的原则，等等。在这种情况下，行政机关的裁决即使荒谬，也不会于法相悖。法院如要撤销，就要承担于法无据的风险。如果在行政诉讼法中赋予法院以变更权，并原则确定变更的条件和范围，这个问题就比较容易解决。司法变更权就可以弥补实体法律规范的不足。

5. 每个行政机关都应有独立的裁决机构，从而最终解决法院尚未解决的行政争议。不实行司法变更权必然要扩大撤销的范围。或者说，必然要使大量的本来可在法院一次性解决的案件重新回到行政机关，让行政机关自己处理，被撤销发回的行政案件，大都是比较复杂的，如果没有专门机构来重新处理，将会使行政争议得不到及时解决，我国目前除少数行政机关有专门的裁决机构以外，绝大多数行政机关尚无专门的裁决机构，在这种情况下，如果行政诉讼程序又把大量的“骨头案件”推回行政机关，行政机关恐怕也会疲于奔命。

上述表明，行政诉讼中法院没有司法变更权，但必须同时具备以上五个条件。如果不具备上述条件，而又不实行司法变更权，就会使行政诉讼变成徒有其名。笔者认为，我国目前应当赋予人民法院司法变更权。

三、行使司法变更权的条件及范围

在行政诉讼中授予法院以司法变更权，客观上会对行政权的行使造成一定的影响，也有可能不利于发挥行政机关的职能，同时也会给法院增加一定的负担。因此，对司法变更权的行使应当有所限制。

笔者认为，在行政诉讼中赋予法院以司法变更权，可从以下几个方面加以限制：

1. 在运用撤销手段足以实施有效救济的情况下不得适用变更裁决。例如，在有关市政规划的诉讼中，当事人要求撤销市政府有关拆迁的决定，法院撤销这个决定就已对原告人的权利实施了有效救济。法院不应当变更行政机关的裁决，即不应以一个新的市政规划代替市政府原有的规划。

2. 行政机关的裁决全部正确或全部错误的情况下，或者可明确区分出部分正确部分错误的情况下，法院不得采用变更裁决。就是只有当行政机关的裁决有对也有错时必须重新处理，法院才能行使司法变更权。

3. 行政争议的解决必须借助于行政机关的管理职权的情况下，不得使用变更裁决。例如，有关许可证的行政诉讼，如果法院认为行政机关对原告拒绝颁发许可证是非法的，法院只能撤销行政机关的裁决。强制行政机关在规定的期限内予以颁发。而不能代替行政机关去发放许可证。

笔者认为，在下列情况下可适用变更裁决：

1. 行政机关的裁决所认定事实部分失实。例如，某检疫机构认为某原告的100匹马患有炭疽病应当全部杀死。法院查明实际上只有50匹马患有此病。法院就可变更该检疫机构的裁决。

2. 行政机关的裁决事实清楚但适用法律错误或者定性错误。例如，把复制淫秽录像认定为传播淫秽录像；本应适用《治安管理处罚条例》第22条第1款，而适用了第2款。

3. 适用法律不当。例如，某不满18岁的少年殴打他人，公安机关给以拘留15日处罚。这种处罚就属于适用法律不当；因为没有考虑《治安管理处罚条例》第9条规定的从轻处罚的情节，法院就可予以变更。

4. 行政机关的裁决超出了法律规定的范围和限度。例如，某机关以阻碍国家工作人员依法执行职务为由处罚原告人250元罚款，法院即可变更其裁决，将处罚幅度降到法律规定的幅度（200元）以内。

关于司法变更权的范围问题，还有三个问题需要探讨。

第一个问题是法院能否作不利于原告人的变更裁决。笔者认为，应当作具体分析。从赋予法院以司法变更权的国家的有关规定来看，大体有三种类型：一是规定法院不得作不利原告之变更，例如，我国台湾地区现行“行政诉讼法”；二是规定只能作“负变更”，即只能作降低对原告人处罚幅度的变更，例如苏联的法律；三是在法律上未作明确限制，如美国《标准行政程序法》。这个问题由于涉及法律与权益的平衡。如果加重对原告人的处罚，就会使那些受到行政决定不利的人害怕诉讼，造成了司法救济的精神障碍；同时也与行政诉讼保障公民权益不受侵害的宗旨不协调。如果对这种情况置之不理，又放纵了违法行为。笔者认为，如果被害人或利害关系人没有同时起诉或没有主动申请参加诉讼，人民法院不应当加重对原告人的处罚。因为，“民不告官”“民怕告官”的观念和意识，目前仍然是开展行政诉讼的障碍。各国的司法实践一般都不对原告作不利变更。

第二个问题是法院能否作不利于第三人的变更裁决。即如果法院审查后认为，行政机关的裁决对同案未起诉的利害关系人处罚偏轻或应当处罚而未予处罚，法院能否追加处罚第三人。笔者认为，这要分别情况具体对待。如果原告要求追加处罚利害关系人，并以此为由告发处罚机关，如果情况属实，法院应当指令行政机关追加处罚利害关系人。如果原告人只是要求减轻对自己的处罚而不希望追加处罚利害关系人，法院则不应当指令其严厉处罚利害关系人。

第三个问题是法院能否作有利于第三人的变更裁决。如果法院经过审查认为，行政机关对第三人处罚偏重或不应处罚而处罚了。是否可以变更行政机关的裁决。笔者以为，这个问题取决于法律对审理范围的规定。如果法院有权全案审理，法院就应当在这种情况下改变行政机关的裁决。既然法院已经发现行政机关的裁决有错误，就应当部分撤销或变更行政机关的裁决，以保障公民的权益不受行政行为的侵害。

附　录

行政诉讼法早期文献目录

第一部分　讨论文章

一、概论综述

1. 熊先觉：《论行政诉讼》，载《法学杂志》1983年第2期。

2. 张尚鷟：《我国行政法领域迫切需要解决的三大问题》，载《政治与法律》1984年第1期。

3. 朱维究：《试论我国的行政诉讼》，载《法学研究》1984年第4期。

4. 胡建淼：《谈谈我国的行政诉讼》，载《政治与法律》1985年第2期。

5. 马凌：《论解决行政争议和完善行政法制监督》，载《政治与法律》1985年第4期。

6. 龚祥瑞：《关于公民行政诉讼权的几个问题》，载《群言》1985年第9期。

7. 李国亮：《我国应及时建立行政诉讼制度》，载《现代法学》1986年第1期。

8. 郑成思：《“行政诉讼”涵义的辨析》，载《法学研究》1986年第2期。

9. 于安：《我国行政诉讼特点刍议》，载《现代法学》1986年第3期。

10. 常保国:《试谈建立具有中国特色的行政诉讼制度》,载《政法论坛》1986年第4期。

11. 魏风：《对建立我国行政诉讼制度的探讨》，载《政法学刊》1986年第4期。

12. 李力：《当代行政法的发展动向》，载《法学杂志》1986年第5期。

13. 杨海坤：《我国行政法学研究中若干问题的讨论情况》，载《中国社会科学》1986年第5期。

14. 杨海坤：《对建立我国行政诉讼制度的探讨》，载《江苏社联通讯》1986年第7期。

15. 王礼明：《对行政诉讼法内容的几点建议》，载《法学》1986年第12期。

16. 许丽生：《发挥审判职能作用 积极办好行政案件》，载《人民司法》1986年第12期。

17. 杨小君：《法院主持行政诉讼中的几个问题》，载《政治与法律》1987年第1期。

18. 卓泽渊：《行政诉讼的特点》，载《政治与法律》1987年第1期。

19. 叶松春：《探索我国的行政诉讼》，载《当代法学》1987年第1期。

20. 王祺国：《我国行政诉讼特殊性探析》，载《法学》1987年第1期。

21. 袁吉亮、赵军：《建立健全我国行政司法制度刍议》，载《政治学研究》1987年第1期。

22. 陈惠庆：《行政诉讼制度三论》，载《法学季刊》1987年第2期。

23. 孙孝福：《浅议我国行政诉讼制度的几个问题》，载《中南政法学院学报》1987年第2期。

24. 周新铭：《试论我国的行政诉讼》，载《深圳大学学报》（人文社会科学版）1987年第2期。

25. 薛辉、姜亚行：《试论行政诉讼的几个问题》，载《西北政法学院学报》1987年第3期。

26. 应松年：《论行政诉讼的几个理论问题》，载《政治与法律》1987年第3期。

27. 高志新：《早日制定行政法是改革的需要》，载《法学季刊》1987年第3期。

28. 李松为：《我国行政诉讼制度特点初探》，载《河北法学》1987年第3期。

29. 卓泽渊、王祺国：《制定我国行政诉讼法的构想》，载《河北法学》1987年第3期。

30. 皮纯协、牟信勇：《行政诉讼法新探》，载《法学杂志》1987年第2期。

31. 李夕思：《解决行政争议与完善行政诉讼制度》，载《法学季刊》1987年第4期。

32. 费宗祎、江必新：《建立我国行政诉讼制度的若干问题》，载《法学季刊》1987年第4期。

33. 汪世荣:《我国行政诉讼的特点》,载《政治与法律》1987年第4期。

34. 袁岳：《简析行政诉讼法典及其配套法规》，载《政治与法律》1987年第4期。

35. 云乡：《试论行政诉讼》，载《法学评论》1987年第4期。

36. 孙孝福：《浅议我国行政诉讼制度的几个问题》，载《中南政法学院学报》1987年第2期。

37. 张树义:《我国行政诉讼制度刍议》,载《政治学研究》1987年第4期。

38. 陆一平：《行政诉讼的提起要件及实体审理》，载《人民司法》1987年第4期。

39. 胡建淼：《关于行政诉讼几个争论的理论问题》，载《政治与法律》1987年第6期。

40. 王克稳：《浅谈我国行政诉讼的概念》，载《河北法学》1987年第6期。

41. 纪敏：《浅谈行政案件的四个特征》，载《学习与辅导》1987年第7期。

42. 杨海坤：《对建立我国行政诉讼制度的思考》，载《法学》1987年第8期。

43. 应松年：《实践需要行政诉讼法》，载《世界经济导报》1987年5月4日，第10版。

44. 张辉:《行政法律责任的特点》,载《中国法制报》1987年5月25日，第3版。

45. 刘嘉波：《应当研究行政法治化的宏观背景》，载《中国法制报》1987年6月3日，第3版。

46. 阿江：《体制改革与行政诉讼立法》，载《中国法制报》1987年11月18日，第3版。

47. 汪纲翔：《诉讼法学中几个有争论的理论问题——1987年全国诉讼法学年会讨论概述》，载《政治与法律》1988年第1期。

48. 金俊银:《行政诉讼——防止国家机关滥用权力的重要法律保障》,

载《改革》1988 年第 1 期。

49. 周凤举:《行政案件的特点、种类及立案条件浅议》,载《法学论丛》1988 年第 2 期。

50. 史晓捷:《试析行政诉讼与民事诉讼的差别——兼论行政诉讼的基本原则》,载《郑州大学学报》(哲学社会科学版)1988 年第 3 期。

51. 郑钟炎:《论行政诉讼法律关系》,载《政治与法律》1988 年第 3 期。

52. 丘建东:《论我国司法机关对行政行为的审查权》,载《福建论坛》(经济社会版)1988 年第 3 期。

53. 张晋红:《行政诉讼有关问题初探》,载《西北政法学院学报》1988 年第 3 期。

54. 刘凤鸣、姜明安:《行政诉讼立法的若干问题研究(续)》,载《法律学习与研究》1988 年第 4 期。

55. 姜明安、刘凤鸣:《行政诉讼法立法的若干问题研究》,载《法律学习与研究》1988 年第 4 期。

56. 杨海坤:《对建立我国行政诉讼制度的再思考》,载《政法学刊》1988 年第 4 期。

57. 朱维究:《我国行政法学科观展》,载《法学杂志》1988 年第 4 期。

58. 韦宗、阿江:《行政诉讼立法要论》,载《中国法学》1988 年第 6 期。

59. 沈德理、李剑华:《行政诉讼的民主政治意义探微》,载《法学评论》1988 年第 6 期。

60. 张尚鷟:《尽快建立健全我国的行政诉讼制度》,载《人民日报》1988 年 1 月 18 日,第 5 版。

61. 陆武师:《我国行政法治建设的现状与展望》,载《法制日报》1988 年 1 月 6 日,第 2 版。

62. 李剑华、沈德理:《对制定我国行政诉讼法的思考》,载《法制日报》1988 年 6 月 20 日,第 3 版。

63. 李进进:《行政裁判散论》,载《光明日报》1988 年 11 月 1 日,第 3 版。

64. 张焕光、王礼明:《谈谈我国行政诉讼的特征》,载《人民日报》1988 年 12 月 4 日,第 4 版。

65. 张尚鷟：《为什么要制定行政诉讼法》，载《人民日报》1988 年 12 月 9 日，第 4 版。

66. 王名扬，陈安明：《行政诉讼》，载熊先觉、方昕主编：《行政诉讼参考资料荟编》，中国政法大学出版社 1988 年版，第 125 ~ 128 页。

67. 王名扬：《行政诉讼的意义和作用》，载熊先觉、方昕主编：《行政诉讼参考资料荟编》，中国政法大学出版社 1988 年版，第 313 ~ 318 页。

68. 陆武师：《简论审判行政案件的法理依据》，载《广西大学学报》（哲学社会科学版）1989 年第 1 期。

69. 王名扬：《我国行政诉讼立法的几个问题》，载《法学杂志》1989 年第 1 期。

70. 王名扬：《评行政诉讼法草案》，载《政法论坛》1989 年第 1 期。

71. 张尚鷟:《试论我国的行政诉讼制度和行政诉讼法》,载《中国法学》1989 年第 1 期。

72. 黄杰、胡仕浩:《行政诉讼法知识讲座(一)——什么是行政诉讼》,载《人民司法》1989 年第 1 期。

73. 黄杰、江必新：《行政诉讼法知识讲座（二）——行政诉讼的理论根据与实践基础》，载《人民司法》1989 年第 2 期。

74. 钱应学：《关于我国行政诉讼及其受理范围和基本原则的探讨》，载《青海社会科学》1989 年第 2 期。

75. 高国政、陈寒枫：《应制定一部完整的〈行政诉讼法〉》，载《中外法学》1989 年第 2 期。

76. 柯昌信：《谈谈行政诉讼的几个问题》，载《政治与法律》1989 年第 2 期。

77. 朱思东、朱芒:《关于〈行政诉讼法(草案)〉的几点思考》,载《法学》1989 年第 2 期。

78. 张树义：《〈行政诉讼法（草案）〉若干争论问题再思考》，载《法学》1989 年第 3 期。

79. 顾昂然：《行政诉讼法的制定对我国社会主义民主政治和法制建设有重大意义》，载《中国法学》1989 年第 3 期。

80. 崔卓兰：《公民本位：我国行政诉讼法的目的》，载《法学》

1989 年第 3 期。

81. 陶景侃:《行政诉讼法在法律体系中的地位和作用》,载《社科纵横》1989 年第 3 期。

82. 龚祥瑞:《行政诉讼法的重大意义》,载《群言》1989 年第 3 期。

83. 江必新:《我国行政法制建设的重要里程碑——〈行政诉讼法〉公布的重要意义》,载《现代法学》1989 年第 3 期。

84. 张玲元、杜西川:《一部“民可以告官”的重要法律》,载《法学杂志》1989 年第 3 期。

85. 蒋朝阳:《民主和法制建设的重要步骤——行政诉讼法座谈会记述》,载《中外法学》1989 年第 3 期。

86. 张尚鷟:《行政诉讼法和发展人民民主》,载《群言》1989 年第 4 期。

87. 项淳一:《中国行政诉讼法的特点和重要作用》,载《中外法学》1989 年第 4 期。

88. 张友渔:《关于行政诉讼法的两点意见》,载《中国法学》1989 年第 4 期。

89. 于安:《试论行政法治的基本理论问题》,载《法律学习与研究》1989 年第 4 期。

90. 王殿全:《建立行政诉讼制度面临的问题及其对策》,载《人民司法》1989 年第 6 期。

91. 朱维究:《我国行政诉讼制度的确立及其意义》,载《法学杂志》1989 年第 6 期。

92. 高珩:《行政诉讼立法应当面向行政诉讼实际》,载《法制日报》1989 年 1 月 16 日,第 3 版。

93. 张树义:《该是到位的时候了:谈行政诉讼法的目的》,载《法制日报》1989 年 2 月 20 日,第 3 版。

94. 张焕光、胡建淼:《行政诉讼产生和发展的一般规律》,载《法制日报》1989 年 2 月 27 日,第 3 版。

95. 杨志宏:《对“行政诉讼法(草案)”的一点意见》,载《法制日报》1989 年 3 月 8 日,第 3 版。

96. 姜明安:《保障公民权益与制约行政权力——行政诉讼制度的宗

旨》，载《法制日报》1989 年 4 月 17 日，第 3 版。

97. 张树义：《行政诉讼法得失谈》，载《法制日报》1989 年 5 月 9 日，第 2 版。

98. 李国和:《实行〈行政诉讼法〉几个亟待解决的问题》,载《公安论坛》1990 年第 1 期。

99. 游劝荣：《行政诉讼的实质论要》，载《社会科学》1990 年第 10 期。

100. 王祺国：《论行政诉讼的三重理论观》，载《现代法学》1990 年第 2 期。

101. 杜羡孔：《我国新颁布的〈行政诉讼法〉简析》，载《政法论坛》1990 年第 2 期。

102. 王学政：《在行政诉讼中可能遇到的问题》，载《法学杂志》1990 年第 3 期。

103. 王先勇：《行政诉讼制度正确实施应注意的几个问题》，载《理论与改革》1990 年第 4 期。

104. 孙孝福、徐凤根、熊晓泉:《行政诉讼法理论与实践研讨会综述》，载《中南政法学院学报》1990 年第 4 期。

105. 马原:《贯彻执行行政诉讼法需要解决的几个认识问题》，载《现代法学》1990 年第 5 期。

106. 于安：《行政诉讼理论三议》，载《现代法学》1990 年第 5 期。

107. 王先勇：《对我国行政诉讼中几个问题的思考》，载《现代法学》1990 年第 6 期。

108. 应松年:《论行政行为的司法监督》，载《政法论坛》1990 年第 6 期。

109. 胡锦光：《关于我国行政诉讼法若干问题的探讨》，载《法律学习与研究》1990 年第 6 期。

110. 河南省高级人民法院：《开展行政诉讼法试点工作的几点经验》，载《人民司法》1990 年第 11 期。

111. 四川省高级人民法院:《贯彻行政诉讼法试点工作的体会》,载《人民司法》1990 年第 11 期。

112. 林亨元、胡仕浩：《行政诉讼与依法行政》，载《群言》1990 年第 12 期。

二、行政诉讼与民事诉讼

113. 方世荣、黄建华：《论我国行政诉讼不同于民事诉讼的诸项基本原则》，载《中国法学》1987 年第 2 期。

114. 杨小君：《试析行政诉讼与民事诉讼的差异》，载《西北政法学院学报》1987 年第 3 期。

115. 朱维究：《我国应当建立独立的行政诉讼制度——兼论民事诉讼与行政诉讼的关系》，载《政法论坛》1987 年第 3 期。

116. 陈国尧：《行政诉讼和民事诉讼的区别》，载《法学杂志》1987 年第 4 期。

117. 常怡、张卫平、郭明忠：《民事诉讼法学的新课题（上）》，载《中国法学》1987 年第 5 期。

118. 常怡、张卫平、郭明忠：《民事诉讼法学的新课题（下）》，载《中国法学》1987 年第 6 期。

119. 朱维究：《行政诉讼与民事诉讼的联系与区别》，载《中国法制报》1987 年 6 月 24 日，第 3 版。

120. 江必新：《论行政诉讼附带民事诉讼》，载《现代法学》1988 年第 2 期。

121. 金俊银、邱星美：《行政诉讼附带民事诉讼》，载《法学研究》1988 年第 5 期。

122. 李军毅:《试论行政诉讼与民事诉讼的关系》,载《法律学习与研究》1989 年第 1 期。

123. 山河：《行政诉讼可以附带民事诉讼》，载《法制日报》1989 年 3 月 24 日，第 3 版。

124. 于雨安：《行政附带民事诉讼概念刍议》，载《法制日报》1989 年 6 月 2 日，第 3 版。

125. 黄杰、周红耕：《行政诉讼附带民事诉讼》，载《人民司法》1990 年第 1 期。

126. 郴州中级法院研究室:《行政附带民事诉讼的上诉和抗诉》,载《法学杂志》1990 年第 2 期。

127. 叶杭生：《行政诉讼附带民事诉讼探讨》，载《法学》1990年第8期。

三、审判机构的设置

128. 郑传坤、张明成：《我国应当设立行政法院》，载《法学季刊》1986年第2期。

129. 卓泽渊：《在人民法院中可以设立行政法庭》，载《政治与法律》1986年第3期。

130. 周卫平、张焕光：《试论健全我国行政诉讼的受理机构》，载《中国法学》1987年第2期。

四、行政诉讼的原则

131. 龚祥瑞：《行政合理性原则》，载《法学杂志》1987年第2期。

132. 方世荣、刘曙光：《试述行政诉讼的基本原则》，载《政治与法律》1987年第3期。

133. 金俊银：《我国行政诉讼的基本原则试探》，载《法学杂志》1987年第5期。

134. 龚祥瑞、陈国尧：《行政应变性原则》，载《法学杂志》1987年第6期。

135. 柯昌信、鲁国祯：《行政审判同样适用调解原则》，载《法学》1987年第12期。

136. 许丽生：《略论行政诉讼》，载《人民日报》1987年3月30日，第5版。

137. 胡建淼：《关于行政诉讼立法的意见综述》，载《光明日报》1987年7月21日，第3版。

138. 刘莘：《试论行政诉讼不停止执行原则》，载《行政法学研究》1988年第2辑。

139. 江必新：《行政诉讼与调解原则》，载《人民司法》1988年第3期。

140. 应松年:《行政诉讼的基本原则》, 载《政法论坛》1988 年第 5 期。

141. 黄杰、江必新:《行政诉讼法知识讲座（三） 行政诉讼的基本原则》, 载《人民司法》1989 年第 3 期。

142. 段京连:《略谈行政诉讼的不停止执行原则》, 载《中国法学》1989 年第 4 期。

143. 肖峋:《试论人民法院审查具体行政行为合法性的原则》, 载《中国法学》1989 年第 4 期。

144. 诸葛平平:《行政诉讼法的基本原则》, 载《法制日报》1989 年 5 月 24 日, 第 3 版。

145. 徐瑞柏:《我国行政诉讼中的合法审查原则》, 载《法制日报》1989 年 9 月 15 日, 第 3 版。

146. 祖月、姜德水:《我国行政诉讼法的特有原则》, 载《当代法学》1990 年第 3 期。

147. 杨惠基:《具体行政行为的合法性审查原则》, 载《法学》1990 年第 8 期。

五、行政诉讼的受案范围

148. 费宗祎:《什么是"法律规定由人民法院审理的行政案件"？》, 载《人民司法》1983 年第 3 期。

149. 朱思东:《法院主管的行政案件的条件》, 载《法学》1987 年第 2 期。

150. 郑寻:《试论行政诉讼受案范围》, 载《行政法学研究》1988 年第 1 辑。

151. 王学政:《行政诉讼范围和条件刍议》, 载《法学杂志》1988 年第 1 期。

152. 金俊银、李传敢:《行政诉讼的起诉要件及效力初探》, 载《政法论坛》1988 年第 1 期。

153. 金俊银、邱星美:《试论我国行政诉讼的范围》, 载《西北政法学院学报》1988 年第 3 期。

154. 张树义：《行政行为的可诉性研究》，载《法学与实践》1988年第5期。

155. 肖峋：《行政诉讼受案范围的比较研究》，载《法律学习与研究》1988年第6期。

156. 应松年：《对法院受理行政案件范围的看法》，载《法制日报》1988年1月27日，第3版。

157. 郭晓飞：《浅议行政诉讼的范围》，载《法制日报》1988年11月28日，第3版。

158. 牟信勇：《应当合理确定法院对行政案件的主管权》，载《法制日报》1988年12月14日，第3版。

159. 应松年：《在哪些问题上可以告政府》，载《人民日报》1988年12月26日，第4版。

160. 胡康申：《试论人民法院受理行政案件范围》，载《中国法学》1989年第3期。

161. 黄杰、蔡小雪：《行政诉讼法知识讲座（七）行政诉讼受案范围》，载《人民司法》1989年第7期。

162. 黄杰、杨宝英：《行政诉讼法知识讲座（九）行政诉讼的起诉与受理》，载《人民司法》1989年第9期。

163. 张树义：《行政诉讼的标准和范围》，载《法制日报》1989年3月3日，第3版。

164. 胡建淼：《人民法院受理行政案件范围探析》，载《法制日报》1989年3月8日，第3版。

165. 张树义：《行政性法规接受司法审查析》，载《法制日报》1989年3月24日，第3版。

166. 张清：《法院受理行政案件的范围》，载《法制日报》1989年6月6日，第2版。

167. 张涛：《行政诉讼中的起诉和受理》，载《法制日报》1989年6月23日，第3版。

168. 岳力：《当前行政诉讼案件受理的几个问题》，载《法学杂志》1990年第2期。

169. 高宏贵：《论人民法院受理行政案件的条件》，载《华中师范大学学报》（哲学社会科学版）1990 年第 4 期。

170. 李永涵：《实例探讨行政诉讼起诉权》，载《法学评论》1990 年第 6 期。

171. 赵大光：《谈谈行政案件受理的原则》，载《人民司法》1990 年第 6 期。

172. 周一民、舟昆：《不服行政机关处理提起诉讼都是行政案件吗？》，载《法学》1990 年第 8 期。

173. 崔闽榕：《可诉性行政行为的构成要件》，载《人民司法》1990 年第 9 期。

174. 张宏发：《行政案件的受理应当服从于社会稳定》，载《法学》1990 年第 11 期。

175. 商商：《依法受理，并无例外》，载《法学》1990 年第 12 期。

六、当事人与管辖法院

176. 杨惠基：《试析治安行政案件的第三人》，载《法学》1987 年第 12 期。

177. 华玉刚：《正确认识两类行政案件的第三人及其特点》，载《政治与法律》1988 年第 3 期。

178. 皮纯协：《哪些人能参加行政诉讼》，载《人民日报》1988 年 12 月 20 日，第 4 版。

179. 林莉红：《论行政诉讼的当事人》，载《法学评论》1989 年第 3 期。

180. 黄杰、胡仕浩：《行政诉讼法知识讲座（四）——行政诉讼参加人》，载《人民司法》1989 年第 4 期。

181. 姚红：《行政诉讼第三人刍议》，载《中国法学》1989 年第 6 期。

182. 黄杰、蔡小雪：《行政诉讼法知识讲座（八）行政诉讼管辖》，载《人民司法》1989 年第 8 期。

183. 顾昂然：《行政诉讼的当事人》，载《法制日报》1989 年 5 月 29 日，第 3 版。

184. 顾昂然：《人民法院对行政案件的管辖》，载《法制日报》1989年6月28日，第3版。

185. 肖峋：《关于行政诉讼中的第三人》，载《法学杂志》1990年第1期。

186. 陆一平：《再论行政诉讼第三人》，载《人民司法》1990年第10期。

187. 张晋红：《论行政共同诉讼》，载《法律科学》1990年第1期。

188. 崔巍:《行政诉讼第三人的确立》,载《人民司法》1990年第3期。

189. 刘荣康:《行政诉讼中的第三人考察》,载《法学》1990年第5期。

七、检察与行政诉讼

190. 陈磊：《行政诉讼检察初探》，载《当代法学》1987年第1期。

191. 王桂五:《检察制度与行政诉讼》,载《中国法学》1987年第2期。

192. 王祺国：《行政公诉探讨》，载《政治与法律》1987年第3期。

193. 罗德银：《检察机关应当参与行政诉讼》，载《现代法学》1988年第4期。

194. 周国朝：《检察机关参与行政诉讼初探》，载《探索》1988年第5期。

195. 苗素英：《行政诉讼与检察监督》，载《法制日报》1989年2月1日，第3版。

196. 高建民：《检察机关实行民事行政诉讼监督的主要依据》，载《法制日报》1989年6月2日，第3版。

197. 应松年、江家喜、姜明安、朱维究：《检察机关参与行政诉讼的几个问题》，载《法制日报》1989年8月23日，第3版。

198. 方世荣：《检察机关发现行政案件的途径初探》，载《法律学习与研究》1990年第3期。

199. 周欣：《无人起诉的行政案件　检察院不宜越俎代庖》，载《法学杂志》1990年第4期。

八、复议前置

200. 高文英：《浅谈我国的行政复议制度》，载《中国法学》1987年第2期。

201. 夏博：《谈我国行政复议制度》，载《河北法学》1987年第6期。

202. 夏桂英：《谈谈行政复议的性质》，载《行政法学研究》1988年第2辑。

203. 应松年：《行政复议与行政诉讼》，载《法制日报》1988年5月9日，第3版。

204. 朱峰：《行政诉讼法应确立行政复议前置原则》，载《法制日报》1988年12月28日，第3版。

205. 顾昂然：《行政复议和行政诉讼》，载《法制日报》1989年5月1日，第3版。

206. 覃正东:《公民法人和其他组织与行政机关发生行政争议怎么办?提倡选择行政复议》，载《学习与研究》1990年第10期。

九、举证责任与证据

207. 顾夏强：《简析行政诉讼举证责任》，载《政治与法律》1988年第3期。

208. 福建省高级法院行政审判庭：《行政诉讼的举证责任管辖原则及工作方法》，载《人民司法》1988年第12期。

209. 阿江：《行政诉讼中举证责任的分配》，载《法制日报》1988年7月20日，第3版。

210. 郑淑娜：《论行政诉讼中的举证责任》，载《中国法学》1989年第5期。

211. 黄杰、胡仕浩:《行政诉讼法知识讲座（五） 行政诉讼的证据》，载《人民司法》1989年第5期。

212. 陈维新：《谈行政诉讼证据问题》，载《法制日报》1989年7月19日，第3版。

213. 周国朝：《略论行政诉讼中的举证责任》，载《浙江社会科学》

1990年第2期。

214. 李建明：《论行政诉讼中证明对象的范围》，载《法学研究》1990年第2期。

215. 黄双全：《民事诉讼和行政诉讼当事人举证责任的区别》，载《政治与法律》1990年第6期。

216. 周国弘：《我国行政诉讼中的证明责任》，载《法学杂志》1990年第6期。

十、法规规章的适用

217. 高帆、汪永清:《对抽象行政行为监督的几点思考》,载《光明日报》1989年1月24日，第3版。

218. 齐一飞、姜明安：《论人民法院审理行政案件的依据与司法审查权》，载《光明日报》1989年2月7日，第2版。

219. 甄鸣：《谈规章在行政审判中的地位和作用》，载《中国法学》1989年第5期。

220. 王玉明：《行政法规不应作为法院审理案件的依据》，载《法律学习与研究》1989年第5期。

221. 陈寒枫、高国政：《试论规章能否作为行政审判的依据》，载《法学杂志》1989年第6期。

222. 江必新:《试论人民法院审理行政案件如何参照行政规章》,载《中国法学》1989年第6期。

223. 崔向宁、张晓晨:《地方性规章在行政诉讼中的法律地位及适用》,载《中南政法学院学报》1990年第3期。

224. 陆一平：《行政审判中法律适用的几个问题》，载《人民司法》1990年第6期。

十一、审查标准

225. 岳志强：《人民法院审理行政案件应注意的几个问题》，载《中国法制报》1987 年 9 月 11 日，第 3 版。

226. 江必新：《论行政诉讼审理范围的模式选择》，载《法学评论》1988 年第 3 期。

227. 江必新：《论行政诉讼的事实审查》，载《西北政法学院学报》1988 年第 4 期。

228. 刘惠：《审理行政案件应注意的几个问题》，载《河北法学》1988 年第 4 期。

十二、判决方式

229. 于安：《行政诉讼中的司法变更权值得商榷》，载《法学》1987 年第 3 期。

230. 于安：《行政诉讼中的司法变更权异议》，载《中国法制报》1987 年 5 月 13 日，第 3 版。

231. 佟建鸣：《法院裁定撤销公安机关所作治安处罚裁决的案件——与刘穆梓同志商榷》，载《中国法制报》1987 年 6 月 12 日，第 3 版。

232. 徐瑞柏:《也谈行政诉讼中的司法变更权——兼与于安同志商榷》，载《中国法制报》1987 年 10 月 7 日，第 3 版。

233. 徐瑞柏:《对司法变更权及关联的几个问题探究》，载《法学杂志》1989 年第 4 期。

234. 江嘉禧：《行政审判中的司法变更权研究》，载《中国法学》1988 年第 6 期。

235. 江必新：《论行政诉讼中的司法变更权》，载《法学研究》1988 年第 6 期。

236. 江必新：《论行政诉讼中的肯定裁判》，载《法学杂志》1988 年第 6 期。

237. 严实：《行政诉讼中的司法变更权刍议》，载《人民司法》1988 年第 11 期。

238. 阿江:《从行政审判实践看司法变更权的必要性和可行性》，载《人民司法》1988 年第 12 期。

239. 阿江：《人民法院能否审查在法定范围和幅度以内的行政决定》，载《学习与辅导》1988年第12期。

240. 阿江：《司法变更权的可得性与必要性》，载《法制日报》1988年3月23日，第3版。

241. 于安：《行政诉讼的司法撤销权》，载《法制日报》1988年5月25日，第3版。

242. 余宏荣：《试论行政审判中的司法变更权》，载《法学杂志》1989年第2期。

243. 黄江：《司法变更权的依据、条件与范围》，载《人民司法》1989年第3期。

244. 黄杰、董占东：《行政诉讼法知识讲座（十一）行政诉讼的裁判》，载《人民司法》1989年第11期。

245. 徐纯科：《关于人民法院审理行政案件司法变更权问题的探讨》，载《吉林大学社会科学学报》1990年第1期。

十三、行政赔偿

246. 柯昌信：《如何审理附有民事赔偿内容的治安行政案件》，载《法学》1987年第9期。

247. 沈关生：《从几个案件看制定赔偿法的必要性》，载《中国法制报》1987年12月15日，第3版。

248. 王名扬：《法国行政赔偿制度的特点》，载《行政法学研究》1988年第1辑。

249. 河山：《行政机关侵权赔偿责任性质刍议》，载《中国法学》1989年第3期。

250. 张锋：《行政赔偿与行政诉讼》，载《法制日报》1989年1月30日，第3版。

251. 孙林：《试论行政损害赔偿责任的原则》，载《法制日报》1989年4月5日，第3版。

252. 顾昂然：《行政诉讼中的侵权赔偿责任》，载《法制日报》1989

年 7 月 8 日，第 3 版。

253. 王远明：《行政赔偿责任原则之我见》，载《法制日报》1989 年 8 月 23 日，第 3 版。

254. 张锋、王修经：《论行政赔偿》，载《法学杂志》1990 年第 1 期。

255. 周国弘：《论行政诉讼制度对企业的保护——对确立行政赔偿制度的建议》，载《法学评论》1990 年第 2 期。

256. 贺延增、张润斌：《人民法院处理行政赔偿案件的原则》，载《河北法学》1990 年第 5 期。

257. 蒋惠岭：《行政赔偿诉讼的几个问题》，载《人民司法》1990 年第 12 期。

十四、部门行政诉讼

258. 朱维究：《应当建立和健全人事行政诉讼制度》，载《中国政法大学学报》1984 年第 1 期。

259. 刘春和：《对治安处罚行政诉讼问题的浅见》，载《中国法学》1987 年第 2 期。

260. 常怡、徐洪：《略论治安行政诉讼》，载《法学杂志》1987 年第 2 期。

261. 甄炳：《谈治安行政案件的诉讼程序》，载《政法学刊》1987 年第 2 期。

262. 崔卓兰、郭文英：《论行政处罚及由其引起的诉讼》，载《法学杂志》1987 年第 3 期。

263.《人民司法》研究组：《如果公安机关裁决的治安行政案件被法院撤销，公安机关是否为败诉方和负担诉讼费》，载《人民司法》1987 年第 9 期。

264. 刘穆梓：《治安行政案件审判程序的几个问题》，载《中国法制报》1987 年 3 月 16 日，第 3 版。

265. 曹奇辰：《治安行政案件的治安处罚权与审判权》，载《中国法制报》1987 年 11 月 23 日，第 3 版。

266. 姚伟章：《关于治安行政诉讼的理论与实践问题》，载《公安大学学报》1988年第2期。

267. 唐国华：《论治安行政诉讼》，载《杭州大学学报》（哲学社会科学版）1988年第3期。

268. 杨纲：《试论食品卫生行政案件诉讼前的复议》，载《中国公共卫生》（管理版）1988年第3期。

269. 杨肇生、郑重：《治安行政诉讼若干问题探讨》，载《法学》1988年第3期。

270. 柯昌信：《谈谈审理殴打他人的治安行政案件的几个问题》，载《中南政法学院学报》1988年第4期。

271. 朱兴有、张容、同飞龙：《治安行政诉讼几个新问题探讨》，载《公安大学学报》1988年第4期。

272. 马进保：《论治安行政诉讼中的公安机关》，载《公安大学学报》1988年第6期。

273. 高文英：《试论治安行政诉讼的基本原则》，载《法律学习与研究》1988年第6期。

274. 刘好：《确立劳教行政诉讼的几点意见》，载《法制日报》1988年5月11日，第3版。

275. 华玉刚、徐纯科：《试论当事人不服土地、森林权属争议的行政处理决定的诉讼性质》，载《政治与法律》1989年第1期。

276. 唐永泉、姜达明：《正确执行〈治安管理处罚条例〉与减少治安行政诉讼的效应》，载《公安大学学报》1989年第2期。

277. 胡文杰：《物价部门的新课题——谈学习和贯彻〈中华人民共和国行政诉讼法〉》，载《中国物价》1989年第5期。

278. 张新茂：《行政复议程序在价格违法案件审理中的作用》，载《法制日报》1989年9月18日，第3版。

279. 唐永泉、姜达明：《〈行政诉讼法〉中的劳教和收容审查》，载《法学杂志》1990年第1期。

280. 白河：《略论劳教行政诉讼》，载《法学杂志》1990年第6期。

281. 赵庆龙、陶积根：《依法行使行政职权 减少治安行政诉讼》，载《人民司法》1990年第6期。

十五、行政诉讼的程序

282. 王祺国、卓泽渊:《我国行政审判程序特殊性初探》,载《政法学刊》1987 年第 2 期。

283. 岳力:《对审理行政案件有关程序问题的探讨》,载《法学与实践》1987 年第 4 期。

284. 郭纪胜:《关于行政处分的申请强制执行问题》,载《中国法制报》1987 年 1 月 5 日,第 3 版。

285. 胡建淼:《略论行政强制执行》,载《行政法学研究》1988 年第 1 辑。

286. 朱兴有:《试论人民法院中止行政裁决执行的决定权》,载《现代法学》1988 年第 2 期。

287. 曹焕忠:《关于行政诉讼程序的几个问题》,载《河北学刊》1988 年第 3 期。

288. 冯尔泰、钱富兴:《对行政诉讼和行政执行的探讨》,载《法学》1988 年第 5 期。

289. 黄杰、胡仕浩:《行政诉讼知识讲座(六)行政诉讼强制措施》,载《人民司法》1989 年第 6 期。

290. 黄杰、段小京:《行政诉讼法知识讲座(十二)行政案件的执行》,载《人民司法》1989 年第 12 期。

291. 徐平:《论我国行政撤诉制度》,载《法学杂志》1990 年第 4 期。

292. 姜世元、张晓明:《行政诉讼中的撤诉》,载《人民司法》1990 年第 5 期。

293. 胡月林、余启球:《行政诉讼的撤诉分析》,载《法学》1990 年第 8 期。

十六、比较行政诉讼法

294. 乃宽:《外国行政法和行政诉讼制度简介》,载《现代法学》1981 年第 1 期。

295. 万昆:《日本的行政争讼制度》,载《政治与法律》1984 年第 2 期。
296. 刘曙光:《美国的行政法官制度》,载《国外法学》1984 年第 6 期。
297.［荷］威廉·B. 西蒙斯:《波兰最高行政法院法》,孙晓民译,载《国外法学》1984 年第 6 期。
298. 傅东辉:《试论拿破仑时代的参政院》,载《法国研究》1985 年第 1 期。
299.［墨］阿尔多罗·贡萨勒斯·哥西奥:《论墨西哥行政诉讼法》,兰鸿春译,载《法学译丛》1985 年第 5 期。
300.［保］K. 拉扎罗夫:《保加利亚行政诉讼立法的发展》,徐晓晴译,《国外法学》1986 年第 6 期。
301. 严理:《法国行政法院的组织与工作》,载《人民司法》1986 年第 7 期。
302. 张卫平:《日本的行政诉讼制度》,载《法学杂志》1987 年第 1 期。
303. 王建平:《联邦德国的行政诉讼》,载《人民司法》1987 年第 1 期。
304. 邱生:《日本“行政救济”法制问题浅谈》,载《日本研究》1987 年 1 ~ 2 期。
305. 徐晓晴:《略谈匈牙利行政诉讼的司法程序》,载《现代法学》1987 年第 3 期。
306.［保］茨·茨韦塔诺夫:《保加利亚的行政诉讼》,徐晓晴译,载《法学译丛》1987 年第 4 期。
307. 任高潮、周伟:《各国行政诉讼制度之比较》,载《中国法学》1987 年第 4 期。
308. 孟生:《中法两国行政责任制度比较研究》,载《比较法研究》1987 年第 4 期。
309. 单明伟:《法国行政法案例选译》,载《行政法学研究》1988 年第 1 辑。
310. 刘兆兴:《联邦德国的行政诉讼法及行政诉讼制度》,载《法学研究》1988 年第 1 期。
311. 单明伟:《试析布朗戈案例对法国行政法的影响》,载《行政法学研究》1988 年第 2 辑。

312. 小早川光郡：《行政争讼的课题》，吕锡伟译，载《行政法学研究》1988 年第 2 辑。

313.《法国最高行政法院判例十则》，单明伟译，载《行政法学研究》1988 年第 2 辑。

314.《英国王权诉讼法（1947 年）》，于安、岳世庆译，周忠海校，载《行政法学研究》1988 年第 2 辑。

315.《南朝鲜行政监督规则》，吴涌植译，载《行政法学研究》1988 年第 2 辑。

316. 柳砚涛：《美国的行政诉讼制度》，载《国外法学》1988 年第 3 期。

317. 陈国尧：《西方国家行政诉讼制度建立的历史背景》，载《法学杂志》1988 年第 3 期。

318.［波兰］马雷克·维尔茨波思克：《当事人在行政诉讼中的地位》，林全松译，载《环球法律评论》1988 年第 3 期。

319.［美］S.G. 布鲁耶、R.B. 斯图尔特：《美国行政诉讼若干问题》，姜明安编译，载《国外法学》1988 年第 4 期。

320. 袁岳：《诉权现代化与诉讼民主化——历史与现状的比较研究》，载《比较法研究》1988 年第 4 期。

321. 张万琨：《日本的行政对话制度——行政对话与行政争讼制度的比较》，载《法学研究》1988 年第 4 期。

322. 王勇亮：《法国国家行政法院的工作程序》，载《国外法学》1988 年第 6 期。

323. 江必新：《外国设立行政诉讼的比较研究》，载熊先觉、方昕主编：《行政诉讼参考资料荟编》，中国政法大学出版社 1988 年版。

324. 王名扬：《法国的行政诉讼》，载熊先觉、方昕主编：《行政诉讼参考资料荟编》，中国政法大学出版社 1988 年版。

325.［法］莫里斯·拉朗热：《法国行政法院》，张鑫节译、唐律校，载熊先觉、方昕主编：《行政诉讼参考资料荟编》，中国政法大学出版社 1988 年版。

326. 徐鹤林编译：《法国行政法院的管辖权》，载熊先觉、方昕主编：《行政诉讼参考资料荟编》，中国政法大学出版社 1988 年版。

327.［德］于尔提·萨尔茨韦德：《联邦德国行政诉讼判决前阶段的诉讼原则》，宋海军摘译，载熊先觉、方昕主编：《行政诉讼参考资料荟编》，中国政法大学出版社1988年版。

328.［苏］B.A.洛里亚：《苏联的行政诉讼》，姜明安译，载熊先觉、方昕主编：《行政诉讼参考资料荟编》，中国政法大学出版社1988年版。

329.［苏］B.и.列门涅夫：《苏联公民的控告权与行政司法》，笑雨译，载熊先觉、方昕主编：《行政诉讼参考资料荟编》，中国政法大学出版社1988年版。

330.［苏］A.и.库德里亚沙瓦：《向法院控告公职人员行为的控告人的法律地位》，姜明安译，载熊先觉、方昕主编：《行政诉讼参考资料荟编》，中国政法大学出版社1988年版。

331.赵学清、徐晓晴：《南斯拉夫行政诉讼制度简介》，载熊先觉、方昕主编：《行政诉讼参考资料荟编》，中国政法大学出版社1988年版。

332.［英］科林·T.瑞德：《波兰的行政诉讼程序》，周汉华译，载《环球法律评论》1989年第1期。

333.蔡小雪：《国外司法变更权的规定浅介》，载《人民司法》1989年第1期。

334.于安：《德国行政诉讼的历史演变》，载《现代法学》1989年第3期。

335.［南］克里沃卡皮奇：《南斯拉夫对行政的司法监督》，李亚南译，载《环球法律评论》1989年第4期。

336.王勇亮：《法国近期行政诉讼法的重大改革》，载《法学杂志》1989年第4期。

337.马原、黄杰、孙海华：《20余国行政诉讼程序简介——赴芬兰参加第三届国际最高行政法院会议专题报告》，载《人民司法》1989年第11期。

338.马原、黄杰、孙海华：《20余国行政诉讼程序简介（续）——赴芬兰参加第三届国际最高行政法院会议专题报告》，载《人民司法》1989年第12期。

339.陈亚平：《法国正式开始实施〈行政诉讼改革法〉 设上诉行政法院 改革行政诉讼法制度 确定三审终审原则》，载《法制日报》1989年1月13日，第4版。

340. 张凌：《日本行政诉讼法中的抗告诉讼》，载《法制日报》1989年6月24日，第4版。

341.［日］富家藤四郎：《日本行政法中的救济手段》，周游斌、陈亚平译，载《环球法律评论》1990年第2期。

十七、其他

342. 袁岳、谭宗泽：《司法体制改革中的一项探索性实践——对重庆市推行行政诉讼制度的调查》，载《法学季刊》1987年第3期。

343. 沈开举、范宝成：《论信访在行政诉讼中的地位》，载《法学杂志》1987年第4期。

344. 沈开举、范宝成：《信访在行政诉讼中的作用》，载《政治与法律》1987年第4期。

345. 杨玉清：《关于解放前"国统区"的"行政诉讼"》，载《法学杂志》1987年第6期。

346. 王振光：《浅谈行政案件类型的划分》，载《福建论坛》（经济社会版）1987年第10期。

347. 于安：《行政法典化浅说》，载《中国法制报》1987年3月18日，第3版。

348. 华玲：《律师在行政诉讼中的地位和作用》，载《中国法制报》1987年10月5日，第3版。

349. 朱维究：《行政诉讼名词解释》，载《行政法学研究》1988年第1辑。

350. 于安、宋炉安：《浅议行政机关拒绝参加行政诉讼》，载《法学杂志》1988年第3期。

351. 江萍：《来自行政审判庭的报告》，载《人民司法》1988年第7期。

352. 应松年：《从一份行政裁定书想起的》，载《法制日报》1989年7月31日，第3版。

353. 熊先觉：《行政诉讼与观念更新》，载《法制日报》1988年10月17日，第3版。

354. 春江：《法院对行政案件的监督不能有名无实——一起行政诉讼案件引起的思考》，载《法制日报》1988年10月24日，第3版。

355. 肖风城、胡建淼：《违法行政的危害及防治》，载《法制日报》1988年11月21日，第3版。

356. 晓雪：《被诉行政机关能否撤销或变更原决定》，载《法制日报》1988年11月21日，第3版。

357. 朱维究：《行政机关也要执行法院判决》，载《人民日报》1988年12月23日，第4版。

358. 皮纯协、刘永志：《略论行政审判权的构成》，载《法律学习与研究》1989年第1期。

359. 朱维究：《行政诉讼判决必须依法执行》，载《法学杂志》1989年第2期。

360. 马怀德：《论行政决定》，载《法学杂志》1989年第2期。

361. 张柔桑：《我国军队内部暂不宜实行行政诉讼制度》，载《法学杂志》1989年第5期。

362. 江必新：《行政决定在行政诉讼中的效力》，载《法律学习与研究》1989年第5期。

363. 张尚鷟：《律师与行政诉讼法》，载《律师与法制》1989年第5期。

364. 吴英慧：《浅议自由裁量权》，载《法制日报》1989年1月9日，第3版。

365. 姚宣东：《一审行政案件不宜书面审理》，载《法制日报》1989年2月21日，第3版。

366. 于安：《试论行政诉讼的审判政策》，载《法制日报》1989年4月14日，第3版。

367. 李淳：《约束政府权力，防止行政权力膨胀泛滥》，载《法制日报》1989年4月28日，第3版。

368. 索媛：《行政诉讼法及其适用范围》，载《法制日报》1989年5月5日，第3版。

369. 于安：《论行政诉讼法的辐射效果》，载《法制日报》1989年6月21日，第3版。

370. 王星星：《行政案件的判决、裁定及其执行》，载《法制日报》1989年7月14日，第3版。

371. 王瑛：《行政诉讼的法定代理与委托代理》，载《法制日报》1989年9月22日，第3版。

372. 张凌：《行政机关在行政诉讼中的权利和义务》，载《法制日报》1989年9月29日，第3版。

373. 张玉录：《试析行政诉讼法对行政权的保障》，载《法学》1990年第10期。

374. 张建平：《从“县长不出庭”说开去》，载《政治与法律》1990年第2期。

375. 袁光祖：《律师代理行政诉讼几个问题的探讨》，载《中南政法学院学报》1990年第3期。

376. 李钢：《析裁定不予受理案件的审理》，载《中南政法学院学报》1990年第3期。

377. 郭修江：《行政诉讼中民事法律规范的适用》，载《法学杂志》1990年第3期。

378. 袁曙宏、沙奇志：《自由裁量与司法审查合理空间的界定》，载《中南政法学院学报》1990年第3期。

379. 章剑生：《论不适当的具体行政行为》，载《法律科学》1990年第3期。

380. 罗玉珍、方世荣：《行政诉讼制度与社会稳定》，载《中南政法学院学报》1990年第4期。

381. 王金彪：《论国家行政责任立法》，载《中国法学》1990年第4期。

382. 华玉刚：《一种特殊类型的诉讼案件》，载《政法论坛》1990年第4期。

383. 彭恩刚：《行政机关如何贯彻实施行政诉讼法》，载《中国法学》1990年第5期。

384. 黄杰：《审判机关为贯彻实施行政诉讼法而努力》，载《中国法学》1990年第5期。

385. 胡俊：《行政诉讼分类初探》，载《河北法学》1990年第5期。

386. 胡园：《律师怎样接受行政诉讼代理委托》，载《现代法学》1990年第6期。

387. 董皞：《浅谈行政诉讼中诉讼代理权的限制》，载《人民司法》1990年第7期。

第二部分　著作

1. [美] 伯纳德·施瓦茨：《行政法》，徐炳译，群众出版社1986年版。

2. 王名扬：《英国行政法》，中国政法大学出版社1987年版。

3. [日] 南博方：《日本行政法》，杨建顺、周作彩译，中国人民大学出版社1988年版。

4. 王名扬：《法国行政法》，中国政法大学出版社1989年版。

5. 董璠舆主编：《外国行政诉讼教程》，中国政法大学1988年版。

6. 熊先觉主编：《中国行政诉讼教程》，中国政法大学出版社1988年版。

7. 熊先觉、方昕主编：《行政诉讼参考资料荟编》，中国政法大学出版社1988年版。

8. 熊先觉、方昕主编：《行政诉讼常用法规总览》，中国政法大学出版社1988年版。

9. 应松年主编：《行政诉讼知识手册》，中国政法大学出版社1988年版。

10. 朱维究主编：《行政诉讼法原理》，中国政法大学出版社1988年版。

11. 王连昌主编：《当代中国行政法》，重庆出版社1988年版。

12. 肖峋、郑淑娜、王胜明：《行政诉讼法律常识》，新华出版社1988年版。

13. 王礼明、张焕光、胡建淼：《行政官司漫谈》，人民日报出版社1988年版。

14. 本教材编委会审定：《行政诉讼实用法规总览》，中国政法大学出版社1988年版。

15. 于晓光主编：《行政法及行政诉讼法律法规及疑难名词解释》，吉林大学社会科学学报编辑部1988年版。

16. 夏博编著：《行政程序与行政诉讼》，河北人民出版社 1988 年版。

17. 最高人民法院研究室编：《行政审判手册》，人民法院出版社 1987 年版。

18. 最高人民法院行政审判庭、研究室编：《行政审判手册》（第二辑），人民法院出版社 1989 年版。

19. 最高人民法院行政审判庭编：《行政审判手册》（第三辑），人民法院出版社 1989 年版。

20. 应松年编著：《行政诉讼基本知识》，山西人民出版社 1989 年版。

21. 龚祥瑞主编：《行政法与行政诉讼法》，法律出版社 1989 年版。

22. 皮纯协、胡建淼主编：《中外行政诉讼词典》，东方出版社 1989 年版。

23. 应松年、胡建淼主编：《中外行政诉讼案例选评》，中国政法大学出版社 1989 年版。

24. 张焕光、叶必丰：《行政诉讼及典型案例探析》，劳动人事出版社 1989 年版。

25. 柴发邦主编：《当代行政诉讼基本问题》，中国人民公安大学出版社 1989 年版。

26. 江必新：《行政诉讼问题研究》，中国人民公安大学出版社 1989 年版。

27. 于安主编：《行政诉讼法通论》，重庆出版社 1989 年版。

28. 李宗兴主编：《行政诉讼基本知识》，上海社会科学院出版社 1989 年版。

29. 应松年、朱维究主编：《行政法与行政诉讼法教程》，中国政法大学出版社 1989 年版。

30. 朱维究、许剑秋、马怀德、陈亚平：《中华人民共和国行政诉讼法讲话——如何与政府打行政“官司”》，中国政法大学出版社 1989 年版。

31. 最高人民法院《行政诉讼法》培训班：《行政诉讼法专题讲座》，人民法院出版社 1989 年版。

32. 黄杰主编：《行政诉讼法讲座》，中国人民公安大学出版社 1989 年版。

33. 黄杰主编：《行政诉讼法释论》，中国人民公安大学出版社 1989 年版。

34. 金俊银编著：《行政诉讼法实用问答》，中国经济出版社 1989 年版。

35. 胡康生主编：《行政诉讼法释义》，北京师范学院出版社 1989 年版。

36. 河山、肖水：《行政诉讼法概要》，人民出版社 1989 年版。

37. 肖峋、江流主编：《行政诉讼法百题问答》，求实出版社 1989 年版。

38. 黄曙海主编：《行政诉讼法 100 问》，法律出版社 1989 年版。

39. 刘新主编：《中华人民共和国行政诉讼法咨询手册》，山西人民出版社 1989 年版。

40.《行政诉讼法讲话》编写组编:《中华人民共和国行政诉讼法讲话》，中国财政经济出版社 1989 年版。

41. 王成乐主编：《行政诉讼实务》，安徽人民出版社 1989 年版。

42. 梁书文主编：《行政诉讼法知识问答》，山东人民出版社 1989 年版。

43. 唐俊杰、尹良培主编：《行政诉讼参考资料》，辽宁人民出版社 1989 年版。

44. 唐俊杰、尹良培主编：《行政诉讼法基本知识》，辽宁人民出版社 1989 年版。

45. 屈野主编：《行政诉讼法概论》，云南人民出版社 1989 年版。

46. 曾宪章主编：《行政诉讼指南》，四川人民出版社 1989 年版。

47. 白有忠等：《行政诉讼法知识问答》，新华出版社 1989 年版。

48. 雷铣等编：《实用行政诉讼指南》，山西人民出版社 1989 年版。

49. 王殿全、何宝藏编：《〈中华人民共和国行政诉讼法〉讲义》，广东人民出版社 1989 年版。

50. 威坤等编著：《行政诉讼法条文释义》，学苑出版社 1989 年版。

51. 谭兵主编：《行政诉讼导论》，重庆大学出版社 1989 年版。

52. 江西省普法领导小组办公室编：《〈中华人民共和国行政诉讼法〉辅导讲话》，江西人民出版社 1989 年版。

53. 朱兴有等编著：《行政诉讼法学》，中国人民公安大学出版社 1989 年版。

54. 丁乐超主编：《行政诉讼法教程》，山东大学出版社 1989 年版。

55. 丁乐超主编：《中华人民共和国行政诉讼法条文释义》，山东大学出版社 1989 年版。

56. 张挥主编：《行政法与行政诉讼法概论》，黑龙江教育出版社 1989 年版。

57. 国家物价局物价监督检查司编：《价格行政诉讼案例选编》，中国物价出版社 1989 年版。

58. 李超白主编：《行政机关参加行政诉讼指要》，武汉测绘科技大学出版社 1989 年版。

59. 董占东等编著：《行政诉讼法律问答》，学苑出版社 1989 年版。

60. 董占东编著:《如何与行政机关打官司》,机械工业出版社 1989 年版。

61. 泰然等编著：《行政诉讼法知识手册》，北京日报出版社 1989 年版。

62. 吴高盛等：《行政诉讼法讲话》，机械工业出版社 1989 年版。

63. 于炜主编：《行政诉讼法实用问答》，光明日报出版社 1989 年版。

64.《〈行政诉讼法〉通释》编写组编：《〈行政诉讼法〉通释》，大地出版社 1989 年版。

65. 吴英慧、史晓捷、沈开举、王青方：《中国行政诉讼法通论》，中国政法大学出版社 1989 年。

第三部分　宣传报道

1. 于松波、方成志：《面临新任务　一些法院积极筹建行政审判庭》，载《人民司法》1986 年第 12 期。

2.《建议制定行政法和行政诉讼法——著名法学家陶希晋答本报记者问》，载《人民日报》1986 年 8 月 11 日，第 4 版。

3. 王复初：《沈宗汉就行政案件诉讼答本刊记者问　不服国家行政管理机关的处理决定：当事人可依法向人民法院提起诉讼》，载《文汇报》1987 年 1 月 13 日，第 3 版。

4. 毛磊:《完善民主法制建设又一措施　我国行政审判工作业已起步》，载《人民日报》1987 年 2 月 10 日，第 4 版。

5. 应松年:《民能告官吗？——谈尽快制定我国的行政诉讼法》,载《民主与法制》1987 年第 11 期。

6. 王礼明：《老百姓可以跟行政机关打官司了！》，载《人民日报》1987 年 12 月 25 日，第 4 版。

7. 邢力：《行政立法研究组写出“行政诉讼法（试拟稿）”》，载《法学》1988年第1期。

8.《法制日报》评论员：《行政管理必须走上法制化道路——关于社会主义初级阶段的民主法制建设思考之二》，载《法制日报》1988年1月6日，第1版。

9. 于新年：《我国行政审判已有良好开端　半数法院建立或筹建行政审判庭　最高法院正协助起草行政诉讼法》，载《法制日报》1988年7月20日，第1版。

10. 阎军：《全国人大常委会法工委召开座谈会　讨论行政诉讼法征求意见稿》，载《法制日报》1988年8月6日，第1版。

11. 张宿堂：《行政诉讼法正在加紧制定　全国人大常委会法工委邀请首都各界人士座谈讨论》，载《人民日报》1988年8月12日，第4版。

12.《尽快建立我国完整的行政诉讼制度——全国人大常委会法制工作委员会邀请有关人士对行政诉讼法征求意见稿进行座谈》，载《法制日报》1988年8月30日，第2版。

13. 王乾荣：《告政府实为文明之举》，载《法制日报》1988年9月3日，第1版。

14.《河北法制报》：《市长走上被告席》，载《人民日报》1988年9月5日，第4版。

15. 石公：《最高法院行政庭今天正式开展工作》，载《法制日报》1988年9月5日，第1版。

16. 王礼明：《行政法学研究会年会上有学者提出　法律宜粗不宜细不合时宜》，载《人民日报》1988年9月5日，第4版。

17. 江宝章：《民主和法制建设的重要发展　高法行政审判庭正式建立》，载《人民日报》1988年9月7日，第4版。

18. 新华社：《制订行政诉讼法是法制建设一件大事　王汉斌向人大常委会作行政诉讼法草案说明》，载《人民日报》1988年11月3日，第4版。

19. 新华社：《人大常委委员讨论行政诉讼法草案　同意全文公布广泛征求人民意见》，载《人民日报》1988年11月6日，第4版。

20. 新华社：《重大事情让人民知道　重大问题经人民讨论　公布行

政诉讼法（草案）广泛征求意见　全国人大常委会办公厅就此发出通知》，载《法制日报》 1988 年 11 月 10 日，第 1 版。

21. 周长新：《全国人大法委等连日召开座谈会　听取对行政诉讼法草案意见》，载《人民日报》1988 年 11 月 19 日，第 4 版。

22. 常少扬：《公民，这正是你的事！——写给一位不知其名的读者朋友》，载《法制日报》1988 年 12 月 15 日，第 1 版。

23. 新华社：《全国行政诉讼法草案座谈会闭会　全国人大常委会副委员长彭冲、王汉斌出席会议并讲话》，载《法制日报》1988 年 12 月 20 日，第 1 版。

24. 刘敬怀、何平、阎军：《王汉斌谈〈行政诉讼法〉》，载《瞭望周刊》1988 年第 49 期。

25. 周长新：《行政诉讼法草案讨论会有人主张　行政诉讼应着眼于保障公民诉讼权》，载《人民日报》1989 年 1 月 22 日，第 4 版。

26. 司长新：《我国行政诉讼制度在艰难中起步》，载《法制日报》1989 年 1 月 28 日，第 1 版。

27. 郑文：《对行政诉讼法草案几个问题的见解——录自全国人大有关部门召集的座谈会》，载《法制日报》1989 年 2 月 3 日，第 2 版。

28. 王礼明：《激烈争论可以产生好法律——讨论行政诉讼法草案述评》，载《人民日报》1989 年 2 月 13 日，第 4 版。

29. 俞梅荪、孙林：《行政诉讼法草案修改意见综述》，载《法制日报》1989 年 3 月 15 日，第 3 版。

30. 阎军：《改革使行政诉讼制度在中国建立成为可能——行政诉讼法草案起草前后采访札记》，载《法制日报》1989 年 3 月 28 日，第 1 版。

31. 潘岗：《法律关注着民告“官”——江平教授谈行政诉讼法》，载《人民日报》 1989 年 3 月 28 日，第 3 版。

32. 新华社：《在七届全国人大二次会议第三次大会上　王汉斌作行政诉讼法草案说明》，载《人民日报》1989 年 3 月 29 日，第 2 版。

33. 晓渡：《行政诉讼法诞生前的阵痛——对行政诉讼法起草过程中争论的追记》，载《人民日报》1989 年 3 月 30 日，第 3 版。

34. 李群：《民告官：蹒跚走来》，载《法制日报》1989 年 3 月 31 日，第1版。

35. 焦庆乐、夏冰：《民告官　胜负未见分晓——记台安县一起宅基纠纷案》，载《法制日报》1989年5月27日，第3版。

36. 梁国栋、王冠军：《做好行政诉讼法实施准备　吉林省府设立复议应诉处》，载《法制日报》1989年11月17日，第1版。

37. 肖家保、石朝旭：《最高人民法院行政审判庭庭长黄杰——谈〈行政诉讼法〉》，载《瞭望周刊》1989年第19期。

38. 新华社：《〈中华人民共和国行政诉讼法〉将于10月1日施行 国务院通知要求做好各方面准备工作》，载《人民日报》1990年1月16日，第2版。

39. 孙本尧：《姚依林在国务院电话会议上强调　高度重视行政诉讼法实施工作　政府工作有法可依才能保证基本政策的连续性稳定性》，载《人民日报》1990年9月2日，第1版。

40. 秦凤桐：《依法进行行政管理　保证规章合法可行　各地政府清理自立规章万余件》，载《人民日报》1990年9月12日，第4版。

41. 孙春英、张宿堂、毛磊：《更新与考验——行政审判探索与实践》，载《人民日报》1990年10月30日，第3版。

42. 孙春英、张宿堂、毛磊：《良好的开端——行政审判探索与实践》，载《人民日报》1990年11月3日，第3版。

43. 江建雄：《明天，谁当被告？》，载《南风窗》1990年第9期。

44. 王志勇：《“民告官”的提法质疑》，载《新闻记者》1990年第12期。

45. 葛象贤：《迎接行政诉讼法的正式施行——国务院法制局局长孙琬钟答本刊记者问》，载《瞭望周刊》1990年第39期。

46. 黄曙海：《积极做好行政诉讼法的实施工作》，载《光明日报》1991年3月10日。

47. 毛磊：《支持依法行政　维护合法权益　各地律师积极代理行政诉讼》，载《人民日报》1991年10月27日，第3版。

48. 金秋：《“民告官”365日，谁赢了？》，载《南风窗》1991年第10期。

49. 高轩行：《行政诉讼法实施一年 本市“民告官”喜忧参半》，载《上海人大月刊》1991 年第 11 期。

50. 吴法：《被告当庭抓原告 百姓怎敢再“告官”》，载《人民日报》1992 年 9 月 8 日，第 5 版。

51. 新华社：《实施行政诉讼法取得初步成效　顾明报告人大法委会检查该法执行情况》，载《人民日报》1992 年 12 月 26 日，第 4 版。

52. 韩雪：《行政法治，刚刚开端——访全国人大法工委民法室原副主任肖峋》，载《中国改革》2008 年第 9 期。

下　编

访谈集录

风云激荡，行政诉讼30年
——应松年教授访谈

应松年，1936年生，浙江宁波人。1956年入华东政法学院读书，毕业后被分配到新疆伊犁州工作；1981年起，执教于西北政法学院；1983年起，执教于中国政法大学，先后担任行政法硕士生导师组副组长、组长、博士生导师、中国法制研究所所长；1995年，调入国家行政学院，担任法学教研部主任；2009年，受聘为中国政法大学终身教授。从中国法学会行政法学研究会成立伊始，先后担任副会长兼秘书长、会长、名誉会长职务。全国人大法工委行政立法研究组负责人，第九届和第十届全国人大代表、全国人大内务司法委员会委员。长期从事并积极推进行政立法研究，先后参与《行政诉讼法》《国家赔偿法》《行政处罚法》《立法法》《行政许可法》《行政强制法》等法律的研究起草工作，参与众多法律、法规草案的咨询论证。著有《行政法学总论》（1985）、《应松年文集》（2006、2016）、《与法同行：应松年口述》（2015），主编有《行政行为法》（1993）、《行政程序法立法研究》（2001）、《当代中国行政法》（2005、2018）等。

年近半百才起步

何海波(以下简称“何”)：应老师好，曾经多次听您讲起《行政诉讼法》的问题。这次想请您系统地回忆和评述一下《行政诉讼法》的制定和实施的情况，给后学者留下一些资料。

参与《行政诉讼法》起草前，您曾经辗转过好几个地方。这段经历对您后来参与立法有什么影响?

应松年（以下简称“应”）：我考大学时报的志愿是中文系，后被分配到华东政法学院学法律。毕业后去了新疆，待了20年。“文化大革命”后，停办多年的政法院校复办，我意外地回归专业，到西北政法学院任教。本来我希望教法律史，但学校安排我讲行政法。后来，赶上中国政法大学成立，我很快又从西北政法学院到了中国政法大学。当年我47岁，大概是你现在这个年纪。

世事多偶然，也会有各种各样的机遇。加入行政法学研究后，我赶上了司法部统编教材《行政法概要》的编写，这是我的第一个机遇。1985年，中国法学会成立了行政法学研究会，我担任副会长兼秘书长。这大概可以算我的第二个机遇。接着，全国人大法工委成立了一个行政立法研究组，为重大行政立法提供“毛坯”。我被指定为研究组的副组长，这是又一个人生机遇。

我的这些经历，让我对“文化大革命”深恶痛绝，对“批人、斗人”、对“假、大、空”这一套深恶痛绝。我和最底层的老百姓生活在一起，和老百姓的感情融为一体，使我以后在法学研究和法治实践中完全把老百姓的利益放在第一位。我深感老百姓在政府面前就像鸡蛋碰石头，所以，对政府可能滥用权力这一点也比较警惕，在立法过程中尽可能地为老百姓说话。我们搞行政法，根本目的就在于维护和促进人民的权益。当然，我们那个时代的大多数学者没有读过研、留过学，都是边干边学、边教边学，一路摸索着前进的。所以，不断学习、与时俱进很重要。

行政立法研究组

何：在《行政诉讼法》的制定过程中，行政立法研究组扮演了一个重要角色。您能说一下研究组的情况吗?

应: 行政立法研究组是陶希晋同志提议的。陶老担任过新中国第一任法制局的局长，当时是全国人大法律委员会的顾问。1986 年，民法通则制定后，陶老提出新中国应该有自己的“新六法”的观点，说我们现在民法、民事诉讼法、刑法、刑事诉讼法四个法都有了，只缺行政法和行政诉讼法，应该着手行政立法工作。全国人大常委会秘书长兼法工委主任王汉斌表示同意，并提出要成立一个行政立法研究组，由专家学者、全国人大法工委和实际部门的人员参加，并请陶老直接负责。陶老接受这一任务后，于1986 年召集实务部门和一些高校教师共十余人开了一个会，发了一份简报，行政立法研究组就成立了。陶老请江平任组长，罗豪才和我为副组长。他们二位都非常忙，我多承担了一些实际工作。

参加行政立法研究组的，实务部门有肖峋、高帆、费宗祎、张耀宗等，理论界的有张焕光、王向明、皮纯协、方彦、朱维究、姜明安等。行政立法研究组还聘请了顾问。顾问中，除了陶希晋，还有龚祥瑞、张尚鷟、段志谦、严家其、齐一飞、陈汉章和王名扬等。研究组下设秘书组与资料组，分别由张树义、王逸云负责，后来，杨惠基、肖凤城（后为中央军委法制局大校）参加了秘书工作。我把学校的硕士生也召集起来一起干。

研究组存在的时间比较长，参加研究组工作的人员有一些变化。由于工作变动或身体原因，一部分同志退出了，而一些新人陆续加入进来。全国人大法工委的前后几位领导，包括胡康生、乔晓阳、张春生、高志新等，以及国务院法制办的汪永清、最高人民法院的江必新，北京市政府法制办的周继东、张引等，参与了研究组的工作。在理论界，北京大学的湛中乐、陈端洪，中国人民大学的杨建顺、莫于川等，中国社会科学院的冯军等，清华大学的于安，中国政法大学的马怀德、刘莘等都参加了研究组的具体工作，实际上也是研究组的成员。

刚开始的时候，陶老希望研究组先制定《行政法通则（大纲）》。写了几稿都不行，搞不下去。正在此时，《民事诉讼法（试行）》要修改了。1982 年制定的《民事诉讼法（试行）》第 3 条第 2 款规定：法律规定由人民法院审理的行政案件，适用本法规定。这为行政诉讼制度的建立开了一个窗口，行政诉讼在实践中发展起来。1986 年《民事诉讼法（试行）》准备修改。修改时，其中的行政诉讼是单独制定一部法律，还是修改成民事诉讼法的一章？我们把这个问题提出来，专门讨论过。当时全国人大法工委的领导顾昂然说："你们先搞吧。到底是作为单独的行政诉讼法还是作为民事诉讼法的一章，以后再看。"结果，行政诉讼法两年以后就出来了，而《民事诉讼法》的修改尚未完成。

为什么《行政诉讼法》这么快就能够出来？这个现象说明什么？对中国来说，"民告官"不但是诉讼制度，更是民主制度。行政诉讼法的制定，是中国20世纪80年代政治体制改革的一部分。当时政治体制改革正在热潮中，民主法制呼声很高。党的十三大报告都专门提到制定行政诉讼法。借着这个东风，它就迅速颁行了。

搞完《行政诉讼法》后，这个立法研究组还研究起草了《国家赔偿法》《行政处罚法》《立法法》《行政许可法》《行政强制法》等多部法律。福特基金会和中德技术合作公司先后给我们很多资助，我们用这笔钱去各国考察、开会、邀请外国专家。起草行政程序法的时候，我还用研究组的名义召集会议。全国人大法工委的张春生副主任快退休的时候，我把试拟好的稿子给了他。后来，从《湖南省行政程序规定》开始，我们又帮助一些地方搞了行政程序立法。

立法宗旨

何：1989年《行政诉讼法》的立法宗旨写"维护和监督"行政机关行使职权，这是出于什么考虑？

应：《行政诉讼法》第1条规定，制定这部法律是为了"保证人民法院正确、及时审理行政案件，保护公民、法人和其他组织的合法权益，维护和监督行政机关依法行使行政职权"。当时，我们的想法是，《行政诉讼法》的立法宗旨主要是保护公民权利和监督行政机关。但为什么写成"维护和监督行政机关依法行使行政职权"呢？因为当时参与立法的行政机关的同志说："在60%以上的案件中，法院都是支持我们的，为什么不写'维护'呢？"当时行政机关的声音还是挺强的。所以，最后写上了"维护"两字。

这一条没有把“解决行政争议”放进去，现在看来确实是一个缺陷。其实，保护公民权利和监督行政机关依法行使职权，是通过解决行政争议才实现的。没有争议，何来诉讼！公正、及时地解决行政争议，有助于促进社会和谐稳定。2014年《行政诉讼法》修改时，终于把“解决行政争议”作为立法目的之一加上了。

行政审判体制

何：《行政诉讼法》规定在普通法院设立行政审判庭，审理行政案件。实践中，连县级法院也普遍设立行政审判庭。您怎么评价这个安排？

应：《行政诉讼法》制定时，我们了解了国外的行政审判体制，有英美法系的，有大陆法系的。大陆法系的传统是设立专门审理行政案件的行政法院。当时我们也讨论过是否设立行政法院的问题。但是，我们国家的法院是一个大法院，刑事、民事都包括在内，只是按专业分为刑庭、民庭。多数人觉得，当时行政诉讼刚刚展开，缺乏专业人才和经验，在法院内设一行政庭就能得到整个法院的支持和帮助，有利于行政诉讼在我国的开展。行政诉讼就放在法院里头，设个行政审判庭就行了。而且，当时一些地方已经有行政审判庭，最高法院也已设立行政审判庭了。

这样，我们就看到了世界上很具特色的一个制度：既不像法国那样建立行政系统内的行政法院，也不像德国那样建立法院系统内的专业法院。我们把行政诉讼放到普通法院中，但体制跟英美法系又不同。英美法院民、行不分，没有行政庭，我们却把行政审判单独列出来。所以，既有大陆法系的因素，也有英美法系的因素，但归根到底还是中国特色，适合中国情况。现在英国人也在普通法院内建立了行政法庭。这是不是学我们呢？

把行政庭设到县，一般的案子自然也由县法院管辖。当时大家认为，行政决定不管是谁作出的，案子统统到基层法院去。大家认为这才体现法律面前人人平等。但也有一些情况确实不适合基层法院审理，怎么办？讨论再三，才确定省部级行政机关当被告的案子可以在中级法院审理，海关、专利的案子也放到中级法院。

《行政诉讼法》实施后慢慢发现，基层法院受理告县政府的案子，常常顶不住县政府的压力。后来，就出来了“台州经验”：行政案子可以由中级法院指定行政机关所在地以外的其他基层法院来审。我当时赞成台州这个做法，但它只是努力躲开干预，而不是禁止干预、杜绝干预。从另一角度看，这是治标不治本的，是在现行体制下出于无奈所搞的“小改小革”。

受案范围

何：行政诉讼的受案范围也是一个争议很大的问题，最后怎么采取了目前这种列举的方式？

应：按照1982年《民事诉讼法（试行）》的规定，法院可以受理哪些行政案件，是由法律一部一部规定的。在制定行政诉讼法时，很自然地，受案范围也是一项一项地规定。有些就非常具体，如“认为行政机关没有依法发给抚恤金”，这是参会的军队同志提出的，我们单列了这一项。如此列了七项，又有人提出，这些都是具体的条款，这样列不完，应该有一个概括的兜底条款。于是，有了第八项：认为行政机关侵犯其他人身权、财产权的，也应当受理。据时任全国人大法工委民法室副主任的肖峋后来回忆，“这（兜底条款）是应松年提的”。是不是我先提的，我有点想不起来，好像是别人先提的。但记得我跟肖峋说了，说侵犯人身权、财产权的具体行政行为都应当列进去。肖峋让我写个书面意见，我连夜写了一个报告交给他，他交给王汉斌，王汉斌同意了。就立法技术来说，这个兜底条款是挺好的。当然也还不够，只写上人身权、财产权，其他权利没有写。

比较大的问题还是不予受理的规定，一项是抽象行政行为，另一项是所谓的“内部行政行为”。对后一个问题，其实那个条文写得很明确：行政机关对其工作人员的“奖惩、任免”事项不予受理。也就是说，只限于奖惩、任免，奖惩、任免以外的是可以诉的。这点我和肖峋两个人当时意见是一致的。但后来有些人将之解释为“人事关系、奖惩任免等内部行政行为”，这就把不予受理的范围给扩大了。奖惩、任免以外，比如公务员招录问题，人家尚未进入公务员队伍呢；或者开除处理，人家被排除于公务员队伍之外了，怎么不能诉呢？后来的公务员法倒是开了个小口子，聘任制公务员可以仲裁解决。深圳在实行全员聘任制，聘任制以后，通通可以起诉了。

现在看起来，《行政诉讼法》规定的受案范围是小了些，但就当时的情况来说，写到这个水平已经很不容易了。行政诉讼刚起步，行政法官也没有几个，如果把范围扩得很大是不现实的。后来行政诉讼法修改时，我主张对受案范围作概括式肯定，对公民权利作无漏洞的救济。但经过讨论，目前还难以作这样的规定，只能尽可能争取扩大法院可以受理的范围。这个问题看来还是要逐步改革、循序渐进。

行政裁决的民、行之争

何：行政机关对民事争议的裁决是走行政诉讼还是走民事诉讼，多年来一直有争议。您是怎么看的？

应：民、行分工的问题，第一次被提出来是在劳动争议仲裁中。劳动争议仲裁立法过程中，我发现了一个问题：由于行政机关不想当被告，所以把裁决称为仲裁。

我当时坚持，行政机关依法对民事争议作了裁决的案件，一旦起诉，行政机关应该当被告。为了这个问题，我跟胡康生（当时的全国人大法工委民法室主任，后来任全国人大法工委主任）还争论过一次。他的意见是，行政裁决根子上就是民事问题，不过就是经过行政机关裁决一下，所以按民事诉讼去解决就行了。我不同意。如果由法院作民事判决，那行政裁决怎么办？行政机关作的决定还在啊，未经法定程序撤销，它还有法律效力呀！不能说法院作了判决，行政裁决自然就失效了嘛。所以，还是应该走行政诉讼，通过有权机关明确撤销。这事争论不下，结果《行政诉讼法》就没有规定。

实践中，这类纠纷基本上是由行政庭按行政诉讼来受理和审判的。后来发现，这种做法也有问题。第一种情况是，行政诉讼和民事诉讼分开，官司打不完。行政问题是解决了，民事问题还解决不了。第二种情况是，让行政机关来当被告，有些情况下是不合理的，最明显的是商标复审案件。

双方争议商标权，商标复审委员会作了裁决，当事人告到法院以后，商标复审委员会当被告。这样的事情实在太多，商标复审委员会不想去了，说："这案子跟我没关系啊。他们争商标，我只不过说了句话，你就让我当被告，我不去了。"最后剩原告和第三人在法院打官司。法院呢，你复审委不来也行，我照样审。

行政裁决和诉讼都是居中解决争议。行政机关的裁决是第一道程序，要是不服，可以告到法院。这跟法院一审的道理是一样的：一审法院判了，如果不服，可以上诉，但一审法院不当被告；作出行政裁决的行政机关，都是司法性的居中裁决，同样也不应作被告。在这个问题上，我的思路有了很大转变。

我们现在有三种不同的纠纷解决制度：第一种是仲裁（民事仲裁），第二种是行政仲裁，第三种是行政裁决。民事仲裁完毕，当事人不能起诉，一锤定音。行政仲裁完毕，可以起诉，但不能以仲裁者即行政机关为被告提起诉讼。这两者都已解决。最后是行政裁决：行政裁决完毕，可以以裁决者即行政机关为被告提起诉讼。民事问题也由行政庭审，行政附带民事。

还有别的办法，比如由原告自行选择，可提起行政附带民事诉讼，也可以提起民事附带行政诉讼。审理时，行政庭请民事庭二位法官参与，民事庭请行政庭二位法官参与。这个想法来自一次会议。那次是在浙江开会，有人说我们可以成立一个第三庭，一旦有民行交叉案子，请两个庭的法官都来审。这个想法好像挺不错。

关于原、被告

何：行政诉讼的原、被告，有什么特点？

应：中国的行政诉讼是单方的"民告官"，不能反过来。而且我国行政诉讼仅限于主观诉讼，不包括客观诉讼。作为行政相对人的公民、法人和其他组织只有其本身权益受到侵犯时，才可以起诉。检察院曾经提出，由他来代表公共利益起诉，但这一条没有被接受。因为当时大家觉得这样一来，就变成"官告官"了。后来在讨论公益诉讼时，大家觉得目前我国的公益诉讼还是由检察机关提起比较好。因此，检察机关可以提起行政公益诉讼，现已写入行政诉讼法。我国行政诉讼不再限于主观诉讼，也有了客观诉讼。

被告问题比较复杂。行政机关依据法律、法规授予的行政职权执法，作被告没什么问题。但很多情况下，行政执法是由其他行政机关或者社会组织进行的。当时执法主体相当混乱，如何将执法主体整理清楚也经过一番激烈的讨论。最后形成的意见是：由法律、法规授予行政机关以外的其他组织行使职权的为一类，称为法律法规授权组织；其余受行政机关委托、行使该行政机关职权职责的为另一类，称为行政机关委托的组织。法律法规授权的组织行使职权的，由其自身当被告，并承担法律责任；受委托的组织行使职权，由委托机关当被告，并承担法律责任。为了少当被告、避免承担法律责任，法律实施后，行政机关就对委托组织严加整顿，基本上不再委托其行使行政处罚、行政强制。在不太长的时间里，行政主体的混乱局面大大改观。这也是行政诉讼法带来的一个积极变化。

复议机关当被告

何：复议机关当不当被告，一直有争议，到现在还在争。您怎么看？

应：复议机关当不当被告的问题，当时也有过讨论。

当时大家都把复议看成是行政机关上级对下级的监督，没有把复议机关看成是解决纠纷的独立机关，所以复议机关应该当被告。从理论上讲，复议机关作出一个决定，无论是维持还是改变、撤销，都是复议机关意志的表达，因此都应以复议机关做被告。

讨论中，法院的同志提出意见说，这样不行，如果这样，以后案件分布将很不均衡。比如，公安的案子大部分都是复议前置，北京市各区县公安分局处理的案件都跑到市公安局复议，市公安局在西城区，案子都将由西城区法院审理。这样一来，西城区法院行政庭忙得不得了，而东城区、朝阳区等其他区法院却没案子，太不均衡。这也有道理啊。于是同意了法院提出的办法：复议机关决定维持原行政行为的，由作出原行政行为的行政机关当被告；复议机关改变原行政行为的，复议机关当被告。这样，法院之间案件量就均衡了。

但这样规定可能产生一种后果：复议机关要是不愿意当被告呢，就都维持。我们表示了这个忧虑，当场就有一个行政机关的人说："教授，你把我们行政机关看得也太差劲了吧？要相信我们。遇到问题，该怎么办，我们就怎么办，没问题。"后来事实证明，复议机关为了不当被告，对违法决定睁一只眼闭一只眼的情况是存在的。《行政诉讼法》实施后大概两三个月吧，有个省的一个案子复议到中央局。复议机关说，你这个做得不妥啊。但复议机关又不愿当被告，叫下级机关自己改一下。没想到，下级机关还挺厉害，说要改你改，我不改。结果复议机关说，那就算了，还是维持吧，你去当被告，我不管了。确实还有这样的情况！

复议机关是否当被告的核心问题是复议能否居中裁决做到公正。如果复议是公正的，那么复议机关就可以像一个初审法院一样，不当被告。美国的行政法法官、英国以前的行政裁判所就是都不当被告。但 2014 年行政诉讼法修改时规定，复议改变原行政行为的，复议机关当被告；复议维持原行政行为的，作出原行政行为的行政机关和复议机关是共同被告。也就是说，复议机关怎么着都得当被告。还搞出个"双被告"来，不知道是怎么想的？

规章的审查与适用

何：法院对规范性文件的审查问题，一直都有争议；规章的适用问题，争论也很激烈。您怎么看？

应：法院审理行政案件，应当以法律、法规作为依据，这是明确的；至于规章能不能作为依据，争论很大。当时有两个行政部门的同志坚持要把规章作为依据。他们的意见没有被接受。最后通过的法律规定是，这个问题由法院审查。为此还想出一个词——"参照"。于是，确立了这样的原则：法院应当"依据"法律、法规，"参照"规章进行判决。这就是说，规章在适用前，法院要进行审查，合法的规章判决时可作为依据，不合法的规章就不能做依据。这就给了法院灵活处理的余地。

从原理来看，法院在审查行政行为的合法性时，同时也必然要对行政行为所依据的行政法规和地方性法规是否合法进行审查，不合法的同样不能适用。但实践中，法院对于违法的法规应如何处理，行政诉讼法没有一个确定的规定，一般是向上级法院、最高法院请示。当然，法院对行政法规、规章的审查，跟外国是不一样的。我们是在法律适用过程中对法规、规章进行审查，法院不能在判决中直接宣布法规、规章违法。要撤销法规、规章，必须通过《立法法》规定的违宪违法审查程序，由有权部门处理。

对于规范性文件的审查，《行政诉讼法》也没有规定。有人认为，凡是“红头文件”都不必去理它。我觉得，这不现实。《行政复议法》的规定就比较恰当。《行政复议法》规定，受到具体行政行为影响的当事人在提请复议时，可以对其依据的相关“红头文件”提出审查要求。复议机关认为“红头文件”违法，可以撤销；复议机关无权撤销的，转给有权机关处理。这种审查称为“附带审查”或“一并审查”。

我个人认为，可以授权公民对“红头文件”提起诉讼，由法院审查（但规章可能还不行）。对“红头文件”提起诉讼的，必须是具有利害关系的人。否则，一旦放开，谁都可以提起诉讼，有可能产生“滥诉”。还是逐步改革、循序渐进为好。

举证责任

何：几次听您说起行政诉讼的举证责任，您对它似乎很满意？

应：尽管《行政诉讼法》存在一些问题，不过有一点我是很高兴的，它将举证责任给定下来了。

由被告对具体行政行为的合法性承担举证责任，这个规则很明确。这一条算得上《行政诉讼法》的一大特点，也是亮点。这样，三大诉讼的举证责任正好各不相同：民事诉讼由当事人双方承担举证责任，刑事诉讼是原告——检察机关承担举证责任，行政诉讼是被告——行政机关承担举证责任。由被告对行政行为的合法性承担举证责任，符合依法行政的原理，也有利于保护公民的合法权益。加拿大的一位教授看了说，由被告承担举证责任的规定相当好。

但我发现，现在国内似乎也有人，想把它翻过来，规定原告、被告都有举证责任，回到民事诉讼的形式中去。有人把原告提起诉讼时的“事实根据”也作为举证责任，把这个举证、那个举证都给加进去，试图动摇被告负举证责任这条原则。这个要不得！原告起诉的时候要有事实根据，比如在起诉被告不履行法定职责的案件中，原告应该提出其向被告提出过申请的依据，但这个不能叫“举证责任”，这只是起诉时提供的事实根据。行政诉讼的举证责任由被告承担，这点不能动摇，这是关系行政诉讼审被告还是审原告的大事。

行政赔偿诉讼

何：《行政诉讼法》还写了行政赔偿。

应：行政赔偿这一章很特别。当时想，原告把官司打赢了，如果没赔偿，那不是白打嘛。所以，有人觉得一定要把行政赔偿写进去，不但要写，而且要把它写实，不光是程序，赔偿的范围和标准也写上。这一点我不同意。我说行政诉讼法是个程序法，只写上赔偿诉讼的程序就行了。后来大家同意了我的意见，主要是规定程序，但对实体问题也有所涉及，只是比较简略。

这就埋下了一个伏笔：今后要制定《国家赔偿法》。这一点大家思想都很统一。制定了《国家赔偿法》后，《行政诉讼法》修改的时候，就把这一章取消了。

非诉执行

何：1989年《行政诉讼法》第66条规定：“公民、法人或其他组织对具体行政行为在法定期限内不提起诉讼又不履行的，行政机关可以申请人民法院强制执行，或者依法强制执行。”这个条文后来也引出了一部法律。

立法时有什么争论吗?

应:是的，这条规定奠定了我国行政强制执行制度的基础。

当时行政强制尚未立法，实践中比较乱，纠纷也较多。大多数情况下，是行政机关自己作决定、自己动手执行。但到底怎么执行，大家并没有想得很清楚。现在的规定是当时全国人大常委会的领导拍板定下来的。

有一次会议上，针对一个行政机关自行强制执行的案件，王汉斌同志比较了两大法系不同模式的优缺点，提出了一个独创的方案。他说，美国的行政机关没有强制权，行政机关作出决定当事人不履行的，只能向法院提起诉讼，由法院审理判决。法院判决后当事人仍不履行的，由法院交司法部设置的执行署强制执行。而在大陆法系国家，行政机关有强制执行权，行政机关作出决定后，当事人如不履行，行政机关就可以执行。“二战”后日本废除了该制度。王汉斌认为，像英美法系那样通过诉讼解决，效率太低，影响政府行为。像“二战”前的日本那样，行政机关又权力太大，容易乱作为。他提出，可以由行政机关申请人民法院强制执行。这样既避免影响行政效率，又不助长乱作为。经过讨论，大家都赞同。

这样，我国的行政强制执行体制就设定为：以申请人民法院强制执行为原则，以法律另有规定为例外。“例外”就是法律授予某行政机关强制执行权的，即由其行使；凡没有法律授权的，都申请人民法院强制执行。这是一项世界独创的强制执行体制，后来的《行政强制法》再次确认了这个体制。

诉讼类型化

何:这几年，“行政诉讼类型化”的问题讨论得比较多。当初对这个问题有过考虑吗?

应:当时也曾讨论过诉讼类型化的问题。“行政诉讼类型化”确实有很多优点，它使诉讼的目标和要求更明确、更精细，有利于提高法院的审判质量。但也有其不足，关键就是诉讼的“进”与“出”的问题。公民没有行政诉讼专业知识，在起诉时就选择、确定诉讼类型，恐怕很难做到。

如果选错了类型，案子就可能被拒之门外，或者最后败诉。为不被拒之门外，就必须请律师帮忙，而这又将大大增加起诉人的负担。还不如提起诉讼时，直白提出撤销、改变、确认、赔偿、补偿等要求，由法院在审理后作出裁判时，即在“出”的过程中，作出相应的裁判。从世界各国看，英美法系国家并不采取类型化。日本采用类型化已久，但日本也有学者认为它不便于原告起诉。

印象深刻的案件

何：《行政诉讼法》施行后，您代理过多个案件，也参与过大量案件的咨询、论证、讨论，哪几个案件给您印象最深？

应：印象最深的，一个是罗豪才审的深圳贤成大厦那个案子。外国商人来投资，搞了一块地准备建大楼，楼没建起来，合作方就被政府踢出去了。案子最后到最高法院，罗豪才那时是副院长，自己当审判长，审了好几天，最后判深圳市政府败诉。泰国商人赢了行政诉讼，但后来执行遇到问题。这个案子是讲依法行政的一个很好例子。

还有一个是河南法院的案子，宋炉安审的。周口市政府通过招投标，让一家公司铺煤气管道。后来搞“西气东输”，也要用管道接煤气进周口，两家的地盘重叠了。原来的公司不干，提起诉讼。法院判决，接煤气管道涉及公共利益，所以公司得让步。但是，公司受到的损失给予赔偿。这个案子我参与了，我觉得法院判得很好，符合《行政许可法》第8条的规定。

我论证过许多案子，具体记不太清了。一个感觉是，法院还是有判得不公正的，行政审判还有待改进。当然，总的进步很大，这是不容否认的。

《行政诉讼法》的意义

何：您觉得《行政诉讼法》称得上一部伟大的立法吗？

应：我觉得没问题。《行政诉讼法》是中华人民共和国成立以来第一部“民告官”的法律，不容易啊！它的巨大意义，要从中国法治发展的角度来看，而不仅仅是从具体制度上来说。

《行政诉讼法》的制定和实施，大大提高了行政机关依法行政的观念和水平，推动了中国的依法行政、依法治国的进程，并最终使中国政府走上法治化的道路。1990 年开始实施《行政诉讼法》，1993 年中央文件和李鹏同志在政府工作报告中就说了要“依法行政”，后来又提出“依法治国”。这是历史的必然，也有行政诉讼制度的功劳。

《行政诉讼法》的制定也显示了中国行政法发展的一个路径，就是从救济法开始，从保护公民权利开始。要保护公民权利，就必须对行政权加以规范和制约，提出依法行政的要求。这有点“倒逼”的味道。反过来想想，如果没有《行政诉讼法》《行政复议法》《国家赔偿法》，要依法行政，谁听啊？即使搞个《行政处罚法》《行政许可法》，人家也不听，因为没有“牙齿”。不过，行政法治的发展，从建立行政救济制度开始，也是世界性规律。法国就是从建立行政法院开始的。

《行政诉讼法》也确立了法院在法治国家建设中的极为重要的地位。法院的职责是“谁违法我就收拾谁”，这样法治才能建立起来。如果行政机关违法了，没有人去管他，法院也管不了他，行政机关就会越来越放纵，依法行政也无从谈起了。

《行政诉讼法》的失误

何：如果能够回到 20 世纪 80 年代，您觉得《行政诉讼法》哪些地方可以写得更好？

应：《行政诉讼法》需要检讨的地方不少，其中行政诉讼起诉不停止执行、不实行调解就是两个最明显的例子。这两个规定说起来是学者的失误，也都是我曾主张的。那时，我们对世界各个国家和地区的法制进展的情况不太了解，参考的是国外几十年前的一些东西，同时对中国的实际情况也研究不足。现在我对这两个问题的看法早已改变，但制度已经形成。这是我最后悔的事情之一。

关于起诉不停止执行，在实践中，最难办的就是拆房子。房子拆了，你再胜诉有什么用？罚款也有个问题：处罚决定书载明，几月几日之前必须交罚款，晚了就要交滞纳金。你去打官司，等你败诉了，行政机关秋后算账，这个数额大得很哪！起诉不停止执行是在司法最终裁决原则形成之前的观点。现在都已实行司法最终裁决原则，在司法最终裁决前，行政决定怎么可以执行呢？

制定《行政强制法》时，起诉停止执行还是不停止执行，曾有过重大争论，但《行政强制法》没有写这个问题。后来大家都寄望于《行政诉讼法》修改，但 2014 年《行政诉讼法》修改时，这一条还是没动。看来这一条修改很难，因为我们的行政机关是非常喜欢“不停止执行”的。

行政诉讼不适用调解这一做法原来盛行于大陆法系，认为行政机关只能严格执行法律，没有调解的余地。但实际上，行政机关执法时享有裁量权，而且裁量范围日益扩大。行政执法以和为贵，在一定范围内进行调解完全可行，有利于促进社会和谐稳定。当然，对行政争议进行调解，与民事调解稍有不同，必须遵循自愿合法原则，不得损害国家利益、社会公共利益和他人合法权益。2014 年《行政诉讼法》修改时，将可以调解的范围放松了一些，行政机关在自由裁量权的范围内可以调解，但行政案件不适用调解的原则还写在那里。我们的观念看来还需要进一步解放。

《行政诉讼法》的完善

何：您怎么评价 2014 年《行政诉讼法》的修改？

应：《行政诉讼法》实施 20 多年后，普遍的反映是亟须修改完善。

2014 年，《行政诉讼法》完成了第一次大修。总体看，有了很大进步，特别是“立案难”的问题，基本上解决了。受案范围有所扩大，从 2014 年《行政诉讼法》实施后几个月的情况来看，行政案件数量也有了大幅度的增长。行政机关负责人出庭这个制度写入法律，有助于提高行政诉讼的威信，增强对行政领导的教育。

这次修改还留有一些问题，比如受案范围还是有些窄。2017 年又改了一次，加了一条检察机关公益诉讼。短时间内再修改《行政诉讼法》，恐怕没那么容易。有些事情需要通过人大立法解决，有些今后也可以通过司法解释来解决。

想象未来

何：当年你们参与制定《行政诉讼法》时，想象过未来三十年后行政诉讼会是什么样子吗？现在能够想象下一个 20 年、30 年的情景吗？

应：老实说，当时没怎么想过。那个时候满腔热情，觉得这个事情有道理，就应当这么来。我们没有去想未来行政案件数量有多少，也没想到行政诉讼实施的阻力会有多大。更想不到，后来又搞出什么“大接访”来，把诉讼和复议都冲淡了。但有一条，大家对未来都有一个预期：现在受案范围还比较有限，今后肯定要扩大。

总地来说，《行政诉讼法》是一部好法律。它顺应了民主法治的潮流，也比较符合中国具体情况。这部法律有不少独创的内容，比如普通法院内部设立行政庭、被告负举证责任等，后来又建立了有中国特色的客观诉讼。不管眼下行政诉讼制度有多少问题，我坚信它终究会逐步完善发展。前进的路可能是曲折的，但我们还是应该有信心。法治的大旗一旦树立起来了，就不可能倒退回人治的时代。让我们祝福这部中国民主和法治进程中的重要立法，进一步发挥它的重要作用吧！

第一次采访：2012 年 3 月 16 日
第二次采访：2019 年 2 月 13 日
整理：何海波

且鼓且行，行政诉讼 30 年

——姜明安教授访谈

姜明安，1951 年生，湖南汨罗人。1978~1982 年，在北京大学法律学系学习，获法学学士学位。后留校任教，先后任助教（1982）、讲师（1986）、副教授（1990）、教授（1994）。期间，曾在美国华盛顿大学、英国剑桥大学、澳大利亚悉尼大学、美国加州大学洛杉矶分校做访问学者或者高级访问学者。历任中国法学会行政法学研究会副会长、执行会长，教育部人文社会科学重点研究基地——北京大学宪法与行政法研究中心主任、名誉主任。全国人大法工委行政立法研究组成员，参与国家工作人员法、《行政诉讼法》、《国家赔偿法》、《行政处罚法》等多部重要行政立法的草拟、论证。著有《行政法学》（1985）、《行政法与行政诉讼》（1990）、《行政诉讼法学》（1993）、《行政法》（2017）及个人文集《法治的求索与呐喊》（2012）、《新时代中国特色法治论》（2018），主编有高等学校法学核心课程《行政法与行政诉讼法》（第 1~7 版）等。

初入行政法学界

何海波（以下简称“何”）：姜老师，谢谢您抽时间谈论一下《行政诉讼法》的制定和实施。启动《行政诉讼法》立法时，您还是一位年轻学者，能说说您那时的情况吗?

姜明安（以下简称“姜”）：我当过兵，上过“五七大学”，后来考上了北京大学法律系。1982 年，我留系任教。教研室有 7 个人，3 人研究中国宪法，3 人研究外国宪法，真正研究行政法的当时只有我一个人。我在 1986 年评了讲师，1990 年任副教授，1994 年被评为教授，1996 年开始带博士。

留校时我 31 岁，只是一个助教，在教研室里资历是最浅的。当时在很多场合，包括参加“国家工作人员法”起草、参加行政立法研究组、担任行政法学会理事，我都是最年轻、资历最浅的。但那时候，我已经在《中国法制报》《光明日报》等重要报刊和有关法学杂志上发表过多篇文章，全国搞行政法的人都知道有个姜明安。

我的一个重要机缘是遇到龚祥瑞先生。我在读书时就跟随他，帮他整理材料，他在几本书的序言里还提到了我。他去哪里参加会议，不管是宪法学还是行政法学的会议，都会带上我。他多次带我去陶希晋先生的家。

另一位对我有重要帮助的是北京市人大的齐一飞先生。齐老是解放战争时期晋察冀边区的老革命，当时是北京市人大常委会的秘书长。我和齐老还有龚先生多次合作写文章，通常是我写初稿，他们修改。我那时只是个助教，没有他们的帮助，文章不可能发在那么高级别的报纸上。

试笔国家工作人员法

何：参与《行政诉讼法》制定前，您还参与过国家工作人员法的起草。这部法律后来好像没出来?

姜：国家工作人员法的制定是一件很重大的事。当时我们国家正开始改革开放，干部制度首当其冲。别国都有公务员法律制度，我们也应当有。

于是，中共中央组织部发布了一个通知，由中组部和劳动人事部共同牵头，中组部副部长曹志担任起草小组组长，着手起草国家工作人员法。起草小组共15人，除了实务部门的，还有研究中外公务员制度的专家学者。

我当时还是一个“小助教”，他们怎么叫我参加呢？原来1984年在天津开“全国行政科学学术研讨会”，我交的论文是讨论国家工作人员法的问题。中组部的同志看到后，就通知我也参加国家工作人员法起草小组。参加起草的学者一共有五人，除了我，还有中国人民大学的皮纯协、中国社会科学院法学所的张焕光、政治学所的袁岳云、外交学院的杨伯华。我们住在中组部万寿路招待所，一个星期只能回一次家。驻外使馆帮助收集各国的资料。我们一共编写了三本书：一本是《资本主义国家公务员制度》，另一本是《苏联东欧的人事制度》，再一本就是《中华人民共和国的干部人事制度》。书由北京大学出版社出版，初稿是我拿到出版社去的。

在这些研究的基础上，形成了行政法的第一部立法草案，就是国家工作人员法（草案）。之所以取“国家工作人员法”这个名称，是因为当时宪法用的是“国家工作人员”的称呼。这部草案没有送全国人大正式审议通过，在1993年以《国家公务员暂行条例》的名义颁布。名称改了、制定机关也变了，但基本内容还是一样的，特别是草案确立的考试考核、择优录用的原则和一系列制度都保留下来了。过去，干部都是组织人事部门按计划考核录用配置的，从1993年起，所有公务员都要从办事员、科员做起，都要经过考试、考核，即使是博士毕业，也要走考试、考核这些程序。

国家工作人员法起草完毕后，中组部的曹志对我印象不错，想调我去中组部，但当时的系主任张国华和副主任罗豪才不同意。他们说，姜明安不适合做官，还是待在校园里做学问好。

未成的行政法基本法

何：在制定《行政诉讼法》前，全国人大法工委曾成立了一个由学者专家组成的行政立法研究组，搞过一阵行政基本法立法，但这个计划半途而废了？

姜：起草行政法基本法是陶希晋老先生的主意。

龚祥瑞先生带我去陶老家时，陶老多次提起制定行政法基本法的设想。陶老说："现在我们国家《刑法》《刑事诉讼法》有了，《民法通则》正在制定（1986 年出台），《民事诉讼法》有 1982 年的试行版。你们这些人研究行政法，怎么没有行政法基本法？刑法、刑事诉讼法、民法、民事诉讼法、行政法、行政诉讼法都搞出来，咱们的'六法全书'不就齐全了吗？"他让我们想办法呼吁一下。我回来就开始写文章，写好交给龚先生修改，北京市人大常委会秘书长齐一飞负责报审。有时齐一飞早上五点就给我打电话，问我文章写好了没有，要帮我拿去送审。文章最后以我们三个人的名义，在《光明日报》《中国法制报》上发表。

不久，陶老牵头成立了行政立法研究组，专门负责起草行政法大纲或者叫行政法基本法。组长是江平老师，第一副组长是罗豪才，第二副组长是应松年，成员有全国人大法工委的肖峋、国务院法制局的高帆、最高法院的费宗祎，学界有我、中国政法大学的朱维究、中国人民大学的皮纯协和王向明，还有中国社会科学院法学所的张焕光。立法组还有一些外围的非正式成员参加，比如汪永清、黄杰、江必新、于安、胡建淼、张树义、刘莘、冯军、江嘉禧、湛中乐等都先后参加进来草拟条文或参与讨论。

我们立法研究组属于全国人大法工委主管下的半官方半民间性质的机构，受法工委委托起草行政法的"毛胚"。我们的稿子不叫"草案"，而叫"试拟稿"。我们住在国务院招待所，但不像起草国家工作人员法时管得那么严格。工作方式是大家先分别起草，然后一起讨论。当时一些年轻的在读或刚毕业的硕博士研究生，像于安、胡建淼、张树义、江嘉禧、冯军、刘莘、湛中乐等，在起草过程中也起了重要作用。我们曾搞出了 3 份稿子，分别是我起草的行政法纲要、于安起草的中国行政法纲要（也叫行政法通则）、胡建淼起草的中华人民共和国行政法大纲。每个人写的内容不一样，连名称都不一样。

我起草的行政法纲要，第一章是总则，第二章是行政组织、行政机关，第三章是国家工作人员（公务员），第四章是行政立法，第五章是行政措施（行政行为），第六章是行政强制，第七章是行政奖励，第八章是行政处罚，第九章是申请与建议，第十章是申诉与控告，第十一章是行政诉讼，第十二章是行政法制制度，第十三章是附则。因为把所有行政法规范都写在一个稿子里，完全写出来可能有几十万字甚至上百万字。体系太庞大了，全世界都没有先例，当时法治发达国家也只有行政程序法。

忙了半年左右，就有点写不下去了。陶老看后，觉得不行，这事就差不多搁下来了。

起草《行政诉讼法》

何：行政立法研究组和全国人大法工委是如何组织《行政诉讼法》起草的？

姜：就在行政法基本法起草遇到困难时，一个新的机会出现了。1987年，《民事诉讼法》的制定提上日程，目标是形成像《刑事诉讼法》一样的文本。1982年的《民事诉讼法（试行）》就有行政诉讼的内容，第3条第2款规定："法律规定由人民法院审理的行政案件，适用本法规定。"由此产生一个问题：到底是应该在《民事诉讼法》里专章写行政诉讼，还是把行政诉讼的问题穿插在各章中，又或者是把行政诉讼单独制定成一部法律？

大家讨论了很久，最终确定单独起草一部《行政诉讼法》，陶老也赞成。于是，行政法大纲、行政法通则这些东西都停下来，大家一起来起草《行政诉讼法》。

从1987年五六月开始，《行政诉讼法》的起草紧张地进行。行政立法研究组的成员基本是一两个礼拜讨论一次。江平是立法研究组的组长，但他不怎么来。罗豪才当时是北京大学副校长，事情多，有时也来不了。应松年参与最多，研究组的事主要由他张罗。一些研究生也参与讨论，民事诉讼法学者起初没怎么参与。全国人大法工委方面，当时是由民法室负责的。民法室主任是胡康生，参与《行政诉讼法》起草的主要是副主任肖峋。肖峋一直参与讨论，有什么意见主要也是通过他传达的。其他还有几位，像何山、王胜明等也偶尔参与。

《行政诉讼法》的起草不像之前那样每个人分别写个稿子，而是有一个总的框架，每个人写几个条文，然后拿来一起讨论，讨论完各人回去改，改完再讨论，如此反复。很多条款都是一个字一个字地琢磨，不停推敲这样写行不行、那样写行不行。因为是大家共同讨论、反复琢磨，很难说得清哪一条是哪个人写的。

很快，行政立法研究组完成了《行政诉讼法（试拟稿）》的起草，提交给全国人大法工委。行政诉讼制度的框架基本上就定下来了。1987年8月，我通过美中法律交流委员会的推荐，到美国西雅图华盛顿大学访学，研究美国的行政法。次年3月底回来，继续参加讨论。从美国回来后我写了一篇文章，是关于行政诉讼法十几个问题的争议及我的倾向性意见。1988年10月，《行政诉讼法（草案）》经过全国人大常委会审议，随后在《人民日报》上公开征求意见。到1988年年底，大家基本没有太大的争议了。

立法过程中的争论

何：《行政诉讼法》制定过程中有哪些重大争论？您当时的意见是什么？

姜：在《行政诉讼法》起草的过程中，有一些重大的争议。

首先是《行政诉讼法》要不要把“官告官”和“官告民”放进来？对这个问题，当时存在各种不同意见，罗豪才老师就主张放进来。我的想法是，行政诉讼主要是“民告官”，而不是“官告官”或者“官告民”。当然，把“官告民”放进《行政诉讼法》中不能说没有道理，把行政机关申请法院强制执行作为一种诉讼来对待也未尝不可。毕竟，行政行为通过法院审查一下，对保护公民权利也有好处。但行政执法必须通过诉讼来进行，对行政效率会有影响。当时法律不健全，行政执法往往没有法律依据，“官告民”很难告。最主要的是，中国的政府自己就可以采取强制措施解决绝大部分“民”不服管理、不履行义务的问题，没有必要去法院告“民”。

第二个问题是行政法院。我当时同意搞行政法院，但大家都认为不妥。

我赞成搞行政法院，倒不是因为别的国家有行政法院。我 1987 年去美国访学，美国没有行政法院；后来我到英国，英国也没有行政法院。行政法院主要是法国、德国的模式，我觉得它在专业性上比普通法院强。现在看，当时主张在中国搞行政法院，还是想得太简单了。在 2014 年修改《行政诉讼法》的时候，学界又有人提出搞行政法院的设想，我也同意，但我不是特别坚决地主张设立专门的行政法院。我更倾向于由中级法院设行政审判庭，审理一审行政案件。

第三个问题是受案范围。这个问题每次讨论都有不同意见。我和许多学者一样，主张采取概括式的立法，那样受案范围更广。但实务部门都反对用概括式，学者中也有反对概括式的。最终还是一项一项地列举。后来我自己反思，概括式的模式在当时确实过于理想化，有些脱离实际。那时国家没有制定什么行政法，大家不知道哪些是行政案件，哪些不是行政案件，用列举式比较明确，便于操作。其他国家都不用列举式，可能只有中国是这样，但这符合当时中国的国情，大家容易接受。在现在的情况下，当然可以尝试概括式了。

第四个问题是复议前置。我到美国访学，看到美国行政法中的三个原则，一个是“初审权”（行政首先解决）原则，另一个是穷尽行政救济原则，再一个是成熟原则。总地来说，这些原则要求行政机关先处理问题，行政机关无法处理再到法院寻求救济。我在那边学习了很多，认为应该搞复议前置。复议前置有它的好处，一是行政相对人不用花钱，而且速度快；二是行政机关有相关的专业经验，像美国的行政法法官都有专门知识和专门经验。立法没有采纳我的意见，而采取当事人选择的原则；但有一些案件，法律、法规可以要求复议前置。后一类案件，占到当时行政案件的 10% 到 20%。允许当事人自由选择，在当时情况下比我提倡的复议前置也许更有利于当事人。因为我们的复议制度还不够成熟，复议程序过于行政化，审理案子不开庭，行政干预过度。在这种情况下，让当事人选择的办法还是比较好，也是比较受认可的。但是，现在应该对复议制度加以改革，使其对当事人更有吸引力。例如，完善复议程序，增加行政复议的相对独立性，重视复议人员的专业性。复议这个问题很值得研究。

第五个问题是“合法性审查”。1989 年《行政诉讼法》第 5 条规定：

“人民法院审理行政案件，对具体行政行为是否合法进行审查。”这方面，立法没有太多争议，问题主要是“司法审查”这个提法是否合适。当时有些学者，特别是宪法学者反对，甚至对“合法性审查”这个说法也有顾虑。他们认为，司法审查就是审查法律、法规，规定司法审查有搞“三权分立”的嫌疑。这其实是误解。我们讲的司法审查是法院对具体行政行为合法性的审查，不是对法律合宪性的审查。我们不搞“三权分立”，法院承认全国人大作为国家权力机关的最高地位，不审查人大的行为，但法院审查政府的行为仍是必要的。行政诉讼有救济权利和解决争议的功能，但最大的功能是让司法监督行政，审查行政行为的合法性。如果没有司法审查，那就没有行政诉讼了。在这一点上，我跟罗豪才老师的意见一致。

第六个问题是举证责任。举证责任问题一开始有些争论，后来一讨论就很清楚了。民事诉讼法学者认为应该坚持“谁主张，谁举证”，但是在行政诉讼里若坚持这个原则，案子很难推进。因为很多材料是掌握在行政机关手里的，相对人没有办法举证。研讨之后，大家同意由行政机关举证。但是，法律只规定行政机关对其所作的具体行政行为的合法性承担举证责任，没有规定行政机关对所有事实进行举证。行政人员殴打相对人致伤，伤情什么样，当然要相对人举证；相对人说行政机关滥用职权、收受贿赂、打击报复，这些也应该由相对人举证。不然，行政机关怎么举证？所以，立法没有写得很绝对，对举证责任分配仍留有空间，这是比较好的。

第七个问题是规范性文件的审查。我一直坚持法院有权对规范性文件进行审查，我在很多文章里都主张这一观点。2014 年修改《行政诉讼法》时，我提议增加附带审查甚至直接审查的规定。这是过去没有明确的，写上附带审查也算是一个进步。但仅仅规定附带审查还不够，应当允许对规范性文件直接提起诉讼。有些文件一旦发布施行，即使行政机关还没有作出任何具体行政行为，也会给相对人造成损害。比如，在河北就有这么个例子：政府规定盐袋上中文字要比英文字大，否则属于违反语言文字规范，要处罚。这个文件发布后，马上施行。于是，生产商不得不把原来的包装统统拆掉，用修改后的袋子重新包装，这大大增加了成本。可见，抽象行政行为发布后，未经过具体行政行为即给相对人造成损害的情况是存在的。

在美国，只要符合成熟原则，抽象行政行为对相对人造成损害是可诉的。这个制度很好，我提议了好多次，但一直没有被采纳，我今后还要提。不仅是红头文件，就是规章甚至行政法规给相对人造成损害，也应当允许当事人直接起诉。国务院的行政法规违反了法律，为什么不能告？

第八个问题是裁判方式。我很早写文章时，就写了应该有确认判决。但说实在的，当时我对确认判决的必要性也没有太深刻的认识。我当时只是提出来，希望能够写进立法，最终没有被采纳，我也没有什么大的意见。这个问题现在大家看得很清楚了，修改后的《行政诉讼法》也写得很清楚。有些行政行为没有办法撤销、变更或者责令履行，或者撤销、变更、责令履行确实会对公共利益造成损害，或者这样判决已经没有意义，可以判决确认违法或者确认无效。

第九个问题是判决理由。判决的理由是我们争论的一个重点。我在美国访学半年，对他们的规定专门了解过。美国《行政程序法》所规定的判决理由，我们都有所借鉴，基本写入立法中了。比如，我们引进了美国的滥用自由裁量权（如“专断”“反复无常”“歧视”“偏私”等，我们立法时写为“滥用职权”）、行政行为缺乏实质性证据（我们写“主要证据不足”）等。我们也引入了正当法律程序原则。海淀法院关于刘燕文诉北京大学案件的判决，实际上就是在法律、法规明文规定的范围之外，引进了正当程序原则。我们还借鉴了英国的“越权”原则。当然，英国的越权原则是一个大筐，什么都往里面装。我们的“超越职权”只是与适用法律错误、主要证据不足、违反法定程序并列的一个判决理由，没有装别的东西。

第十个问题是非诉执行。立法时曾经讨论：行政决定的执行是采取行政诉讼的方式，还是非诉审查的方式？包括罗豪才老师在内的一些学者主张诉讼方式，认为这样符合“平衡论”；我对此有点保守，觉得诉讼方式太耽误时间了，行政机关作出决定后当事人不起诉又不履行的，由作出决定的行政机关申请法院执行比较好。当然，我也认为法院应该对之加强审查，至少是形式审查，不能完全不管。

不主张行政庭设到县

何：当初把行政审判庭设到县，如果现在还有机会重新规划，您会主张这么做吗？

姜：我很早就不主张把行政庭设置到县。制定《行政诉讼法》时，我没有强烈反对，过了几年我就有了很强的意识，这样不行。一是因为案子太少，没什么案子还设什么行政审判庭呢？二是行政干预太严重了，法官审不了，也不利于行政审判的专业化。所以，我主张行政审判庭设在中级法院。其他成员反对的理由是，设在中级法院不方便老百姓诉讼。我觉得，如果要方便，可以设置巡回法庭。原告起诉到县法院，县级法院把材料转交到中级法院，中级法院可以到县里甚至到乡镇里面开庭。少数地方案子特别多、老百姓不方便的，可以在县一级设立跨区划的法院审理行政案件。

后来有人提出，行政干预可以通过异地管辖解决。我曾经到台州的法院去看过，那里最早尝试行政案件异地管辖。看了之后，我觉得异地管辖不是个长久解决问题的办法，我在《人民法院报》上说过这个观点。还有的地方搞集中管辖，我觉得也不是个最终解决问题的办法，最好还是将行政审判庭设在中级法院，为什么？比如有六个县的法院，我们把行政案件放在其中A县，把矛盾也集中到A县，却没有把其他五个县的人力、物力都放到那里。A县既没有经费又没有人员，还不如六个法院把案子都交给中级法院来审。

从20世纪90年代一直到现在，我的观点是很明确的。我支持马怀德等学者设立行政法院的主张，但我还是主张先由中级法院行政庭来审理，行政法院设立可以晚一步。建立行政法院要盖楼、要调人，在全国铺开的话是很大的事情，现在就做可能性比较小。中级法院的行政庭运行成熟了，过渡到行政法院水到渠成。

高级法官培训班

何：《行政诉讼法》颁布后，最高法院分别与北京大学和中国人民大学合作，先后举办了多期高级法官培训班，其中北京大学负责举办行政法班。这个培训对行政审判有什么样的影响？

姜：高级法官行政法培训班对行政审判的影响是很大、很深远的。正如行政法学教学的很多教员是从中国政法大学的行政法师资培训班里出来的，法院从事行政审判的早期骨干基本是北京大学高级法官行政法班出来的。

最高法院和北京大学开始合作开办高级法官培训班的时候，《行政诉讼法》还没有实施。第一期是1989年9月开班，次年7月毕业。接着又办了三期，每期60个人，这样四期总共有200多人。各个省高级法院的行政庭庭长、中级法院主管行政诉讼的副院长，还有一些中级法院的庭长都参加了。这些人分布在全国各地的法院里，都是行政审判的骨干，有的还当了院长、主管行政审判的副院长，或者上一级法院的行政庭庭长。长期担任最高法院行政庭庭长的赵大光法官就是这个班第一期的学员，他任职期间审理了很多重大疑难的行政案件。

这个班开的课很多，有中国行政法、外国行政法、行政诉讼法、国家赔偿法行政审判实务、部门行政法等。我们还邀请了好多北京大学之外的人来讲课，既有高校的，也有实务部门的，像人大的、法院的、政府的一些主管部门的司长、局长、庭长。这个班主要由罗豪才老师负责，我具体参与，后来湛中乐也参与了。我们每期都要编一本文集，比如罗豪才老师主编的《中国司法审查制度》《中国行政审判研究》。我每期还另外组织学员编一本案例，总共四辑。第一辑是《行政案例精析》（中国人民公安大学出版社出版），第二辑是在中国法制出版社出的，第三辑是在法律出版社出的。每一本案例都是经过我审核、修改之后，他们再进一步修改。这些书对法院当时的审判很有用，因为它们都来自学员提供的真实案例。

原先中国没有行政诉讼法，有些法官还是部队转业的，完全没有专业背景，根本不知道行政诉讼案件怎么审理。即使是大学毕业生，读大学时也没有学过行政法，包括我。我在大学的时候，学校根本就没有开过行政法的课，只有龚祥瑞先生讲比较宪法时涉及一点行政法知识。所以我们开了这么多的课，请了很多专家、学者来讲课，对行政法的教学和行政审判的推动起到了很大的促进作用。

从未代理行政案件

何：我印象中，您从未代理行政诉讼案件，为什么？

姜：我从来没有代理过行政诉讼案件，人家用几十万元、几百万元请我，我都没有去代理。一是因为怕麻烦，一个案子通常要花上一年半载，甚至更长时间；二是因为我普通话讲不好，所以一般不代理。

但我有律师证，1985 年司法部门直接批的（那时还不用律考、司考），刚毕业时也代理过小的民事、刑事案子。有一个刑事案子我印象很深，是我老家湖南一个当兵的，在部队搞文艺。他大白天把大贝斯从文工团拿回宿舍，复员时带回家去了。警察说他盗窃。他说他太喜欢这把大贝斯了，在部队时一直使用它。这个案子审了几个月，家属找了我好多次。我建议不判刑，因为被告人还不到 18 岁，但还是判了。检察机关说这把大贝斯使用年头久，有文物价值，他们要求判两年。我说这个东西根本不是文物，除非你们有专家鉴定。结果只判了半年拘役，还算不错。

但是我有点烦当事人老是找我这些事，后来就不再直接接案子，我也不给企业做法律顾问，只给党政机关做法律顾问。几十年中，我做过很多党和政府机关的法律顾问以及法院、检察院的专家咨询员，也参加过很多案子的讨论、论证，但请我代理案子的，我都给推辞了。

印象最深的行政案件

何：您参与过不少重大行政案件的讨论，印象最深的是哪几个？

姜：我参与过很多行政案件的论证，可能有几十甚至上百个，印象深的也很多。

我记得最早在 20 世纪 90 年代，江苏有个徐国祥的案子。他是个律师，帮人和政府打官司，政府败诉了，于是报复他。他住在江苏某市一个很好区位的地方，政府败诉后第三天就修改规划，把他和他周围 6 户人家的房子都给拆迁了。市政府说给财政局盖培训中心，属于公共利益。于是他到法院起诉，认为政府拆迁是为了打击报复他。这个案子影响很大，当时的报纸、电台都有采访，中国律师协会还组织过论证。我们七八个人，包括中国人民大学的江伟教授等都参加了论证，最后以中国律师协会的名义给出论证意见。这个案子搞了一两年，一直打到省高级法院，我跟江伟教授出了很大的力。但徐国祥并没有胜诉，房子最后还是被拆了。他后来就不愿在江苏做了，来到北京，在香格里拉酒店旁边开了一个律所。

还有一个河南的案子，是20世纪90年代的，影响很大。当事人是招商引资到河南建水泥厂的，证照齐全，但市政府的一个会议纪要，一阵风关停了包括当事人在内的28家水泥厂。当时由政府决策，要求工商局注销企业营业执照、各有关主管部门负责吊销许可证、电力局负责停电、水力局负责停水、公安局负责抓抵制政府决定的企业负责人。这显然违反依法行政的原则。政府关闭水泥厂，搞“绿色中国”，出发点也许是好的，但完全没有依法行政。当初招商引资的时候，政府承诺到当地来给多少多少优惠，现在上头政策变了，就把这些水泥厂都关闭了，确实说不过去。政府至少应该给企业一点经济损失补偿吧。这个案子我出了论证意见，后来据说法院判政府给予水泥厂补偿。我们的论证意见还是起了些作用的。

还有大连普兰店的一个案子。大连的一个警察上访，但是公安局总是不帮他解决问题，他最后在公安局挂个草垫子，意思是你们都是一些“草包”。公安局说他有精神病，把他绑住，弄到精神病院关起来。之后他就到大连的法院提起行政诉讼，法院不受理，说这是“内部行政行为”。他没有办法，跑到北京找了我和原最高法院研究室周道鸾、张泗汉等退休法官，我们几个人出了个论证意见：首先，如果说他是精神病，要经过医生签字给出证明；其次，警察抓了他应该通知他的家人，没有通知是违法的。最重要的是，这是剥夺人身自由，根本不是什么“内部行政行为”。我当时正好给最高法院举办的法官培训班讲课，大连也有法官在听课。我在课堂上讲了这个案子，后来法院受理了该案。审理的时候，公安机关给当事人做了赔偿，还答应今后报销当事人的医疗费，希望当事人撤诉。律师与我联系，询问我的意见。我说这应该尊重当事人的意见。当事人还年轻，他还要继续在公安局工作很多年甚至一辈子，不想与公安局将官司打下去，就撤诉了，他的工作也恢复了。

深圳市的贤成大厦案，这个案子影响是非常大的。当时深圳市领导还给中央写了信，指责最高法院“不讲政治”。我参加过两次论证，我认为深圳市政府的做法不对。法院顶住了压力，原告在行政诉讼中胜诉了。但这个案子的执行又出现了很大问题，我又参加了执行阶段的讨论和论证。

还有一个是哈尔滨市左安一的案子，也是艰难曲折。左安一在北京做房地产生意，在雍和宫边上拿了很大一块地。因为他和其他公司有矛盾，人家就告他，说他不是做房地产的，是炒外汇的，属于合同诈骗，要判他无期徒刑。我参加了三四次论证。第一次论证，我和高铭暄、王家福等七八个人参加。最后他被宣告无罪，但已经被关了五年。在他服刑期间，这块地被强行转让给别人了，对方就是告他诈骗的那家公司。因为土地使用费需要一个多亿（元），那家公司一时半会儿找不到那么多资金，没有按时交使用费，北京市政府就把地收回去了。他从牢里出来以后，黑龙江省高级法院给他了 20 万元的冤狱赔偿。但涉案土地在北京，还需要北京市将土地使用权返还给他。可是北京市一直不给，于是他到国家信访局信访。我们出了论证意见，按照《国家赔偿法》应该把这块地重新转让给他。后来北京市答应给他地，但跟他商量换了一块。现在楼已经盖起来了，叫作元泰大厦，可是房屋预售证一直办不下来。为什么？因为北京认为案子是黑龙江办错了，侵权是黑龙江，我们北京没有赔偿和善后的义务。左安一又向北京市西城区法院起诉，西城区法院作了一个裁定：因为你和被告的争议尚未解决，法院不予受理，驳回了他的起诉。法院这个裁定的理由确实有点说不过去，当事人正是因为有争议才来法院，争议解决了还找法院干什么呢？由此可见民营企业家生存之艰难！国家现在说要保护民营企业家，但做起来还是不容易。对此，我们法律学人应该给予他们一定帮助。

参与案件论证有利有弊，但还是利大于弊。一方面，法学院教授如果不搞案子光讲理论，讲课内容会太空，也讲不深。我讲课经常引用各种案例，学生比较愿意听。另一方面，老百姓遇到冤假错案，如果没有有影响力的法律人出面说话，有时法院根本不予理会。不过，我们论证案子也很谨慎，注意不能影响司法公正。我们论证过的案子也不是每个都能赢，但我们的论证对当事人确实提供了一定的法律帮助。我退休后，看能不能找一点时间，把这些案子的是非曲直写出来。

《行政诉讼法》的意义

何：《行政诉讼法》实施后，对社会产生了巨大影响，从您个人感受来说，最明显的变化在哪里?

姜：《行政诉讼法》产生的影响是巨大的，其中最大的是观念上的。

第一，过去行使公权力的人根本没有边界和底线意识，以为什么事都能干。现在有了《行政诉讼法》，无论是省长、市长、县长都明白要依法行政。现在领导人做出行政决定前，通常要问问法制机构有没有法律依据，要不要开听证会、论证会。这就是《行政诉讼法》起的作用。没有吃过官司，他们就没有这么深、这么广的认识。

老百姓也一样。过去大家哪敢告政府啊？通过这部法律，老百姓知道民可以告官，遇到问题时会考虑去法院告官，尽管大多数人对此还会有很多顾虑。《行政诉讼法》颁布后，全国一年只有几万个案子，现在一年有十几万个、二十几万个，确实也有不少是胜诉的。现在仍有很多老百姓不相信“民告官”，但延续几千年的观念已经开始发生了变化。观念的变化是最重要的变化。

第二，是公权力行使方式的变化。公权力行使的方式不那么野蛮了，曾经的“钓鱼执法”“养鱼执法”大都不搞了。公务员大都知道执法要遵守法律，要说明理由，要听取当事人的申辩，要有正当的法律程序。过去执法，开一张罚款单，写上根据法律法规规定，对你罚款50元或者20元。现在没有这么写的了，而是具体写明根据什么法律的第几条第几款，中间还要问一问相对人对这个事的意见。

我自己就碰到过。有一次骑自行车去全国人大开会——那时没有汽车，都是骑自行车——在不能停放的地方停了自行车，执法人员也不跟我解释，上来就让我交20元罚款。我问为什么？警察说你还狡辩，再给你加10元。现在我开车也会有违规的时候，警察同志笑着执法，还给我敬个礼，说:“这位先生，你违反了《道路交通安全法》要对你罚款，我们给你开一个单子，你到银行去交款。如果不服，你可以要求行政复议，也可以提起行政诉讼。”这是一个明显的变化。

第三，《行政诉讼法》的出台还有利于依法行政、建设法治政府。

过去没有多少法律法规，行政机关的行为主要依据政策。现在中国有了两三百部法律、七八百部行政法规，还有更多的规章。你走进任何一个领域，比如食品安全、交通管理，法律规则都比过去细密、合理得多。这些立法很大程度上是《行政诉讼法》催生出来的。所以《行政诉讼法》推动了中国的立法，也推动了中国的执法。

习近平总书记讲，要让人民有“获得感”。如果没有《行政诉讼法》和《国家赔偿法》，前面所说的案子，当事人根本就拿不到赔偿，更别说赔礼道歉、给予精神抚慰金了。我想这就是“获得感”吧。作为曾经参与《行政诉讼法》起草的人，我自己也有很大的获得感。不管这部法律还有多少欠缺之处，比没有总是强很多的。

2014 年修法的影响

何：据您观察，2014 年《行政诉讼法》修改对行政审判和行政执法有哪些影响？

姜：2014 年《行政诉讼法》修改，变化还是明显的。

首先，行政审判的独立性增强了，法官敢判了。当然现在还不是一点干预都没有，但是对比过去，党政机关的干预确实少多了。即使干预，法院也可以记录在案。多年前河南的那个案子，因为法院判决说地方性法规无效，法官都被撤免了，这种事现在不太可能出现了。

其次，扩大了受案范围。有些案件按照 1989 年《行政诉讼法》也能沾上一点边，比如资源使用权、土地使用权实际上是财产权，应该是可以受理的，但过去因为没有被列举出来，有的法院就不受理。现在比较明确一些，受案就不那么困难了。过去行政审判门槛太高，好多案子根本进不了法院。现在实行立案登记制，行政案子比过去多了将近一半。所以，实际的受案范围比过去扩大了。

再次，行政机关负责人出庭制度是中国的一个创造，对行政机关和行政执法行为有很大的影响。过去，很多负责人根本不知道法，以为自己的做法就是法。只有出了庭后，才知道这么做是违法的。关于这个问题，我跟有些教授意见不太一致，他们不太认同负责人出庭。我认为，在中国的现实情况下，负责人出庭利大于弊。他们不一定每个案件都出庭，有时候可以委托一两位工作人员出庭。但即使负责人一年只出一次庭，对他仍是一个很好的教育。像贵州省副省长都出庭了，不但出庭，他在庭上还发声了。实践中，有的行政机关负责人经常出庭，有一个处长出庭70多次。我之前在北京市做人大代表时，有一个建设“法治北京”的建议案，内容就包括行政负责人适当出庭应诉。

最后，行政诉讼的执行力度加大了。过去好多案子，法院判决后执行不了。这样的情况现在仍然存在，但是很少了。现在不执行，由负责人承担罚款，每天50~100元，差不多每个月扣你一半工资，那你受不了。法院还可以把拒不履行裁判的人列入名单，向社会公布，让他背负“老赖”的名声。以前黄友元案，打了多年官司，法院判决天津公安机关赔偿几百万（元），但是没有办法执行。最高法院、全国人大内务司法委员会去文、执行法官去天津执行都执行不了。以前新疆有一个案子，当事人被警察抓起来了，被刑讯逼供，他就起诉公安局。公安局不但不给他赔偿，还停止了诉前每个月给他报销的300元医药费和生活费。审理该案的法院的院长是我们高级法官培训班毕业的，他给我打电话说：“本来这个案子我们是不受理的，我们听了您的课才受理，结果反而害了这个当事人。原先每个月公安机关还给他300元，给他报销一些医药费，他起诉后，什么都没了。”我说，你们能否想办法让人大或者检察院来监督？他说很难。公安局如果不执行，法院一点办法都没有。类似情况现在就不会发生了，现在的执行力度很大。

2014年《行政诉讼法》修改过程中，不论是法院组织的论证会，还是全国人大法工委的论证会，我大都参加了。这次修改还遗留了一些问题，例如复议机关做被告可能存在问题、规范性文件能否作为行政诉讼受案范围的问题、跨行政区域管辖问题等。但是，《行政诉讼法》的修改加强了司法机关的独立性，扩大了受案范围，确立了立案登记制、负责人出庭制度，加大了执行力度等，这些都对行政审判、行政执法和建设法治政府产生了很好的作用。

未来修法的展望

何：如果未来几年再次启动《行政诉讼法》修改，您希望修改什么？

姜：首先，受案范围不要采用列举式了，应该采用概括式，尽量扩大受案范围。

其次，应该开放抽象行政行为审查，而不是仅搞附带审查。政府制定下发的规范性文件乃至规章（最多排除行政法规），应允许行政相对人直接起诉。因为抽象行政行为也是一个行政行为，只要对特定行政相对人造成权益损害，就应允许相对人起诉，这是完全符合宪法的，是依宪治国、依法治国的要求。

再次，理顺审判体制，强化审判独立。看看采取行政法院的方式，还是撤销基层法院行政审判庭，让中级法院承担行政案件的一审工作。如果条件成熟，超越行政区划的限制，在几个区县的范围内建立行政法院，当然是最理想的。如果条件尚不具备，我的意见还是先在中级法院扩大行政审判庭，把基层法院行政审判庭的人调到中级法院，这就相当于一个行政法院了。在条件成熟的时候，脱离普通法院建立行政法院。这是我对下一次修法的预期。

最后，是关于被告的问题。有一些行政主体不一定有行政机关之名，但有行使行政权力之实。比如，北京大学这样的事业单位，律师协会之类的社会团体，现在还有一些党的机构，都在行使公权力。现在的公务员管理、出版、电影电视、民族宗教事务等都是党政合一的机构在管。还有监察委的问题。监察机关不是行政机关，但它的查封、扣押、搜查等权力是实质上的行政权，为什么不能够告？把相对人关起来，留置几个月，在检察院决定不起诉时，当事人为什么不能告？2017年，我在《法学杂志》写了一篇文章《国家监察法立法的若干问题探讨》，就讨论过对监察机关行使人身、财产强制权行为有限纳入行政诉讼受案范围的问题。我认为不要拘泥于形式，不能只看被告是不是行政机关，而应该看实质，看相应组织是否实质行使行政权力。只要实际上行使行政权力，就应该纳入行政诉讼被告的范围。

寄语年轻学生

何：这几年有越来越多的法科学生（包括本科生、硕士生、博士生）进入行政审判、行政复议，或者从事行政诉讼律师，但也有一些法科生在观望，不愿从事行政法律实务工作，怕辛苦、怕没有业务、怕没有前途。您会对他们说些什么？

姜：现在有一些学生不愿意学习行政法，主要是因为行政法律师的收入普遍没有做民事、经济案件的律师那么高。偶尔也有行政案子标的额大的，有上千万、几个亿（元）的，但是多数案子的标的额很小，做律师只做行政案子似乎没办法过日子。因为这个原因，现在比较优秀的行政法律师不多。在法院也是这样，越往基层走，行政案子越少。

但不是说，学行政法就没有机会。现在行政案件比过去多多了，一些单位要人，就要学行政法的。做行政法做得成功的例子也很多啊：在律师界，如王才亮、杨在明、陈有西等，他们办了不少案子，也挣了不少钱，做得很成功；在法院，学行政法的也有做得很成功的，如江必新，很多法院院长、庭长也是学行政法出身的；在人大、政府部门学行政法的也有做得很成功的，像袁曙宏、陈斯喜等。当然，要做得好、要成功，在行政法上必须特别精专、学懂学透，但不能只懂行政法，也必须懂一点民法、刑法、经济法。很少有案子只涉及行政法而不涉及其他法律的。

我们不是要学生完全不讲名利，但学习行政法的人还是应该有一点献身精神的。即使比人家少拿点钱，评职称、做官的机会少一点，你也应该为这个事业而奋斗。人一生能为自己的事业奋斗是值得高兴的，不是只有拿很多钱、做很大的官就高兴。我研究行政法一辈子，没有做过什么官，也没有很多钱，但我无论去哪里，大家都知道姜明安是搞行政法的，愿意听我讲课、愿意看我写的书和读我的文章，我就非常满足，非常有获得感。做大官、赚大钱也会有很多烦恼和风险，如果你的兴趣是做官为人民干一番事业，或者是赚钱为社会做一番贡献，那也值得去做。像于成龙、焦裕禄那样，就从从政中获得了很多快乐。

在学术界，我们行政法学者写的文章再多，也不会比刑法、民法的学者影响大。论著作、文章的引用率，有人统计过，行政法学者与研究刑法、民法、经济法的教授相比，有很大差距。这可能与行政法学者努力不够有关，但说到底，行政法圈子还比较小，不可能有那么多人去看行政法的文章，去读行政法的书。但是我们不能太计较这个。自己觉得在这个行当里尽了力，对社会有所贡献，自己的日子过得也还好，就可以了。我不建议太多的博士生、硕士生都去搞行政法研究或从事行政法实务，但还是希望有一些有志向的人致力于这个行当，国家和人民需要这个行当。

访谈时间：2019 年 1 月 12 日

整理：何海波、何源

过犹不及，行政诉讼的中国实践
——朱维究教授访谈

朱维究，1944 年生，河北滦平人。1966 年毕业于北京政法学院，历任中国政法大学讲师（1983）、副教授（1987）、教授（1993），兼任中国政法大学比较法研究所所长、《比较法研究》主编、政治与公共管理学院院长、台湾法研究中心主任。全国人大法工委行政立法研究组成员、中国法学会行政法学研究会副会长、民革北京市委副主任委员、国务院参事。长期从事行政法、比较公法教学以及行政管理学研究工作。著有《行政法学总论》（合著，1985）、《行政行为的司法监督》（1997）、《中国民主政治法律化研究》（2000）、《行政法在中国》（合著，2003）等，主编《行政诉讼法原理》（1988）、《政府法制监督论》（1994）等。

早年经历

何海波（以下简称“何”）：朱老师好，谢谢您接受我的采访。您能否首先谈一下启动《行政诉讼法》制定时您的情况？

朱维究（以下简称“朱”）：我对行政诉讼法的研究源于我对信访的关注。我不但是研究信访的人，我自己也曾经是一个信访者。在我看来，行政诉讼法就是信访制度的法治化。

我是1962年进的北京政法学院。“文化大革命”前搞“四清”运动时，因为性子直、幼稚无知说实话而“暴露”的思想成了我的黑材料。“文化大革命”一开始，就被打成“反动学生”。那时我住在北京政法学院“学一号”楼，楼前面的木头桩子拉上铁丝，运动一来，上面挂满大字报。连续几天，一号楼到三号楼前几乎全部大字报都是关于我的。二十刚出头的女孩子如何承受得了？！当时都想要自杀。既然没死，那就好好活着。毕业的时候，分配了10次没有单位敢要，只好先到部队农场劳动锻炼。两年后，总算落在京郊山区中学教语文。

家里更大问题是关于我的父亲。父亲早年曾经是西北军冯玉祥的部下，参加过北伐，打过台儿庄战役。1945年以后，他离开军界，自己做生意。解放以后，父亲因旧军人的经历，历次运动都挨整，成了“老运动员”。1975年，父亲去世了。“文化大革命”中，我婆家、娘家全部被抄家。

“文化大革命”结束后，为了给自己及两个家庭平反，落实各项政策，我跑了所有机关、单位。那种煎熬、焦虑与期盼，没经历过的人是很难体会的。还好，最后都退赔、补偿了。因为这段经历，我对赔偿、补偿有切身体会。后来起草行政诉讼法试拟稿的时候，我恰好负责国家赔偿问题的调研和草拟工作。必须使国家责任法律化，对这一点我愿望特别强。

大学没开过行政法课程

何：您读大学的时候，念的是苏维埃行政法？

朱：没念过。我读大学的时候，苏维埃行政法一天都没给学生讲过。

我们学校教研室有过“苏维埃行政法大纲”，但这门课没给我们讲。1952年院系调整后成立的北京政法学院，有一个行政法教研组，曾编写了行政法大纲。最早编成的是《苏维埃行政法大纲》，只是试讲了一下；后来准备改成中国行政法，但还没完成，“反右运动”以后，部门法就开不了课了。你想，那时司法部、监察部都取消了，怎么还会有这种法律课？政法学院的行政法课程从此夭折了。等我上学的时候，宪法、行政法都没有了，就一门课，叫“国家和法的理论”，讲马克思主义国家理论，其他就是民事政策、刑事政策。

何：那您是从哪里学的行政法呢？

朱：再回到学校时，我已经36岁了，但那时候的状态还是学生。我只有一个想法，那就是要把失去的时间补回来。我一天要完成两天、三天要做的事情，一年要完成别人三年、五年的积累。

当时能看的，主要是民国时期的书，有“南范（扬）北白（鹏飞）”之说，也有一些我国台湾地区“行政法”书籍的影印本，再就是听王名扬先生讲。我可能是王先生最好的学生，没有人像我听得这么认真。王老口音很重，不好懂，我还要经常给他做翻译。所以他们觉得我懂好多，其实我不懂，我只是认真不停地学习。

那个时候上课要求也是很严格的。上课之前，教研室集体讨论、统一备课，教学方案包括你的板书都要列得清清楚楚，经过试讲，然后才上课。在教研室里，方彦老师带着我。他是教研室主任，年纪大了自己不大写东西，他所有的东西大多是我代笔。文章初稿我来写，他们审核，不行我再修改。恢复重建行政法的前两年，我的脑子一时一刻都没停过：大家讨论问题，我记笔记；有时我中午还要给他们做饭，炒菜时我也在想他们刚才讲的理论问题。

我有幸担任第一本统编教材《行政法概要》的责任编辑。做责任编辑特别占便宜，所有人的稿子我都要一遍又一遍地看。这个过程中，我还能起点作用，哪些东西留下来、哪些东西不要，我可以提出建议。最重要的就是王老写的“行政行为”那一章，当时应老师和我多方婉转做工作，最终说服主编王珉灿把这一章留下来，标题就用“行政行为”。

那段珍贵的学习机会，对我来讲是十分可贵的。

早期的中国政法大学

何：您很早就回到了北京政法学院，那时候的学院是一个什么光景？

朱：1979年北京政法学院复校，我1980年就过来了。不久，我们取消了国家与法的理论教研室，成立了法理教研室、法史教研室、宪法与行政法教研室。后来，宪法行政法教研室再分为两个教研室，我就从宪法行政法教研室到了行政法教研室。

最早的教研室主任是方彦。教研室里有一个中国人民大学毕业的，叫仝典泰，和孙炳珠、张晋藩是前后一两届的同学。他参加过50年代苏维埃行政法教学大纲的起草，也参与了从苏维埃行政法到中国行政法过渡的工作。我很崇敬他，但他为人谨慎，话也很少说。后来身体不好，很早就退休了。

年轻一辈的，除了我，还有张锋。他是法大本科毕业后来的第一个新成员。第二个新成员是我的同班同学，叫路遥。他是方老师请过来的，当时担任支部书记。1986年以后，才有张树义等几个法大研究生毕业的新生力量。

应（松年）老师来得比我们几个稍微晚一些。他和罗（豪才）老师是同届，都是1960年毕业。杨海坤老师也是和我同一个时代的。我们几个都是“文化大革命”前新中国自己培养的政法类学生。尽管家庭背景、学习历程和工作经历不一样，但到了80年代初，都选择了行政法这条路，还在一起做了一些事情。对这段学术交流、个人交往，以及共同创立的一段辉煌历史，我很珍视。

试拟《行政诉讼法》

何：行政立法研究组在行政诉讼法的起草过程中扮演了重要角色。您是这个研究组的成员，能说一说当时的情况吗？

朱：行政立法研究组开始是想搞一部类似《民法通则》那样的“行政法通则”。搞了整整一年，不行，于是改弦更张，决定先搞诉讼法。

有一个问题是我们必须解决的：是制定单独的《行政诉讼法》，还是把它放在《民事诉讼法》中来写？行政法学者当然是普遍主张行政诉讼从民事诉讼中分离的。为了这个，我整理了所有老先生的主张和我能查到的民国时期的论述，论证民事诉讼和行政诉讼为什么是两回事儿，并第一个发表这类文章。记得当时我列举了12项“不一样”作为理由。具体是哪12项，你现在让我说，我不一定说得清楚了。但至少包括这么几点吧。首先，行政诉讼不是平等主体之间的关系。既然在实体法中权利义务是不对等的，那在程序法上就应该倒过来，给相对人更多一些权利，行政主体少一些权利。其次，行政诉讼不仅包括违法损害的赔偿，也要包括适法损失的补偿。其他的如复议在先等，也都是两种诉讼不一样的地方。核心的一条：得承认公法与私法有区分，不仅实体法，程序法也如此。

何：当时立法研究组是怎么工作的？

朱：研究组只是个松散的组织。我们的工作方式可以说是：自由参与、认领为主、分配为辅。开会的时候，谁愿意参加就参加，你不来也没办法强制。江平老师说是组长，但不怎么参加。当然大的决策，他肯定是参与的。他当时还是全国人大常委会委员，说话最有分量，大家也都尊重他的意见。罗老师因为事多，不常来；北京大学紧盯这个事的，是姜明安。应老师肯定是骨干啦，江平老师比较尊重他，当然应老师也听江平老师的。研究组开会的时候，学生也参与。当时北京大学学生少，中国政法大学有一大帮学生。应老师用得比较多的，有于安、胡建淼、肖凤城几个。

试拟稿的起草，大家稍微分了一下工。分给我的是第九章，即国家赔偿部分。初稿写出来，印发给大家，大家再一起讨论。有时候也分小组讨论，小组讨论我还主持过会议。那个时候几乎每周都会有活动，或者分散地在各个学校准备。所有的稿子在大组中能看到的，我都看，并且认真思考。

研究组开会讨论的时候，大部分时间还是老先生们在说。我那时还是年轻老师，发言基本轮不上我，主要还是要听老先生讲。但有的老先生好像也没讲出什么东西。像张焕光能说上半天，听下来其实也没东西。应老师主要是主持，说话不多。他的想法是什么，很多人并不知道。

我这个人，能让干活，我就特别兴奋。我知道，《行政诉讼法》制定是件大事，因为有亲身经历，非常希望这部法律能够保护像我这样的普通人、使我这样的人以后少受非法侵害。因此，只要有会，我就积极参加；

只要交给我任务，我就认真完成。让我收集资料也好，让我看稿子、带学生写东西也好，我都从头看到尾。别人承担的那些部分接不上的时候，我还常常被抓差临时做这个、做那个。认真思考，多听、多看、多做，这就是我当时总的心态与做法。

参与立法的各方

何：行政立法研究组开会，全国人大法工委的同志参加吗?

朱：立法研究组开会的形式很多，规模有大有小。全国人大法工委的同志也参加，有时全国人大法工委副主任顾昂然也会参加。

那时候大家都很虚心，尽量多听、多看、多学；全国人大法工委的同志也是很认真的，尤其是顾昂然，我特别佩服。他曾经做过彭真的机要秘书，对自己要求非常苛刻。我们去全国人大法工委开会有工作餐，大家围成一桌，吃得好一些。顾昂然从来都是去食堂打饭吃。这一点给我印象特别深。在整个《行政诉讼法》起草过程中，顾昂然是起了关键作用的。

顾昂然也善于听取大家的意见。还在立框架的时候，我提了一个观点，顾昂然很重视。我说，建立行政诉讼制度兼收并蓄恐怕是必须的，要“照顾左邻右舍”，看看日本、想想我国台湾地区。我们以大陆法系为主要的学习模板，但英美法系民事诉讼一些好的东西也应该借鉴过来。顾昂然后来经常提起，要“照顾左邻右舍”。

全国人大法工委里边，主要参与并且了解全过程的是肖峋和高志新。肖峋是民法室副主任，也是行政立法研究组的成员，联系工作主要靠他。肖峋为《行政诉讼法》制定是做了很多贡献的。高志新是陶老陶希晋的秘书，也做不少事情。除了他俩，我记得全国人大法工委还有一个北京大学毕业的，叫姚红。她在文字记录、资料整理等方面也参与了很多。

何：法院、检察院和政府部门如何参与讨论?

朱：立法组试拟阶段，实务部门参与不多。实务部门主要是后来征求意见和审议阶段参与进来的。

最积极的，当然是法院了。开始的时候，最高人民法院方面参与的是费宗祎，他说我是搞民法的，到后期，来的是最高人民法院行政庭庭长黄杰。到了全国人大审议的“决胜”阶段，都是最高人民法院马原副院长亲自指挥的。法院方面的态度很清楚，就是要扩大审判权力。

政府方面，参与的主要是国务院法制局的副局长黄曙海。他是一个特别温和的人，很少说什么尖锐的意见。北京市法制局的张耀宗在后期也很活跃。这个人说话风趣，但处处维护政府的权益。政府很愿意用法律来为政府办事。总地来说，行政机关表面愿意接受监督，但实际上要求法院保驾护航。

检察院的态度比较消极，他们参与讨论不算积极。当时跟检察院有关的问题是行政诉讼的监督。检察院给我的印象是，他们不太愿意要行政诉讼的监督权。当时检察系统内部也有学者（如王桂五），主张适当增加一般监督，但检察院领导似乎不热心。最后必须让检察院表态了，专门跟他们开了一两次会；我的印象中副检察长好像没来过，参会的都是司局级甚至是处级的干部。

何：参与讨论的还有谁？

朱：还有全国律师协会的主席郭阳等，也算一方代表。但那时还没有多少行政诉讼实践，他能提的意见不多。主要的参与者还是三方：法院、政府、全国人大法工委。

立法过程中的讨论

何：您还能回忆起，《行政诉讼法》起草过程中有哪些重大争论吗？

朱：立法研究组阶段，有的问题有分歧，但公开的争论比较少。争论主要是后期，进入公开征求意见和审议阶段之后。

何：我看到学者早期的讨论中，对行政诉讼有不同的理解，您当时就讲行政诉讼有广义和狭义。但最后我们确定的行政诉讼只能是“民告官”、上法院，这种意义上的行政诉讼又被称为“司法审查”。在这个过程中，您有没有听到争议？

朱：你不要以现在的视角来看那个时候。那个时候思考问题的方式是，怎么对行政机关进行监督？我们讨论时没有“民告官”一说，“民告官”这个说法是后来才有的；当时更没有“司法审查”的说法，“司法审查”的提法也是学者们后来总结的。《行政诉讼法》出台之后，罗老师在《中国的司法审查制度》一书中，把“司法审查”作为中国行政诉讼制度的代名词。其实，中国宪法里面没有任何关于司法审查的规定，这是引入西方国家的法治经验和理念，进行中西比较的结果。咱们那个时候的想法单纯极了，就是对行政机关要进行监督。怎么监督？除了行政机关内部的监督、人大的监督之外，还要有一个随时都可以提、随时都可以监督的，那就是司法监督。

何：当时在受案范围上有什么大的争论吗？

朱：关于受案范围的规定，因为有个兜底的条款，我很满足了。在宣讲行政诉讼法的时候，我最推崇的就是受案范围兜底的那一款。这是一个开放的、随时可以增加监督事项的规定。有了这个兜底条款，今后都不用修改法律、行政法规就可以随时增加接受司法监督的范围。本来是人大给法院多少监督权，法院就能监督多少；现在，政府自己也可以扩大受监督的范围。这一点体现了人民监督的理论，也是中国行政诉讼制度与西方国家司法审查制度的一个重要区别。

何：还有规章的适用，在试拟稿阶段有争论吗？

朱：试拟稿的时候这个问题不太突出，争论主要是在后期。政府部门基本上是反对法院审查规章的。除了规章，还有“红头文件”或者说规范性文件。当时“红头文件”数量多、种类杂、内容基本不受约束。可你也要看到，在刚刚改革开放的历史阶段，完全规范化也不太可能。

我也主张规章和规范性文件应该受到监督，包括法院监督，但这个监督权主要应该由上级行政机关和同级人大乃至上级人大来行使。问题是，上级行政机关和人大没有承担起监督职责，这是我们法治进程中最大的缺憾。不过话又说回来，职权法定都没解决，你让他按照法定职责办事不是空话吗？所以，我觉得法治政府建设最核心也是第一件要做的事情，就是职权法定。从编制管理和预算管理挂钩并实现法定化入手，把职权法定贯彻下来、落实下去。这个观点，我和应老师写《行政法总论》的时候就已经有了。

何：行政非诉执行的问题，是怎么写上去的？

朱：据说这是当时某个行政机关的领导提的。对这一条，我是反对的，但是我的声音很小，起不了作用。按道理讲，本来执行是行政活动，不是审判活动，国家不该把这个权力划分给法院；即使给法院，法院也不该做实质审查。我们后来到国外考察过，欧洲国家的法院也只是做形式审查，不做实质审查。咱们这里，最后却变成是实体和程序都审。

当时我国一些单行法有规定，行政决定作出后，当事人既不起诉也不履行的，行政机关申请法院强制执行。许多人认为，这是“约束行政权”。他们认为，约束行政权扩张的方式之一就是把行政机关的强制执行权拿掉，连审查带执行都交给法院。他们以为行政机关没有这方面的权力就好了。没想到，执行权给了法院，给法院增加了好多麻烦，也造成很多寻租的机会。当时基层法院还在抢这个执行权啊，要害就是有利可图。后来搞拆迁，法院就觉得很难办，问题就来了。

何：您写的行政赔偿一章，后来只剩了三条。当时是否也有不同意见？

朱：试拟稿阶段，其实还写了行政补偿。当时我的观念是：违法侵害赔偿，适法损失补偿。这个区分是非常清楚的，我希望能把国家责任写完整。为写补偿的框架和具体条款问题，我们去一些单位做了调研，其中包括军委法制局。但大家觉得补偿这个问题不好写，就删掉了。我至今仍然认为，行政诉讼中的补偿应当得到强调。后来拆迁补偿问题越来越突出，证明了我的预见。

何：《行政诉讼法》起草过程中，法院就开始设立行政审判庭了，而《行政诉讼法》最终把行政审判庭铺到所有县级法院。立法过程中，对这个问题有没有讨论？如果我们再回到那个年代，您还会支持把行政审判庭设到县吗？

朱：没什么讨论，大家觉得很自然的事；即使再回到当时，我想还是会支持的。从民国时的一个行政法院到当时四级三千多行政审判庭，我认为是了不起的法制进步。

在我看来，这个设置体现了人民监督的思想，也是我们国家政治逻辑的结果。我们不搞三权分立，行政职权与司法职权是共同完成行政目标的协作关系，所以也没有那么多所谓司法权跟行政权的争议。行政诉讼只是人民监督政府、解决公法冲突的若干解决机制之一，复议、纪检监察、信访也是人民监督行政、解决争议的机制与渠道。在中国，党的领导和人民当家作主最好的体现恰恰不是行政诉讼制度，而是纪检监察。信访和诉讼相结合，我觉得挺自然的，也挺符合中国实际的政治生态。

至于以后的实践中出现不少问题，也可以理解，制度总是要不断改进、不断完善嘛。人民监督有一个发展的过程，也是一个试错和逐渐完善的过程。

对《行政诉讼法》的评价

何：现在回头看 1989 年的《行政诉讼法》，您怎么评价？

朱：全国人大法工委的肖峋给这部法律打了 90 分，我打分可能没有肖老高。

我认为，针对行政公权力的“达摩克里斯之剑”举起来绝对有必要。老百姓第一次感觉到，我有权用法律手段控告政府。这个观念的转变可不得了，因为这个是积极的监督的权利，而不是消极的、被恩赐的“救济”。舍此怎么实现“人民当家作主”？所以从中国的文化、政治制度的更迭来看，怎么评价《行政诉讼法》的意义和作用都不为过。

最大的问题是实施。《行政诉讼法》颁布前后，在法大搞了四期政府法制培训班，国务院各部门和各省、市、自治区法制局、办的领导干部基本上都来培训过。政府要守法、要依法行政，这些法治政府最基础的原理、原则就是在这里传播的。但我也从中体会到，要让这些干部理解法治政府很难；要让他们做到依法行政更难，这个我体会特别深。要让他们成为公仆就很难，进而知道执法不仅仅是处罚，更不容易。当时要是不给行政处罚权，他们就觉得“这还怎么执法呀？”这类观念简直根深蒂固，而转变观念是最难的。

我还觉得，对某些法律规定及其实施也需要反思：我们是不是对西方国家的相关制度没有进行很好辨析、做深入的比较研究，就简单地引入中国了？包括罗老师审理的深圳贤成大厦的案子，我也有不同看法。政府的一个会议纪要，你说它程序违法，就把它撤销，这绝对不是中国的事儿。在改革的早期和中期，行政机关正要放开手脚，你却用西方国家的正当程序原则限制他，这合适吗？当时深圳市的领导找我和皮老师，我还给罗老师（他当时是最高法院副院长）写信，提了意见。当然，罗老师是第一个“吃螃蟹”的了不起的人，我对罗老师非常敬佩，而且万分感激。我相信，他也在探索乃至试错。

何：《行政诉讼法》实施中的问题，通过 2014 年的修改得到了部分解决。

朱：说实在话，我认为修改得并不怎么样。

一是立法程序的问题。有一次，美国原子能委员会的一个咨询专家问我：“中国这么大的范围，你们几个人凑一起，就能制定一部法。你们了解多少情况，立法之前做了多少实证研究？”他说美国原子能委员会制定一部程序规章，收集的资料堆起来比人还高，他还觉得不保险、实证部分不充分。你们这么大的国家，凭这么几个人、开几次会，就制定一部法律，怎么可能呢？这话给了我很大刺激。我想我们立法中缺乏实证研究可能不是某一部法律的问题。

二是司法功能的问题。规范性文件的附带审查扩大了司法审查的深度和广度，但也需要谨慎。按照中国的人民代表大会制度，上级行政机关有权更有责任监督下级行政机关的规范性文件，人大也有权监督政府的规范性文件，他们都没做，却让法院来做，这多少有点越俎代庖的意味。而且法院附带审查后没办法撤销，还得靠行政机关，这不是绕圈子吗？结果法院越搞越被动，公信力越来越弱。

何：您能想象一些未来 10 年、20 年中国的行政诉讼吗？

朱：也就那样吧。我估计，未来行政诉讼制度绝不会没有，但法院在公法纠纷多元解决机制中的功能也不会扩张。

我是一个自信、执着的人

何：您从教、从研四十年，有什么心得可以与后学者分享吗？

朱：关于法学研究，我有几点看法：

一是国家不改革、不发展、不实现治理现代化，中国法学没法研究，法律人的命运也无法自己掌控。所以，我感谢改革开放给了我太多学习和实践的机会，我也很珍惜这么多的学习和实践机会。无论是担任民革北京市委的副主任委员，还是当国务院参事期间，我做了很多调研、考察、走访，我努力把自己融入国家整体的变革之中。不在国家的整体变革中寻求自己的事业，我认为是没有出路的。

二是绝对不能踢开中国的法治实践，谈中国的法治进程和中国法律制度的构建。我们说的法治，不是简单地按照美国、英国、德国、日本的经验改造我们的法治，而是根据中国的实际情况实事求是建设自己的法治。当然，作为有志咨询国是的法学学者，具体该怎么办，需要随时随地做调整和修正。这本就是自我修养、自我改造、自我锻炼的过程。

三是没有完善的法律制度，就谈不上完善的法学。到今天为止，中国自己的法制体系还没有完全建成，法学就更谈不上完善了。行政法学今后还有很多事要做，还大有可为。

何：回顾您的学术生涯，您如何评价自己？

朱：我是一个一辈子不停止学习的有心人，一个自信的人，也是一个执着的人。

近四十年前，当我最初涉足行政法学这个圈子，我几乎是唯一的女性，周围都是男士。但是我从来也没有觉得我是例外。像我这样的女性，不会太多。在谈学术和政治主张的时候，我认为是没有性别之分的。

我一直认为我是钱端升先生的继承人，他的教诲我从来没丢，更不会忘。在学术上的观点，不会轻易改变。学生们曾给我一句评价，说我的学术观点“一以贯之、未有改变，但随时代进步不断补充完善”。我认为这是对我最高的评价。我想，在行政法学界我不是唯一的，但的确是不多的一个吧！

采访时间：2019 年 3 月 24 日

采访地点：中国政法大学

整理：王敏、何海波

得养于源泉，方识途行远

——于安教授访谈

于安，1956年生，现为清华大学公共管理学院法学教授和博士生导师，政府研究所所长，兼任中国法学会行政法学研究会副会长，中国法学会世界贸易组织法研究会副会长。1985~1988年在中国政法大学攻读行政法学硕士学位，1988年毕业后从事行政法学的教学和研究，曾参与过《行政诉讼法》起草研究相关工作。

参与《行政诉讼法》研讨

何海波（以下简称“何”）：于老师好，准备和起草《行政诉讼法》的时候，您还是一位年轻的学者。能不能谈谈您参与立法的机缘和当时的情况？

于安（以下简称“于”）：我是读书期间在老师引导下参与行政诉讼法的准备和研究活动的。1988 年 7 月以前，我是中国政法大学学习行政法的研究生，研究生毕业后，到西南政法学院行政法教研室当老师，在有关部门同志的推荐下参与了《行政诉讼法》制定过程中的讨论和研究。

我印象深刻的活动，是《行政诉讼法（草案）》在 1988 年 11 月《人民日报》公布以后的两次会议。一次是重庆市人大常委会组织研究《行政诉讼法（草案）》的会议，我的工作单位西南政法学院推荐我去参加。当时全国人大常委会法工委的有关同志到重庆听取意见，一位是全国人大常委会法工委咨询组组长穆生秦同志，一位是郑淑娜同志。郑淑娜同志后来担任了全国人大常委会法工委副主任，现在是全国人大宪法和法律委员会委员。第二次就是 1988 年 12 月底，去北京参加全国人大常委会法工委召集的《行政诉讼法》座谈会。这个会议很有意义，因为临近全国人大的年度大会，《行政诉讼法》的制定工作进入最后决策阶段了。

《行政诉讼法》草案座谈会

何：您能否具体地说一下 1988 年 12 月底到 1989 年 1 月初座谈会的情况？

于：《行政诉讼法（草案）》在 1988 年 11 月《人民日报》公布以后，受到了广泛的关注并征集到许多好的建议。全国人大常委会法工委结合这些建议对原来的稿子做了一些改动，并组织了几次座谈进行讨论研究，1988 年 12 月底至 1989 年元月初召集的座谈会就是其中的一次。会议地点是现在的全国人大会议中心，当时叫全国人大常委会招待所，是两栋红色的三层小楼。当时全国人大常委会法工委发明传电报到重庆市通知我参加会议。外地受到邀请的有三个人，除了我以外，还有大连中级法院的张晓明法官和陕西省人大常委会的一位同志。

参加这次会议的既有相关国家机关的同志，也有学术界的代表。至今仍然能够清楚记得的与会者，来自相关国家机关的同志是，最高人民法院行政审判庭庭长黄杰同志和胡仕浩同志、国务院法制局副局长黄曙海同志和彭恩刚同志、全国人大常委会法工委的有关负责同志和有关部门的同志；学界的代表分别是中国人民公安大学的柴发邦老师、北京大学法学院的刘家兴老师、中国政法大学的应松年老师和朱维究老师，还有来自西南政法学院的我。

当年参与立法研究的北京学者

何：当年哪些学者参与得比较多？

于：搞行政立法是意义很大的工作，需要多方面地听取建议，法学界老、中、青学者的意见和作用都会受到重视。

那时在行政立法中起作用大的学者，是罗豪才老师和应松年老师，他们是当时行政法学的中坚力量。当时受到重视的在京老先生中，除了民事诉讼法等方面的先生们以外，是几位与行政法关系密切的老先生：北京大学的龚祥瑞先生、中国政法大学的王名扬先生和杜汝辑先生。王名扬先生是教授行政法的，也是我的指导老师；杜汝辑先生是教政治学的老师。记得龚祥瑞先生参加会议的时候多一点。

与民法和民诉法的关联性

何：在《行政诉讼法》的制定过程中，行政诉讼法与民事诉讼法的关系是很重要的。您怎么看待这一点？

于：从制度发生学角度看，《行政诉讼法》的产生与《民法通则》和《民事诉讼法（试行）》有不可分割的联系。从制度本身看，我国行政诉讼法与民法和民事诉讼法的关系，无论是制定过程还是实施过程都非常密切地联系在一起。分离了，就说不清楚了，也不利于实施。现在进一步阐明这一点，仍然具有现实的意义。

《行政诉讼法》的制定是以《民事诉讼法（试行）》的实践经验为重要依据的。写什么、不写什么和写多少，很多都是以民事诉讼法为取舍依据的。第一，行政诉讼首先是在1982年的《民事诉讼法（试行）》中规定的，行政诉讼法规定的许多制度，就是根据民事诉讼法实施中处理行政案件的经验设计的；第二，行政诉讼法最初并没有设计出完整的程序体系，而是重在解决民事诉讼法解决不了的问题。如果可以用民事诉讼法解决的，就不再重复规定。所以，如果只限于《行政诉讼法》规定的内容，就没有办法完全解决行政诉讼的问题。

《行政诉讼法》与1986年的《民法通则》也有非常密切的关系，这种密切的程度达到可以决定行政诉讼法基本取向的程度。1989年制定的《行政诉讼法》，基本上是一个着眼于保护公民、法人和其他组织的财产权和人身权这些个体权利为主的诉讼制，它的来源和基础就是《民法通则》。倡导行政立法的陶希晋同志，就是《民法通则》起草工作的负责人。1986年提出行政立法，也与《民法通则》的公布和实施有关联。现在的《行政诉讼法》已经发生极大的变化，公益行政诉讼、规范性文件审查和行政协议都进来了，这些在当年缺乏提出的条件和依据。

民法与行政立法的密切关系，还可以从从事起草工作的单位观察。起草《行政诉讼法》具体工作是全国人大法工委民法与国家法室。他们完成了《民法通则》的制定工作不久，就投入了制定《行政诉讼法》的工作。但也可以说明，在法制沿革意义上，民法和民诉法对《行政诉讼法》的影响是根深蒂固的。所以，离开了民事诉讼法，不能解释《行政诉讼法》对制度框架的取舍；不了解与民法的关系，就难以理解《行政诉讼法》产生的原因和历史进程，当然也就无法完整地理解我国的行政诉讼制度。

人民法院行政审判庭的设置

何：在《行政诉讼法》出台前，许多法院已经设立了行政审判庭。这对后来的行政诉讼制度有什么样的影响？

于：法院设置行政审判庭，与行政诉讼法律的增加和行政诉讼案件特殊性的显现相关。1982年《民事诉讼法（试行）》生效后法院可以受理行政案件，但是有一个条件就是必须有单行法律明确规定可以提起行政诉讼。1986年的《治安管理处罚条例》实施后，规定可以提起行政诉讼的法律越来越多。这不但需要增加人手，而且还需要处理行政案件与民事诉讼法不相适应的法律问题，设立专门机构的问题就提到日程上来了。

最高人民法院行政审判庭的第一任庭长是黄杰同志。我记得他是从中央政法委调过来的。他有很强的工作能力，对推进全国的行政审判工作发挥了重要作用。

在这一转换过程中，经济审判庭对于推动行政案件特殊规则的产生做了许多工作，曾经有一段时间经济审判庭负责行政案件的审理。当时最高人民法院经济审判庭的负责人是费宗祎同志，他是一位气度不凡和非常有水平的法官。他对民事诉讼程序解决行政法问题的难度有很好的判断和认识，提出了解决行政诉讼特殊问题的正确意见。

受案范围的确定

何：在讨论过程中，大家对行政诉讼受案范围有什么意见？

于：决定受案范围的因素分别是：法律保护的权利、行政机关的侵权行为和例外。1989年《行政诉讼法》确定的受案范围源于当时的条件和决策者的判断，包括法院的审理能力、行政机关的法治程度和社会的要求与接受能力，当然还有对行政诉讼法理论的认识和运用能力。

第一个方面是行政诉讼应当保护当事人的什么权利。当时的立法思路是很清楚的，就是集中保护财产权和人身权，这与1986年《民法通则》的规定达到一致。至于这两类权利以外的其他权利在受到行政机关侵犯的时候，是否可以到法院通过诉讼解决，在当时还不能够取得一致的看法。

第二个方面是侵犯当事人合法权利的哪些侵权行为可以被纳入诉讼范围。法律最后规定的是“具体行政行为”。至于如何解释具体行政行为，法律本身没有规定。我记得在1988年12月的座谈会上，曾经让与会人员分别写一写具体行政行为的基本含义。后来还是决定不在法律上写了，还是让最高人民法院对其进行司法解释。其实这是一个对受案范围非常重要的关键概念，后来一直由最高人民法院通过司法解释来确定含义，直到2014年修订《行政诉讼法》放弃了具体行政行为的提法。

第三个方面：“例外”，1989年《行政诉讼法》规定的“例外”共有四项：一是关于国家行为，当时写得比较谨慎，表述为“国防外交等”，随后的司法解释带有扩张性。二是关于行政机关制定的规则是否可以纳入诉讼，1989年《行政诉讼法》对此表述得非常规范。三是关于行政机关内部人员的处理。这个问题当时有些讨论，主要是行政机关工作人员能否在录用和开除方面得到司法保护，不要都排除掉。四是法律规定行政机关可以最终裁决的行政行为。留一个法律决定的出口，从一般规定上说这没有什么可以讨论的。但是在实务上，法律作出排除规定的事项，后来为履行加入世界贸易组织承诺的原因进行修订。

总之，《行政诉讼法》2014年和2017年两次修订时，对于受案范围“例外”部分的规定没有变动，可以说当时的考虑经受了时间的检验。

复议前置

何：当时也讨论过复议前置的问题？

于：这是一项行政诉讼的重要制度，即在处理行政争议问题上，司法机关与行政机关如何分工。当时的设想是：第一，让多数行政争议案件通过行政复议解决，相对少数的案件再进法院；第二，是否复议，多数案件由当事人自己去选择，除非法律规定必须首先要经过复议。当时存在一种意见，就是规定所有案件都先经过复议，即所谓复议前置，但是没有被接受。

现在看来，不实行复议前置是有道理的。但是行政复议的案件是如此之少，是比较令人失望的。事实上复议的案件和诉讼案件长期以来大致上是持平的，行政复议没有成为解决行政争议的主渠道。所以，如何使行政复议制度更好地发挥它的作用，是下一步修订《行政复议法》时要认真考虑的问题。

制定《行政诉讼法》的背景

何：您是否同意，当时制定《行政诉讼法》是一个有远见的决策？

于：我非常同意。大家关注《行政诉讼法》的条文是怎么形成的，其实我想说，制定《行政诉讼法》是一个水到渠成的选择，这可以从以下几个方面来观察。

第一，它是全面推进行政立法的现实选择。事实上，当时的主题是讨论怎么搞一个类似于《民法通则》那样的《行政法通则》，制定《行政诉讼法》是后来提出的。是在经过讨论后，认为在搞一个整体性行政法的条件尚不成熟的情形下，把《行政诉讼法》作为一个着力点来推动行政法的进程是现实的选择。现在回过头来看，这也是一个合乎行政法发展规律的选择，《行政诉讼法》这个切口切得正确。

第二，是行政诉讼实践的条件。选择《行政诉讼法》这个入口，也是由于当时有了行政诉讼法的问题和进行立法的需求。1982年《民事诉讼法（试行）》实施后，法院受理了一些案子，积累了审理的经验并提出了问题。实践中的新问题都是民事诉讼法本身难以解决的。不断地有法律规定可以提起诉讼的权利，也更加显示需要一套新的行政诉讼规则。我记得当时去开会，经常听到的一种说法是：能不能从“计件”换成“批发”？统一解决行政诉讼对规则的需求。

第三，是比较法的参考。过去没有搞行政诉讼法的经验，参考别人的经验是需要的，至少有个参照和比较。当时立法研究组组织力量，进行了外国法律的翻译和研究。但是从实际情况看，1989年《行政诉讼法》回答的大多数问题都是非常中国化的问题，多数规定来自以民事诉讼程序处理行政案件产生的问题。

第四，最重要的政治条件是中央的决策和领导。《行政诉讼法》的制定是在党中央的领导下进行的，制定《行政诉讼法》写进了党的全国代表大会的报告之中。

学界对比较法的研究

何：您谈到比较法对立法的影响，您自己当时也是外国行政法方向的研究生。在《行政诉讼法》制定的时候，国内学界对外国行政诉讼法有多少了解？

于：在比较法方面，当时大家熟悉的比较法话语成分很杂，分别来源于苏联的行政法著作以及我国台湾地区作者的著作，20 世纪 80 年代国际组织和外国专家访华或者开办讲座的材料，还有图书馆中存的一些老书。当时有一本比较新的书，就是徐炳老师翻译的施瓦茨的《行政法》，1986 年由群众出版社出版发行。这本书不大容易读明白。作者施瓦茨 1987 年受邀访问过中国政法大学。

对政府法治的推动

何：《行政诉讼法》颁布实施后，对社会产生了巨大影响。您觉得影响最大的是哪些方面？

于：客观地说，该法推动了行政法治的全面展开，奠定了行政法治的基础，尤其是在秩序行政方面。《行政诉讼法》的贯彻实施，在制度建设上有两个方面：一方面是最高人民法院准备司法解释；另一方面是国务院制定配套的行政法规。当时国务院的姚依林副总理在全国行政机关贯彻《行政诉讼法》的电话会议上，对行政机关贯彻这部重要法律进行了部署，其中有一部分就是要制定配套的行政法规。

《行政诉讼法》的配套行政法规，最早计划有四个：一是《行政复议条例》。《行政诉讼法》规定提起行政诉讼，可以先进行行政复议。行政复议是行政诉讼程序的一部分，对这个法规的需要最为急迫，所以《行政复议条例》是配套法规里面比较早出来的。二是“行政处罚条例”。那几年行政争议案件多数是关于行政处罚的。减少行政处罚违法的重要措施是对行政处罚进行规范，所以需要制定行政处罚法。三是“规章制定条例”。《行政诉讼法》规定规章只能“参照”，对行政规章的规范是一个促进。四是“行政赔偿条例”。《行政诉讼法》规定行政机关应当承担侵权赔偿责任，所以需要尽快制定这个条例。

我们看到，这四个行政法规的制定计划并没有全部实现，实际以行政法规规定的就是行政复议。因为起草条例的过程中发现，有些问题用行政法规可能解决不了，或者说只用行政法规可能效力不够。后三个后来制定成为法律：行政处罚方面制定了《行政处罚法》，行政赔偿方面制定了《国家赔偿法》，规章的规范方面制定了《立法法》。其中一些就是行政法学界称谓的“行政法老三篇”等。

《行政诉讼法》的实施推动了一些支柱性行政法律法规的制定，为政府法治的开展提供了重要的依据，奠定了行政法治发展的制度基础，对此应当得到应有的历史评价。我们国家是“全国一盘棋”，中央进行这方面法律法规的制定，就提供了一个原则和载体，引导大家来共同讨论和研究，开展相关的工作就比较容易。因为有这个经历，现在应松年老师提出要搞《行政法总则》，我很支持。

个人学术生涯的起点

何：对一位年轻学者来说，能够参与《行政诉讼法》起草的相关工作是一个非常难得的机遇，它对您的学术生涯有什么影响呢？

于：参与行政立法，对我的学术生涯来说，影响很大和受益很多。

《行政诉讼法》颁布后，我有幸得到邀请参加了一些制定相关行政法律和行政法规的工作，包括《行政复议条例》、《立法法》和《行政处罚法》。制定“行政赔偿条例”的早期工作我参加过，但是后来我出国了，错过了制定《国家赔偿法》的时机。那段时间参与立法比较多，后来有关同志推荐我到北京工作。1996年我调到清华大学任教，当时清华大学刚恢复法学教育。

1988 年我研究生毕业，到 2018 年整整三十年。这些年从事行政法的教学和研究，都是以行政诉讼法为起点的。我非常感谢产生行政诉讼法的时代，感谢教育指导我的老师，感谢推荐我参与国家行政立法工作并在工作中给予诸多指点帮助的领导和朋友。

访谈时间：2019 年 1 月 21 日

访谈地点：于安教授办公室

整理：王敏、何海波

“我对中国法治最大的期待”
——胡建淼教授访谈

胡建淼，1957 年生，浙江慈溪人。1989 年毕业于中国政法大学研究生院。现为中央党校（国家行政学院）一级教授、博士生导师，“胡建淼专家工作室”领衔专家。历任杭州大学法律系副主任（1990）、法律系主任（1992）、副校长（1995），浙江大学副校长（1998），浙江工商大学校长（2007），国家行政学院法学部主任（2010）。1993 年起享受国务院“人民政府特殊津贴”，1995 年被评为中国首届十大“杰出青年法学家”，1997 年入选“全国百千万人才工程”第一层人选。自 1990 年以来，曾到美国斯坦福大学、英国爱丁堡大学、澳大利亚西澳大学、德国基尔大学、法国马赛大学等作过访问学者或进行学术交流。著有《行政法学原理》（合著，1989）、《比较行政法：20 国行政法评述》（1998）、《行政强制法论》（2014）、《行政法学》（2015 年第 4 版）等，主编《行政强制法研究丛书》（2003）、《论公法原则》（2005）、《外国公法译介与移植》（2009）、《世界宪法法院制度研究》（2013）、《世界行政法院制度研究》（2013）等。

参与《行政诉讼法》立法活动

何海波（以下简称“何”）：胡老师好，您还在读研究生的时候，就参与了行政立法研究组和《行政诉讼法》制定的一些活动，能否跟我们讲讲当时的情况？

胡建淼（以下简称“胡”）：我是1986年到1989年在中国政法大学读研究生，师从应松年等几位老师。当时有个导师组，张尚鷟是组长，成员包括应老师、朱维究、王名扬、潘汉典等，国务院法制局的黄曙海副局长也是。因为张尚鷟的主要工作不在中国政法大学，导师组的具体事情是应老师在负责，他相当于副组长兼秘书长。学生入校后，是整个导师组一起带，到后面写毕业论文才分导师。我选的导师是应老师，那段时间主要是跟着他做。

我们是1986年八九月进校的。进校没多久，全国人大常委会法工委就成立了行政立法研究组，准备搞行政法。当时中国政法大学的几个研究生跟着老师参加会议，给老师当助手。学生当中，大概我和肖凤城参与得稍微多一些，肖凤城做得比我还多。我还帮应老师做《行政法学研究》的编辑工作。当时的《行政法学研究》还不是正式刊物，是以书代刊性质的。我们围绕行政诉讼法收集了一些背景资料，编发了不少东西。

行政立法研究组成立后，最早的目标是要制定“行政法通则”。应老师发挥大家的积极性，让我们都提方案。我记得于安提了一个，肖凤城提了一个，熊文钊提了一个，我也提了一个方案。我提的方案叫“行政法总论”还是“行政基本法”，现在都记不清了；只记得，我写的方案有点像行政法教科书：总则、行政主体、相对人、行政行为……这么写下来，现在想想很好笑的。当时全国人大常委会法工委有一个做秘书工作的，叫高志新，我们把弄好的资料交给他，他那边印出来。行政立法研究组有一套官方的资料，叫《行政立法研究资料》。但应老师这边还有一套民间的资料，是油印的，他把我们学生写的方案都印上去。经过几次搬家，稿子现在已经找不到了。

大家搞了一阵行政法，后面开始转型。当时全国人大的陶希晋先生提出来，中国现在要搞行政法有点不可能，可以先搞行政诉讼法。那时候，一些法律里面已经有“民告官”的条款了，法院也开始审理一些行政案件。陶老提出，可以“诉讼先行”，先搞行政诉讼法，以后成熟了再搞行政实体法。于是，中央决定搞《行政诉讼法》。事后看，“诉讼先行”可以概括我们中国行政法发展的道路。后来的三大行政行为基本法律（《行政处罚法》、《行政许可法》和《行政强制法》）都是在《行政诉讼法》的倒逼下制定的。

转型之后，大家轰轰烈烈地起草《行政诉讼法（试拟稿）》。应老师以立法组的名义召开了多次会议。这个讨论的过程比较长，参加讨论的人员范围有大有小，具体哪一次会议怎么样记不清了。政府部门也是有人参加，主要是法制办系统，包括国务院法制局和北京市法制局等，国务院部门来得比较少。我们几个学生，主要是跟随应老师参加中国政法大学这边的工作。

何：立法研究组开会一般在哪里?

胡：立法研究组开会的地点不固定。有几次是到全国人大常委会法工委那边开的，应当就是现在的人民大会堂宾馆；在北京四中边上的全国人大常委会招待所好像也开过，中国政法大学好像也开过。但是，我搞不清楚会议的性质，不确定这是务虚会、工作会议，还是行政立法研究组的正式会议。地点是高志新安排的，具体事情也不一定了解。我们毕竟是学生，主要是跟着做。通知我们到哪里开会，我们就去，也没问这是什么会，那时候也没有这个意识。

何：《行政诉讼法》前前后后讨论很多次，您参与比较多的是试拟稿这个阶段?

胡：对，是试拟稿阶段。进入草案审议阶段后，座谈讨论主要是全国人大法工委组织的，我们是学生，不会被邀请。但我们有时也去旁听，做记录，回来做一些书面的整理。这种机会有几次，具体的事情记不清了。

代理“农民告县长”案

何：我们来说说您代理的包郑照案件。

胡：这个案子很多人听说过，知道是“首例农民告县长”，但具体案情未必知道。我是这个案件的二审代理人，不久前还写过一篇回忆文章。[①]

如果用今天的思维来看，这个案子是很荒诞的。包郑照是个农民，他造房子审批手续都有，产权证也领了。结果法院说，乡镇政府批准他建房是越权、无效，所建房屋要按违章建筑处理。这里边有不少行政法理论问题，直到今天都仍然值得探讨。

何：政府是给包郑照发了房屋所有权证，但后来政府说包郑照的房子建在海堤上，影响防洪？

胡：包郑照一家的房子造在哪里呢？我到现场去看过。他们那里有一个海堤，宋代开始建的，用来阻挡海水。后来由于地理的变化，潮水不断后退，退到离海堤几百米。这样，海堤就不起作用了，慢慢地就有人在海堤边上盖房子。特别是"文化大革命"期间，没有人管，海堤的两边全建上了房子，足有两三百户。大家盖房时，都盖在海堤边上，自己再往外面刨石填土形成房基，扩出去一点。这样，海堤中间就变成了一条街。这条街还有名字的，叫舥艚街，街边房子门牌号都有。我们打官司的时候，把门牌号卸下来作证据。政府说的"海堤"，其实早就是街道了。

何：政府还说他没有规划许可。

胡：包郑照建房是经过审批的。怎么批的呢？先是生产队同意，然后再报镇里同意。那个时候，村镇建房的审批是下放给镇里的，不需要县里批，审批表的栏目就到镇政府为止。打官司的时候，我们还找出了原表。镇里批了以后，土地费也都交到镇里，发票也是镇里出具的，发票是以县里的名义开，钱可能交到县里去。当时建房没有其他手续，规划许可证、施工许可证什么的都不需要。镇里批准，规划面积给你定好，你去造就可以了，造好之后再去申请产权证。

包郑照的产权证也是办了的。他家房子不是凭空造起来，是在老房子的基础上拆旧建新。建设过程中，往堤外刨地基，面积可能是扩了一点，平房改建成了三层小楼。海堤上那两三百户房子中，他们一家审批程序还算是规范的。有的真是不规范，就凭生产队一句话，连土地费都没缴就建了。

---

① 胡建淼：《对中国首例"农民告县长"案的代理与思考：写在中国行政诉讼建立30年之际》，载《法制日报》2019年1月23日，第5版。http://www.legaldaily.com.cn/fxjy/content/2019-01/23/content_7753179.htm，最后访问日期：2019年3月5日。

何：那为什么要拆他的房子？

胡：这起案子有个什么背景呢？1988年，《水法》出来了，国务院发了一个通知，叫作《关于清除行洪蓄洪障碍保障防洪安全的紧急通知》，大概是说对防洪设施上的违章建筑一律要清除。于是来了执法运动。如果真要严格执行那个通知，海堤两边所有的房子都要拆掉。但当时就单独拿包郑照开刀，认定他家的房子违法，要他拆。

这真是岂有此理！他房子已经建好了，土地费也交了，产权证也拿到了，手续都是全的。包郑照一家当然不同意拆，政府就来爆破。怎么爆破呢？就是靠外面这一边，整面墙切掉了1/5到1/3，三层房子每一层都漏风了。

何：后来法院是怎么说的？

胡：法院给的理由是，你不是在其他地方造房，你是在海堤上建房，而海堤是水利设施，根据国家的规定，在水利设施上建房，除了经过当地政府的审批，还要经过水利部门的审批。法院认为，既然法律有这一条——只是他们没有执行——现在要执行也没错。

那么我们要问了，要求经过水利部门审批，审批表上怎么没有水利部门审批的栏目呢？也没有告诉我们还要报水利部门批，就同意我们造了；造了以后还发产权证，说明政府承认造房的合法性。但是二审法院说：政府审批是越权审批，越权审批无效，所建房屋按违法占地处理。法院还引用了当时《土地管理法》中关于"越权审批无效"的条款。现在想想，哪怕真是政府"越权审批"而"无效"，那也不是百姓违法，而是政府违法呀，那怎么能够适用行政处罚程序来拆房呢？

包郑照败诉了，但讽刺的是，官司打完后，那个房子还让他们修好了。到今天，这个房子还是他们家的。2002年包郑照也是在这个房子里去世的。

何：这起案件发生时，您在中国政法大学读研究生，他们是怎么找到您的？

胡：这个案件的一审代理人叫楼献，是浙江人，和我很熟，是他来找的我。当事人当然是不知道我的了，只知道这个案件我们一审败诉了，二审要加强力量，要请一个专家。楼献认识我，知道我在搞行政法，就叫我代理。我从 1985 年起，就有律师资格。那时不用考，是批的，当时我在杭州大学法律系已经是讲师了。我的律师资格挂在浙江联合律师事务所第一所，案子也是以浙江联合律师事务所第一所律师的身份代理。我回去同当事人见过面后，就和楼献一起代理这个案件的二审。

何：这个案子当时有很多媒体报道，在《行政诉讼法》立法讨论的过程中，对这个案子有什么提及吗？

胡：一审的时候就有许多报纸报道，影响很大了。但我也没感觉是什么惊天动地的事情，或者是多敏感的案子。记得当时都没跟应老师细说，只说我浙江有点事，要回去一下。我回来没多长时间，有些人问起这个案子，好像全国人大常委会法工委也有人问起这个事。但他们问我是因为我是浙江人，不知道我是代理人。这个案子反响是非常大的，好像上百家报纸都报道过这个案子。

何：这个案子对《行政诉讼法》的制定有什么帮助吗？

胡：这个案件正好发生在《行政诉讼法》制定的过程当中。当时各方对行政诉讼有两种不同的意见：一种意见是《行政诉讼法》应当制定；另一种意见主要来自政府，说民可以告官，那政府以后还怎么工作？在这种情况下，这个案子出现了。它一方面普及了“民可以告官”的观念，激起了许多人对行政诉讼制度的关注；另一方面，一些当官的看了，觉得行政诉讼也没什么好怕的，法院最终支持了政府嘛。可以说，它加速了《行政诉讼法》的进程，使《行政诉讼法》能够顺利地通过。这个案子判决后才几个月，《行政诉讼法》就出台了。

何：如果这样的案件发生在今天，您估计法院会怎么判？

胡：如果发生在今天，我想不会是当年的判法。那时候是很荒诞的，政府的错都归到老百姓的头上。包郑照造房子审批手续都有，产权证也领了，结果法院说，乡镇政府批准他建房是越权无效，所建房屋要按违章建筑处理。哪有这个逻辑？但当时的《土地管理法》就是这个逻辑。今天我们知道这不对，如果是政府批错了，你可以确认原来的审批无效，但应当给他重建房子、赔偿损失。这可能也是包郑照案件 30 年来中国法治的进步。

立法过程中的讨论

何：您刚才提到"民告官"，什么时候开始有了"民告官"的说法？第一次听到这个词，有没有"眼睛一亮"的感觉？

胡：这个要考证有点难。"民告官"的提法应当比较早，我记得我在中国政法大学读书期间就有了。全国人大常委会法工委的肖峋到中国政法大学给我们上课（应老师时常请外面的人给我们讲课），有几次讲话就这么提。1988年我代理包郑照的那个案件，报纸上就有"民告官"的说法。我读书期间，参加张焕光老师编的《行政官司漫谈》（人民出版社1988年出的一个小册子），里边就有类似的说法，说的是老百姓如何同政府"打官司"。到底哪年第一次听说"民告官"，我记不清了，但可以肯定，《行政诉讼法》颁布之前就有了这个说法。在什么场合第一次听说，我也记不起来了。当时感觉有点新鲜，心里说："哦，还可以这么称呼"，但要说听到以后很兴奋，那倒也没有。

何：接下来请谈一下《行政诉讼法》立法过程中一些重大问题的论争，当时有哪些问题争论得比较激烈？

胡：我印象中最敏感、讨论得最多的还是受案范围问题。行政机关一开始对行政诉讼有抵触，后面觉得挡是挡不住，"民"还是可以告"官"，但肯定不能什么都可以告。在这样一个情况下，到底哪些行为是可以诉的、哪些行为是不能诉的，成了争论的重点问题。

二是审查原则的问题，即到底是合法性审查还是可以合理性审查。规章也讨论到了。政府方面认为规章是应当可以用的，全国人大法工委、法院认为把规章变为法律有点不妥，所以就弄了一个"参照"。

三是法院的裁判权问题，其中最主要是司法变更权的问题。这涉及行政权与司法权的关系。讨论的结果是，法院在一定范围内可以变更，但限于显失公正的处罚和赔偿。

何：有没有一些当时没有争论、后来出现争论的？

胡：有两个问题，当时好像没有什么争议，现在看来是有问题的。一是行政行为一作出就有效力，原则上不停止执行；二是行政诉讼与民事诉讼不一样，不存在调解。当时看了一些国外的资料，认为公权力同私权力是不能做交易的，大家的想法都很一致。

后来我们慢慢发现，我们当时掌握的这些信息也不全对。在有的国家，执行问题是倒过来的，相对人一诉讼，行政行为就中止执行了。调解的问题，现在大家都看到了，人家连刑事案件都可以辩诉交易，行政案件为什么不可以调解？当时对国外的了解主要来源于老师的介绍，我们自己也看一些材料。总地来说，对外国的了解比较有限，一些地方有误解。

对《行政诉讼法》的反思

何：回过头来看 1989 年的《行政诉讼法》，如果要给它一个评价的话，您会怎么评价？

胡：1989 年的《行政诉讼法》制定时，部分领域已经有行政诉讼了，主要是治安行政和经济行政两个领域。立法者面临的任务是，怎么把它上升为一个普遍制度。这个目标是实现了的。《行政诉讼法》所设定的这些制度，包括它的受案范围，基本上也是可行的。法律实施二十多年，发挥了巨大的作用。它在 2014 年修改过一次。但实际上，哪怕一字不动到现在，这部法律基本也能用，还没有到继续不下去的程度。在当时的条件下，立法能够到这个程度，真是了不起。

何：《行政诉讼法》的实施可是相当艰难。

胡：《行政诉讼法》的问题主要是执行的问题。我认为这个法立得还是可以的，但在执行过程中遇到了很大的阻力，有关机关一点点退缩。有些地方，有的执法机关任意地解释法律。比如，行政诉讼刚一推开，法院一个司法解释把计划生育就排除出去了，计划生育罚款可以诉，但强制措施实际上不让诉。我当时就反对，认为他们违背了《行政诉讼法》的意思，是越权的。这类例子还不少。很多类型的案件，应当都属于行政诉讼的受案范围，但一些司法解释、惯例、各种“土政策”又把它挡了出去。我们讲课时就遇到这个困扰，不得不讲诉讼法是怎么规定的，而现实中又有哪几种是不能诉的。

何：制定《行政诉讼法》的时候，中国行政诉讼历史比较短暂，经验不充分，案子也比较少。当时就把行政庭全面铺开，设到所有基层法院，这是不是一个历史性的错误？

胡：我倒不敢说这是“历史性的错误”，但那么规定确实有问题。

当时行政诉讼刚开始，我们比较乐观，以为“民告官”案件会很多。经过一二十年的实践，发现难度越来越大，有一段时间案件数量萎缩得很厉害。直到今天，全中国的行政案件和刑事、民事案件完全不能比。这个当时估计不到。另一方面，各个地方的法治文化、经济发展程度不一样，行政案件分布也不平衡：商品经济发达的地方，像江浙一带——温州是最典型的——老百姓敢告，案件就多一些；有些地方不敢告，案件少一些，甚至几乎没有。所以，当时行政审判庭设置“一刀切”，是存在问题的。

普遍设立行政审判庭还带来一个问题：在行政诉讼管辖上，级别太低了。越是上面的法院来审理下面政府的案件，公信力就越强，这个道理是很明显的嘛。现实当中，出现了人为压低管辖法院的级别，以保证政府胜诉的情况，还美其名曰“把纠纷消灭在基层”。

何：如果回到20世纪80年代，您会同意把行政审判庭设到县吗？

胡：现在如果重新来设立这个制度，我主张设立行政法院。现在设了那么多的特殊法院，有互联网法院、金融法院、知识产权法院，它们都可以审理一部分行政案件，却连一个行政法院都不同意设。其实，行政法院才是最应该设的。行政法院如果单独设的话，前面说的这些问题就都解决了。哪怕不设行政法院，在级别上提升一下，管辖集中一些，也要好一些。确实，行政案件不像民事案件，没必要全部散开，但这个问题当时确实想不到。

对2014年修法的评价

何：刚才您提到2014年的修改，您怎么评价这次修法？

胡：2014年修改，我认为最大的贡献是受案范围的拓宽，特别是行政诉讼保护权利范围的拓宽。1989年《行政诉讼法》把受案范围限定于有关人身权、财产权的行为，而且对人身权、财产权的理解也很狭隘。修法之后，在人身权、财产权之后加了个“等合法权益”，实际上把所有权利都包括进去了。政治权利的问题没有明确，但我认为把政治权利放进去也没问题。选举权早就可以诉嘛，只是没放在行政诉讼里诉；游行、集会方面，法律已经规定是行政终局行为，也不会有诉讼。目前这个条款比较好，留有余地。将来政治权利方面进一步放宽，法律都不用修改。

其他方面，2014 年《行政诉讼法》局部提高了管辖法院的级别，这是可行的；还扩大了可以调解的范围，这是符合世界上通行的做法的，也符合当事人的需要。

何：您对这次修改是否也有不同意见？

胡：我最反对的是两项：第一项是复议机关作共同被告；第二项是行政首长出庭。

复议机关作共同被告，本来是想促进复议机关认真行使职权的，实际上却起了副作用、反作用。一个是诉讼成本提高了，另一个是申请人处境更加不利了。对复议机关来说，我维持不维持都作被告，那我为什么要改变？所以，有些改革措施是要先尝试的；否则，理论上会那样，但现实可能正好相反。

行政首长出庭，我是赞成的。但原来的制度本来行政首长就是可以出庭的，当然也可以不亲自出庭，让代理人出庭。我们有个误解，以为行政首长不出庭，就是行政机关不应诉。实际上行政首长不出庭，不等于行政机关不应诉。它只要答辩了，派代理人参加诉讼了，就是应诉了呀。政府系统自己要求行政首长出庭是可以的，那是一种自律的要求，但写进诉讼法，就变成了法定义务了，第一是在现实中意义不大，第二是违背了世界上诉讼法的规则。

对未来修法的建议

何：如果未来几年内再次启动《行政诉讼法》修改，您会建议修改哪些地方？

胡：首先要声明，我主张法律的稳定性，反对经常修改法律。任何法律总有能改进的地方，哪怕是再完美的法律；除非已经继续不下去，一般不要轻易修改。

我最反对的是诉讼不停止执行的原则，如果要改一条的话，我建议就改这一条。诉讼不停止执行的理论依据是大陆法系传统的行政行为公定力原理，这一理论已经过时了。在现实中，除了违章建筑，只要当事人起诉了，一般来说行政机关自己就停下来，不执行了。拆房子的决定是否停止执行，目前是区分合法建筑和违法建筑，分别规定的：拆除合法建筑，行政机关申请法院强制执行；拆除违法建筑，行政机关自己就可以直接动手。在这个问题上，我不主张合法、违章建筑的区别。没有经过诉讼，凭什么断定是合法建筑还是违法建筑？说是违法建筑，认定错了怎么办，像包郑照这个案件？住宅权是公民的基本权利，把房子拆掉了，让老百姓住到哪里去？所以，我的想法是，涉及住宅权、人身自由权、文物等不可恢复的事项，原则上停止执行。行政机关觉得很紧迫，要求先行执行，那好，让行政机关向法院申请；法院下了准予执行的裁定，才能够执行。当然，遇有紧急状态，比如反恐、应急事件，可以先予执行。

把强制执行权变成司法权，由法院来执行，我也是反对的。在大多数国家，执行权都是作为行政权而不作为司法权，司法权就是一个裁判权。后来，有些行政机关申请法院强制执行，搞了个“裁执分离”。法院在特定背景下提出“裁执分离”，出发点是可以讨论的，但“裁执分离”是符合理论逻辑的，法院应当管“裁”不管“执”。

对中国法治的期待

何：30年前，当你们坐在那里讨论《行政诉讼法》的时候，对未来肯定有很多向往。现在回头看，当年对行政诉讼的向往在多大程度上得到了实现？

胡：在学生时代，我尽管参与行政诉讼立法的活动，其实接触社会不广，感受不深。后来大量接触现实中的案件，尤其是我到了国家行政学院后，自己又做了一些调研，才深深感受到，老百姓最基本的人身权利、财产权利确实要加大力度去保护。我对这部法律、对法治的期待，后来反而越来越高。

我早年在浙江代理过一个案件，叫“没收小孩案”。大概是 1985 年，浙江富阳有两个人未婚同居生了一个小孩，计生委到他们家去，连哄带骗就把小孩抱走了。父母找不到小孩，就到处告，说“计生委没收了我的小孩”。他们找到我这里，我说天下哪有这样的事？一查，还真的有这样的事。实际上，“没收”决定是没有的，抱走小孩却是事实。他们为什么要这么做呢？因为这个小孩是“违法生育”，不抱走的话，“超生”状态一直存在，计生委不好交代；抱走送给人家，就没有这个记录了。当时搞计划生育，计生委压力很大，各种你想不出来的手段都用上了。后来，这个事情告到省里，省委书记也批示了，说这个是违法的，必须纠正。这是特殊背景下的极端例子，现在不会再发生了，但是这让我感受到行政诉讼对保护公民权利的重要性。

前段时间，我有个在老家办企业的高中同学，被抓走了，为什么呢？就是为了环保执法抓典型，说他违法排污。实际上，后来经过复议，确认他没有违法排污。但哪怕违法排污，人也没有必要关起来啊，连取保候审都不同意。有的地方，还是想怎么干就怎么干。老百姓寻求救济，有时候还是很难很难！

行政诉讼对于法治政府、法治中国的推进，确实起了很大作用，功不可没。但直到现在，法治政府、法治中国建设还是任重道远，通过行政诉讼保护老百姓的合法权利仍然非常紧迫。我非常希望我们能够确立这样一条原则，并载之于国家的宪法：“公民的基本权利，没有法律依据并经正当程序，不得予以限制和剥夺。”这是我对中国法治最大的期待。

访谈时间：2019 年 3 月 4 日

访谈地点：胡建淼教授家

整理：王敏、何海波

“我给这部法律打90分”
——全国人大法工委民法室原副主任肖峋访谈

肖峋，1932年生于北京，1948年毕业于北京崇德中学。中学期间，即参加中共地下外围组织——民主青年联盟。1949年参军，任青年干事、哲学教员。1958年进北京综合仪器厂（又称北京核仪器厂、261厂）工作，当工人、文化教员、劳资科员、教育科长。1984年调全国人大常委会法工委工作，1986年任民法室副主任，1994年离休。曾经参与《民法通则》《民事诉讼法》《行政诉讼法》《国家赔偿法》《行政处罚法》等十几部法律的起草。著有《〈民法通则〉浅释》（1986）、《行政诉讼法百题问答》（1989）、《中华人民共和国国家赔偿法的理论与实用指南》（1994）、《革命·运动·法制：八十一岁忆人生》（2013）等。

何海波（以下简称“何”）：肖老好，谢谢您接受采访。6年前，您在《革命·运动·法制：八十一岁忆人生》中回忆过《行政诉讼法》的制定，今天我还有一些问题想再了解一下。

肖峋（以下简称“肖”）：你想了解什么？

何：我想了解三个方面的情况：一是1989年《行政诉讼法》的制定过程，它是怎么起草和审议的；二是起草过程中，各方对一些重大问题的意见；三是怎么评价这部法律的优劣得失。

肖：你问吧。

调到法工委

何：《行政诉讼法》起草时，您正好在全国人大常委会法工委一个关键的位置上，您原来不是学法律的，怎么与《行政诉讼法》产生交集的呢？

肖：我是1984年调到全国人大常委会法工委国家法民法室。在这以前，参军、进工厂。刚调入法工委时，一点法律基础都没有。这一点还被人奚落：“怎么调个没学过法的人进来？”于是努力自学。在全国人大常委会法工委这地方，碰到的都是专家，听他们发言，读他们的意见，有时登门求教，我真的很努力地学了10年。

刚去的时候，国家法与民法还是合在一起，行政法室根本还没有呢。后来分成民法室和国家法室两个室，我留在了民法室，直到1994年离休。一辈子没当过大官，但有幸参与了多部法律的制定。

何：《行政诉讼法》起草怎么会交给民法室呢？

肖：起草完了《民法通则》，领导让接着干呗。

行政立法研究组

何：《行政诉讼法》的草案最初是由行政立法研究组试拟的，您也是这个组的成员。这个组是怎么成立，又是怎么工作的？

肖：研究行政立法是法律委员会顾问陶希晋起的头。在纪念《民法通则》颁布一周年的座谈会上，陶希晋说，我国台湾地区有“六法”，咱们现在宪法、民法、民事诉讼法、刑法、刑事诉讼法都有了，就缺一个行政法。咱们搞一个行政法通则吧，像《民法通则》那样。王汉斌当场表示赞成。他还提议成立研究组进行研究，并让陶希晋负责建这个组。陶希晋提议由江平当组长。副组长呢？北大（北京大学，下同）来一个。北大搞行政法的有谁呀？陶希晋的秘书高志新是北大本科毕业的，其回答说北大有罗豪才。好，就他吧。法大（中国政法大学，下同）也来一个，法大搞行政法的有谁呀？答，有一个姓应的，叫应松年。好，就他俩吧。王汉斌当时并不认识罗豪才，也不认识应松年，两个副组长是这么来的。组员都是谁啊？他们三个去凑就是了。凑组员，得要有最高法院，有法制办，也要有高校和科研机构。结果，就凑出了这么一大堆。

法工委派谁参加呢？顾昂然说派我参加。顾昂然当时是法工委的副主任。他解放前是老北京搞学生运动的，后来当过彭真的保密员和秘书。1979年，彭真回到工作岗位后，就把他从教育部要回来了。老顾叫我参加，我没什么意见，到哪里都是学嘛。再说，我跟江平是崇德中学的同班同学，又是法工委的干部，两头熟，干这个也合适。

立法研究组成立了，就开会呗。这些人里有的挺积极的，也有的岁数大了，或者忙别的事，顾不过来。所以，研究组开会，来的人并不齐。还有的人来了也不说什么，没什么意见。比如，我就记不起中国人民大学的老皮（皮纯协）说什么了。研究组开会来的人也不固定。应松年带几个学生来开会，罗豪才带几个学生来开会，来了也就来了，大家也没意见。

何：研究组开会具体怎么讨论？

肖：这种事最好找高志新，高志新有记录。

何：当时立法研究组有几个顾问，像龚祥瑞、王名扬，他们在立法当中扮演什么样的角色？

肖：研究组有几个顾问，好像也不怎么来。龚祥瑞来过吗？我记不得了，没印象。他提过什么意见，我也记不得了。王名扬教授我们倒去过他家。我和老顾，还有应松年、朱维究，曾经专门去他家咨询问题。

我的任务是“上蹿下跳”

何：肖老您在书里面讲，您在行政立法研究组的角色是“上蹿下跳”。您是怎么个“蹿”法？

肖：“上蹿下跳”是顾昂然给我的任务，就是把法工委的意思传给研究组，把研究组的成果报给法工委。行政法我不懂，跟他们学，一块讨论呗。他们把问题提出来之后，我得请示。当时管事的主要是老顾。我就“蹿”到老顾那儿去，问他有什么意见？有时候他也不那么好拍板，最后到王汉斌那儿。王汉斌那个时候是全国人大常委会法工委主任，都听他的。他们有了意见，我就“下跳”到研究组去说。

在民法室内部，大家分头干活，一起讨论。法工委的风气向来比较民主，大家有意见就说，吵吵闹闹的事当然免不了。我们也做些研究，整理国外和我国台湾（地区）行政诉讼的情况。大家吵得不可开交，怎么办？例如，政令规章能否作为法院判案依据、诉讼当事人怎么称呼，那看看国外和我国台湾（地区）情况呗。国外和我国台湾（地区）的经验对我们有很重要的参考作用。材料编好后，报到委里，供委里讨论决定。如果委领导觉得不错，就批一下，作为“法制参考资料”下发。

我们法工委有个毛病，下面的人忙一阵，完了之后提炼出若干个问题，就得上头忙活了。室一级的干部忙活完了，剩下的问题就该委里头讨论去了。所以，这个法立到最后，是上面忙下面轻松，越到上头越忙。

江平提议搞《行政诉讼法》

何：行政立法研究组最早的目标是制定《行政法通则》，后来怎么转向搞《行政诉讼法》？

肖：我们还为这个事专门请教过中国政法大学的王名扬教授。他在法国留过学，写过一本《英国行政法》，马上又写一本《法国行政法》。他说，法国对行政法很重视，但没有《行政法通则》一类的东西，其他国家也没听说有。搞《民法通则》有外国的、我国台湾（地区）的法典可以参照，搞《行政法通则》连个参照物也没有，这事就比较难办。

这时，江平提出先搞《行政诉讼法》。他说，先搞诉讼法再搞实体法、用程序法来推实体法，是我们法治进程中的一个规律。所以，不如先起草《行政诉讼法》，待三大诉讼制度都健全之后再来起草《行政法总则》。他这一条建议是方向性的，决定了行政法的走向。这个江平啊，别看不是搞行政法的，大事他明白。

于是，我就去向顾昂然汇报。顾昂然很赞成，他认为制定《行政诉讼法》有宪法依据，也有实践基础，也是国家需要。但这事他不能做主，也得请示。很快，他告诉我，不但要搞而且要快。事情就这么定下来了。

《行政诉讼法（试拟稿）》

肖：《行政诉讼法》的起草大概分两个阶段。前面是行政立法研究组搞出一个试拟稿，用陶希晋的话说，就是个“毛坯”。后面是全国人大常委会法工委接过去自己搞，起草的稿件分别叫“室内稿”“征求意见稿”“审议稿”。后面这个阶段，研究组的一些成员是以专家身份参与讨论的。

行政立法研究组接到任务后，就紧锣密鼓地干起来。那个时候几乎每周都会有活动，或者分散地在各个学校准备。政法大学人多，所以承担的就多些。除了研究组的人，一些研究生也来帮忙。法大的有于安、胡建森、肖凤城；北大的我记不太清了，好像有个姓“阚”的同志。

不到一年时间，研究组就拿出了试拟稿。[①] 再有一年，这一部大法就问世了。行政立法小组功不可没。

王汉斌拍板二事

何：当时哪些事情需要交到王汉斌这个层面去解决，您有印象吗？

肖：《行政诉讼法》制定过程中，法工委委务会是全国人大常委会法

① 编者注：肖老在《革命·运动·法制：八十一岁忆人生》一书中说，“试拟稿的起点时间大约在 1987 年底，在 1988 年年中试拟稿第一稿问世”。这个记忆看来有误。根据保存的文档，行政立法研究组完成起草的时间应为 1987 年 8 月底。

工委层面最后定稿的会议。这个会议不是开一次，而是开好多次，每一次都是一条一条地过。王汉斌坐在那，他手有皮肤病，老是痒，一边挠一边看，精神还挺集中，我们也都不敢懈怠。很多事情都是在委务会上定的，不是他坐在办公室，下面请示几个问题，他拍一下板。

所以，你要说他抓的是哪一件事，我不一定说得清了。但有两件事，我记得比较清楚，一个是受案范围第 8 项，另一个是合法性审查的条款。

大会通过前一天晚上，应松年和朱维究两个人晚上七八点钟找到我。那个时候因为开会，他们两个住在北京四中旁边的全国人大常委会的招待所。他们找我说，这个行政诉讼受案范围所有 7 项都是具体行为的列举，没有概括性的规定，不大合适。我也有这个看法。我说，你们二位赶紧整理一个意见，我马上报上去。他们说，干嘛那么急？我说明天大会了，你不急行吗？我当天晚上就报给王汉斌。我记得是下午大会通过的，上午是法律委员会最后定稿，他们两位的意见就到了。[①] 王汉斌说，有两位专家说，前 7 项受案范围没有概括性规定不好看，我也觉得不好看，你们觉得呢？大伙也说，是有点秃，不太好看。他说，那加一项。于是就加了第 8 项，把侵犯《民法通则》规定的人身权、财产权全列上了。第 8 项跟前 7 项不一样，前 7 项是零碎的，第 8 项是概括式的规定，甭管前 7 项有没有，最后全概括进去了。这事是王汉斌管的。

还有一件事呢，就是罗豪才提出具体行政行为合法性审查的条款。开始大概认为这是一个技术性问题，是操作上问题，对它不够重视，这个规定写在五十几条的位置。王汉斌说，这一条可是挺要紧，是不是应该提到总则来？我们说太同意了，它是《行政诉讼法》的灵魂啊，当然要到总则来。委务会上定了，把它弄成第 5 条。这也是王汉斌亲自管的。

行政审判庭的设置

何：还有一个对行政诉讼实践有长远影响的，就是人民法院行政审判

① 编者注：肖老回忆说是七届全国人大二次会议期间，但根据历次审议稿来看，该款项在此之前就有了。比较大的可能性是七届全国人大常委会第六次会议审议前夕。

庭的设置。当时考虑过不同的模式，有主张搞行政法院的，有主张搞行政审判庭的。但行政审判庭设在哪里，是设在中级法院还是基层法院，这个问题当时考虑过吗?

肖：这个问题考虑过啊。但具体怎么考虑的，我现在记不太清楚了。

何：我能不能这么理解：在制定《行政诉讼法》之前，法院也审理行政案子，而且在《行政诉讼法》立法过程中，法院已经把行政庭铺开了，所以立法就承认了这个事实?

肖：是不是成立行政庭是法院决定的事。他们决定了，各方也没有什么反对意见。

何：现在回过头来看，行政庭设到县的利弊还可以再分析。它带来的问题，一是基层法院行政案子少，二是抵挡不住干扰。

肖：那没错。

何：如果我们再回到 1987 年、1988 年，再去制定法律，我们还会把行政庭设到县吗?

肖：要是现在的话，我不会赞成在基层法院里头设行政庭。在县一级的权力机构中，行政官员与审判人员挨得太近，“低头不见抬头见，开会不见食堂见”，一起喝个小酒、唱个卡拉 OK 什么的免不了。所以，基层法院审理行政案件难以超脱，甚至两权联手对付原告的情形也可能出现。为了保护原告权益，一审定在中级法院比较合适。再说，基层法院怕是案件太少，为了精兵简政、提高效率，移到中院也更为合理。

规章的适用

何：对规范性文件的审查，特别是规章的适用，这个当时争论得非常多?

肖：规章实在是麻烦，有省政府的规章，有部委的规章，当时没有个统一规范。规章在《行政诉讼法》当中起什么作用，作为依据不行，完全不作为依据也不行，最后搞出一个“参照”。

何：后来法院内部有一种说法，如果法院不适用规章，在判决书里就不提它。当时有这个说法吗？

肖：那是法院自己说的，那个时候没有考虑到这个。

增列判决理由

何：法院撤销判决可用的理由，我看到1988年11月《人民日报》公布的草案上有三项，即主要证据不足、适用法律法规错误、违反法定程序。“超越职权”和“滥用职权”这两项是怎么加上去的？

肖：（起身去书柜拿《中华人民共和国法律汇编》，翻看1990年施行的《行政诉讼法》第54条）我想不起了。我就记得第66条是张耀宗提的。

非诉执行的提议

何：这个我正要问您。张耀宗是在什么情况下提的？

肖：张耀宗给顾昂然写了一封信，说非诉执行一定要写上。

这个张耀宗是北京市法制办（当时还叫法制处）的主任，也是行政立法研究组的成员。他一直参加立法组活动，比较积极，净说大实话。共产党怎么执的政，执政中遇到哪些麻烦，现在通过《行政诉讼法》要解决什么，他脑子清楚得简直别提。

张耀宗写信的宗旨就是法院的司法监督必须为政府改革开放保驾护航，所以这个执行得让法院去执行。顾昂然觉得很好，就把它添上了，变成第66条。大家没有意见，上头也没有意见，就通过了。现在看，这一条可能也有问题：未经诉讼程序，法院帮着政府去执行是怎么回事？

各方反映的意见

何：我问一个简单的问题，《行政诉讼法》草案在全国人大表决的时候，有没有反对票、有多少反对票，您还记得吗？

肖：有几张，十张左右吧。这个得查记录，我不确定。①

何：那已经很不容易了！人大代表里面大多数是政府官员，能接受这个约束自己权力的法律不容易。

肖：也没什么。制定《行政诉讼法》是党中央的决策，代表们也不大会有反对意见。

何：但后来法律出来以后，好像还有一些反对的声音。这个您也听到一些吧？

肖：没有听到公开反对，我听到的是一片赞扬之声。但是我也奇怪，现在还有说法，说《行政诉讼法》颁行后，有一个地方有两千名干部要辞职。不知道这个说法从哪来的？我觉得这个不太可能，中国的干部绝不会两千多名一块辞职。这事是立法大事记里记的，那我也说不清楚了。

还有一个说法，说是全国人大派了一百多名干部下到基层做工作。这就是胡说八道了，哪有那个事啊？我们这些人，民法室的人、行政法室的人，谁都没有派出去到下面做工作。这个我敢说。

何：我听到一个说法，说1989年之后有一百多名干部联名给中央写信，要求废除《行政诉讼法》。这个有吗？

肖：这个也没有。

《行政诉讼法》的修改

何：《行政诉讼法》在2014年做了一次修改。这次修法您看怎么样？

肖：后来的事，我就不知道了。人家没有找我，我也没有参与，修改了什么我都不知道。我这个岁数，都不大关心这些了。现在，有些事情我也看不懂了。

"我给它打90分"

何：您参与立了这么多法，回过头来看，如果要给《行政诉讼法》打

① 经查，《行政诉讼法》草案的表决结果是：2662票赞成，3票反对，23票弃权。

一个分，您觉得可以打多少分？

肖：打 90 分可以吧？放在中国民主法治的历史上，《行政诉讼法》打 90 分是可以的。《行政诉讼法》是人民内部矛盾调整方式的一个创造。它彰显了中国的民主，是中国法制建设一件前所未有的大事。

民国历史上也曾搞过行政诉讼制度，设了行政法院，但全国只在南京设这么一个。云南一个农民要告政府，他得在云南过几关，这几关都过了以后再到南京起诉。这分明就是个摆设嘛！相比之下，我们的《行政诉讼法》的确是“又好吃又好看”。说老实话，西方国家也没有这么大规模的行政诉讼。不过，中国这么大，落实起来不容易。

访谈时间：2019 年 2 月 22 日、3 月 2 日、3 月 3 日

访谈地点：肖家

整理：何海波

政府法制又扬鞭
——原国务院法制局黄曙海副局长访谈

黄曙海，1931年生，浙江象山人。1949年参加解放军，1956年入中国人民大学法律系学习，1960年分配到国务院机关。1979年7月国务院办公室法制组成立，即调该组成为组员。1980年8月，国务院办公厅法制局成立，先后担任处长、副局长。1986年4月，国务院法制局成立，任副局长，直到1992年离休。在国务院法制系统，负责审查修改或者参与草拟《行政法规制定程序暂行条例》《行政复议条例》等法律、行政法规200余件，参与主持行政法规清查、清理、汇编工作。合著《政府法制工作的理论与实践》（1989）、《当代中国立法》（1998），主编“行政复议与行政诉讼业务培训丛书”等。组建中国法制出版社并兼任社长，中国法学会行政法学研究会第一、二届副总干事，国家行政学院法学教学顾问。

政府法制工作的新兵

何海波（以下简称“何”）：黄老您好，启动《行政诉讼法》制定时，您已经是国务院法制局领导了。能说一说在这前后您的个人情况吗？

黄曙海（以下简称“黄”）：我出生在浙江省象山县丹城镇的一个贫困家庭。小时候，跟着母亲、大哥颠沛流离，后考入省立宁波中学，公费读完初中。1949 年 7 月，家乡解放，我参加革命，学习机要译电。那时正赶上抗美援朝，我在部队任气象机要译电员、保管员、人事科员。1956 年，我调干考入中国人民大学法律系。毕业后，分配到国务院编制委员会，后来调到国务院办公厅和国务院机关事务管理局政治部（一个机构、两块牌子），从事思想宣传工作。在这期间，曾经下放农村劳动锻炼，参加农村“四清”运动，先后两次进“五七”干校学习。

党的十一届三中全会以后，国务院重建政府法制工作机构，于 1979 年 7 月成立国务院办公室法制组。我调入该组成为一名组员，从此开始国务院政府法制工作的生涯。1980 年 8 月，国务院办公厅成立法制局，取代原先的法制组。我在办公厅法制局先后担任处长和副局长。1986 年 4 月，办公厅法制局升格为国务院法制局（直属局），我任副局长，直到 1992 年离休。我在国务院机关前后工作了 32 年，其中 13 年从事国务院政府法制工作。

我有幸参与国务院法制机构恢复和重建，对中国政府法制工作尽了绵薄之力，为建立中国社会主义法律体系也尽了一份力量。

国务院法制局的恢复与重建

何：国务院法制局的前世今生挺复杂的，一般人说不清楚。您是亲历者，能够给我们讲一讲吗？

黄：建国初期，中央人民政府曾设有法制委员会，国务院设有法制局，第一任局长是国务院副秘书长陶希晋兼的。但法制局在 1959 年被撤销，改为国务院秘书厅内设的一个法律室。“文化大革命”期间，国务院秘书厅被撤销，仅设值班室，下设四个组，负责与各地方、各部门的工作联络。法律室随之消亡。

十一届三中全会后，党和国家加强法制工作，恢复国务院法制机构提上日程。1979年7月16日，国务院办公室负责人吴庆彤和王伏林同志召集段志谦、杜槐林和我三人，宣布成立法制组，段志谦为组长，杜槐林为副组长，我是唯一的组员。庆彤同志说，今天先设立一个组，日后视情况发展需要，再增加人员。这个法制组就成为国务院值班室下的第五个组。他给我们法制组的任务是：（1）审查国务院各部委报送的有关法律、法规方面的议案(草案)，提出意见；（2）清理建国以来的法规文件；（3）编印国务院法规汇编；（4）出版国务院公报；（5）研究法律、法规方面的问题，担任国务院领导的法律顾问。

法制组开始办理的工作，是值班室各组移交给我们的一些国务院部委已经报送国务院的法律、法规草案。当时，1982年宪法没有出台，还没有“行政法规”的称谓。经与值班室各组商定，今后各部委报国务院批办的文件，凡是成“条”的，都交法制组办理。例如，当时已收办的《环境保护法》《土地管理法》《计划生育法》《职工退职退休办法》《自然科学奖励条例》等。

尽管我们夜以继日地紧张工作，各部委报送的法律、法规草案不断增加，已有招架不住之势。1980年4月，国务院新的领导上任，国务院成立办公厅，原值班室五个组改为秘书局、法制局、信访局、研究室。段志谦被任命为法制局局长，杜槐林、袁振民为副局长(1985年9月，李培传和我被提为副局长)。这时的法制局还是国务院办公厅下辖机构，但有自己的印章，可以直接对外联络，开展相应的业务工作。法制局内设三处三室，即政法文教处、工交农林处、财经处、办公室、法规清理编译室、国务院公报室(公报室后来移交给办公厅)。办公厅法制局成立后，从北京大学、吉林大学等高校中招收了一批法律本科毕业生和研究生，如吴浩、刘炤、桂敏杰、李适时、沈春耀等，全局干部增至30余人。

国务院办公厅成立法制局后，因为国务院副秘书长顾明的主张，又设立了国务院经济法规研究中心，其主要任务是组织制定、审查经济法律和法规草案，报国务院审批。这样，国务院办公厅内有两个法制机构承办同一项工作，分工上难以划清，造成了不小的麻烦。与此同时，国务院机构调整，一时间办公厅法制局的去留成了问题。段志谦同志为此向国务院有关领导汇报说明：法制局作为国务院的办事机构为其他机构难以替代，独立设置更有利于发挥其为国务院领导服务的作用。时任副秘书长柳随年也认为，要加强国务院法制工作，加强法制机构势在必行。随后，柳随年向国务院领导提出设立国务院法制局的建议，并起草了设置方案。1986年4月，国务院正式发文，宣布国务院办公厅法制局与国务院经济法规研究中心合并，成立国务院法制局，作为国务院直属机构。此前，国务院已任命王世荣、我、李培传三人为国务院法制局副局长，局长孙琬钟一年后受命上任。自此，国务院法制机构和法制工作进入了新的历史阶段。

国务院法制机构的初期工作

何：国务院法制机构成立时，百废待兴。初期做了哪几件事？

黄：初期主要是组织建设，建章立制。值得一提的，有这么几件：

一是举办立法干部培训班。为了提高制定和审查法规草案的质量，1985年11月，按照柳随年同志指示，我们法制局举办了一期立法工作干部培训班。参加学习的有86个部委法制机构（局、处），共派出104名法制干部。培训地点就在国务院小礼堂。课程内容包括立法指导思想、立法规划与计划、立法体系、立法程序、立法技术、法规清理、法规审理案例等七个问题。所有课程都是我们自己撰稿主讲，每天上午讲一课。柳随年同志到会讲了第一课。这个培训班推动了各部委的法制工作，也密切了我们与各部门的工作关系。

二是举行全国政府法制工作会议。国务院法制局重建后，国务院各部委、各省、市、自治区政府先后成立了规格不等、名称不同的法制机构。在报经国务院领导同意后，我们便着手筹备第一次全国政府法制工作会议。当时，“政府法制”这个词还没有被广泛使用，正式称谓始于此次会议。1986年4月26日，会议在远望楼宾馆举行，来自各省、自治区、直辖市以及较大的市、各试点城市、国务院各部委法制机构的负责人共200余人参加会议。走马上任不久的孙琬钟局长作了近万字的主题报告。会议持续四天。期间，赵紫阳总理在中南海紫光阁前接见了与会代表，乔石副总理参加了其中一次讨论并讲话。

三是完善立法工作制度。为了使行政立法工作有章可循，我们先后代国务院草拟了《国务院审批法规的程序》(1982年2月)、《国务院关于行政法规制定程序的若干规定》(1987年发布时改为条例)、《行政法规审查工作程序》(内部工作程序)。这几个程序规定被人誉为"新中国第一批行政程序法"。特别值得一提的是，我们还与办公厅秘书局共同制定了行政法规与一般公文办理的分工规定，改进了行政法规的发布办法。过去用"红头文件"的形式下发行政法规，与一般文件难以区别，普通群众也看不到。我们提出用"发布令"的形式来发布，得到国务院采纳。发布令的形式容易识别，比较权威、透明，也方便汇编和统计。规章的发布方式也照此改进。此外，我们还制定了五年立法规划和年度立法计划。一年以后，全国人大也制定了立法规划和计划。

四是清理和汇编行政法规。我们还用三年时间，清理了建国以来制定的法规。清理范围涉及1949年至1985年国务院发布和批准发布的三千余件行政法规，国务院各部门发布的24 000余件规章以及各省、自治区、直辖市政府发布的25 000余件规章。清理结束后，将现行有效的行政法规汇编成8卷、300万字的《中华人民共和国现行法规汇编》。后来，又编辑出版了《中华人民共和国新法规汇编》。

全程参与《行政诉讼法》的起草

何：《行政诉讼法》起草过程中，您比较多地参与了讨论。请说一下您参与的过程？

黄：我有幸参与了《行政诉讼法》制定的全过程，这是我从事政府法制工作所经历的非常有意义的一章。以后我也参与了《行政复议法》等几部法律的制定研讨，但仅仅参与一部分，没有像参与《行政诉讼法》那么多。

对于我来说，这个过程最早可以追溯到1986年5月16日上午。我国法学界老前辈、原国务院法制局第一任局长陶希晋同志请段志谦、我、北京大学法律系行政法老教授龚祥瑞，还有陶老秘书高志新等六人开会，商谈行政法与行政立法问题。陶老认为，现在我们宪法、民法通则、民事诉讼法、刑法、刑事诉讼法已经有了，还缺行政法和行政诉讼法。他说，我们今天开个座谈会，先交换一下意见，然后扩大一点范围，提个方案，报彭真同志，如果批准，就着手进行。与会同志同意陶老的想法，表示积极参加。我当时还是一个新兵，没有发表意见。

而后，在陶老的倡议和组织下，在全国人大常委会法工委的直接领导下，于 1986 年 10 月 4 日成立了一个由法律学者和实际工作者共同参加的行政立法研究组，负责起草行政诉讼法和其他重大的行政法律，提供法律草案的“毛坯”。法律学者江平、罗豪才、应松年等都参加了这个行政立法研究组。段志谦同志考虑我刚担任法制局副局长，恐无暇顾及，就派研究室主任高帆同志参加研究组。必要时，段志谦和我随时可以参加有关问题的研究讨论。

行政立法研究组成立后，究竟先制定行政法（实体法）还是行政诉讼法，一时拿不定主意。后来江平教授提了个重要意见。他说：“从法律发展的经验来看，往往先有程序法后有实体法。我国就是先有民事诉讼法，后有民法通则。不妨先制定行政诉讼法，再制定行政法。”这个意见得到全国人大常委会法工委副主任顾昂然的肯定。于是，起草《行政诉讼法（草案）》的任务就交给行政立法研究组。自开始起草，到 1989 年 4 月七届全国人大二次会议审议通过，一共用了三年时间。

立法过程中的讨论

何：在《行政诉讼法》起草和审议过程中，全国人大常委会法工委多次召开座谈会。国务院法制局正好处在一个非常特殊的位置，当时政府法制部门对草案有什么意见？

黄：1988 年 11 月，全国人大常委会决定将《行政诉讼法（草案）》公布，广泛征求意见。与此同时，全国人大法律委员会、内务司法委员会、法制工作委员会联合召开四次有关部门、法院、部分专家参与的座谈会，听取意见，研究草案修改方案。讨论相当激烈，各方意见发表也比较充分。出席会议的政府法制部门的同志对草案关于受案范围、举证责任、司法变更权、规章的适用等，提出了一些不同意见。最后，这些意见都消化了。

围绕规章的适用问题，有过一番比较激烈的争论。来自政府法制部门的同志强烈要求把国务院各部门、省和较大市政府的规章作为法院审理案件的依据。我在座谈会上代表法制局发了言，申述了政府部门的态度。我认为，政府部门制定的规章应当作为法院审理案子的依据，这是宪法和组织法规定的。行政管理很复杂，涉及社会、经济、政治、文化等各个方面，有些问题专业性、地方性很强，不可能都由法律、行政法规来规定。因此，规章是不可缺少的依据。但是，一些专家学者和法院的同志持反对意见。他们担心，规章制定机关层级低，与法律、法规相抵触的情况时有发生，难以处理。争论结果是规章可以作为法院审理案子的参照。就是说，如果具体行政行为所依据的规章与法律、法规不抵触的，应当适用；如果规章有问题，不符合法律、法规原则精神，法院可以灵活处理；规章与规章不一致的，由国务院裁决。

在座谈会上，也有人提出颠覆性的意见，完全反对搞行政诉讼。有同志说，如果搞“民告官”，老百姓可以告政府了，那政府还有什么权威？老百姓更加不好管，官员更加不敢管了，这样下去会增加政府与群众的矛盾，影响社会稳定。尽管顾昂然同志作了明确说明，但这种疑虑也不是一次会议就能够解决的。

政府法制系统座谈会

何：在《行政诉讼法》立法过程中，除了全国人大常委会法工委召集的三次座谈会，政府法制系统还专门开了一个座谈会。这个座谈会情况怎么样？

黄：是啊，当时全国人大常委会法工委、法院对制定《行政诉讼法》十分重视。最高法院的行政审判庭庭长黄杰，每次座谈会都参加。他们根据法院的审判实践，对《行政诉讼法（草案）》提出了许多意见和建议。相比之下，我们行政机关的重视程度是不够的。虽然国务院办公厅为深入讨论《行政诉讼法（草案）》发了电报通知，各地也组织了讨论，但许多地方对《行政诉讼法》的实施将会对行政部门带来什么样的影响，认识得不够。许多人没有意识到，《行政诉讼法》颁布之后，政府管理活动将大范围接受司法监督。如何结合我国行政活动的特点，对行政诉讼涉及的问题提出有理有据的建议，如何充分地集中各个部门、各级政府的意见，把大家的意见切实反映给全国人大常委会法工委，我们做得也不够。

为此，我们在皇城根招待所召开了有 30 多个省、市、自治区和较大市的政府法制局长会议，座谈《行政诉讼法（草案）》。会议从 1989 年 1 月 19 日开始，开了 3 天。全国人大的领导同志对我们这个座谈会很关心，法工委顾昂然副主任和法律委员会林涧青、顾明副主任委员、陈先委员等亲临会议指导。

因为是法制局召集的座谈会，我事先准备了讲话稿，在会上先做了个基调发言。我首先强调，制定《行政诉讼法》是我国民主政治生活中的一件大事，也是完善我国法制建设的重要步骤。不论从各国法制建设发展的历史看，还是从我国改革开放的实际看，都是十分重要的。截至当时，我国已有 120 多个法律和行政法规有行政诉讼的规定。

针对一些同志的疑虑，我也坦承，实行行政诉讼确实会给行政机关的活动带来某些不便。但我讲："行政机关的活动，不能以活动本身是否无拘无束为标准，而是以国家和人民利益是否能实现为标准的。有效的行政诉讼制度不仅不会给行政机关带来什么不良影响，而且还会促进和保障行政机关依法行使权力，提高行政机关的办事效率。"拿公安部门的例子来说：自 1987 年《治安管理处罚条例》实施以来，治安行政诉讼案件逐年上升，但公安部门败诉的却呈递减趋势。这表明：在治安行政案件不断增加的情况下，公安部门执法的正确性却不断提高。这既保证了执法的合法，也保证了执法的有效。

对于行政诉讼制度本身的内容，我没有发表具体意见。我的基本想法是，由于这个法本身的难度很大，尤其是我国的行政诉讼制度起步较晚，我希望不仅要遵循行政诉讼制度的一般要求，还要认真考虑我国的实际，不能操之过急。

为了便于讨论的深入，我就《行政诉讼法（草案）》讨论中涉及的几个主要问题，向与会者作了一个简要介绍。我谈了六个问题：

第一个问题是行政诉讼法的目的。行政诉讼法的目的除了保护公民和组织的合法权益、监督国家行政机关行使职权，是不是也应当维护行政机关依法行使职权？

第二个问题是行政规章可否作为审理行政案件的依据。如果规章不作为审理行政案件的依据，将会对我国的行政诉讼制度和政府依法管理社会经济文化等事务带来什么样的后果？

第三个问题是法院能否变更行政决定。这个问题不仅涉及法院审理行政案件的权限问题，而且涉及法院与行政机关的关系问题，也是讨论中争议最大的问题之一。我比较详细地介绍了三种不同观点。

第四个问题是法院受理行政案件的范围。不同观点的分歧在于受案范围应当宽一点还是窄一点。政府部门的态度总体上是宜窄不宜宽，最好限定在人身自由和财产处罚方面。当时劳动教养、收容审查、监视居住等几种行为也比较敏感。

第五个问题是行政复议和行政诉讼的关系。争论的是，提起行政诉讼前要不要先经过复议。

第六个问题是关于行政案件的管辖。争论主要集中在级别管辖上，有的主张以基层法院管辖为原则，有的主张由中级法院管辖一审案件，也有的主张同级管辖，即基层法院受理以县级行政机关为被告的一审行政案件，中级法院受理以厅局级行政机关为被告的一审行政案件，高级法院受理省部级行政机关被告的一审行政案件。

总的来说，面对《行政诉讼法》的制定，政府部门是有压力的，心态也比较矛盾。一方面，大家意识到制定《行政诉讼法》是大势所趋；另一方面，对自己能否及时适应行政诉讼制度的要求有顾虑，甚至个别人觉得与老百姓处于平等地位、接受司法审判面子上过不去。基于这种压力和矛盾心理，大家对行政诉讼立法的态度反映在两个方面：一是《行政诉讼法》应当搞，但要稳妥推进，要让政府工作人员，特别是基层执法人员有一个认识提高和工作准备的过程；二是应当尽量考虑中国社会的实际情况，特别是政府执法部门的实际情况，妥善处理好相关问题。例如，受案范围不宜过大，应承认政府规章的效力，在级别管辖上考虑政府机关与法院的级别对应关系。

迎接《行政诉讼法》的实施

何:《行政诉讼法》颁布后，国务院法制局组织了一系列的宣传、培训、研讨工作，以迎接《行政诉讼法》的实施，比较大的有哪几项?

黄: 宣传培训动员的会，大大小小开了好几个。

《行政诉讼法》还没有颁布，国务院法制局就与中国政法大学联合举办“政府法制干部培训班”。1989年1月6日，首届全国政府法制干部培训班在中南海举行结业典礼，李鹏总理、姚依林、田纪云副总理等国务院领导人会见了全体学员。1989年3月，第二期全国政府法制干部培训班开学。以后又办了几期，各期培训的时间从1个月到6个月不等。我们还与中国政法大学联合编写了政府法制干部培训系列教材。在《行政诉讼法》公布后三年时间里，完成了所有省级机关、计划单列市机关政府法制干部的培训。这些培训大大提高了政府法制干部的执法水平，也催化了行政机关的守法意识。

《行政诉讼法》颁布后，国务院法制局于1989年12月11~21日在中国政法大学召开了行政诉讼法研讨会。会议由我组织并主持，孙琬钟局长就进一步做好《行政诉讼法》实施的准备工作做了讲话。我们邀请到全国人大常委会法工委副主任顾昂然、最高法院副院长马原和中国政法大学教授应松年，讲授行政诉讼法。各地对行政诉讼法施行前的准备工作情况进行交流。国务院各部门和各省、市、自治区政府的法制机构也纷纷举办培训班，分析新法实施后的形势，研究应对措施。我们的工作对推动政府各部门认真学习贯彻《行政诉讼法》起了很好的作用。

在《行政诉讼法》实施前夕的1990年9月1日，国务院在北京召开贯彻实施《行政诉讼法》电话会议。全国人大常委会副委员长王汉斌、国务委员宋健和陈俊生、最高法院院长任建新以及国务院有关部门、最高检察院、全国人大常委会法工委、中央军委法制局、各省、自治区、直辖市和计划单列市人民政府的负责人参加了会议。国务院副总理姚依林作了重要讲话，国务院秘书长罗干就国家机关各部委、地方各级政府贯彻实施《行政诉讼法》作了部署，国务院法制局局长孙琬钟就《行政诉讼法》的宣传和干部培训工作、规章和具体行政行为的清理工作、行政复议和应诉工作讲了话。这个会议规格很高。当时开电话会议，还是在北京长话大楼开的。

贯彻《行政诉讼法》座谈会

何：当时在重庆还开过一个贯彻《行政诉讼法》座谈会。您能讲一讲吗？

黄：这个会的背景是，1986年国务院把哈尔滨、沈阳、大连、西安、重庆、武汉、广州等城市确定为法制建设试点城市，试点城市在法制建设方面作了许多探索性工作，这时候需要做个总结。又正好赶上《行政诉讼法》即将实施，这个会就变成了贯彻《行政诉讼法》座谈会。会议是1989年12月在重庆开的。孙琬钟局长另外有事，去不了，就由我代表国务院法制局讲话。

我在讲话中提出，在三大诉讼制度中，行政诉讼与国家行政机关的关系最密切。今后，政府部门和行政管理活动，将在广泛的司法监督下进行。行政机关作为被告上法庭将是一件平常的事情，而且如果败诉还将承担重大的法律的、经济的责任。因此，行政机关必须在法律允许的范围内行使自己的职权。我呼吁各级人民政府的领导同志把贯彻实施《行政诉讼法》列入重要的议事日程，采取有效措施做好准备工作。

我还提出今后工作的一系列设想。在当时最重要的是加紧《行政诉讼法》的配套立法，并制定行政执法部门的组织规则，明确各执法部门的职责权限和活动程序。当时拟议的配套法规，主要有行政复议、行政强制执行、行政处罚和行政赔偿等法规。我们认识到，行政复议工作是政府自身加强对执法活动的监督，保证政府依法行政，防止政府作被告败诉的一项重要工作。但我们过去行政复议的经验并不多，即使像公安等进行了较多复议工作的部门，也缺乏规范的复议制度。当时国务院法制局在有关地方、部门和专家学者协助下，已草拟了《行政复议条例》。这个条例在那次会议上也做了讨论，很快就上报给国务院。

这次会议也讨论了《行政诉讼法》适用中的一些问题，其中包括法院审理行政案件如何参照规章。我们理解，“参照”就是参考和依照，有法律、法规时谓之“参考”，无法律、法规或法律、法规不具体时则要“依照”。我提出，保证规章的合法性应把握两点：一是规章的内容和形式，都要符合法定要求。法律、法规有明确规定的，规章的内容和形式不能超越法律、法规的规定；法律、法规没有规定或规定不明确的，规章要符合党和国家的政策，或者要有不与法律、法规相抵触的依据。二是规章要严格依照法定程序起草和制定。起草规章时，要注意与其他法律规范的协调，表述要清楚、具体。这是规章主要作为执行性法律规范的基本要求。规章要经过政府的常务会或部（委）务会议讨论通过，由行政首长签发，公开发布。

“我确实花了很大力气”

何：除了上面提到的，您个人为《行政诉讼法》的实施也做了很多工作。

黄：《行政诉讼法》通过后，实施是个大问题，需要通过广泛的学习、宣传，正确理解，统一认识。为此，国务院专门发了关于实施《行政诉讼法》的通知，组织了培训。我们还编了行政诉讼的释义和应诉指导手册，其中一套是由中国卓越出版公司出版发行的“行政机关行政诉讼应诉丛书”。在这方面，我确实花了很大力气。

那段时间，我除了局里分管的业务工作，还应一些部门和地方政府的邀请，讲解《行政诉讼法》的精神和做好法律实施的要求。其中，国务院部门方面，有地质矿产部、交通部、航天航空部、烟草专卖局等；地方政府方面，曾赴河南、山西等地为省厅干部宣讲。我还参加了一些地方的宣讲活动，如参加山西省电视台举办的《行政诉讼法》宣传活动，并做电视讲话；与武汉市副市长王明权共同参加武汉市电视台举办的《行政诉讼法》知识竞赛并讲话。我还赴上海参加华东、东北地区政府法制局长会议，并就《行政诉讼法》实施有关问题做了讲话。在 1989 年和 1990 年两次少数民族地区政府法制工作会议上，我又讲了贯彻《行政诉讼法》，提高依法行政水平。

《行政诉讼法》实施不久，我在《光明日报》上发表了一篇文章，叫《积极做好〈行政诉讼法〉的实施工作》。我在文章里说，这个制度的建立确立了司法对行政的监督机制，使公民与行政机关以平等的身份走上法庭。因而，行政机关工作人员应当克服“民不能告官”“官贵民贱”的旧观念，树立起新的观念。具体说来，一要强化“人民公仆”意识，认识到接受司法监督的实质是接受人民的监督；二要强化依法行政意识，认识到行政机关同样负有守法的义务；三要正确理解原被告之间的关系。行政诉讼就是解决官民纠纷的一种形式，不应把作为被告出庭应诉看作是不光彩的事情。同时，我也呼吁广大公民正确认识与政府的关系，把行政机关的执法活动看成一种在根本上是为自己服务的活动。对于行政机关正确的处理决定能自觉而积极地执行，对于偶然发生的错误的处理决定也能予以必要的谅解，而不是把它看作对自己的敌对行动。我希望行政机关与公民在行政诉讼中保持一种正常的气氛，不至于因行政诉讼而导致官民关系的紧张。

三十年后再回顾

何：《行政诉讼法》颁布 30 年后，回头再看这部法律，您有什么感想？

黄：《行政诉讼法》的制定与实施，标志着行政机关在依法行政的道路上迈出了具有决定意义的步伐。它使我国的行政立法、行政执法、人权保障和行政法学研究都进入了一个新的历史时期。在当初，它给刚刚开创的政府法制工作带来了很大的压力，现在看来，它恰恰是一个很好的鞭策和催化。

全国人大常委会法工委的顾昂然同志曾对我说，在《行政诉讼法》制定与实施的过程中，国务院法制局和国务院各部委、地方省、市、区政府法制部门都十分重视，做了大量工作，国务院法制局尤其发挥了积极的推动作用，效果很好。他说："这是空前的。"

我为自己能够参与这个伟大的事业感到欣慰。

访谈时间：2019 年 1 月 31 日

访谈地点：黄曙海局长家

整理：何海波

击水中流，行政审判30年
——最高人民法院江必新大法官访谈

江必新，1956年生，湖北枝江人。西南政法大学法学学士（1982）、法学硕士（1985），北京大学法学博士（2004）。1985年1月，任最高人民法院研究室助理审判员，后为行政庭助理审判员、审判员、副庭长、庭长；2002年起，任最高人民法院副院长。期间，2001~2003年挂职重庆市委政法委副书记，2004~2007年任湖南省高级人民法院院长，2016年起兼任最高人民法院第三巡回法庭庭长。中南大学兼职教授、博士生导师，中国政法大学特聘教授、博士生导师。著有《行政诉讼问题研究》（1989）、《中国行政诉讼制度之发展》（2001）、《中国法文化的渊源与流变》（2005）、《行政法制的基本类型》（2005）、《行政诉讼法理论与实务》（合著，2009）、《国家治理现代化与依法执政》（合著，2016），主编《中国行政诉讼制度的完善》（2005）等。

初涉行政诉讼

何海波（以下简称“何”）：江院长，感谢您拨冗为后学者回忆我国《行政诉讼法》制定和实施的情况。首先，能否请您介绍一下《行政诉讼法》制定时您个人的情况？

江必新（以下简称“江”）：我是1985年1月到最高法院工作的，开始分配在研究室。我的工作是定期从报纸杂志等渠道收集、汇总、上报与法院有关的信息。在这个过程中，我根据自己的判断做一些信息专报。所以，我一开始就对法院工作的整体情况有一些了解，对各地的审判经验、审判情况也有所了解。

在研究室工作期间，有人提议制定《行政诉讼法》。为此，院里成立了一个行政诉讼调研小组（具体名字我记不太准确了），研究室副主任梁书文同志为组长，我和蒋惠岭、蔡小雪等同志为小组成员。后来全国人大法工委成立了行政立法研究组，经济庭的费宗祎副庭长是正式成员，我作为联络员参与立法研究组的活动。在这期间，我写了多篇讨论行政诉讼制度的文章。

1988年10月，最高法院行政审判庭成立，我调入行政审判庭，从此从事行政审判工作。30年来，行政审判可以说始终是我工作的主线。

人民法院设立行政审判庭

何：人民法院行政审判庭这一审判组织模式具有中国特色，而且在《行政诉讼法》颁布之前就形成了，它是如何被确立的呢？

江：在制定《行政诉讼法》之前，法院就开始审理一些行政案件。当时的主要依据是1982年《民事诉讼法（试行）》。但行政纠纷到底怎么解决，那时没有完备的法律适用规则。因此，调研小组调研的第一个问题就是，行政诉讼到底放在哪儿审？应不应该由法院来审？这是首先要论证的。

当时我们对国外情况作了较为系统的研究。大概情况是，大陆法系国家由行政法院来审，普通法系国家由普通法院来审。法国式的行政法院我们显然不具备条件，我们的行政机关自身也没有这种需求，英美国家的模式也不完全适合中国。我对这个问题做过专门论证。我从有限的资料里找了两大法系行政诉讼模式的材料，论证我国应该由普通法院设立行政审判庭，并且公开发表了文章。那个时候，英美国家的法院还很少在内部设行政审判庭的。我们国家的行政审判放在普通法院，但由专门的行政审判庭来审，属于一种全新的模式。

经过反复论证和讨论，院领导才下决心，决定在法院系统成立行政审判庭。这是 1986 年年底的事。当时郑天翔任最高法院院长，任建新任常务副院长。任建新和陶希晋都当过董老（董必武）的秘书，互相很熟，所以郑天翔院长让建新副院长向陶老通报最高法院的意见，行政案件就放在法院。陶老对此也很支持。当时陶希晋是全国人大法律委员会的顾问，说话比较有分量，具有很强的影响力。

1987 年 1 月，最高法院下发通知，试办行政审判庭。事实上，1986 年下半年起，各地就陆陆续续成立行政审判庭了。我们最高法院随后也成立了行政审判庭，由黄杰同志任庭长，张善、岳志强等同志为组长。

启动《行政诉讼法》的制定

何：法院方面如何参与《行政诉讼法》的制定？

江：既然决定建立行政诉讼制度，就得制定《行政诉讼法》。当时全国人大正在修改 1982 年《民事诉讼法（试行）》，准备制定新的《民事诉讼法》。《行政诉讼法》要不要单独立法，这个问题一开始没有确定。有人说，行政诉讼适用民事诉讼法就可以了，没有必要单独立法。最高法院倾向于单独立法，为此做了很多论证。

当时怎么论证呢？就是要尽可能找出行政诉讼与民事诉讼不同的地方。到底《行政诉讼法》应不应该制定，主要看两种诉讼有何区别。如果没有很大区别，不适用民事诉讼法而适用行政诉讼法就缺乏理由，难以说服全国人大常委会成员，使各方面都认同。在确定制定《行政诉讼法》时，我们就意识到这个问题。

我们捋清了几个主要方面的不同，包括受案范围不同、举证责任不同、审理方式不同、判决方式不同等。其中一个具体例子是，行政诉讼不适用调解。这样一看，两种诉讼确实不太一样，行政诉讼不能适用民事诉讼法。最后，中央同意、全国人大决定，行政诉讼单独立法。现在回过头来看，那个时候强调行政诉讼独立性的理由未必全部正确。例如，法院在行政诉讼中的任务是审查行政行为的合法性，而不是解决纠纷，这是有问题的；完全由行政机关承担举证责任，也有问题。后来，通过司法解释和法律修改，作了适度调整。

确定单独立法只是第一步，接下来要搭建《行政诉讼法》的框架。法院的任务主要是提供案例，拉出问题清单，看有哪些问题需要解决。比如说，受案范围的问题、起诉期限的问题、谁管辖的问题、谁举证的问题等。其中大多数问题是通过调研发现的、来自实践的问题。我们梳理出问题，提供给立法机关，然后在立法小组内，大家分工负责、分头起草。审理和判决这部分由我起草，“滥用职权”这个概念就是我主张并坚持加进去的。

总结起来，基本过程就是：第一，把《行政诉讼法》立法放在重要议事日程；第二，论证行政诉讼为什么不能完全适用民事诉讼法，以及行政诉讼法的特色在哪里；第三，明确问题清单，分工起草草案初稿。

立法过程中的论争

何：《行政诉讼法》制定过程中有哪些重大争议？当时各方的意见是什么？您个人有什么看法？

江：主要是以下几个问题：

第一，关于“民告官”。

行政诉讼是“民告官”的诉讼，这样一个观念的确立也是刻意“找不同”的结果。那时要尽量突出行政诉讼的特点，所以就把这个观念纳入了法律。本来我们研究的时候注意到了，英美国家“官告民”的案例也很常见。但因为要说服立法机关制定《行政诉讼法》，就特别强调三大诉讼的区别：民事诉讼是“民告民”，刑事诉讼是“官告民”，行政诉讼是“民告官”。

现在看来，这种说法有些绝对化。特别是行政协议入法以后，问题就出来了。2014年修改《行政诉讼法》的时候，我们就主张改了，但一些同志不赞成。最后一次定稿的时候，法律委员会提出来讨论，但有同志坚持认为："这个改起来很麻烦啊！是不是先不动，以后再说？"结果，还是没改。

第二，关于受案范围。

《行政诉讼法》立法过程中，受案范围始终是一个有争议的问题。行政机关总是希望受案范围尽量窄一些。而法院因为经常有人来告状，始终面临着案件压力；若不受理，当事人反复缠诉，矛盾没法化解。尽管我们提的是"积极慎重"，但总的倾向还是逐步扩大。况且，那时候案子不多，受案范围扩大一点也能够承受。

当时比较棘手的问题有两个：一个是计划生育问题，另一个是公安机关的某些行为是否纳入受案范围的问题。

计划生育问题当时相当敏感。有人说，计划生育是国策，法院对计划生育罚款也不好撤销，不如不写。但计划生育罚款还是写进去了，虽然没写"计划生育"几个字，但既然是罚款，就是可以起诉的。后来计划生育部门试图规避，认为征收超生子女社会抚养费不是罚款。1991年出台的《关于贯彻执行〈中华人民共和国行政诉讼法〉若干问题的意见》把征收超生费和罚款都纳入受案范围。当时写这个还是要很大勇气的。这个问题法律都难以规定，是通过司法解释明确的。

公安机关的有些行为，像劳动教养、收容审查，一些同志也不主张纳入受案范围。对这个问题，《行政诉讼法》为回避争论而语焉不详，最高法院通过司法解释予以明确。还有一个情况是后来出现的，即公安机关利用刑事侦查手段实施的一些行为。例如，本来属于合同纠纷，有的公安机关用刑侦手段插手干预，动不动把人抓起来、把财产扣了。有观点认为，这属于刑事诉讼。但是，有些公安机关抓了人、扣了财产，程序就不往前走了，案子不移送检察院，财产一直扣着，当事人找不到救济途径。最高法院经过多方征求意见、反复研究，定了一个界限：按照《刑事诉讼法》的明确规定采取的强制措施，适用刑事诉讼程序；凡是没有法律明文规定而采取的强制措施，都视为行政行为。这是为了防止有的机关规避法律监督而采取的举措。

第三，关于复议前置。

制定《行政诉讼法》的时候，各部法律对复议前置的规定并不统一，有的要求复议前置，有的是让当事人选择。后来的立法也采取多元化的方式。立法者想让不同方式都试一试，比较比较。

当时，行政机关的态度是行政争议尽量由自己解决，尽量避免到法院当被告。法院最初也愿意由行政机关解决。当时行政审判刚刚开始，法院自己能力和水平都有限。在实际操作中，遇到行政争议案件尽量先让上级行政机关通过复议程序解决。

后来发现，有的地方行政复议机构成了“维持会”，申请复议沦为形式主义，反而耽误时间。有的当事人反映，希望能够直接到法院起诉，不要走复议程序。我们了解到，各地法院在复议前置程序上把握尺度不尽一致。但是，有一条我们是始终坚持的：行政机关不复议，不能阻碍当事人向法院起诉；复议机关超过法定期限不受理，法院就应当受理。20 世纪 80 年代讨论《行政诉讼法》时，基本精神就是允许多样化的纠纷解决方式并存，以当事人选择为原则。不同的纠纷解决方式之间可以灵活一些，但绝不能让当事人复议不成，又告状无门。长期以来，依法保护当事人的诉权是最高法院的一贯立场。

第四，关于判决理由。

原先法律草案写的审查标准只有三条：主要证据不足、适用法律法规错误、违反法定程序。超越职权和滥用职权，是后来才加上去的。在立法过程中，我们对“滥用职权”这个概念做了很多研究。英国行政法上有滥用自由裁量权的概念，美国《行政程序法》上也有滥用职权的概念，都是对行政裁量权的控制。我们建议加上超越职权和滥用职权。但一开始，对这个问题有不同认识。有人认为“滥用职权”这个概念太笼统，不好掌握；而且，刑法上有个“滥用职权罪”，一旦认定滥用职权，就涉及刑事责任的追究，这样就太严重了。这个问题争论了好久，最终还是写进去了。这个规定对于监督行政机关的自由裁量权，具有极为重要的作用。

第五，关于裁判方式。

在起草《行政诉讼法》的过程中，司法变更权也是一个讨论较多的问题。

我们开始说的变更，主要是针对涉及金钱的处理、制裁、赔偿等。当时多部法律设定了行政裁决，行政机关可以责令公民赔偿。有很多人把它视为处罚，也有的把它看成一种带有强制性的行政行为。不管责令赔偿的性质是什么，案子到了法院，法院需要根据损害的实际情况决定赔偿数额；不然，如果法院只能撤销行政裁决、让行政机关重新处理的话，案子有可能来回折腾，增加当事人的讼累和行政机关的工作量。但是，行政机关坚持认为，法院在行政诉讼中要么撤销要么维持，只能有否决权、不能有形成权。

最终，《行政诉讼法》规定“行政处罚显失公正的”可以判决变更。当然，这并非我们的初衷。对于行政处罚多一点少一点的问题，我个人认为反而不应该由法院来变更。法院直接变更的话，那算谁做的处罚呢？行政处罚显失公正的，法院判决撤销，让行政机关重新做更为适宜。

法律规定行政处罚显失公正的可以判决变更，是立法机关听取了下级法院意见后确定的。地方法院反映，在行政诉讼实践中，法院判决撤销行政处罚，让行政机关重新作出处罚决定，但有的行政机关顶着不改，或者重新作出内容相同的处罚。结果，案子又到法院，法院没办法只好自己改。司法变更权就是这样形成的。这一制度设计，即便放在当下也是比较先进的。

第六，关于规范性文件审查。

1989 年《行政诉讼法》有一个很有意思的现象：它规定人民法院审理行政案件以法律、法规为依据，参照规章，却没有提规章以下的规范性文件。这个不是疏忽。

在法律渊源问题上，有两种理论模式：一是形式主义模式，即只有宪法或者法律明确授予立法权的机关（通常为议会）按照法定程序制定的抽象性规范，才能作为执法和司法的依据；二是实质主义模式，即能否作为执法和司法的依据，关键看该规范是否符合一定标准或者规则。从世界范围来看，“二战”以前各国大都采取形式主义模式，“二战”以后大都采取实质主义模式。

在制定《行政诉讼法》的时候，来自立法机关的同志主张形式主义模式，来自行政机关的同志主张实质主义模式。我们感到，法律、法规有很高的权威性，但在当时往往太粗疏，缺少可操作性；规章以下的规范性文件大都比较具体，可操作性更强些，但也有一些规范性文件不规范，存在超越职权、与上位法相抵触或者与同级规范相冲突的问题。因此，我们主张，法律、法规具有普遍适用的效力，只有例外情况下才可以不予适用；而对规章以下的规范性文件，则赋予法院选择适用的效力。后来，《行政诉讼法》表述为“参照”（当时只限于规章）。

那法院应当怎么“参照”规章呢？按照全国人大的立法说明，如果规章不符合法律、行政法规原则精神的，法院“可以有灵活处理的余地”。为此，我专门写了文章，讨论规章的地位作用和法院的参照方式。我的基本观点是，规章是否适用，不能由法官任意裁量，而应当通过正当程序进行合法性、有效性判断，然后决定是否适用。合法有效的必须适用，法院有适用的义务；不合法或者没有效力的不予适用，法院有拒绝适用的权力。

规章以下的规范性文件明显不当，也应当不予适用。我的文章对此也做了阐述。这次司法解释“163条”（最高人民法院关于适用《中华人民共和国行政诉讼法》的解释，法释〔2018〕1号）没有把“明显不当”写进去，主要还是因为有不同看法。有人说，法院只能做合法性判断，不应做适当性判断。他们一看到“不当”两个字，就觉得法院在作合理性审查，认为法院超出了“合法性审查”的界限。但事实上，明显不当意味着权力滥用，法院对行政机关权力滥用还是可以审查的。实践中，明显不当的规范性文件法院一直以来也是不予适用的。

第七，关于非诉执行。

非诉执行这个问题一直存有争议。在起草《行政诉讼法》的时候，很少的行政机关拥有执行力量，而法院一般都设有执行机构。而且，法院在老百姓心目中属于强力机构，有权威性。所以，行政机关比较仰仗法院执行，也乐于请法院执行。当地党委、政府对法院执行工作也很重视，有的还主动给法院配置车辆、增加编制等。那个时候强制执行涉及的利益比较有限，无非是违章建筑一类的事情，抗法的也没有那么多，执行起来难度没那么大。而且，法院的诉讼案件也没有现在这么多。所以，法院也乐于执行。后来搞拆迁搞得太多了，法院要对行政机关的执行申请进行审查，行政机关就不乐意了，想自己干。于是，情况就发生了变化。

法院为什么要对申请执行的行政行为进行审查呢？这也是实践中的情

况决定的。按照一般的法理，行政机关作出决定后，当事人不起诉又不履行的，行政行为就有了不可争力或者说确定力；行政机关申请法院强制执行，法院就应依法执行。但在实践中，行政机关申请执行的案件相当一部分问题很大，有不少申请执行的行政行为属于重大明显违法。对这样的行政行为，当事人不起诉、不履行，就表示他认可该行为？很难这么讲。行政相对人法律意识淡薄，往往越是觉得行政行为没道理，越是置之不理。这种情况法院如果也予以执行，行政相对人不仅对政府有意见，对法院也会有意见。社会各方面纷纷要求法院对非诉行政行为进行审查。于是，行政机关申请法院强制执行，法院进行一定的审查后再决定是否准予执行，成了中国行政诉讼的一项制度。

问题往往都有两面。实践中，有的法院对非诉行政行为审查得过于严格，甚至跟诉讼中的审查采取一样的标准。于是，我们进一步明确了法院对非诉行政行为的审查标准。现在，我们把握的审查标准可以说是“明显、严重违法”标准。行政行为明显、严重违法，是无效的；从理论上讲，无效的行政行为不受起诉期限的限制，也没有执行力，当然不能执行。一般的违法，当事人不起诉、不申请复议又不履行，当然应当执行。这个标准与行政法原理也是契合的。

上述标准应当说已经比较清晰了，但在实践中，有的法院对事实问题的审查可能仍然偏严。这与我国社会偏重实体正义、强调“以事实为根据”的法律文化有一定关系。行政相对人往往不太重视法律适用问题，也不怎么追究行政程序问题，他们提出的更多是事实问题。如果事实搞错了，虽然行政行为还不构成无效，有的法院也不执行了。行政相对人认为这理所当然，政府通常也能接受。但从法理上来讲，即使事实确有问题，你当时没有起诉，现在到执行环节就不应再争辩了，否则法律规定的诉权就没有意义了。总之，我认为对非诉行为的审查应当把握无效标准，也就是说，是否准予执行要看行政行为是否存在无效情形。

开始搞非诉执行，没有想到案件量这么大。后来，行政诉讼案件和非诉执行案件不断增加，法院确实难以消化。而且，随着征地拆迁等案件大量出现，矛盾越来越尖锐，社会关注度越来越高，执行难度越来越大。特别是出现群体性事件时，需要动员各方参与、动用大量资源，必须党政机关出面才能动员得了。相比之下，行政机关拥有比法院多得多的条件和资源。所以，还是行政机关自己来执行比较好一些。不少专家学者也呼吁，非诉执行应当由行政机关自己来执行。

目前，非诉执行还是双轨制：一般的执行案件尽量让行政机关执行；行政机关确实有难处或者不便执行的，由法院执行。现在有一种声音，要把法院的执行职能（包括民事执行）完全划出去。行政非诉执行这一块，如果法院只做审查和裁决，由行政部门自己去执行，是可行的。当然，也没有必要让每个行政机关都设执行机构。毕竟，不是每个部门每天都需要强制执行，而且大多数执行案件是比较容易的金钱债务的执行。行政机关要设执行机构的话，还是相对集中比较好。

反思行政审判体制

何：当初把行政审判庭设到县，有没有对行政案件的数量做过估计？现在如果还有机会重新规划，您会主张这么做吗？

江：《行政诉讼法》制定的时候，对未来的案件量是做过估算的。当时有关部门参考国外的人口案件比，认为保守估计，仅治安行政案件一年就可能达几十万件，行政案件总计可能在一百万件以上。后来的实践证明，并没有这么多。这里边有多个原因：一是“民不与官斗”的观念根深蒂固，“不敢告”的问题比较普遍；二是随着法律规范的完善和行政救济机制的健全，行政执法大为规范，行政争议不断减少。总之，没有预想的那么多。因为案件少，审判人员也配得少。最高法院要求每个法院至少配齐一个合议庭，但事实上许多地方做不到，只有一两个人。

一开始就把行政审判庭设到县一级法院，有高估案件量的因素，但更多的考虑还是便利诉讼。如果将全部案件集中到中级法院，既不方便人民群众提起诉讼，也会给上级法院带来过大的案件负担。所以，最后决定，除了专利案件、海关案件、告省部级机关的案件、重大涉外案件由中级法院作为一审法院以外，其他案件原则上还是由基层法院一审。

现在，我们不太主张每个县都设行政审判庭。行政审判机构还是跨区划设置比较好，不必与行政区划完全对应。因为行政案件无形中还是会受到比其他案件更多的地方干预，没有办法完全排除。这些年，行政审判系统推行交叉管辖、循环管辖、提级管辖，一些地方还尝试相对集中管辖。这些措施收到了一定效果，但也带来一些新的弊端。一是管辖改变后，审案的法官仍然是由某一个区县的人大常委会任命。甲地的法院去审乙地的行政机关，行政机关有抵触，有时候不太配合："你是甲地人大任命的，凭什么来审我乙地的政府？"二是尽管受干扰的问题少了，但毕竟是异地，案件审理如需要协调或者裁判之后需要执行，难度也增大了。三是异地审理也给当事人带来一些不便。

要解决上述问题，最好还是相对集中设立跨区划法院。跨区划法院可以考虑设基层法院和中级法院两个层级，法官统一由省人大常委会任命。跨区划法院不一定单纯审理行政案件，还可以受理和审理其他易受干扰的民商事和刑事案件。这样，不仅可以解决司法审判中的"主客场"问题，而且可以节省大量审判资源。

"撬动整个地球"的一个支点

何：《行政诉讼法》实施后，对社会产生了巨大影响。从您个人感受来说，最明显的变化在哪里？

江：《行政诉讼法》实施后，我感觉在以下几个方面发生了明显变化：一是促进了依法行政观念的普及。因为在行政诉讼制度下，不依法行政，行政行为就可能被法院撤销、改变或者被确认违法、无效，行政机关可能还要承担赔偿责任。这对行政机关的依法行政意识的提升确实有很大的作用。二是促进了行政系统内部监督机制的建立和完善。《行政诉讼法》的实施不仅催生了《行政复议法》，也推动了行政机关依法行政考评和各种责任制的建立和完善。三是促进了行政法律制度的完善。在行政诉讼中，仅有笼统的原则政策、没有具体的标准，就很难准确地判断行政行为的合法性，所以必须建立具体规则，其中最迫切的就是赔偿、处罚、许可、强制方面的规则。《行政诉讼法》实施后，《国家赔偿法》《行政处罚法》《行政许可法》《行政强制法》相继出台。这些行政法律制度的完善，都与行政诉讼的推行有关。形象地说，行政诉讼制度是“撬动整个地球”的一个支点。

促成这些变化的，不仅仅是法院对行政案件的判决。在行政审判过程中，各级法院比较注意通过司法建议的方式促进行政管理制度的完善。法官发现行政机关管理上有漏洞、制度上不健全，通常会建议其完善制度、修改相关的规范性文件、加强对执法行为的监督等。司法建议制度是一个有中国特色的制度。国外的法官判完案后，一般不会去建议行政机关如何完善制度、改进管理。我们法院始终把司法建议作为行政审判工作一个很重要的方面。最高法院自己也发过一些司法建议，其中就自由裁量权的规制问题曾给国务院法制办发过司法建议。去年判过原国土资源部一起矿产许可案件，撤销了国土资源部的复议决定。判决书对涉及的问题作了比较充分的阐述，同时也给原国土资源部发了司法建议，就如何改进相关工作提出意见。

印象最深的案件

何：您参与过不少重大行政案件的审理或者处理，印象最深的是哪几个？

江：印象较深的行政诉讼案件，当然首先是深圳贤成大厦案。这起案子涉及多个方面的问题，从根本上还是计划经济的传统观念与市场经济理念的冲突。在这起案件中，外国商人与中国企业合作开发贤成大厦，合作项目批准了，合资企业成立了，土地也转移到了合资企业名下。合作项目进展不顺，地方政府急功近利，把外国商人抛在一边，成立新的合资企业，把这块地给了第三人，并直接注销了原来的合资企业。这分明是行政主体越权干预市场主体的经济活动。按照市场经济的逻辑，人家出资来跟你合作，你出多少地占多少股份，他出多少钱占多少股份，你不用管他的钱是借来的还是自己的。即使这个钱是他从别人那里借来的，跟你合作怎么不可以呢？但是，地方政府说这是玩“空手道”，然后直接将债权人拉进来跟中方企业合作。不但如此，该行政主体还不按照法定程序，仅依据一个会议纪要就把合法企业给注销了。法院判决撤销，让被告重新作出行政行为，既是对行政权力的规范，也是对市场主体正当权益的保护。

再就是一些涉及规范性文件审查的案子。比如，河南洛阳的“种子案”，涉及地方性法规与全国人大法律的冲突。那起案件是我参与处理的。中级法院的审判人员主张适用更高层级的法律，不予适用地方性法规。而当时的地方人大坚持要适用地方性法规，还要处分法院的审判人员，准备撤销她的职务。我们认为与法律有明显冲突的地方性法规不应适用，对审判人员也不应处分。后来，她的职务还是恢复了。这起案件当时影响很大，我们坚持了法律底线。

另外，还有一些案件涉及基层政府对行政审判的干预。《行政诉讼法》实施初期，行政机关不愿意当被告、不出庭应诉、不执行法院判决的，并不少见。有的公然宣称拒绝出庭，有的出庭之后大闹法庭、咆哮公堂，甚至当庭抓走原告，完全不把法庭和法律放在眼里。有个极端的例子是，县法院判决县政府败诉后，县长把院长找去怒骂一顿，把判决书往他脸上一扔，不让院长回家吃饭。可见，司法监督与反监督斗争之激烈。在最高法院的坚持下，在中央相关部门的大力支持下，几个干预行政审判、打击报复行政诉讼原告的极端行为得到了严肃追究，行政审判的环境逐渐改善。

行政审判的困扰

何：《行政诉讼法》的颁布是一件令人振奋的事情，但贯彻实施也是困难重重。您遇到的最为难的事是什么？

江：《行政诉讼法》实施以后，遇到最困难、最麻烦的，有这么几个方面：一是如何真正“讲政治”，二是如何切实“顾大局”，三是如何追求“社会效果”。

先说“讲政治”。政治和法律的关系，一直是行政审判的一个敏感区域。行政审判有很强的政治性，每一个案子都直接或间接涉及公共利益，涉及社会管理大局。开展行政审判，不能只讲法律、不讲政治，无视政治的要求。

但实践中，有人经常以“讲政治”为由，完全无视法律的要求。我们必须讲清楚怎么样处理法律和政治的关系。

首先，什么叫“讲政治”？讲政治就是对人民负责、对党负责、对中央负责、对大局负责。讲政治的核心是要争取民心民意，从而维护党中央和政府的形象。从党的十五大以来，依法治国写入了党的历次全国代表大会的报告，而且都是写在政治文明这一部分中。所以，讲法治本身也是讲政治，落实依法治国方略是极其重要的政治。如果法院对违法的行政行为照样维持，其结果将是支持、助长行政主体违法行政，法律得不到统一实施，司法机关的威信降低、公信力丧失。这本身就是不讲政治的表现。

其次，如何“讲政治”？不能把讲法律与讲政治对立起来。法律是党领导人民制定的，是人民共同意志的体现。严格遵守和执行法律，就是忠于党和人民的意志。如果说讲法律就是不讲政治，那无异于说法律与党和人民意志是格格不入或者冲突的。严格遵守法定程序，把案件事实审理清楚，让法律得到正确适用，是宪法、法律和依法治国要求赋予法院的职责。所以，对法院来说，严格依法办案，本身就是讲政治的表现。

最后，应当从什么时候开始“讲政治”？“讲政治”不能仅仅是对法院的要求，而是对所有人的要求。在行政审判人员中，确有个别同志有不讲政治的倾向，但应当说，大多数是有很强的政治意识的。而少数行政人员，在作出行政行为时随心所欲、草率行事，出了问题却要求法院包着、兜着。这也是不讲政治的表现。所以，所有人都应当讲政治，从行政机关作出行政行为的时候起就应当讲政治。绝大多数行政行为，只要执法人员有一定法治意识、具有法治思维并用法治方式来处理，是完全可以做到合法、合理的。越是政治敏感性很强的事情，越是涉及党和国家的大局，越要讲法治思维和法治方式。能够做到依法行政而偏要违法行政，这恰恰是不讲政治的表现。

第二个比较难处理的关系是服务大局和依法裁判的关系。行政审判应当服从和服务于党和国家的大局，这是毫无疑问的。但不少人将依法裁判与“服务大局”对立起来。有人经常以“服从大局”为名干扰合法性审查，要求行政审判人员对违法行政行为网开一面。这也是行政审判人员经常遇到的困扰。什么叫“大局”？我们所理解的大局，第一，是党和国家的大局。

地方的事与党和国家大局一致的，也可以说是大局的组成部分，但自己另搞一套不能算是大局。第二，全国推进依法治国、建设社会主义法治国家、贯彻依法行政也是大局。如果大家都没有规则意识、不按照规则办事，那社会就毫无秩序可言。第三，服务大局也要在依法办事的前提下进行，必须坚守法律底线。不依法办事，实际上是"搅局"，是破坏大局而不是维护大局。

还有一个问题，是如何处理法律效果与社会效果的关系问题。行政审判既要讲"法律效果"又要讲"社会效果"，这是毫无疑问的。在一般情况下，严格依法办事不仅有法律效果，也有社会效果。但不少人将社会效果与法律效果对立起来，往往要求用社会效果来牺牲法律效果。如果说法律是人民意志的体现、是社会规律的反映，那么，严格依法办事不就是实现社会效果吗？我们面临的问题是，在某些特别情况下，例如相关法律规范条文缺乏正义性、合理性或者妥当性，怎么处理？我认为，出现这种情况，也应该在遵守法律适用规则的前提下，在司法裁量权的范围内，采取措施限制不良社会效果的出现或扩大，使正当的社会效果最大化。必须坚守法律底线，法律红线不能触碰、法律底线不能逾越；逾越法律底线是不可能实现社会效果的。

经过多年的讨论宣传，这些道理渐渐地被人们认识和接受。但行政审判中比较难办的事情还是有的。例如，行政行为的实体内容是正确或者基本正确的，但它的决定程序、事实证据或者法律适用方面有些问题。这个时候，行政机关通常要求"讲政治""顾大局"，法院是勉强维持还是简单地撤销？这个就比较为难，我们经常会处于一种困扰的状态。我们仍然需要不断说明道理，这将是一个艰苦的过程。

分管法院工作的体会

何： 您在最高法院分管过多个领域，当过一段时间的高级法院院长，现在还兼任巡回法庭庭长。在诸多事务中，分管行政审判需要占用您多少时间？

江：这些年来，我分管过好多领域。事实上，除了知识产权以外，法院所有业务我都分管过。我现在分管民一庭、环资、三巡、监察局，还有其他一些工作。行政审判可以说是工作主线，我的主要关注点也在行政审判，但前几年，分给它的时间并不是很多。一则这一块相对比较熟悉；二则越到后来，分管其他部门多了，那些新领域需要我耗费更多的时间。

分管其他领域，对我个人理解、观察和处理问题有很大帮助。特别是在巡回法庭这两年，收获很大，比在本部十年的收获还要大。这也是我反复强调要从国家治理体系和治理能力现代化的高度来认识法律和法院工作的原因之一。我们过去强调业务分庭，强调公法和私法分开。现实的涉讼案件未必就是非公法即私法的，很多案件既有公法问题也有私法问题。一方面，行政法本身其实有相当多私法的内容（但不宜说“私法化”），很多时候需要借助私法工具和私法力量来实现公法目的。另一方面，纯而又纯的私法已经没有了，国家干预、私法中公法手段的运用比比皆是。所以，我们需要整合公法手段和私法手段，共同实现国家治理的目标。

新时代法官不仅要懂私法，也要懂公法。现在许多法官一辈子只审理几类案件，我觉得这是个问题。未来法院的内设机构也可能打破目前的结构，不一定非要有业务庭的划分。现在巡回法庭搞审判团队，不同背景的法官经常在一起研究问题，公法、私法综合考虑，这就非常好。审判团队既有专业性，视野又开阔，值得推广。不同背景的人，也可以交叉担任合议庭成员。对一个法官来说，各种类型的案件都有处理经验，还是很有优势的。

2014年《行政诉讼法》修改的效果

何：2014年《行政诉讼法》修改，对法院行政审判的影响主要体现在哪里？

江：2014年《行政诉讼法》的修改，对行政审判的影响主要体现在以下几个方面：

第一，受案范围。新法拓宽了行政诉讼的受案范围。其中，把行政协议纳入受案范围是一个很大的突破，具有深远的影响。一些审判模式、方式和审判程序，将由此改变。既然行政协议开了口子，行政机关应当也可以当原告，但这一点没有突破。因为“民告官”的大格局没有变，司法解释也不好变。但我相信，这一点迟早会突破。因为在行政协议法律关系中，行政机关是协议一方当事人，与对方当事人法律地位是平等的，这与单方行政行为完全不同。这个问题有必要从制度上重新设计。

第二，规范性文件的审查。规范性文件的附带审查，实践中也在做，但名不正、言不顺。新法明确法院可以对规范性文件进行审查，有助于更加有效地保护相对人权益，对行政机关的监督强度也随之加大了。

第三，将“明显不当”增列为审查理由，是很大的突破。《行政诉讼法》原来有“滥用职权”这个概念，法院可以据此对滥用行政裁量的行为进行审查。就法律规范而言，写上“明显不当”本身并没有实质性的突破。但是，过去法院不太敢用“滥用职权”这个理由去审查滥用裁量权的行为，实践中用得很少。这个规定为法院加大对自由裁量权的审查提供了明确依据，用起来更为方便。

第四，要求行政机关负责人出庭应诉。这不仅有利于满足行政相对人的诉求，有利于争议的实质性化解，也有助于树立行政审判的权威和司法的公信力，彰显行政机关的法治形象。

修法的总体趋向是逐步向行政诉讼规律回归。当年制定《行政诉讼法》时，刻意强调行政诉讼与民事诉讼的不同，有些地方强调得过分了。加上当时的行政诉讼案件集中于行政处罚，其他类型的案件很少，经验不足，在所难免。过去那些规则主要是针对行政处罚的，比如不能调解、被告承担举证责任，这些规则到今天对行政处罚案件仍然适用；只是现在案件类型多了，原来“一刀切”的规定就有问题。所以，这次修改回归行政诉讼的规律，使行政诉讼制度更加理性，更有利于行政诉讼制度功能的实现。

对未来修改的期待

何：如果未来几年再次启动《行政诉讼法》修改，您希望修改什么？

江：第一，我希望行政诉讼受案范围进一步扩大。目前，行政诉讼受案范围还没有完全放开，行政终局裁决的范围还是有些大。要随着社会主义民主的不断扩大，法治的不断完善，进一步放开行政诉讼的受案范围。除了国家行为具有高度的政治性、法院无法作出合法性判断的以外，其他行政行为原则上都要纳入行政诉讼受案范围。这是大势所趋。

第二，要把社会组织行使公权力的行为纳入行政诉讼受案范围。公共服务行为，包括一些公益事业单位的行为，目前在很大程度上没有纳入行政诉讼的范围。这些公法争议迟早要纳入行政诉讼来处理。凡是花国家钱的公共机构的行为，包括政府采购，都应该受公法的调整和规范，不能完全用私法规则来调整。这一点可以借鉴法国的公共服务理论。另外，社会自治组织与其成员之间的关系，完全适用私法也很难处理，需要引入一些公法规则来处理。

第三，应该允许“官告民”。行政争议的类型很多，解决争议的渠道也应当多样化。过去几乎在任何事情上，我们都赋予行政机关单方面作出决定的权力。但行政权力过分刚性化、过于强化，不符合民主法治的潮流，恰恰是更多的服务行政、协商行政是现代社会的大趋势。所以，应该启动“官告民”程序。

第四，要将规范性文件纳入行政诉讼受案范围。目前的附带审查有太多局限性。直接将规范性文件纳入受案范围，有利于降低讼争成本，也有利于规范性文件制定工作规范化。

第五，要把预防性诉讼纳入行政诉讼范围。为了减少行政决策及其他行政行为带来的损失、减少国家赔偿，应当允许公民在行政过程中提起预防性诉讼；同时，赋予法院对一些行政行为作出类似于英国阻止令的预防性裁判。

另外，要彻底回归行政诉讼的基本规律，按照行政诉讼类型构建合理清晰的规则体系。目前的《行政诉讼法》是按照起诉条件、审理方式、举证责任、裁判方式等分别加以规定的，对不同类型的行政诉讼“一锅煮”。实际上，要求行政机关履行职责之诉、撤销之诉、行政协议之诉有很大区别，完全适用一套规则显然不科学。对行政诉讼程序的规定，还是要根据不同诉讼类型，分别予以科学、合理的规范。行政诉讼的类型化应当是行政诉讼制度完善的一个重要方向。

欢迎加入行政法治队伍

何：这几年有越来越多学生从事行政审判、行政复议或者行政诉讼律师工作，但更多在观望，怕辛苦、怕没有业务、怕没有前途。您想对他们说什么？

江：从事行政审判和行政复议工作，我觉得是一项非常有意义的工作。它不但关系公民权利，也直接关系国家大局。同时，行政审判对国家法治的推进有不可替代的作用。中国行政法治的发展，很大程度上就是行政诉讼促进的。所以，办好一个案件，不仅可能救济当事人的权利，而且对制度的完善、对法治的推进都有相当助益。

但这里面有很多辛苦，很多困难，还会有一定风险。你可能会受到一些莫名的批评指责，有时候甚至会遭到打击报复。所以，如果你没有这个心理准备，那就不要到这个行当里来。而如果你想做一番事业，要为人民做点事，要对这个国家有所奉献、对人类有所贡献，我想行政诉讼、行政复议等是一个理想的选择。从个人价值的实现来说，是值得的。

这个领域有很多新问题，可能对整个行政管理秩序产生影响，所以，特别需要技巧和智慧。行政案件涉及国家的大局，涉及行政管理的走向。要学会整体观察、大局平衡，学会从大局的角度来看每一个小的案件、每一次看上去普通的法律适用。这不仅需要扎实的理论功底、娴熟的法律适用技巧，还要有一定的政治智慧。

我真心希望法科学生能够加入这个队伍中来，利用在学校学得的知识参与到行政复议、行政审判过程中来。只有越来越多的人参与行政法治工作，我们国家的法治才有未来。

访谈时间：2018年8月24日

访谈地点：最高人民法院

整理：王敏、何海波

夹缝前行 30 年

——最高人民法院行政庭原审判长蔡小雪法官访谈

蔡小雪，1954 年出生于安徽合肥，祖籍浙江湖州。一级高级法官、首届全国审判业务专家（2009）、全国优秀法官（2010）。1979 年考入安徽大学法律系，获法学学士学位。1983 年 8 月起，在铁路运输高级法院工作，先后担任书记员、助理审判员。1987 年 6 月调入最高人民法院工作，先后任行政审判庭助理审判员、审判员、第三合议庭审判长。2014 年退休后，受邀在最高人民法院巡回法庭帮忙。曾参加最高人民法院《关于贯彻执行〈中华人民共和国行政诉讼法〉若干问题的规定（试行）》《关于执行〈中华人民共和国行政诉讼法〉若干问题的解释》《关于行政诉讼证据若干问题的规定》等重要司法解释的起草。在《人民司法》《法律适用》等刊物上发表论文百余篇，著有《具体行政行为释论及合法性审查 100 例》（合著，1992）、《行政审判中的合法性审查》（1999）、《行政复议与行政诉讼的衔接》（2003）、《行政诉讼证据规则及运用》（2006）、《行政诉讼中的法律适用：最高人民法院行政诉讼批复答复解析》（合著，2011）、《行政诉讼实务指引》（合著，2014）、《房屋征收案件审理指引》（合著，2015）、《审判业务专家是怎样炼成的》（2017）。

从刑事转行政

何海波（以下简称“何”）：您调到最高法院时，正好赶上《行政诉讼法》的制定。您能说一下，在此前后您个人的情况吗？

蔡小雪（以下简称“蔡”）：我1983年7月大学毕业，同年8月被分配到铁路运输高级法院工作。最初在刑庭当书记员，担任刑事案件记录之类的工作。当时正处在“严打”时期，刑事案件特别的多，审判员办不过来，一些刑事案件就让我写审查报告和判决书，由审判员审核修改。当时每年担任书记员的案件有60多件，写审查报告及判决书的，最多时达到20件左右。1985年法院“业大”[①]成立后，我兼职担任“业大”法理和刑法学的教师。1985年8月，被任命为助理审判员。同年年底，为了加强铁路高院研究室工作，我被调到研究室，负责写简报、调查报告等材料工作。1987年6月，铁路高院撤销，我调入最高人民法院。

做过两类不同案件的审判后，我感觉刑事审判与行政审判确实有很大的不同：刑事案件的难点是对事实的认定，对证据真伪的判断；行政案件也有事实认定问题，但适用法律问题可能更复杂一些。当时我参与的案件绝大多数是死刑复核案件，人命关天的事，如果证据出了问题，必然导致事实认定错误，很有可能造成错杀。在刑庭审理案件时，需要特别注意对证据的审查认定，撰写审查报告时，也特别要求对细节问题的分析，从细节中发现证据与证据之间的关系，哪些是真实的、哪些是虚假的、哪些是有真有假，哪些是夸大的、哪些是缩小的，等等。

记得我参与审理过的一起死刑案件，被告枪毙后，“被杀人”却出现了。当时搞得我们很紧张，又去进行复查。此案被告是当场抓获，杀人事实是清楚的。怎么会搞错呢？因为当时没有DNA鉴定，而被害人的头被煤块砸烂，无法辨认，只从他身上找到一张身份证，“被害人”父母也认定被杀的是他们的儿子。事发两年后，他们的儿子回家了。据儿子讲，他在洗澡时衣服和身份证等物品被偷，他没怎么当回事，继续在外打工，两年后才回家。这个案件对我们震动很大。尽管被告杀人的事实认定没错，但被害人究竟是谁至今都是个谜。这就告诉我们办案一定要细，绝不能粗

① 法院“业大”，全称为全国法院干部业余法律大学，于1985年在时任最高人民法院院长郑天翔倡议下创办的。

枝大叶、马马虎虎。我后来养成一个习惯，对所有的证据都一一审查分析。这一点对我后来审理行政案件帮助也很大。

最高法院行政法研究小组

何：当时法院内部成立了行政诉讼研究小组。小组是如何参与《行政诉讼法》制定的?

蔡：铁路运输高级法院撤销后，我调到最高法院。1987 年 6 月我到最高法院研究室报到没几天，研究室主任张懋找我谈话。他说，去年全国人大通过的《治安管理处罚条例》明确规定，被处罚人或者被侵害人对公安机关作出的治安处罚决定不服，可以向法院提起诉讼。今年 1 月 1 日条例开始施行，现在已有不少治安处罚案件起诉到法院。今后，不服行政机关处理决定提起诉讼的案件会更多。为了适应形势发展，院党组已决定在院里成立行政法研究小组。你以前是做刑事案件的，愿不愿意参加这个小组，想好告诉我。我当时就告诉张主任，我愿意加入这个小组。

与张懋主任谈话不久，最高法院行政法研究小组就正式成立了。研究小组由当时的研究室副主任梁书文牵头，其成员分别有：研究室江必新、蒋惠岭和我，民庭张善、段小京，经济庭岳志强、董占东。当时的分工是：有关行政诉讼的综合问题由研究室的同志负责，有关治安行政案件的审理和研究由民庭的同志负责,其他方面行政案件的审理和研究由经济庭的同志负责。

从左向右：胡仕浩、贾建斌、黄杰、张善、岳志强、蔡小雪、董占东（缺江必新、段小京、周红耕）。
拍摄时间：1987年7月。

1987 年 10 月下旬，行政法研究小组收到立法机关转来的《行政诉讼法（试拟稿）》（以下简称试拟稿），并请最高法院就该稿提出意见。这份试拟稿是由全国人大法工委设立的行政立法研究组起草的。为了了解各地法院审理行政案件的情况以及对试拟稿的意见，接到试拟稿的当月，张善、我和段小京就到地方法院进行调研。我们先后去了安徽、江苏、浙江和福建四省，开了十多个调研会，听取各地法院审理行政案件的情况及对试拟稿的意见。

1988 年年初，梁书文主任领导江必新、蒋惠岭和我，起草对试拟稿的修改意见。我们首先碰到的问题是，提意见怎么个提法？因为试拟稿只对与民事诉讼不相同的地方作出规定，相同的问题没有规定。它的思路是，其他问题都参照民事诉讼法规定来处理。梁主任拟定了三个方案：第一方案是对试拟稿逐条提出修改意见；第二方案是对试拟稿的框架结构、基本原则及具体条文提出修改意见；第三方案是起草一个完全独立的“行政诉讼法（草案）”，把本来参照民事诉讼法的内容也包括进去。

当时工作非常紧张，每天都加班加点。1988 年大年三十，办公室的其他同志早已回家，我们直到下午 5 点多才离开办公室。总算赶在春节前，将三个方案的修改意见提交行政法研究小组，以待春节后及时讨论。

春节一过，行政法研究小组对这三个方案都进行了讨论，分别提出意见。我们修改后，将这三个方案提交院审委会讨论。审委会最后确定将第二方案送交全国人大法工委。我们根据审委会讨论中提出的意见，对第二方案稿再次修改后，上报给全国人大法工委。

此后，行政法研究小组的同志又多次参加全国人大常委会组织的行政诉讼法草案的讨论。

各方反映的意见

何：在调研和讨论过程中，各地法院对《行政诉讼法》有什么意见？

蔡：当时反映最强烈的问题，主要是受案范围和司法变更权两个。

一是希望放宽受案范围。1982 年《民事诉讼法（试行）》第 3 条第 2

款规定:“法律规定由人民法院审理的行政案件,适用本法规定。”也就是说,法律、法规规定由人民法院受理的案件,法院才能受理。按照这个规定和当时的立法,行政诉讼受案范围非常局限。各地从事行政审判的法官普遍赞同试拟稿的规定,放宽行政诉讼受案范围。这个规定后来进一步扩大,最终成为1989年《行政诉讼法》第11条。

二是希望法院有司法变更权。最高人民法院关于《人民法院审理治安行政案件具体应用法律的若干问题的暂行规定》第4条规定,人民法院对公安机关的复议裁决进行审查后,“依法分别作出维持或者撤销的裁定”,没有规定法院可以变更。试拟稿也没有规定法院可以判决变更行政机关的处理结果。调研中,基层法官们强烈希望《行政诉讼法》或者最高法院司法解释明确规定法院享有司法变更权,以便案件迅速彻底地解决。但行政机关一片反对。他们认为,法院享有司法变更权,就是以司法权代替行政权。这个问题当时争议非常大。为此,我们专门查阅了国外有关司法变更权的规定和论述,并以此为论据,主张法院应当享有一定的司法变更权。

还有几个问题在立法过程中有争论,但在法院系统内争议并不太大。这类问题主要有:

一是设立行政法院的问题。当时法院基本没人提出设立行政法院的问题,设立行政法院主要是学者的主张。法院内部的分歧主要是由哪个庭来审行政案件。多数主张,设立行政审判庭审理行政案件。也有人提出,可以设立行政审判庭审理行政案件;没有设立行政审判庭的,治安等涉及公安机关的案件由民庭审理,其他案件由经济庭审理。后面这种意见基本是当时的状况。

二是举证责任问题。由于当时审理行政案件适用1982年《民事诉讼法(试行)》,举证责任是由原告承担的。最典型的是包氏父子诉苍南县政府强拆案件,就是由原告承担举证责任。随着审理的行政案件增多,法院认识到,原告在举证能力和举证条件上本身就处于弱势地位,由原告承担举证责任有悖举证责任分配的基本原则。所以,赞同学者们提出的由被告对被诉行政行为承担举证责任的意见。

三是规章能否作为法院裁判依据的问题。大多数法院主张,规章不能作为裁判的依据;也有一些法院提出,不违反法律、行政法规的规章可以作为依据，反之，则不能作为依据。由此引出另一个问题，法院是否可以对规章进行审查？多数法院主张，法院对规章应当具有审查权，但只能审查适用不适用，不能判决撤销。

四是裁判方式问题。在适用 1982 年《民事诉讼法（试行）》阶段，法院不支持原告请求，一般用驳回诉讼请求判决，当时没有维持判决。试拟稿出来后，开始适用维持、撤销、履责等判决方式。

五是非诉执行问题。行政机关要求，行政决定作出后当事人不履行的，由行政机关自己强制执行。法院主张，应当由行政机关向法院申请，由法院强制执行，法律另有规定的除外。

早期的行政诉讼案件

何：在《行政诉讼法》制定过程中，各地法院已经受理和审理了一些行政案件，比较有影响的有哪些?

蔡：尽管当时已有 100 个左右的法律、行政法规规定，不服行政机关的行政行为可以向法院提起诉讼，但是当时各地法院实际受理的行政案件并不多。当时审理的行政案件主要是两大类：一是治安行政案件，二是有关土地确权的案件。其他类型的行政案件很少。

比较有影响的案子有两个：

一是江苏涟水县的朱家成诉涟水县公安局治安处罚案件。法院经审理认定，1987 年 1 月的时候，涟水某公司有一个姓朱的职员和公司领导发生了点矛盾，朱某父子俩来找公司经理论理。经理情急之下，扇了朱某一个耳光，致朱某嘴角出血。朱家又来了一些亲戚，矛盾逐渐升级。公司报警后，公安机关将此认定为扰乱单位工作秩序的行为，对父子二人分别行政拘留 7 天和 10 天。朱家父子不服，向淮阴市公安局提起复议，淮阴市公安局维持处罚决定。朱家父子就向涟水县法院提起行政诉讼。1987 年 3 月 16 日，县法院裁决认为，公安机关认定的事实是不清楚的，作出的处罚是不恰当的，裁定撤销了淮阴市公安局作出的行政复议裁决。县公安局不服，向淮阴市中级法院提出上诉。中级法院审理以后，认为涟水县法院作出的裁定是正确的，维持了该裁定（撤销被诉治安处罚决定）。这是全国第一起撤销被诉行政行为的案件，《法制日报》对此做了整版报道。

二是浙江省苍南县农民包郑照父子诉苍南县政府强拆房屋一案。1985年，包郑照父子在舥艚镇东面的河滩上建造了三间三层楼房，并办理了房屋产权登记。两年后，苍南县政府下发了《关于强行拆除包郑照违章房屋的决定》。包郑照认为在坝上建房非他一家，而且他还到镇上办了房产登记手续，因此拒绝拆除。7月，苍南县政府调动70余位武警及县、区、镇干部300多人对包家附近进行了封锁，采用爆破手段对包郑照的房屋实施了强行拆除。县政府辩称，包郑照的房屋盖在舥艚镇海堤范围内，非法侵占了河道，对抗洪防汛工作造成了严重的干扰。在包家房屋的建造过程中，镇政府就曾经按浙江省有关河道清障的规定发出过停止施工的通知，可是包家未予理睬。在以后的一年多里，区、镇官员多次做其工作，仍然无效，强制爆破拆除势所必然。温州市中级法院于1988年8月29日作出一审判决：包郑照等所建房屋违反国务院水利电力部、浙江省人民政府关于保护水利设施、严禁毁堤建房的有关规定，是违章建筑；苍南县政府依照水利电力部发布的《水利水电工程管理条例》和国务院《关于清除行洪蓄洪障碍保障防洪安全的紧急通知》等规定，强行拆除包家违章建造的部分房屋是合法的，驳回原告包郑照等人的诉讼请求。浙江省高级法院于1988年12月26日作出“驳回上诉，维持原判”的终审判决。当时新闻媒体对此案做了大量的报道。虽然包氏父子败诉，但各级行政机关受到很大的触动，许多老百姓初步了解了行政诉讼制度。这起案子因此被誉为新中国“老百姓告县太爷”第一案。

这两个案件为全国行政审判工作开创了新局面。

行政审判庭的设立

何：《行政诉讼法》制定过程中，各地法院已经纷纷设立行政审判庭了吗？

蔡：早期，各地法院受理的行政案件不多，治安行政案件由民庭审理，经济行政案件由经济庭审理。随着行政诉讼的推行，各地法院抓住行政机关对行政诉讼开始重视、人民群众初步了解行政诉讼制度的契机，陆续成立或筹备成立行政审判庭。1986 年 10 月 6 日，湖北省武汉市和湖南省汨罗县同时成立了全国第一个中级法院的行政审判庭和第一个基层法院的行政审判庭。

1988 年下半年，最高法院也在紧锣密鼓地筹备成立行政审判庭。当时院里面要行政法研究小组评估一下，按照试拟稿对受案范围的规定，每年全国各级法院一审行政案件大约有多少件。由于没有任何可依据的材料，当时我们按照全国治安处罚案件万分之四的比例粗估了一下，一年起诉到法院的一审治安案件大约在 30 万件。根据这个粗估的数字，当时院党组给行政审判庭定编为 33 人，4 个审判组。但直到我 2014 年退休，最高法院行政庭好像从未配满 33 人。

1988 年 10 月 4 日，最高人民法院行政审判庭正式成立。庭长为黄杰，成员有张善、贾建斌、岳志强、江必新、周红耕、蔡小雪、段小京、胡仕浩、董占东。当时分为两个审判组：第一组负责审理有关治安、土地行政案件，张善为负责人，成员有贾建斌、周红耕、段小京；第二组负责其他行政案件及综合，岳志强为负责人，成员有江必新、我、胡仕浩、董占东。

第一排从左起：周素琴、杨宝英、张善、黄杰、贾建斌、周红耕；第二排从左起：蔡小雪、段小京、岳志强、胡仕浩、董占东。（缺江必新）
拍摄时间：1988年10月。

万事开头难

何：最高法院行政审判庭成立初期，如何开展工作？

蔡：行政庭从筹备到成立以及成立后刚开始的工作，都很艰难。

行政诉讼被老百姓形象地称为“民告官”，它跟中国人上千年形成的封建主义观念是冲突的。维系中华两千多年封建统治的最主要的思想基础就是等级制度，君君、臣臣、父父、子子，上下有序，不可僭越。中国从来也没有真正施行过行政诉讼法。老百姓常说，“民不与官斗”。从老百姓来讲，始终存在“三不”的问题，即不知告、不敢告、不会告。行政机关的抵触更大，从来都是他们管老百姓的，现在你把他告到法院，他说了不算、法院说了才算，他当然不愿意了。在起草《行政诉讼法》时，行政机关就不同意用“被告”这个词，要改为“被诉人”。在人大分组讨论《行政诉讼法（草案）》时，黄杰庭长专门向人大代表解释，被告不是坏人、是个中性词，只要被人告到法院的就是被告。行政庭刚成立的时候，行政机关很小的一个案件被告到法院，国务院一些部委的领导会找到最高法院的院长们，甚至向中央“告状”。法院为此需要做很多的解释、说明、普法工作。

当时法院也缺乏审判实践经验和法律理论知识。我国的刑事诉讼有上千年的审判实践，民事诉讼也有近百年的审判实践，行政审判是一个新生事物，完全缺乏审判实践经验。相对来说，民事诉讼、刑事诉讼对国外的理论吃得比较透，解决中国的问题有一定的理论支持，开展审判工作相对容易一些。而行政诉讼，从国外翻译过来的资料不多，专门介绍行政诉讼的内容更少，大多数人也未完全吃透。在《行政诉讼法》制定期间，我手里只有王名扬教授写的《英国行政法》、龚祥瑞教授的《比较宪法与行政法》、应松年教授与朱维究教授合写的《行政法总论》以及大学统编教材《行政法概要》等几本书。有时，只能到北京图书馆借阅台湾学者写的书籍。不但如此，中国的国情与有法治传统的国家还有很大的差别，许多问题书中都没有答案。因此，只能摸索着去搞，在干中学、学中干。

行政审判庭成立的时候，我国还处在改革开放的初期，计划经济正逐步向市场经济过渡。法院审理案件时，往往缺乏明确的法律、法规依据，主要靠政策，而当时的政策时常相互打架，这就给审理行政案件造成很大的困难。要审理好这些案件，就要领会法律和政策规定的精神实质，从相互不一致的“红头文件”中分析哪些符合法律、法规的规定，对尚不明确的问题要考量是否有利于社会的发展进步。《行政诉讼法》实施初期，我们在处理京龙公司诉江苏省工商局行政处罚案时，就碰到这个问题。京龙公司将国有企业计划内但不适合自己使用的平价钢材，按照议价钢材卖给集体企业和乡镇企业，再将自己从集体或乡镇企业议价买来、适合国有企业使用的钢材，平价卖给国有企业，从中收取差价。国家工商局认为，将平价钢材按照议价出售属于投机倒把行为；物资部则认为，这种串换有利于国有企业与集体、乡镇企业互通有无，是合法行为。黄杰庭长与我们一起研究此案，他认为，投机倒把的构成要件中最主要的一条就是破坏社会主义的经济秩序，此类行为对社会主义经济秩序没有破坏，反而有促进。通过多方做工作，最后说服了国家工商局，江苏省工商局主动撤销了行政处罚决定，此案才得到圆满的解决。类似的案件还很多，就不一一列举了。

行政诉讼证据规则

何：您在行政庭期间，参与起草了多个司法解释，其中包括行政诉讼证据规则（《关于行政诉讼证据若干问题的规定》）。在起草该规则时，主要有哪些争议问题？

蔡：行政诉讼证据规则（以下简称“证据规则”）是2002年发布的一个司法解释。起草证据规则时，争论较大的问题主要有以下几个：

第一，被告在举证期限内不提供证据的处理。少数人提出，行政机关超过举证期限提供的证据，只要是在作出具体行政行为之前取得的，可以作为定案的依据。多数人认为，如果允许行政机关超过举证期限提交证据，法律关于举证期限的规定就没有意义了。行政机关就可以钻法律的空子，开庭前不提供，开庭后才提供，打原告一记措手不及，这有悖公平，还会浪费司法资源。行政机关有特殊情况的，可以申请延期提交证据。最终规定，被告超过举证期限提交的证据，法院均不予接受。

第二，原告是否应当承担推进举证责任。当时的《行政诉讼法》对原告是否承担举证责任问题没有规定，一些教科书将行政诉讼的举证责任统统归于被告。实际上，《行政诉讼法》中暗含着原告举证的内容。德国行政诉讼法学将举证责任分为推进举证责任和说服举证责任。《行政诉讼法》第 41 条规定的起诉条件，是决定原告的起诉能否进入诉讼程序，这些条件是否具备应当由原告提供证据予以证明。证据规则规定："公民、法人或者其他组织向人民法院起诉时，应当提供其符合起诉条件的相应的证据材料。"当然，在起诉被告不作为的案件中，可能碰到一些特殊情况，证据规则另外作了规定。

第三，庭审质证的范围。证据是否必须经过质证才能作为定案依据，在理论上一直存在争论。有一种观点认为，质证为原则，但特殊情况下未经质证的证据也可以作为定案的依据。这里有个对"质证"的理解问题。我们认为，有些涉密证据不能在法庭上出示，但是法庭应当适当提示，让当事人对该证据的关联性、合法性、真实性及证明力进行询问、质疑、说明辩驳。此种形式也应当视为质证。为此，证据规则规定："证据应当在法庭上出示，并经庭审质证。未经庭审质证的证据，不能作为定案的依据。"当事人在庭前证据交换过程中没有争议并记录在卷的证据，经审判人员在庭审中说明后，也可以作为认定案件事实的依据。

第四，行政诉讼的证明标准。行政诉讼应当适用何种证明标准的问题，直到今天，行政诉讼法学界仍然没有定论。起草证据规则时，我们肯定证明标准的灵活性，原则上同意以明显优势标准为原则，以优势证明标准和排除合理怀疑标准为补充；但在各种证明标准的适用条件和范围上，仍有不同意见。在审委会讨论中，委员们认为，行政审判时间不长，积累的经验不多，可能还有很多情况没有遇到，现在写进去为时过早。草案所写的证明标准主观性太强，弹性太大，作为理论文章可以，写在司法解释中用处也不大。最终删去了有关证明标准的规定。

第五，违反法定程序收集的证据的效力。2000 年的司法解释"98 条"（《关于执行〈中华人民共和国行政诉讼法〉若干问题的解释》，以下简称 2000 年"98 条"）发布以后，一些学者对"严重违反法定程序收集的证据"不能采信的规定提出了质疑。他们认为，这一规定其实是对一般程序违法和轻微程序违法的容忍，忽略了法律程序内含的公平、正义的价值。在起草证据规则过程中，我们认为学者的质疑有一定的道理，但是，如果不以“严重”作为标准，把轻微违法收集的证据一概排除，也可能行不通。原来规定的主要问题是太笼统。综合各种意见，适当吸收国外的成熟规则，我们在证据规则采取一一列明“不能作为定案依据”的情形，其中头三种就是：（1）严重违反法定程序收集的证据材料；（2）以偷拍、偷录、窃听等手段获取侵害他人合法权益的证据材料；（3）以利诱、欺诈、胁迫、暴力等不正当手段获取的证据材料。

工伤保险司法解释

何：您参与起草的司法解释，哪一个最难办、争议最大？

蔡：那就是工伤保险的司法解释了。

2004 年《工伤保险条例》施行以后，法院受理的有关工伤认定案件连年大幅度上升，各级法院在审理这类行政案件中遇到的问题特别多。2006 年 8 月，新疆维吾尔自治区高级法院向我院请示，因第三人造成工伤死亡的，死者亲属在获得高于工伤保险待遇的民事赔偿后，是否还可以获得工伤保险补偿？庭里将这个请示案件交给我承办。

当时社会上对此问题非常关注。从国外经验看，主要有三种不同模式：一是补充模式，即民事赔偿不足的，社会保障机关予以补充；二是选择模式，即由当事人选择民事赔偿或者工伤补偿其中一种；三是双赔模式，即民事赔偿和工伤补偿都给。当时，我院民一庭主张双赔模式，社会保障部门则主张补充模式。从公平性上讲，补充模式最为公平，这也是多数国家采取的模式。我开始研究时，也倾向社保机关的观点。

进一步的研究发现，采取补充模式的国家有两个前提：第一，只要发生工伤，负责工伤处理的机构首先支付工伤补偿金；第二，负责工伤处理的机构代为进行民事诉讼，得到民事赔款后，扣除工伤机构已支付的补偿金，将多余部分交给伤亡职工或其家属。在我国，民事赔偿和社会补偿没有先后之分，社保机构也不习惯代位诉讼。我们与相关部门和律师一起对诉讼所花费的金钱与“双赔”赔偿进行比较，结果发现两者所差无几。在现实中，采取补充赔偿存在两个问题：一是伤亡职工或家属很难及时拿到补偿或赔偿款，其治疗和生活会受到很大的影响；二是民事诉讼有很大的不确定性，难以预料最终的结果。《工伤保险条例》属于社会法的范畴，强调的是保护弱势一方的基本生存权。为了充分保护伤亡职工或家属的合法权益，我们最终确定采取“双赔”原则。

通过承办这一批复，我进一步认识到，我们不能照搬照抄国外的理论，必须结合中国的具体国情才能作出切实可行的司法解释。做全面、深入的调查研究，在可靠的材料基础上作出解释，很重要。

2008年，杨临萍副庭长找我，让我承办有关工伤认定的司法解释。我考虑后认为，当时就搞司法解释时机还不成熟。一是我们办理的这类案件数量不够，很难将现实中需要解决的问题都提出来，所提的意见是否能够解决问题都很难说；二是国务院正在修改工伤保险条例，一旦两者出现不一致，对行政执法和行政审判都不利。眼下审判中存在的问题，可以通过批复、答复个别解决，积累多了再作司法解释。我还提出，今后将所有的工伤认定的申诉和请示案件都由我来办，以便积累经验。她采纳了我的意见，将这方面的所有案件都交由我承办。到新的《工伤保险条例》出台前，我们前后作出十多个这方面的批复、答复，解决了实践中存在的不少问题，同时也为起草审理工伤认定案件的司法解释打下了基础。

“不那么成功的司法解释”

何：您参与了多部司法解释的起草，是不是也有一些不那么成功的条款？

蔡：制定司法解释与立法一样，永远会有遗憾。起草司法解释就是预判以后会出现哪些问题，应当采用何种方法处理。但事实上，很多问题起草时尚未出现或者认识不清。司法解释实施后，遇到的案件多了，才会发现原来的认识有问题。我参加起草的有关行政诉讼的司法解释中，留下遗憾最深的有以下几个：

一是对行政机关的习惯做法不清楚，制定出无用条款。在起草“115条”（1991年《关于贯彻执行〈中华人民共和国行政诉讼法〉若干问题的意见（试行）》，以下简称1991年“115条”）时，《公民出境入境管理法》有个规定：受公安机关拘留处罚的公民对处罚不服的，可以向上一级公安机关提出申诉，也可以向当地法院提起诉讼；如果向上一级公安机关申诉，上级公安机关的裁决即为最终裁决，当事人不能再向法院起诉。《外国人入境出境管理法》也有类似的规定。当时我们就想，如果公安机关就同一事实对若干人作出行政处罚，一部分人申请复议，另一部分人提起诉讼，如何处理？黄杰庭长让我们找案例，我们找了很长时间都没有找到。下面法院反映说，中国人出境入境的很少，外国人也不多，所以没有这类案件。我们总觉得司法解释要有前瞻性，避免出现问题后没有可以适用的依据。所以，坚持写上一条：“行政机关就同一事实，对若干人作出具体行政行为，根据法律规定，当事人对这类具体行政行为不服，可以向上一级行政机关申请复议并由复议机关作终局裁决，也可以直接向人民法院起诉的，如果一部分人选择了申请复议，这部分人就不能再向人民法院起诉，另一部分人仍可以依法向人民法院起诉。”花了这么多笔墨，可是，1991年“115条”出台至今没有发生一件这类案件。后来了解，公安机关对此类违法行为都是一人一个行政处罚决定，没有同时对若干人作一个行政处罚决定的。后来，在制定2000年“98条”时，就删去了这一规定。这件事给我们的启示是，起草行政诉讼司法解释需要对行政机关的具体操作做细致调研，否则，所起草的司法解释将会与实际脱节，有“前瞻性”而没可行性，甚至起到反作用。

二是照抄国外的相关规定，作出没有实际意义的规定。在起草2000年“98条”过程中，下级法院提出，很多法律、法规对依申请行政行为的期限没有具体规定，申请人从何时开始对行政机关的不作为可以提起行政诉讼，需要明确规定。我们专门了解了国外的相关法律。国外一般规定，从法律规定履行期限届满之日，可以提起诉讼；紧急情况下，请求行政机关履行保护其人身权、财产权的法定职责，行政机关不履行的，起诉期间不受上述条件限制。我们认为，国外法律对紧急情况下的规定比较符合情理，有利于保护申请人的合法权益。于是规定：“公民、法人或者其他组织申请行政机关履行法定职责，行政机关在接到申请之日起60日内不履行的，公民、法人或者其他组织向人民法院提起诉讼，人民法院应当依法受理。法律、法规、规章和其他规范性文件对行政机关履行职责的期限另有规定的，从其规定。公民、法人或者其他组织在紧急情况下请求行政机关履行保护其人身权、财产权的法定职责，行政机关不履行的，起诉期间不受前款规定的限制。”该条的规定后来被2014年《行政诉讼法》第47条吸收了。但是，从2000年“98条”施行至今，我没有发现一起所谓的“紧急情况下”相对人在履行期限内直接向法院提起诉讼的案件。退休后，空余时间多了，我将相关的现行法律、法规仔细研究后发现，法律、法规规定的依申请的行政行为都是行政相对人请求赋予某种特殊权利，在行政机关作出决定前，相对人的权利不会减损，所以也就不会提起诉讼。而行政机关不作为，例如不及时制止可能造成相对人人身权、财产权损失的，不作为的都是依职权的行政行为，这类行为只要发生，当事人就可以提起诉讼。因此，2000年“98条”第39条第2款的规定完全没有必要，写上了也没有实际意义。

三是没有考虑到特殊情况而产生的遗憾。在起草2000年“98条”的过程中，不少法院向我们反映，被告行政机关在规定的举证期限内，不提供证据或者逾期提供证据，对此情况应当如何处理，《行政诉讼法》没有明确规定，在2000年“98条”中应当予以明确。这种情况是被告对法庭的一种藐视，如果放任不管，行政审判很难开展，法院的权威也将丧失殆尽。经研究，我们在2000年“98条”第26条中明确规定：“被告应当在收到起诉状副本之日起10日内提交答辩状，并提供作出具体行政行为时的证据、依据；被告不提供或者无正当理由逾期提供的，应当认定该具体行政行为没有证据、依据。”在起草行政诉讼证据规则时，我们基本上沿用了上述规定，仅在文字上作了些修改。2000年“98条”和行政诉讼证据规则发布后，各地法院都认为这条规定特别好。然而，就在行政诉讼证据规则施行半年左右的时间里，山西某法院的一起房屋登记案件给了我们一闷棍。在该案中，被告拒绝向法院提供任何证据；开庭时，第三人提供了证据，证明他的房产证是合法取得的。如果严格遵照上述司法解释的字面意义，应视为被诉行政行为没有证据、依据，房屋登记行为应当判决撤销。但如果这样判决，对第三人显然是不公平的，案子还可能出现无谓的折腾。山西省高级法院向我院请示，此问题应当如何处理。我们研究后，向山西省高级法院建议，判决驳回原告的诉讼请求，诉讼费由被告承担。在判决书论理部分，阐明被告拒绝提供证据是违法的，但第三人取得房产证是合法的，应当予以保护。后来，2014 年修改《行政诉讼法》时，吸收了我们提出的意见，即在第 34 条第 2 款中明确规定："被告不提供或者无正当理由逾期提供证据，视为没有相应证据。但是，被诉行政行为涉及第三人合法权益，第三人提供证据的除外。"

老庭长黄杰

何：行政诉讼制度推行之初，最高法院和行政审判庭的领导非常关键。他们的个人风格对行政审判有什么样的影响？

蔡：我讲讲几位最早的领导吧，第一个要讲的是黄杰。

黄杰同志是行政审判庭的第一任庭长，也是我的老领导。黄杰庭长工作作风严谨务实，比较民主，坚持原则又不硬碰。

一是关于他的民主作风。

我们跟他去调查或者听取意见时，他一再告诫我们，"只带耳朵，没带嘴"。我们是下去听意见的，如果我们说多了，下面人就不会将他们的真实想法告诉我们，会顺着我们的想法说，这样就听不到真话了。在听取案件汇报时，因对案件没有很深入的研究，可能很多问题不了解，这时就发表意见，往往容易讲错。当然，没听明白的问题可以问，还要问透。

在讨论案件时，黄杰庭长很注意每一位同志提出的问题。对不同观点我们可以争得面红耳赤，但事后没一点事。他总说，讨论时争论是正常的，这是为了工作，又不是争个人的利益，没有必要计较。如果在讨论案件时总不发表意见，不是水平有问题，就是想得太多了。自己认为正确的，要敢于坚持。

在制定司法解释时，他特别注意征求地方法院、相关部门的意见。在 1991 年"115 条"起草过程中，他带队走了十多个省，听取各地法院同志提出的意见，收集了 400 多个问题。对地方法院提出的问题，司法解释基本上作了回应。

二是关于他的严谨务实。

他特别强调，起草的司法解释条文后面，要有真实的案例支持。如果没有真实案例支撑，这条文是空想出来的，有可能不解决问题，或者不会遇到这类问题。在1991年“115条”讨论稿中，他要求每一条后面附上至少一个或者多个判决书。

黄杰庭长讨论案件非常认真，对关键的细节绝不放过。他说，案件大的方面的问题一般不会出错，恰恰是细节容易出错；而且，往往是细节决定案件的走向，一个细节错了，就有可能出现错案。甚至校对文书之类的问题，他都特别强调，要求我们留心当事人姓名等基本情况。越是大家觉得不会错的问题，越容易出错。讨论“115条”时，全庭所有同志参加，对草案一条一条地讨论，连标点符号都要讨论。

三是他的迂回技巧。

起草“115条”时，关于受案范围的问题，公安部反对将收容审查、劳动教养纳入行政诉讼受案范围，多次将此意见反映给他。他接待公安部的同志时，只静静地听，听后说：“我们再研究研究。”从来不与相关部门发生正面冲突。但最后还是坚持依据《行政诉讼法》，将这些问题明确写进“115条”中。

起草“115条”时，计生部门和各地党委政府都认为计划生育工作是基本国策，又是当时“天下第一难”，反对法院受理计划生育案件，计生委更是反对把它写进“115条”中。从理论上讲，计划生育罚款和强制措施都是可以起诉的，不写不会影响原告的诉权。但实践中，各地法院对审理这类案件普遍有畏难情绪，个别法院坚决不受理此类案件。当时下级法院希望把这个问题写明确，他们好执行。为了兼顾各方利益又不违背《行政诉讼法》，“115条”中第2条中把“计划生育主管部门作出的征收超生费、罚款的行政处罚”写明确了，但有关强制措施没有明确。现在这些都已经不是问题了，在当时能写成那样已很不容易了。

黄杰同志退休后，有一年春节到他家慰问时，他对我们说：“当时你们老觉得我保守，常常一个问题迂回多次才解决。很多干扰我都没跟你们说，我怕你们有顾虑，畏手畏脚，所以都没说。我只能采取迂回的办法来解决。”

怀念罗院长

蔡：再说一下罗老师。

20世纪90年代初，我第一次见到罗豪才教授，他留给我的印象就是儒雅。那次是因为一起疑难案件，庭里派我到北京大学征求他的意见。1995年，罗教授被任命为最高法院副院长，分管行政审判。从此，我与他打交道就多了起来，对他的君子之风有了深切感受。这里讲讲他在最高法院期间三个方面的工作。

第一，排除干扰，严格依法办案。

罗豪才当最高法院副院长期间，行政诉讼仍处于初创时期，一些行政机关的领导对行政审判不理解，干扰行政审判工作的事情时有发生。所幸罗院长坚持依法办案，从不受干扰。

记得当时有个研究所诉国务院某部的案件。该部宣告研究所的鉴定结论无效，并严禁其产品销售。北京市高级法院审理过程中，该部副部长过来找罗院长，要法院判决维持他们的决定。罗院长说："我不审理这个案件，没法回答你们是否应当维持。你们把材料留下，我们负责转给北京市高级法院，相信北京市高级法院会依法作出判决。"等人走后，罗院长将材料交给我，让我看看。我看后认为，被诉行政行为有两处违法：一是鉴定结论属于证据，如果认为有问题，可以重新组织鉴定，以新的鉴定结论为依据，而不应撤销鉴定结论；二是如果产品质量有问题，依法应当由质量监督部门或者工商管理部门处理，法律没有授予该部这方面的职权，该部严禁销售的决定有超越职权之嫌。后来，该部准备再找罗院长谈此案，罗院长先把我叫去询问。我把我的意见告诉他，并补充说，因为案件不在我院审理，我们不便表态，但可以根据他们提供的材料，指出被诉行为可能存在的问题。如果怕法院判决不公，我们可以建议北京市高级法院开大庭，邀请新闻单位和学者参加，接受社会和舆论的监督。罗院长说，这个主意好，就这么办。当该部副部长和法规司司长再次见到罗院长时，罗院长让我谈谈。我按照与罗院长商量的办法谈了我们的意见。该部法规司司长赶紧说："别着急开庭，我们回去再研究研究。"过了一个星期，北京市高级法院告诉我，该部撤销了被诉行政行为，原告方撤诉。此案得到圆满解决。

我参与的另一个案件是国务院某部的一个下属公司诉某市工商局的行政处罚上诉案。某市工商局认定某部的下属公司通过购买批文，在香港将奥迪轿车拆成两件套，运到连云港，从连云港通关后再组装成整车。由于在组装过程中被举报，某市工商局没收了正在组装的15辆奥迪轿车。在案件审理过程中，该部的副部长多次到我院找罗院长等领导。因我没有参加，具体谈的内容不清楚。我们在审理中查到，海关总署相关文件规定，不允许将整车拆卸后冒充散件进口；而且，进口轿车在江苏省只有南京海关可以通关放行，连云港海关无权通关放行。因此，这15辆奥迪轿车没有合法手续，属于走私物品，某市工商局作出没收轿车的处罚决定是正确的。合议庭一致意见维持一审判决，也即维持工商局的处罚决定，但在庭务会讨论中也有不同意见。我知道该部副部长找过罗院长多次，将判决书拟稿呈报罗院长后，心里忐忑不安，怕被退回。没想到三天以后，罗院长在判决书拟稿的发文页上批“发”。事后，在一次开会途中，他告诉我，该部副部长曾找他多次，要求法院撤销工商局的处罚决定。“我都压在我的办公室里，没有转给你，怕你们压力大，不敢依法作出判决。”此时，我才知道，罗院长的压力其实比我们大得多，但为了减轻我们的压力，他全部扛下来了。

第二，制定2000年“98条”。

2000年，在罗院长的领导下，最高法院制定了长达98条的全新的行政诉讼法司法解释。这是我国行政诉讼制度发展过程中的一个重要事件。罗院长在制定司法解释过程中，作风民主、严谨认真，给我留下深刻印象。

2000年“98条”的起草工作主要是我负责的综合组承担。初稿由甘文起草，先在组内逐条讨论，然后报庭领导，庭领导通过后，再报罗院长。罗院长看完后，把我和甘文叫到他的办公室讨论。他对一些重大问题或者有重大分歧的问题，总要问我们俩，这样写的理论根据是什么。有时我们与他的意见有分歧，还辩论起来。辩论的结果，有的是我们改变了原来的意见，也有的是他改变原来的意见，接受我们的意见。他真的是愿意倾听每位同志的意见。

在提交审委会讨论前夕，因罗院长工作繁忙，他就利用两个休息日组织全庭的同志，对“98条”上报稿逐条讨论。他从头听到尾，并将不同意见记在上报稿上。因是休息日，食堂没有饭，罗院长自己掏钱，从外面订的快餐。他与大家一边吃，一边继续讨论“98条”。

罗院长组织讨论的时候非常认真，甚至连每个条文的标点符号都不放过。审委会原则通过后，我们依据审委会的意见修改，他再逐条审阅修改，又让我与甘文再过一遍。他一再叮嘱我们，要与审委会的意见保持一致，不要出现文字问题。我们审校后，他再看一遍，才交送印刷厂印刷。“98条”的制定，对统一行政诉讼的标准、规范行政诉讼活动起到了重要的作用。后来《行政诉讼法》修改时，不少条款吸收了“98条”的相关规定。

第三，保护行政法官的正当权利。

行政审判初期，行政法官处境相当艰难。罗院长多方为法官呼喊，对受到压力的法官想方设法予以保护，对受到冤屈的行政法官竭力予以解救。

福建有个法官比较有水平，但因为审理一起行政案件受到压力，法院准备处理他。罗院长知道后，去福建调研。他当着多位领导的面，问起那位法官的情况，还特意提出要见一见那位法官。等那位法官来了之后，罗院长兴致勃勃地跟他讨论学术问题，还请他留下一起吃饭。此后，对这位法官的处理也就不了了之，一场危机被不动声色地化解。这件事我没在场，是听人说的，但真实性没问题。

山东法官阮德广和靳学英的事，则要艰难曲折得多。1995年，山东省高院行政庭庭长杨生向我庭反映，该省有个县法院的行政庭庭长阮德广和审判员靳学英因审理案件遭受冤屈。两位法官在审理本县一起劳动教养案件中，以劳动教养委员会对一个农民作出的劳动教养决定违法，判决予以撤销。二审法院对他们作出的判决亦予以维持。但在二审判决下达不久，该县检察院以徇私枉法罪为由，将阮德广、靳学英逮捕、关押。罗院长知道后，派专人到山东了解此案情况，并将一审、二审案卷调到最高法院进行复查。复查后认为，一审、二审判决没有问题，法官也不存在徇私枉法行为。罗院长为解决这两位同志的冤屈，三下山东。后来，检察机关作出“免予起诉”的决定，实际上还是给这两位法官定了罪。最高法院认为“免予起诉”的决定应予撤销，不留尾巴。罗院长多次派人与山东有关部门交涉，但长时间没有得到解决。我扶贫回来后接手此案，在罗院长联系下，先后找了全国人大内务司法委员会、最高人民检察院等多个部门。最后，县检察院作出的“免予起诉”决定被撤销，终于还了这两位同志一个清白。

上面几件事都不是什么惊天动地的大事，但它们在有限的空间里，推动了中国行政诉讼制度的前行。时间过得很快，罗院长离开我们已经一年了。我怀念这位温文儒雅的教授、可亲可敬的法官。他是一位真正的君子。

寄语年轻学生

何：这几年有越来越多学生从事行政诉讼相关业务，但更多在观望。您做了 30 年行政审判，成为这条线上公认的业务专家。您想对他们说点什么？

蔡：行政诉讼是对行使权力的行政机关进行监督。人类经验证明，行使权力的机关往往是不愿意接受监督的。况且，行政诉讼制度与我国传统的封建思想观念相冲突，改变几千年形成的观念绝非一朝一夕可以做到。所以不难理解，法院在审理行政案件的过程中，时常会受到干扰，可能会遇到很大的困难和压力。每一位愿意从事行政诉讼的学生，无论是准备做行政法官、检察官、律师还是行政执法工作者，都要有这个心理准备。

当然，这项工作不是不能做的，也不是没法做好的。有几点心得，与大家分享一下：

第一，还是要信仰法律。我国法律是在中国共产党领导下，由立法机关制定的具有普遍约束力的规范性文件。法律是人民意志的集中反映，是公平正义的代表，也是每个人的行为准则。一个法律人，无论是行政执法者、裁判者还是当事人的辩护人，要让行政相对人、诉讼当事人感受到公正，就必须严格依法执法、依法审判，依法维护当事人的合法权益。行政执法工作者、法官在行政执法、行政审判中只服从法律，而不应屈从任何不正当的命令或决定。律师在辩护中亦应依法为当事人辩护，维护其合法权益，绝不能突破法律的底线，去追求当事人合法权益以外的其他权益。守住法律的底线，摆脱权力、利益、人情等压力或诱惑，刚直不阿、不畏权势，公平对待每一个当事人，保护他们的合法权益，努力实现公平与正义。

第二，必须具有拒绝诱惑的高度意识。行政执法者、法官、检察官都是执法者，手中握有公权力。我们的权力不是用来欺压老百姓的，而是为维护老百姓的根本利益和社会正常秩序服务的，它只能在法律的授权范围内行使。社会上有些人为实现其利益，可能采取各种各样的方式，包括用金钱、美女等方式设下陷阱，我们稍微放松慎用权力的意识，就可能落入陷阱。我在审理一起矿产权属案件时，就碰到这种事情。上午开的庭，下午律师到办公室找书记员核对庭审笔录，书记员不在，就跑到我办公室。大约等了10分钟，书记员来了，他就走了。当时我的羽绒服挂在衣服架上，过了两天我发现羽绒服内口袋里有一张2万元的购物卡。我估计是那位律师放进去的，让他来取，他开始不来。我给他打电话，告诉他如果不来取，我就交到院纪委去，这下他才过来。到院门口时，我让书记员将购物卡还给他。如果我没还他购物卡，一旦接下来判决对他不利，谁知道会有什么事情？作为执法者，在这方面要处处小心，不能给这类人任何机会，才能保住自己的清白。作为律师，维护当事人的合法权益是其义不容辞的义务，但决不能为了自己的利益，干行贿、伪造证据、虚假诉讼等违法或者违背良心的事。突破法律和道德底线，极有可能坠落深渊而很难自拔。

第三，在打好法律理论的基础上，扩大知识面。法律人所从事的工作是解决社会矛盾，在行政执法、审判或者辩护中会遇到各种各样的案件。如果法律理论基础打得不牢，遇到一些疑难案件，你很难找到正确的处理方式，于行政执法者或法官可能会造成错案冤案，于律师则不能很好地维护委托人的合法权益。但光有法律理论基础还不够，还需要有其他方方面面的知识。比如，在处理土地权属纠纷时，就应当了解我国土地制度的演变过程，知悉各个不同时期的土地法律和政策。在裁判供热权应当确认给哪个企业时，除了了解供热许可的相关规定，还要了解争议企业各自的供热设备的性能，如可供热的最大面积、节能环保等问题。法律人要知识面广，学习能力强，否则难以适应此项工作。

第四，必须要有一丝不苟的精神。审判、执法、辩护不仅是个技术活，也是个细致活。检察官、行政执法者、律师在办理每一件案件时，必须全面搜集证据，对当事人有利和不利的证据都要收集；认真审查证据，对当事人的陈述和申辩要认真听取，客观理性作出处理决定或者辩护。法官在审理案件中，应当对每一份证据、当事人的陈述和辩称、理由及应适用的法律条文，均应认真审阅，找出问题；特别是对蹊跷的问题，必须一一记下。在询问或庭审前，设计好询问或庭审提纲。对询问或庭审中发现的疑问，应当进一步进行追问，不能放过影响案件定性和处理结果的任何细节。书记员要记录好每一份笔录，特别是涉及事实认定和案件处理的关键问题，一定要记录准确，不能有遗漏。行政执法者、检察官、法官等都必须具有一丝不苟的专业精神，才能保障案件质量，防止冤案错案。

访谈时间：2019 年 2 月 21 日至 3 月 4 日

整理：何海波

附　录

行政诉讼法大事记

《民事诉讼法（试行）》开设行政诉讼

1982年3月，第五届全国人大常委会第二十二次会议通过《民事诉讼法（试行）》。该法第3条第2款规定："法律规定由人民法院审理的行政案件，适用本法规定。"

行政诉讼立法遭遇挑战[①]

1983年制定《海上交通安全法》时，有委员提出，当事人对海上交通主管部门的处罚不服的，可以向法院提起诉讼。交通部的负责人强烈反对。他们提出，海上交通管理部门在执法中头顶国徽、代表国家，把他们告上法庭就是把中华人民共和国告上法庭，有损国家尊严。经过彭真等立法机关领导的解释和劝说，这一条才确定下来。

深圳尝试"官告民"诉讼

1983年12月27日，原告深圳市蛇口区环境监测站以被告香港凯达企业有限公司生产塑料玩具过程中违法排放噪声、废气为由，向深圳市中级人民法院提起诉讼，要求被告对上述噪声和废气进行彻底治理，达到国家规定标准，并支付聘请环保科技人员前来勘测时的有关费用。法院支持了原告的请求，并对被告处以罚款。本案是我国行政法发展初期借鉴英美法模式，进行"官告民"诉讼的一个探索。它作为典型行政案例刊登在《最

① 《彭真传》（第4卷），中央文献出版社2012年版，第1566~1567页。

高人民法院公报》1985 年第 3 期上。

国务院法制局成立

1986 年 4 月，国务院正式发文，宣布国务院办公厅法制局与国务院经济法规研究中心合并，成立国务院法制局，作为国务院直属机构。国务院法制局成立后，任命孙琬钟为局长（一年后任命），王世荣、黄曙海、李培传为副局长。自此，国务院法制机构和法制工作进入了新的历史阶段。

全国政府法制工作会议

1986 年 4 月 26 日，第一次全国政府法制工作会议在北京远望楼宾馆召开。来自各省、自治区、直辖市以及较大的市、各试点城市、国务院各部委法制机构的负责人共 200 余人参加会议。走马上任不久的孙琬钟局长作了近万字的主题报告。会议持续四天。期间，赵紫阳总理在中南海紫光阁前接见了与会代表，乔石副总理参加了其中一次讨论并讲话。

行政立法研究组成立①

1986 年 10 月 4 日，根据全国人大法律委员会顾问陶希晋的建议，在北京人民大会堂成立由行政法学者和实务部门专家组成的行政立法研究组。研究组共 14 人，组长江平，副组长罗豪才、应松年，成员有肖峋、高帆、费宗祎、张耀宗、朱维究、姜明安、张焕光、皮纯协等（在长期的活动过程中，实际成员有些变动）。行政立法研究组的基本任务是“对我国需要制订的行政法应该包含的大致内容提出一个框架，作为一项建议提供给立法机关参考”。研究组初定的目标是，“制定一部充分体现经济和政治体制改革要求的行政基本法”，后来研究组的工作转向《行政诉讼法》等重大行政法的制定。行政立法研究组团结和凝聚全国行政法学的力量，推动和参与了一系列重要的行政立法。

① 行政立法研究组编：《行政立法研究动态》1986 年第 1 期。

《行政立法研究参考资料》

行政立法研究组成立后，着手编印《行政立法研究资料》和《行政立法研究参考资料》。《行政立法研究资料》主要刊登行政法学者的研究文章，油印发行，“组内参阅”。截至 1986 年 11 月 21 日，编印 10 期。《行政立法研究参考资料》刊登外国行政法的中文译文或介绍，改为铅印。从 1987 年 1 月至 1989 年 1 月，编印 9 期，先后组织翻译了美国、苏联、日本、瑞士、西德、法国、英国、南斯拉夫等国的 26 部法律和一些法律的介绍。

法院设立行政审判庭

1986 年 10 月 11 日，湖南省汨罗县人民法院成立了全国第一个基层法院的行政审判庭。同日，湖北省武汉市中级人民法院成立了全国第一个中级人民法院的行政审判庭。同年 11 月，湖南省高级人民法院在全国率先成立行政审判庭。[①]1987 年 1 月，最高人民法院发出《关于建立行政审判庭的通知》，要求各地“采取积极而又慎重的态度”，试办行政审判庭。当年，全国地方各级法院先后建立行政审判庭 1093 个。截至 1990 年年底，全国法院共建立行政审判庭 3037 个，占应建庭数的 93%；全国各级法院共调配行政审判干部 9723 人。

治安、土地行政案件进入行政诉讼

1987 年 1 月，随着《治安管理处罚条例》和《土地管理法》施行，治安、土地行政案件开始涌入法院。当年全国法院受理的一审行政案件，从 1986 年的 632 件增加到 5240 件。此前 1986 年 10 月，最高人民法院发布了《人民法院审理治安行政案件具体应用法律的若干问题的暂行规定》。

《行政诉讼法（试拟稿）》起草

1987 年 2 月，行政立法研究组开始《行政诉讼法（试拟稿）》的起草工作。

① 曾妍、李宇先：《湖南行政诉讼：从第一个审判庭到集中管辖》，载《人民法院报》2018 年 12 月 3 日，第 5 版。

当年7月11日，拿出了共31条的《行政诉讼法（试拟稿）》。行政立法研究组对试拟稿作了文字修改后，于9月5日提交全国人大法工委。

《重庆市行政诉讼暂行规定》

1987年7月24日重庆市第十届人大常委会第二十六次会议、1987年9月4日四川省第六届人大常委会第二十七次会议通过了《重庆市行政诉讼暂行规定》，于1987年9月11日由重庆市人大常委会公布施行。该规定共8章45条，明确了行政诉讼的基本原则、管辖范围、审判组织、诉讼时效、审判程序等。1990年10月《行政诉讼法》实施后废止。

首例公安局败诉案件

1987年3月16日，江苏省涟水县人民法院在朱家成诉涟水县公安局治安处罚案件中认为，公安机关以原告父子“扰乱单位工作秩序”为由作出的行政拘留决定，属于认定事实不清楚，处罚不恰当，裁定撤销淮阴市公安局的行政复议裁决。淮阴市中级人民法院维持了一审裁定。这是目前可查的全国第一起撤销被诉行政行为的案件，《法制日报》对此做了整版报道。

中共十三大提出行政诉讼立法

1987年10月25日，中共十三大开幕。十三大报告明确提出，“要制定行政诉讼法”。

首例“农民告县长”

1987年，温州市苍南县舥艚镇农民包郑照及其儿子，因不服苍南县政府强行拆除其房屋的行为，起诉县政府。1988年8月25日，温州市中级人民法院在苍南县影剧院开庭审理此案，苍南县长黄德余亲自出庭应诉。该案因系全国首例“农民告县长”，在当时即引起国内外媒体广泛报道。

它唤起公民权利意识的觉醒和政府依法行政的反思，推动了正在进行的行政诉讼立法。

最高人民法院设立行政审判庭

1988 年 9 月 5 日，最高人民法院宣布成立行政审判庭。黄杰（1988 年 7 月 ~1995 年 5 月）、江必新（1999 年 6 月 ~2003 年 4 月）、王秀红（2003 年 4 月 ~2004 年 12 月）、赵大光（2004 年 12 月 ~2015 年 8 月）、贺小荣（2015 年 11 月 ~2017 年 4 月）、黄永维（2017 年 12 月至今）先后任行政审判庭庭长。

《行政诉讼法（征求意见稿）》座谈会

1988 年 8 月 5~8 日，全国人大法工委邀请中央和北京市有关行政机关、法院以及部分行政法学者就《行政诉讼法（征求意见稿）》进行了座谈。与会者的发言比较集中在行政诉讼受案范围、法院的审理依据、行政复议前置、司法变更权、行政赔偿等问题。法院、政府法制部门、行政执法机构和专家学者在一些问题上存在较大分歧。①

《行政诉讼法（草案）》第一次审议

第七届全国人大常委会第四次会议于 1988 年 10 月 31 日至 11 月 8 日举行。11 月 2 日，全国人大常委会副委员长、法工委主任王汉斌向会议作了关于《行政诉讼法（草案）》的说明。会议经初步审议后，决定将草案全文公布，广泛征求意见。

《行政诉讼法（草案）》公开征求意见

1988 年 11 月 10 日，《人民日报》刊登《行政诉讼法（草案）》。在此期间，共收到中央有关部门、各地方和人民法院、人民检察院的意见书 130 多份，公民直接寄送全国人大法工委的意见书 300 多份。

---

① 参见郑文：《行政诉讼法征求意见稿座谈会》，《中国法律年鉴》1989 年刊。

行政诉讼法立法调研

《行政诉讼法（草案）》第一次审议后，全国人大法律委员会、内务司法委员会和法工委联合召开了有人民法院、人民检察院、中央有关部门、民主党派和人民团体负责人以及法律专家参加的4次座谈会，征求意见。全国人大法工委召开了有部分省、市人大常委会、法院、检察院、国务院有关部门和法律专家参加的专门会议，对草案逐条进行讨论修改，并组织调查组赴四川、湖北、湖南、浙江等地调查研究。全国人大常委会法工委根据各方面的意见，对草案作了较多的补充、修改，提出修改方案。在此基础上，全国人大法律委员会先后召开了6次会议，对草案进行审议、修改。

《行政诉讼法（草案）》第二次审议

第七届全国人大常委会第六次会议于1989年2月15日至21日举行。会议对《行政诉讼法（草案）》进行了第二次审议，王汉斌作了关于《行政诉讼法（草案）》修改情况的说明。会议决定，将修改后的草案提请第七届全国人大第二次会议审议。

《行政诉讼法》审议通过

第七届全国人大第二次会议于1989年3月20日至4月4日在北京举行。3月28日，王汉斌作了关于《行政诉讼法（草案）》的说明。随后，代表们做了3个半天的分组审议。法律委员会根据代表们提出的意见对草案作了进一步修改，并提出审议结果报告。4月4日，大会表决通过。

《行政诉讼法》座谈会

1989年4月5日，在《行政诉讼法》颁布第2天，《中外法学》编辑部和北京大学法律系行政法教研室联合召开了《行政诉讼法》座谈会。①

① 参见蒋朝阳：《民主和法制建设的重要步骤：行政诉讼法座谈会记述》，载《中外法学》1989年第3期。

政府法制干部培训班

1988年下半年，国务院法制局与中国政法大学联合举办了首期“政府法制干部培训班”。1989年1月6日，首届全国政府法制干部培训班在中南海举行结业典礼，李鹏总理、姚依林、田纪云副总理等国务院领导人会见了全体学员。1989年3月1日，第二期全国政府法制干部培训班开学。在《行政诉讼法》公布后3年时间里，完成了所有省级机关、计划单列市机关政府法制干部的培训。

高级法官培训行政法专业班

1989年9月至1990年7月，中国高级法官培训中心委托北京大学举办高级法官培训班“行政法专业班”，来自全国各地60名中级法院副院长以上职级的法官参加了学习。此后，高级法官培训中心3次举行高级法官培训班“行政法专业班”。

全国法院行政审判工作研讨会

1989年7月24日至8月15日，全国法院行政审判工作研讨会在山东威海召开。参加这次研讨会的，有来自全国30个高级人民法院和部分中级人民法院、基层人民法院的行政审判干部，以及部分高级人民法院主管行政审判工作的负责人共179人。会议期间，最高人民法院副院长马原到会并讲话，行政审判庭庭长黄杰作了总结报告。全国人大法工委、最高人民法院以及部分政法院系的专家、教授还应邀讲授了《行政诉讼法》的有关问题。这是建国以来法院系统第一次全国性的行政审判研讨会。[①]

政府法制系统《行政诉讼法》研讨会

为做好行政诉讼法施行前的准备，国务院法制局于1989年12月11日至21日在北京召开了《行政诉讼法》研讨会。全国各省、自治区、直

① 参见江必新：《全国法院行政审判工作研讨会》，《中国法律年鉴》1990年刊。这些讲义后来编辑成《行政诉讼法专题讲座》（人民法院出版社1989年版）。

辖市和法制试点城市政府法制工作机构的负责人共 40 人参加了会议。国务院法制局局长孙琬钟、全国人大法工委副主任顾昂然和最高人民法院副院长马原，分别作了报告。孙琬钟在讲话中提出：要树立依法行政、行政就是服务的新观念；要认真组织行政机关工作人员，尤其是行政领导学习《行政诉讼法》；要严肃行政执法，努力提高行政执法水平；要尽快建立行政复议机构，充分发挥行政复议制度的作用；要切实抓好应诉工作。①

行政诉讼法释义

1989 年《行政诉讼法》颁布后，学界和实务界当年出版了多本释义性质的著作。其中有：最高人民法院《行政诉讼法》培训班编的《行政诉讼法专题讲座》（人民法院出版社），胡康生主编的《〈中华人民共和国行政诉讼法〉讲话》（中国民主法制出版社），黄杰主编的《行政诉讼法释论》（中国人民公安大学出版社）。这些著作为实务部门了解和执行《行政诉讼法》提供了参考，也为学者理解和探究《行政诉讼法》的立法意图提供了资料。

行政诉讼案例评析

1989 年 9 月，应松年、胡建淼主编的《中外行政诉讼案例选评》由中国政法大学出版社出版。同年，张焕光、叶必丰编写的《行政诉讼及典型案例探析》由劳动人事出版社出版。此后，行政法学者和实务部门陆续编写行政法案例。其中包括：中国高级法官培训中心行政法专业班编写的《行政案例精析》（中国人民公安大学出版社 1990 年版）和《行政诉讼案例评析》（中国民主法制出版社 1993 年版），最高人民法院行政审判庭法官岳志强等编写的《具体行政行为释论及其合法性审查 100 例》（法律出版社 1992 年版）。

国务院贯彻实施《行政诉讼法》的通知

1990 年 1 月 1 日，国务院发出《关于贯彻实施〈中华人民共和国行

① 参见国务院法制局：《行政诉讼法研讨会》，《中国法律年鉴》1990 年刊。

政诉讼法〉的通知》（国发〔1990〕2号）。通知要求，地方各级人民政府、国务院各部门对行政诉讼法的施行必须予以高度重视，切实做好各方面的准备工作。具体包括：（1）认真学习行政诉讼法，提高对施行行政诉讼法重要意义的认识；（2）加强法律、法规和规章的起草工作，进一步完善立法，特别是抓紧制定行政复议条例、行政强制执行条例和规章制定办法等配套法规；（3）加强行政执法监督检查，提高行政执法水平；（4）加强对政府法制工作的领导，进一步做好政府法制工作。

国务院《行政诉讼法》电话会议

1990年9月1日，国务院在北京召开贯彻实施《行政诉讼法》电话会议。国务院副总理姚依林作了重要讲话，国务院秘书长罗干就国家机关各部委、地方各级人民政府贯彻实施《行政诉讼法》作了部署。国务院法制局局长孙琬钟就《行政诉讼法》的宣传和干部培训、规章和具体行政行为的清理、行政复议和应诉等问题讲了话。全国人大常委会副委员长王汉斌、国务委员宋健和陈俊生、最高人民法院院长任建新以及国务院有关部门、最高人民法院、最高人民检察院、全国人大法工委、中央军委法制局、各省、自治区、直辖市和计划单列市人民政府的负责人出席了会议。

《行政复议条例》颁布

为了配合行政诉讼制度，1990年12月24日，国务院发布《行政复议条例》。该条例规定，对县级以上的地方各级人民政府工作部门的具体行政行为不服申请的复议，原则上由上一级主管部门管辖；行政复议实行一级复议制；行政复议由行政复议机关内设的行政复议机构或者专职复议人员具体办理；复议机关依法对具体行政行为是否合法和适当进行审查；复议机关审理复议案件，不适用调解。1999年10月1日《行政复议法》施行后，《行政复议条例》废止。

全国法院行政审判工作会议

1990年9月13~18日，最高人民法院在郑州召开首次全国法院行政审判工作会议。各省、自治区、直辖市高级人民法院副院长和行政审判庭庭长，各计划单列市和直辖市中级人民法院行政审判庭庭长，全国人大法工委、最高人民检察院、国务院法制局等有关机关的代表，共 100 余人参加了会议。[①] 此后，最高人民法院分别于 1993 年在南宁、1999 年在北京、2003 年在重庆、2007 年在北京召开全国行政审判工作会议。

中国法学会行政诉讼法实施座谈会

1990 年 9 月 19 日，《行政诉讼法》实施前夕，中国法学会在北京人民大会堂举行实施《行政诉讼法》座谈会，邀请曾参与制定《行政诉讼法》的法学专家、学者和全国人大有关专门委员会、全国人大法工委、最高人民法院、最高人民检察院、公安部、司法部、中宣部、国务院法制局、国务院有关部委，以及工青妇等人民团体的负责人近 100 人，就实施行政诉讼法的问题进行了座谈。全国人大常委会副委员长彭冲、王汉斌出席了会议。[②]

中国行政法学会年会（郑州）[③]

1990 年 12 月 4~7 日，中国行政法学会年会在郑州市召开。会议主题是“实施《行政诉讼法》的理论与实践问题”。来自全国各地的 80 余位专家、学者参加了会议。会议收到学术论文 50 余篇。

《行政诉讼法学》出版

1990 年，罗豪才、应松年主编的高等学校法学试用教材《行政诉讼法学》由中国政法大学出版社出版。同年，人民法院出版社还出版了马原主编的《中国行政诉讼法讲义》。此后，学界在行政诉讼法的内容和体系上做了很多探索。相关的代表性著作有：张树义的《冲突与选择：行政诉讼的理论与实践》（时事出版社 1992 年版），罗豪才主编的《中国司法审查制度》

① 参见《中国法律年鉴》1990 年刊。

② 参见田农：《中国法学会实施行政诉讼法座谈会》，《中国法律年鉴》1991 年刊。

③ 参见吴雷：《中国法学会行政法学研究会 1990 年年会》，《中国法律年鉴》1991 年刊。

（北京大学出版社 1993 年）。

行政诉讼法司法解释（115 条）

1991 年 6 月 11 日，最高人民法院印发《关于贯彻执行〈中华人民共和国行政诉讼法〉若干问题的意见（试行）》（法〔1991〕19 号）。《意见》分别就行政诉讼受案范围、管辖、诉讼参加人、证据、起诉和受理、审理和判决、执行、侵权赔偿责任、期间、诉讼费用等 12 方面问题作出规定，共 115 条，俗称“115 条司法解释”。该司法解释自 1991 年 7 月 11 日起施行，直到 2000 年被新的司法解释所取代。

梁宝富不服治安行政处罚复议决定案

本案刊登在《最高人民法院公报》1991 年第 3 期上，是《行政诉讼法》实施将近一年后《最高人民法院公报》刊登的第一个行政诉讼案例。桐城县人民法院审理后认为，第三人汪春生在其弟与原告发生口角、拉扯时，不但不予劝阻，反而用碗砸原告的头部，给原告造成轻微伤害。对汪春生的违法行为，桐城县公安局处理是正确的。但是，被告安庆市公安局仅以民间纠纷以调解为主和汪春生有认错悔改表现为由，撤销了桐城县公安局对汪春生的处罚裁决，适用法律有错误。据此，判决撤销安庆市公安局的复议决定，限在本判决生效后 10 日内重新作出具体行政行为。安庆市中级人民法院维持一审判决。

全国首例行政抗诉案件

夏小松案是全国首例行政抗诉案件，涉及《治安管理处罚条例》一个条文的解释。富阳县公安局根据《治安管理处罚条例》第 19 条第 5 项的规定，以原告夏小松“造谣惑众，煽动闹事”为由，决定对其拘留 12 日。[①] 杭州市中级人民法院二审认为：夏小松意气用事，引发了两村村民斗殴，但他

---

① 1986 年《治安管理处罚条例》第 19 条，有下列扰乱公共秩序行为之一，尚不够刑事处罚的，处 15 日以下拘留、200 元以下罚款或者警告：……（五）造谣惑众，煽动闹事的……

没有编造谣言、煽动群众闹事的故意，因此改判撤销处罚决定。二审判决后，公安部于 1991 年 5 月 20 日批复浙江省公安厅，认为《治安管理处罚条例》相关款项规定的“造谣惑众，煽动闹事”是两种扰乱公共秩序的行为。随即，浙江省人民检察院提出抗诉。浙江省高级人民法院再审认为，夏小松的行为违反治安管理行为，应当受到处罚。1994 年 5 月 12 日，第八届全国人大常委会第七次会议把第 19 条第 5 项修改为：“（五）捏造或者歪曲事实、故意散布谣言或者以其他方法煽动扰乱社会秩序的；”。

电影《秋菊打官司》

1992 年，电影《秋菊打官司》在国内公映。这部电影根据陈源斌的小说《万家诉讼》改编，张艺谋导演、巩俐主演，当年获得威尼斯国际电影节金熊奖。影片中，农村妇女秋菊一家与村长有争执，认为乡政府和公安局对村长处罚过轻，四处上访，讨要“说法”，最后在律师帮助下上法院告状，最终使村长被依法拘留。电影展示了中国基层社会解决纠纷的社会背景和制度背景，涉及了刚刚兴起的“民告官”方式。这部电影之后，“讨个说法”便成为当代社会流行词汇。

现行宪法第二次修正，“市场经济”入宪

1993 年 3 月 29 日，第八届全国人大第一次会议通过现行宪法的第二次修正案。修正案确立了“有中国特色社会主义的理论”，“国家实行社会主义市场经济”写入宪法。“国营经济”改为“国有经济”，“农村中的家庭联产承包为主的责任制”作为劳动群众集体所有制经济的一种形式写入宪法。同年 11 月 14 日，中共中央作出《关于建立社会主义市场经济体制若干问题的决定》。

政府工作报告首次提出“依法行政”

1993 年 3 月 15 日，国务院总理李鹏在第八届全国人大第一次会议上所作的政府工作报告提出：“各级政府都要依法行政，严格依法办事。一

切公职人员都要带头学法懂法，做执法守法的模范。”这是高层政府文件首次提出“依法行政”。

龚祥瑞主编的《法治的理想与现实》出版

1993年10月，龚祥瑞主编的《法治的理想与现实：〈中华人民共和国行政诉讼法〉实施现状与发展方向调查研究报告》由中国政法大学出版社出版。作者运用问卷、访谈和统计数字等方式，对新生的行政诉讼制度进行实证研究，指出《行政诉讼法》实施过程中的问题和希望。该书是我国法学界第一次专门而深入地对一部法律实施状况的调研，显示了对行政诉讼制度所寄予的热切的期待和深沉的忧虑。此后，林莉红教授主编的《行政法治的理想与现实》（北京大学出版社2014年版），再次对行政诉讼法的实施状况做了全面调研。

《国家赔偿法》制定

1994年5月12日，第八届全国人大常委会第七次会议通过《国家赔偿法》，自1995年1月1日起施行。

罗豪才教授任最高人民法院副院长

1995年6月30日，经第八届全国人大常委会第十四次会议任命，著名行政法学者、北京大学教授罗豪才接替马原担任最高人民法院副院长、审委会委员。在罗豪才任职期间（至2000年4月），最高人民法院审理了深圳贤成大厦有限公司诉深圳市招商局、深圳市工商局注销企业登记和成立清算组等重大案件。最高人民法院还于2000年颁布了《关于执行〈中华人民共和国行政诉讼法〉若干问题的解释》，有力地推进了行政审判。罗豪才之后，李国光、江必新、贺小荣先后分管行政审判工作。

《行政诉讼法》实施5周年座谈会

1995年10月13日，全国人大法工委、最高人民法院、国务院法制局、中国法学会行政法学研究会在京召开《行政诉讼法》实施5周年座谈会。全国人大常委会副委员长王汉斌在会上讲了话。

贤成公司诉深圳市机关越权干预经济纠纷案

本案是最高人民法院审理过的一个棘手案件，标的大、阵容大、影响大。该案涉案经济标的约8.2亿元人民币。二审中，各方当事人和代理人共28人，纠纷双方均有国内著名行政法学家、民商法学家和律师出庭代理；最高人民法院副院长担任审判长，7位资深法官组成合议庭，开庭时间长达6天；全国人大、最高人民法院、最高人民检察院、国务院各部委、地方各级法院、深圳市人大、政府的有关领导和代表、法律专家以及泰国驻华使馆代表等各界人士200多人开庭时参加旁听。法院判决撤销深圳市工商局注销企业登记、成立清算组、深圳市外资办同意设立新的中外合作经营企业等多个行政行为。该案提出了政府如何依法干预市场活动的思考。

田永诉北京科技大学拒发学业证书案

本案是一起当事人因学校拒绝颁发毕业证书和学位证书而提起的有关受教育权的行政诉讼案件，著名行政法学者马怀德担任田永的代理人。海淀区人民法院审理后认为，被告北京科技大学作为从事高等教育事业的法人，其颁发毕业证、学位证是一种代表国家行使对受教育者行使行政权力的行为，其学籍管理也是对受教育者实施的一项特殊的行政管理；由此引起的行政争议，可以适用《行政诉讼法》予以解决。该案刊登于《最高人民法院公报》1999年第4期，多年后还被最高人民法院确定为指导案例。该案与后续的刘燕文诉北京大学案件一起，开启了各地“学生告学校”行政诉讼的先河，引起了学术界对行政诉讼受案范围和行政法原则的讨论。

北京大学博士生刘燕文诉北京大学案

本案是继田永诉北京科技大学案件后，又一起引起广泛注意的学历、学位证书的案件。北京市海淀区人民法院以北京大学的行为违反正当程序为由，判决责令被告北京大学在判决生效两个月内向原告颁发博士学历证书，并对刘燕文的学位论文再次组织评定。北京大学上诉后，该案以诉讼时效理由驳回起诉。该案引发了对现行高等学校学位评定制度的质疑，以及对正当程序原则司法适用的激烈争论。

《行政诉讼法》颁布10周年座谈会

1999年3月31日，最高法院行政审判庭与《人民司法》编辑部联合举办纪念《行政诉讼法》颁布10周年座谈会。4月2日，中国政法大学中国法制研究所召开了纪念《行政诉讼法》颁布10周年座谈会。[①]

行政诉讼法司法解释（98条）

2000年3月8日，最高人民法院发布了《关于执行〈中华人民共和国行政诉讼法〉若干问题的解释》（法释〔2000〕8号）。该解释共98条，“对行政诉讼法作了更加符合立法精神和原则、更加符合行政审判实践需要、更加符合行政诉讼制度发展方向的解释”（罗豪才语）。该解释于1999年11月24日由最高人民法院审委会会议通过，自3月10日起施行。该解释沿用至2018年，才被新的司法解释明令废止。

《行政诉讼法》实施10周年座谈会

2000年9月26日，全国人大常委会法工委、最高人民法院、国务院法制办和中国法学会在北京联合举办纪念《行政诉讼法》实施10周年座谈会。座谈会由全国人大常委会法工委副主任胡康生主持，最高人民法院院长肖扬、副院长李国光等做了讲话。[②]

---

① 详情参见杨海燕：《回顾与展望：纪念行政诉讼法颁布10周年座谈会综述》，载《人民司法》1999年第4期；《纪念〈行政诉讼法〉颁布十周年座谈会发言摘要》，载《行政法学研究》1999年第2期。

② 朱冬菊：《全国人大常委会法工委、高法、国务院法制办、中国法学会联合举办行政诉讼法实施十周年座谈会》，转引自人民网，http://www.people.com.cn/GB/channel1/11/20000926/251254.html，最后访问日期：2019年5月18日。

行政诉讼证据规则

2002年7月24日，最高人民法院发布《关于行政诉讼证据若干问题的规定》（法释〔2002〕21号）。该证据规则共80条，自2002年10月1日起施行。

《行政诉讼法》颁布20周年座谈会

2009年4月2日，最高人民法院和中国法学会联合举行纪念《行政诉讼法》颁布20周年座谈会。座谈会由中国法学会常务副会长刘飏主持，王汉斌、罗豪才及中央政法委、国务院法制办、全国人大常委会法工委、最高人民法院有关负责人出席会议，最高人民法院院长王胜俊及参与《行政诉讼法》起草工作的有关部门原负责人和部分专家学者在会上作了发言。[①]

《行政诉讼法》修改

2014年11月1日，第十二届全国人大常委会第十一次会议通过关于修改《行政诉讼法》的决定。修改之后，《行政诉讼法》条文从75条增加到103条，修改内容自2015年5月1日起施行。此次修改着力解决行政诉讼立案难、审理难和执行难的问题，确立了立案登记制、复议机关当被告、行政机关负责人出庭等重要制度。该法扩大了行政诉讼的受案范围，行政协议、法律授权组织的行为、涉及人身权财产权以外其他合法权益的行为纳入受案范围；增加了对行政行为“明显不当”的审查，明确了对规范性文件的附带审查，同时对行政审判体制也做了局部调整。这也是1989年《行政诉讼法》在施行24年后的首次修改。

2017年，《行政诉讼法》再次修改，加入了检察机关提起行政公益诉讼的条款。

---

① 杨维汉：《纪念行政诉讼法颁布20周年座谈会举行》，新华社北京4月2日电；陈永辉：《纪念行政诉讼法颁布二十周年座谈会在京举行》，载《人民法院报》2009年4月3日，第1版。

贵州省副省长陈鸣明出庭应诉

2016年4月11日，在贵阳市中级人民法院开庭审理的丁加强诉贵州省人民政府土地资源管理行政复议一案中，贵州省副省长陈鸣明代表省政府出庭应诉。这是全国第一个副部级官员出庭应诉的案例。

《行政诉讼法》新司法解释出台

2018年2月6日，最高人民法院发布《关于适用〈中华人民共和国行政诉讼法〉的解释》（法释〔2018〕1号）。新的司法解释共163条，分为13个部分，对行政诉讼受案范围、立案登记、行政机关负责人出庭应诉、复议机关作共同被告、规范性文件附带审查等制度做了细化。

《行政诉讼法》颁布30周年研讨会

2019年3月31日下午，纪念《行政诉讼法》颁布30周年研讨会在京举行。与会专家学者总结了行政诉讼制度的成就，就深化行政诉讼改革等进行研讨。活动由中国法学会行政法学研究会、中国政法大学法治政府研究院、法律出版社《中国法律评论》共同举办。同日上午，主办方还发布了推动中国法治进程十大行政诉讼典型案例。法律出版社制作并播放了纪实专题片《行政诉讼三十年》。

图书在版编目(CIP)数据

行政法治奠基时:1989年《行政诉讼法》史料荟萃 / 何海波编. -- 北京: 法律出版社, 2019
ISBN 978-7-5197-3537-1

Ⅰ. ①行… Ⅱ. ①何… Ⅲ. ①行政诉讼法-法制史-史料-汇编-中国-1989 Ⅳ. ①D925.302

中国版本图书馆CIP数据核字(2019)第110303号

行政法治奠基时
——1989年《行政诉讼法》史料荟萃
XINGZHENG FAZHI DIANJI SHI
—1989NIAN《XINGZHENG SUSONGFA》SHILIAO HUICUI

何海波 编

责任编辑 赵明霞 肖 越
装帧设计 马 帅

出版 法律出版社
总发行 中国法律图书有限公司
经销 新华书店
印刷 中煤(北京)印务有限公司
责任校对 郭艳萍
责任印制 胡晓雅

编辑统筹 法商出版分社
开本 710毫米×1000毫米 1/16
印张 35.25
字数 534千
版本 2019年9月第1版
印次 2019年9月第1次印刷

法律出版社/北京市丰台区莲花池西里7号(100073)
网址/www.lawpress.com.cn
投稿邮箱/info@lawpress.com.cn
举报维权邮箱/jbwq@lawpress.com.cn
销售热线/400-660-8393
咨询电话/010-63939796

中国法律图书有限公司/北京市丰台区莲花池西里7号(100073)
全国各地中法图分、子公司销售电话:
统一销售客服/400-660-8393/6393
第一法律书店/010-83938432/8433
西安分公司/029-85330678
重庆分公司/023-67453036
上海分公司/021-62071639/1636
深圳分公司/0755-83072995

书号:ISBN 978-7-5197-3537-1
定价:158.00元
(如有缺页或倒装,中国法律图书有限公司负责退换)